广东省财政科学研究所
广东省立中山图书馆
广东省档案馆　编

民国时期广东财政史料

第六册

历史档案

全国优秀出版社
全国百佳图书出版单位
廣東省出版集團
广东教育出版社
·广州·

图书在版编目（CIP）数据

民国时期广东财政史料. 第6册，历史档案/广东省财政科学研究所，广东省立中山图书馆，广东省档案馆编. —广州：广东教育出版社，2011.9

ISBN 978-7-5406-8541-6

Ⅰ. ①民… Ⅱ. ①广… ②广… ③广… Ⅲ. ①地方财政—财政史—广东省—民国 Ⅳ. ①F812.96

中国版本图书馆CIP数据核字（2011）第189388号

责任编辑	杨向群
责任技编	杨启承
出版发行	广东教育出版社
	（广州市环市东路472号 12-15 楼 邮政编码：510075）
网　　址	http://www.gjs.cn
经　　销	广东新华发行集团股份有限公司
印　　刷	广州伟龙印刷制版有限公司
	（广州市沙河沙太路银利工业大厦 1 栋）
开　　本	787 毫米 × 1092 毫米　1/16　35.25 印张　705000 字
版　　次	2011 年 9 月第 1 版
	2011 年 9 月第 1 次印刷
书　　号	ISBN 978-7-5406-8541-6
定　　价	2500 元（全 6 册）

质量监督电话：020 - 87613102　　购书咨询电话：020 - 87621848

目录

历史档案

广东省档案馆　藏

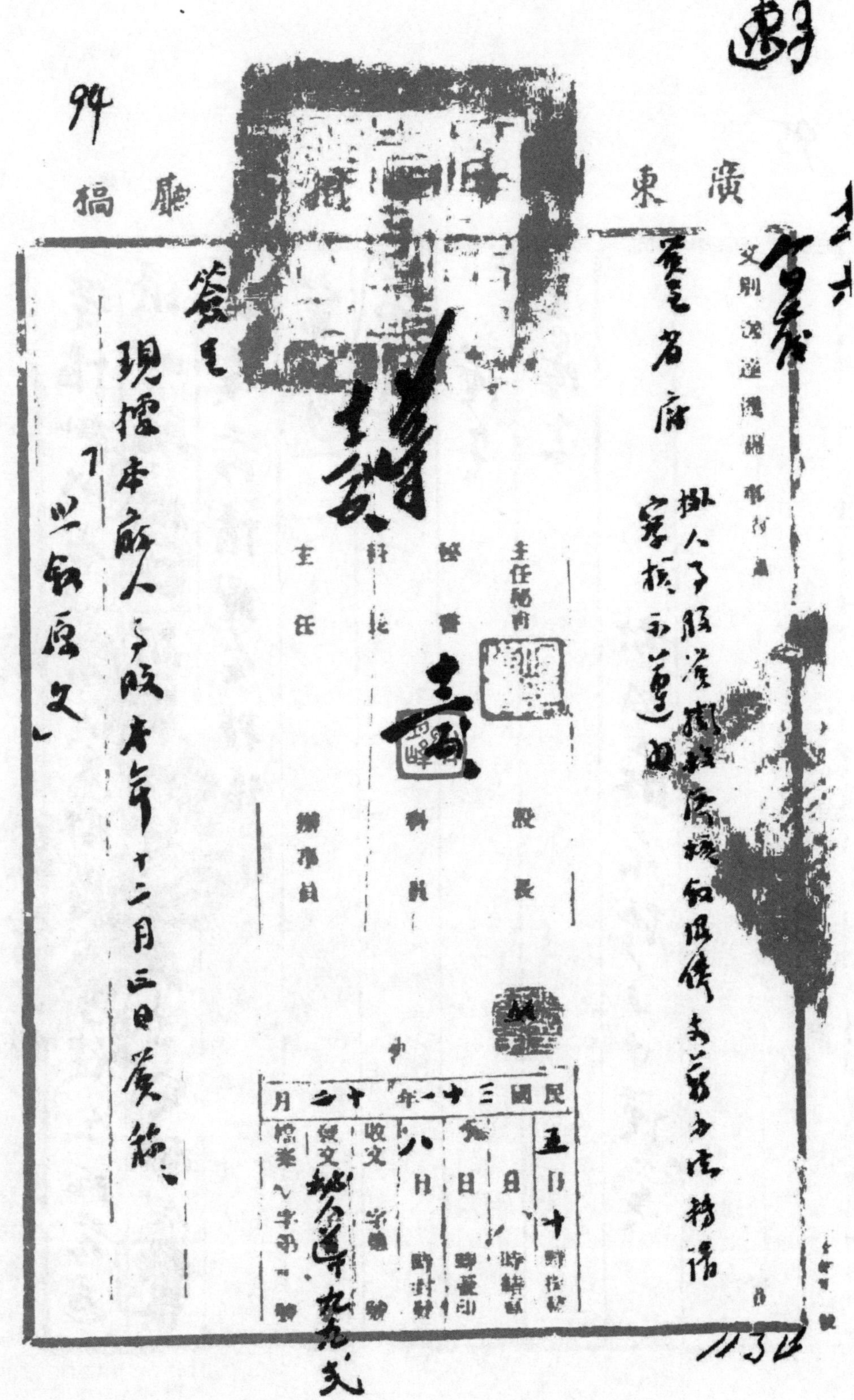

廣東　廳稿

簽呈

省府

審核示遵由

主任秘書　秘書　科長　主任

股長　科員　辦事員

民國三十一年十二月　日

收文　字　號

發文　字　號

檔案　字　號

現據本廳人字號本年十二月三日簽稿、

照錄原文

95

等情。据此，查此[illegible]不甚健全，除[illegible]

应时期[illegible]解[illegible]件[illegible]用[illegible]妥配合。

据呈前情，理合转请

鉴核

示遵。

谨呈

主席李

财政厅长陈[illegible]日谨呈

26

廣　　　廳　稿

代電和平稅処　據抄呈該縣府核定該処編制電仰知照由

代電和平縣府　電飭關于該縣稅捐処編制各項仰遵照由

代電

和平縣稅捐稽征處覽：本年二月廿七日和天總字第(35)號呈，暨附表均悉。關於該縣政府核定該処編制各級人員俸級一

中華民國三十六年三月十四日

國茘562

節 前經據電到廳，并經本年三月五日以人字第〈654〉號代電核飭遵照暨分飭遵照有案。現據復該縣政府核定該處編制表，關於辦公費、及特別辦公費兩項，已另電該縣政府遵照規定核實辦理，仰即知照。廳長杜〇〇 寅〈齊〉人一 附件存。

代電

和平縣政府覽：據該縣稅捐稽征處呈繳本年該縣政府核定編制員額俸級經費表，請核示等情；查表列俸級一項，該處前已電呈到廳，經于本年三月五日以人字第〈654〉號代電令飭該縣政府遵照有案；再查該表列辦公費一項，月被核支為九萬三千元，特別辦公費一項，課長等月被核支為八千元，與原編制既不符合，且與省府本年二月十日會務乙字第〈34590〉號代電，為補救物價高漲，擬重新規定縣附屬機關辦公費，月標高每員核支六千元，暨

本年三月六日会一縣字第（35085）號代電，飭由本年度起，縣政府、
机構如稅捐稽征處課長以下人員，会計主管人員特別办公費，月支
一萬元。各通遵案報核，應即遵照規定核实办理。如該縣地方財
力，確不敷因应，亦应就該縣及所屬机構，全部依照規定數額
比例核减，以昭公允。除分電外，合行電仰遵照為要。廳長
杜○○寅齊人一

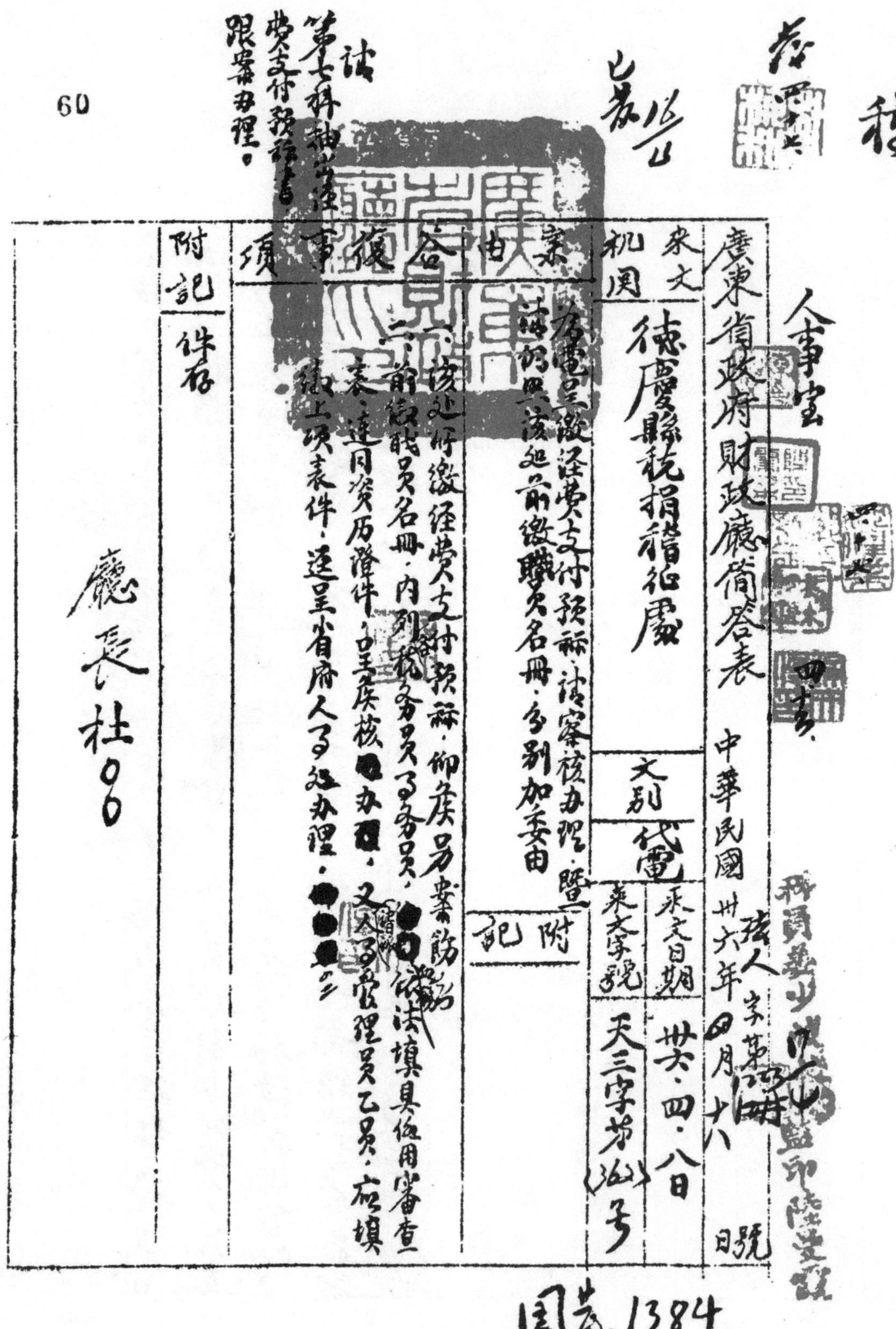

稿

人事室

廣東省政府財政廳簡答表

中華民國卅六年四月十八日

來文機關	德慶縣稅捐稽徵處
文別	代電
來文日期	卅六·四·八日
來文字號	天三字第362號
案由	為電呈徵經費支付預算，請核辦理，暨請將奉該處前徵職員名冊，分別加委由
答復事項	一、該處所徵經費支付預算，仰候另案飭知。二、前繳職員名冊，內列稅務員及事務員、徵收員，均未依法填具任用審查表，連同資歷證件，呈候核辦。又事務員及管理員乙員，應填繳上項表件，逕呈省府人事處辦理。
附記	件存

廳長杜

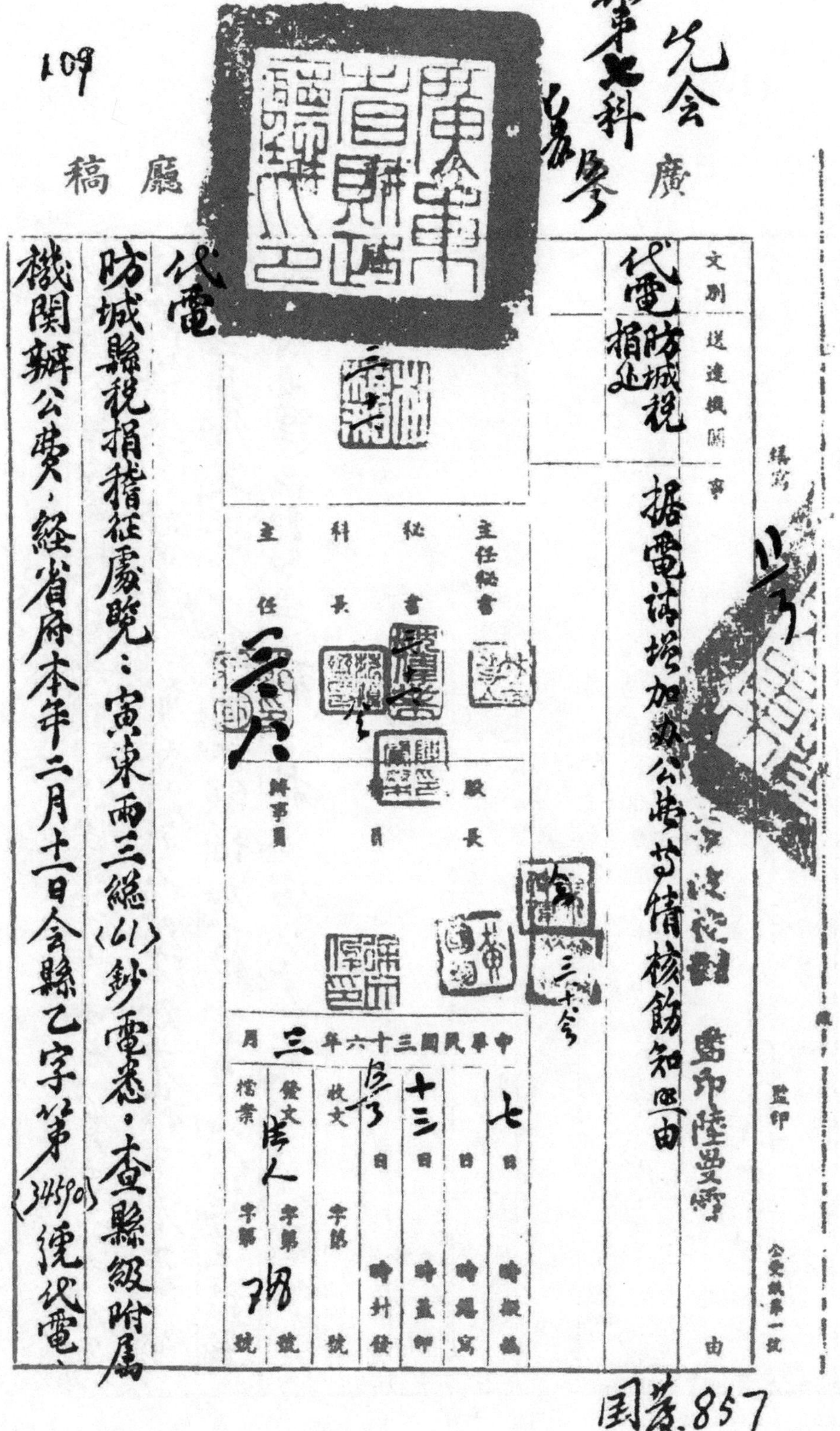

109

廣　　廳稿

第七科　參　兌会

文別　送達機關　事由

代電防城稅捐处

据電请增加办公费等情核饬知照由

代電

防城縣稅捐稽征處覽：寅東兩三總〈61〉鈔電悉。查縣級附屬機關辦公費，經省府本年二月十一日会縣乙字第〈3459〉號代電、

主任秘書　秘書　科長　主任

股長　科員　辦事員

中華民國三十六年三月

七日　時擬稿

日　時繕寫

十三日　時蓋印

日　時封發

收文　字第　號

發文　字第　號

檔案　字第　號

監印

國叢.857

規定由本年度起，准照編制人數計薪，每名以月支六千元為最高標準，飭由各縣市政府因應地方財力核支有案，所請由一月份起照原定辦公費額增加一倍一節，應逕呈該縣縣政府辦理，仰即知照。廳長杜[illegible]寅元〈元〉人一

123

廣東財政廳稿

文別	代電
送達機關	瓊東縣府
事由	據電裁減縣稅捐處編制另款節餘電復知照由

擬稿　務…

擬辦　科長
校對　伊顯…
監印　陸…
合欸第一號

代電

瓊東縣政府覽：本年四月十五日秘財字第〈980〉號代電悉。案經該縣稅捐處電報到廳，並經于本年五月廿日以法人字第〈1612〉號代電分飭該府遵照有

中華民國三十六年五月

寄稿	廿二日 時
擬寫	日 時
蓋印	廿六日 時
封發	日 時

發文　字第　1387 號

案，務仰迅速前赴辦理為要。廠長杜○○ 辰<寢>人一

127

廣東省政府稿

代電 新豐縣政府

據電以税捐處改制，該縣接征本縣税捐稽征業务，應如何另編制經費办理，祈核示等情，核飭遵照由

主任秘書　秘書　科長　主任

廳長　科員　辦事員

中華民國三十六年三月　日

代電

新豐縣政府覽：本年三月十七日费财字第〈248〉號代電悉。查本省不設税捐稽征处各縣局，所需税捐稽征人员经费，着由

本年一月一日起，改比照现行第五等税捐稽征处编制员额，保留三分之一，经费保留百分之三十，仍由各县局统筹匀支，业经省府本年二月廿七日第〈卅〉府沈代電通饬遵照有案，仰遵照办理。廳長杜〇宾〈梅〉人一

170

会　会计室

廣東省政府稿

文別：代电

送達機關：育幼一院

事由：电请将公款结存数目解库见复由

主任秘書
秘書
科長
主任

擬稿
核稿
繕寫
校對
監印

中華民國卅七年八月廿一日

代电

廣東省社會處育幼院第一分院鉴：本年八月廿日博一事字第1390号公函洽悉。查贵院奉令结束，公款结

玫784

存國幣玖億弍仟萬元請迅即填具繳款書依照
解送省庫核收并將解庫日期見復為荷 所長胡
〇〇公司主任秘書嚴〇代行

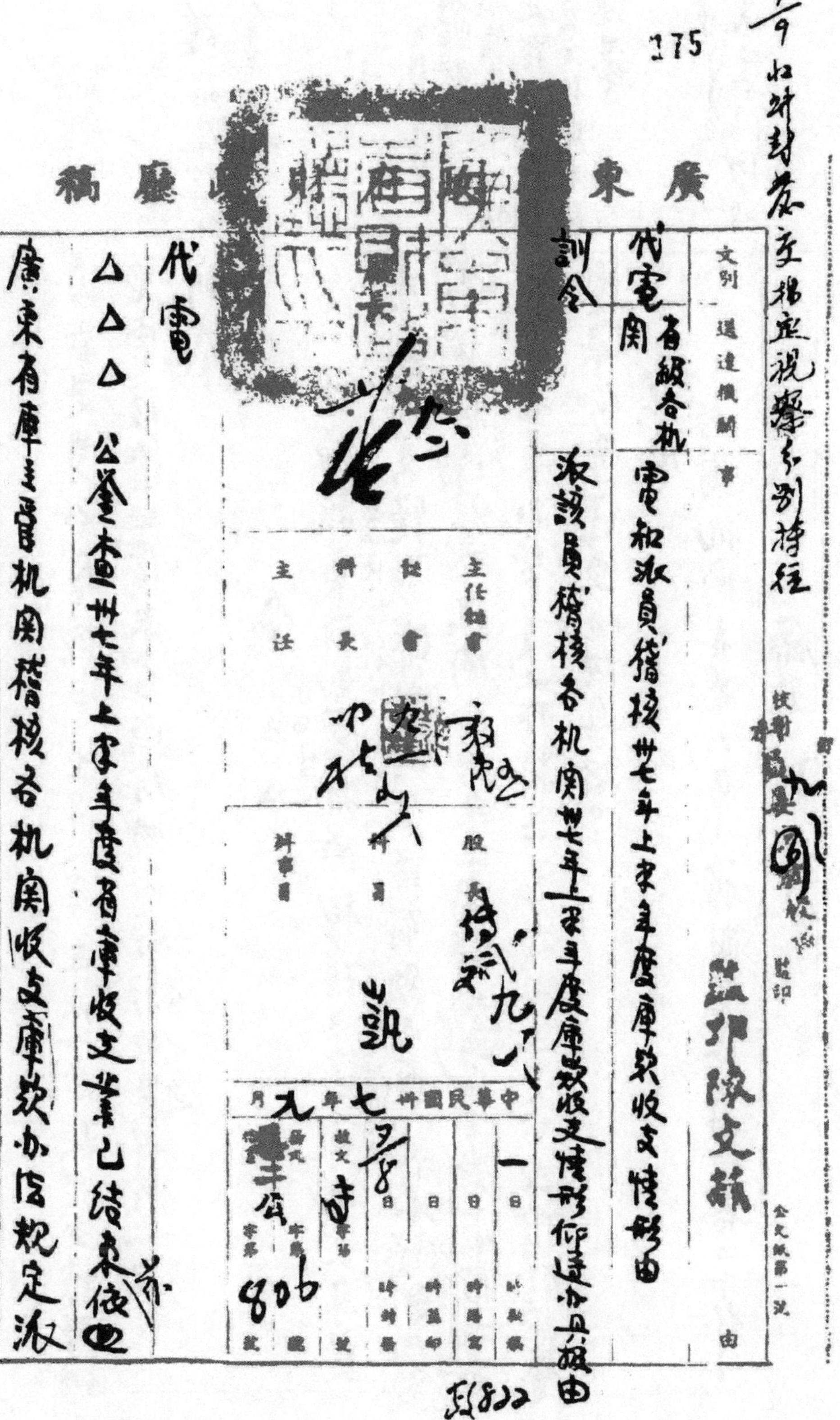

175

广东财政厅稿

文别：代电、训令

送达机关事由：省级各机关　电知派员稽核卅七年上半年度库款收支情形由

派该员稽核各机关卅七年上半年度库款收支情形仰遵办具报由

代电

△△△

公鉴：查卅七年上半年度省库收支业已结束，依照……

广东省库主管机关稽核各机关收支库款办法规定派……

中华民国卅七年九月

176

請指定稽核人員訓令

續核注意機關各單位指定稽核人員及貴之機關分別稽核。

表式照附表

員前赴貴△稽核三十七年上半年度庫款收支情形相應電請查照廣東省政府財政廳〈羽〉〈申〉〈吳〉艷二公

令

△△△

○○寺

茲派該員前赴該機關稽核三十七年上半年度庫款收支情形並將特別津貼暨生活補助費及各項費用稽核該機關實際人數並將應行稽核之機關各單位人員及工作報告表核對表各式樣附表仰即遵照辦理具報。

此令。

附機關各單位工作報告表核對表各二十份

廳長 胡○○

177

未见派办

驻广州市区各省级机关学校名单

省府委员会
秘书处
人事处
会计处
统计处
动员会
省参议会
社会处
育幼一院

钦米挑

民政厅
市县附
地政局
附土地交
第一区专署
第一区保安附
一区专员
建设厅
合贸处
农林处
稻作所
兽疫防治所

亮士参挑

教育厅
广雅中学
中正中学
执信女中
广州六中
仲恺农校
文理学院
法商学院
广州女师

林士挑

擬裁併辦

擬分別清

上	中	下
育幼二院	中區林業區	勷勤師範
育幼三院	音樂院	教育會
衛生試驗所 農林試驗部	無線電總台	文獻委員會
實驗托兒所	地質調查所 有線電話隊	民教館
婦女習藝院 救濟院	衛生處	圖書館
省婦女會	第一醫院	海事學校
保安司令部	防疫隊	藝術學校
省警察隊	長途電話處	童子軍會
省警教導大隊	公路處	護士學校
警察訓練所	國醫院	體育學校

擬與林聲

黨工人員報秘書處

和平地質調查報

歸教育廳

廣東省財政廳稽核各機關收支庫款工作報告表

字第　　號

年　　月　　日

事由

機關名稱

報告事項

右報告

廳長

謹呈

180

省庫與支用經費機關普通經費存款核對表

卅七年上半年度

卅七年八月卅一日

户名	公庫結存數	支用機關賬面數	差額	備考

廣東省政府稽核各機關三十六年度庫款收支核對明細表

機關名稱：　　　户名　　　　　　民國　　年　　月　　日　　　　第　　頁

月份	收入數			本月支出	結存數		備攷
	上月結存	本月收入	合計		公庫結存數	本機關帳面數	
1							
2							
3							
4							
5							
6							
7							
8							
9							
10							
11							
12							
合計							

機關主管長官　　　　　　　　主辦會計人員

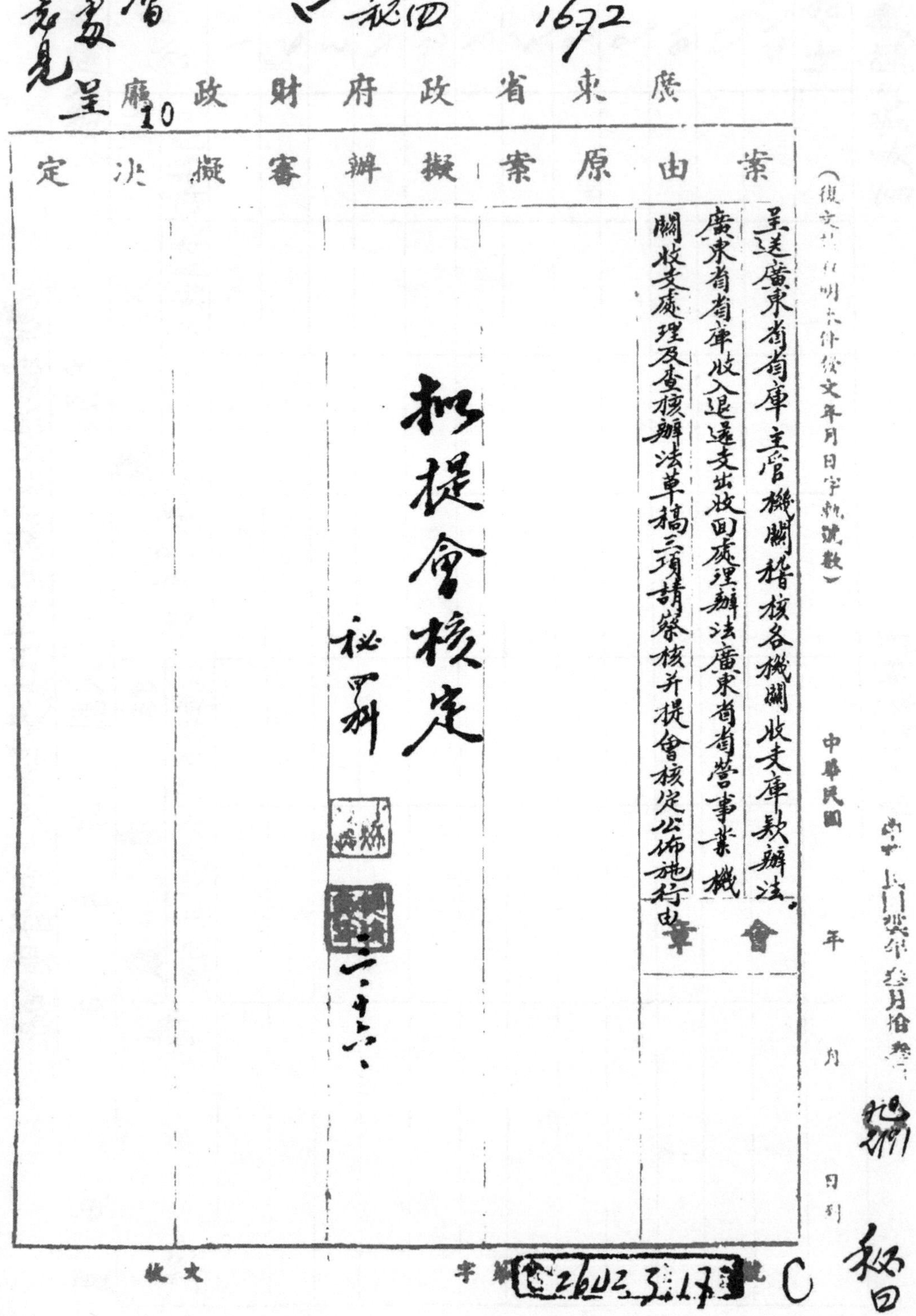

先會會計處核加意見

擬 秘四 1672

廣東省政府財政廳呈 10

案由：呈送廣東省省庫主管機關稽核各機關收支庫款辦法、廣東省省庫收入退還支出收回處理辦法、廣東省省營事業機關收支處理及查核辦法草稿三項請察核并提會核定公佈施行由

會章

（復文請註明來件發文年月日字號數）

中華民國廿六年叁月拾叁日

中華民國 年 月 日到

擬辦：擬提會核定 秘四辦 二、十六

審擬

決定

收文 字第 號

秘四

廣東省政府財政廳呈　法六字第一〇三二號

中華民國三十六年三月十二

查公庫主管機關、稽核各機關收支庫款辦法、收入退還支出收回處理辦法、公營事業機關收支處理及查核辦法，前經中央訂定公佈施行，惟自改訂財政收支系統實施後，省級財政恢復，似應另訂施行，俾資適應，謹擬具廣東省省庫主管機關稽核各機關收支庫款辦法、廣東省省庫收入退還支出收回處理辦法、廣東省省營事業機關收支處理及查核辦法草案各一件，備文呈請

察核，提會核定，公佈施行，并轉報

行政院備案，仍候

示遵，謹呈

主席羅

附廣東省省庫主管機關稽核各機關收支庫款辦法廣東省省庫

收入退還支出收回處理辦法廣東省省營事業機關收支處理及查

核辦法各一份

財政廳廳長杜梅和

監印陸[illegible]

准照會計處意見增修

13

廣東省省營事業機關收支處理及查核辦法

一、凡省營事業機關之收支與查核，均依本辦法辦理。

二、各省營事業機關應依規定限期編製營業概算，連同營業計劃呈請主管機關轉請核定。如逾期尚未編送者，由省政府通知省庫主管機關轉知該省營事業機關之存款省庫或銀行停止其存款之支付，并函知會計處及審計處。但已經編送尚在主管機關審核中者，各該主管機關得叙明辦理情形呈請省政府酌予展限。

三、各省營事業機關之存款，應以存放省庫或廣東省銀行為原則。但因契約關係或其他特殊情形呈經省政府核准後，亦得存於其他銀行，均用其機關名義開立專戶辦理收支，并應將存款銀行戶名帳號報告省庫主管機關。

四、各省營事業機關、應依其各該會計制度所規定之現金票據證券收支月報及年度決算報告、按期加繕一份送省庫主管机關查核、其存款省庫或銀行每月結帳後、并應將各該省營事業各存款户之收支結存各數按日加繕核賬單一份、送請省庫主管機關查對。

五、省有營事業機關每年盈餘除照規定比率應行繳解庫之盈餘應于年度終了後三個月內繳解省庫不得挪用

五、各省營事業機關之盈餘、應行繳解省庫、其因營業之擴充或改進及其他用途需用資金時、應另行編具概算呈請主管機關轉請核定、由省庫依法指撥。

六、省庫主管機關得隨時派員分赴各省營事業機關實地查核其現金票據證券等出納情形。

七、各省營事業機關如有支出不當情事、省庫主管機關查明確定後、應通知其主管機關及審計機關糾正於必要時并得

八、本办法施行前各省營事業机關以前所訂定收支之各種章則與本办法抵觸者其抵觸部份無效

15

九

呈明省政府通知其存款省庫或銀行止付存款、

本辦法由廣東省政府委員會會議核定後施行、

抄三

8 16

廣東省省庫主管機關稽核各機關收支庫款辦法

一、各機關及省庫處理庫款之收支，除公庫法及其他有關法令另有規定外，依本辦法辦理之。

二、各機關及省庫處理庫款之收支，省庫主管機關得隨時派員實地查核。

三、省庫主管機關稽核人員赴各機關及省庫查核時，得查核其現金、財物，并調閱賬冊、憑證、報告及其他有關文件。如有諮詢，應由主辦人員負責解答，不得隱匿或拒絶。其有機密性質者，稽核人員應負嚴守秘密之責。

四、省庫主管機關處理前項事務，必要時得派稽核人員長駐指定機關或分區巡迴視察。

省庫主管機關認為有向各銀行查核各機關存款之必要時，得隨

時派稽核人員前往實地調查、各該銀行應儘量予以便利、不得拒絕、

五、稽核人員發見各機關處理款項有違反法令、或其他不法情事時、除口頭指導糾正外、并應據實報告省庫主管機關核辦、

六、支用機關如須以公庫支票支取款項轉撥至其他設有省庫之地點備用時、由原付款省庫撥滙立户依法支用、

七、本辦法由廣東省政府委員會會議核定後施行、

抄

18

廣東省省庫收入退還支出收回處理辦法

一、凡省庫收入總存款或特種基金存款之收款、經原收入機關依據法令之規定或事實上發現錯誤、應予退還全部或一部者、應由該機關填具收入退還書、交原繳款人逕由原收款之代理省庫銀行或郵政機關核明支付、在原收入科目內冲減之、此項支付毋庸由省庫主管機關另填支付書、

前項收入退還書應備具收據、通知及報告、報查各一聯（附格式）

二、代理省庫之銀行或郵政機關、對於收入退還書之處理、應以收據及通知兩聯存查、報查聯送該管審計機關、報告聯送省庫主管機關

三、原繳款人未能親往原繳款地點領取者、得由原收入機關將收入退還書交原收款之銀行或郵政機關、連同應退還之金額、一併寄交退款受領人簽名蓋章、并將款支付之、

19

四、支用機關由普通經費存款户或特種基金存款户內支出之款、經各該支用機關依據法令或事實上支用減少、須收回全部或一部份者、應由該機關填具支出收回書、飭原債權人連同應繳現金或票據一併送原支款代理省庫之銀行或郵政機關收入各該存款户、前項支出收回書應備具正副通知兩聯及收據報告報核各一聯、（附格式）

五、代理省庫之銀行或郵政機關、對於支出收回書之處理、應以正副通知聯存查、收據報告報核三聯經簽証後、收據聯交原債權人、報告聯送原支用機關、報核聯送該管審計机關、

六、原債權人不在原領款省庫所在地者、應由原支出機關將支出收回書寄交該債權人、原債權人應即將收回之現金或票據、交由就近代理省庫之銀行或郵政機關轉原支出之省庫、仍依照

20

前條規定手續辦理、

七、前項應收回之款、債權人延不繳納、應由該支用機關負責追繳、原債權人對於應繳回之款、雖未經支用機關填發支出收回書、亦得逕將應繳回之款、并以書面載明繳款數目、原支用機關支用年月日及用途等項、送交應支出之代理省庫之銀行或郵政機關、或交由就近代理省庫之銀行或郵政機關滙交原支出之省庫、并報告支用機關、如支用機關核數未符時、仍應依照前條辦法填發支出收回書飭令補繳、代理省庫之銀行或郵政機關收到債權人逕行繳回之款未經支用機關填具支出收回書者、應給予收據、

八、依照公庫法第四條自行收納之款、該收入機關發現應退還情事在未繳解省庫以前、即由該機關於所收款内自行退還之、其已解繳省庫者、適用以上規定辦法辦理、

九、依照公庫法第五條自行支出之款，經各該支用機關發現應收回之款，即由該機關向原債權人收回之。

十、收入之退還及支出之收回屬於當年度收支者，應在原存款內冲正之；屬於以前年度者，其收入之退還作為本年度之歲出，其支出之收回作為本年度之歲入，均在收入總存款或各該特種基金存款內處理。

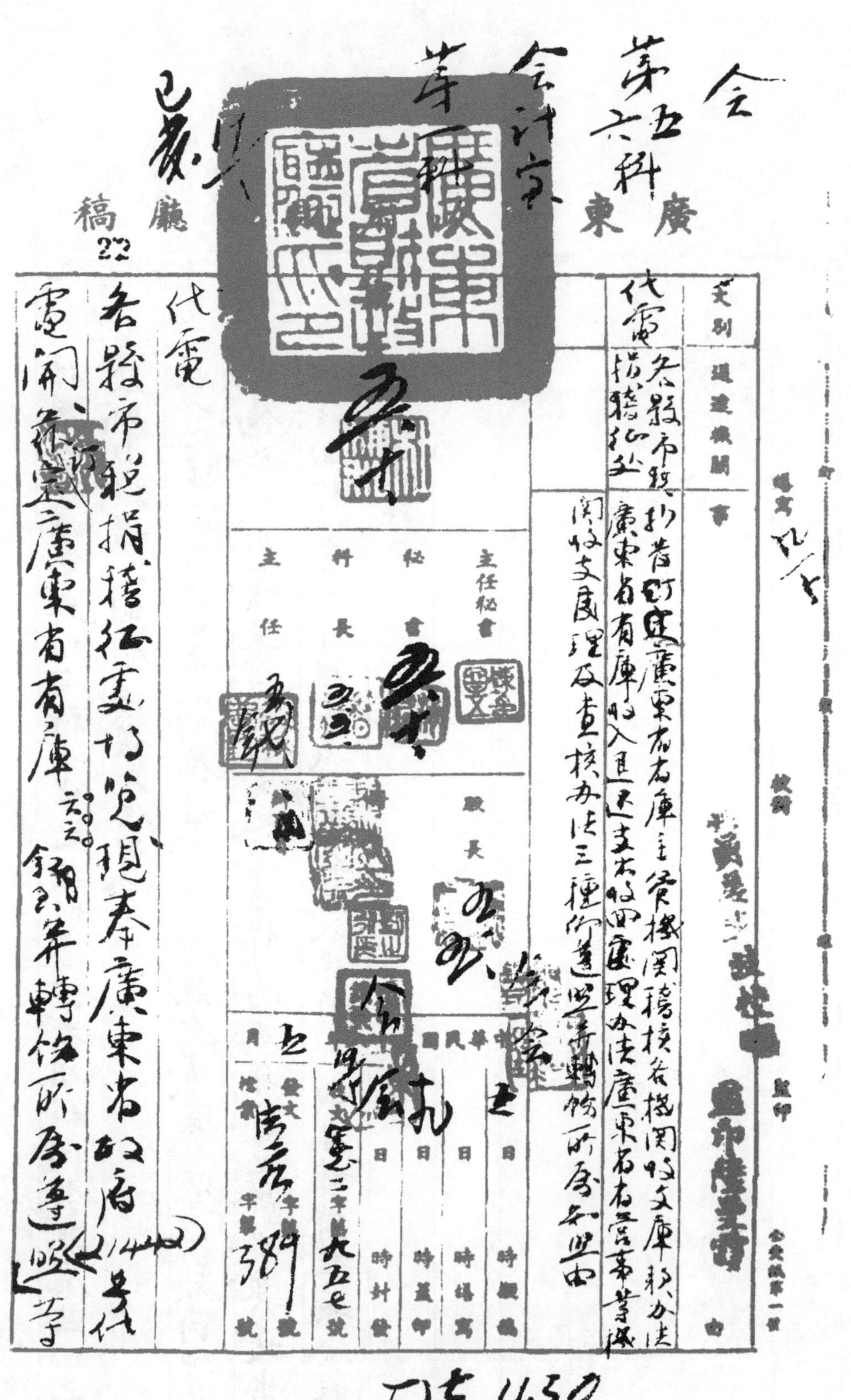

廣東財政廳稿

代電

各縣市稅捐稽征處均悉。現奉廣東省政府……代電開：訂定廣東省省庫……等因，合亟抄發，仰即遵照……

因奉此合將原加注三種通電抄發仰遵照并轉飭所屬遵

照縣長杜〇〇（辰）蒸二親印

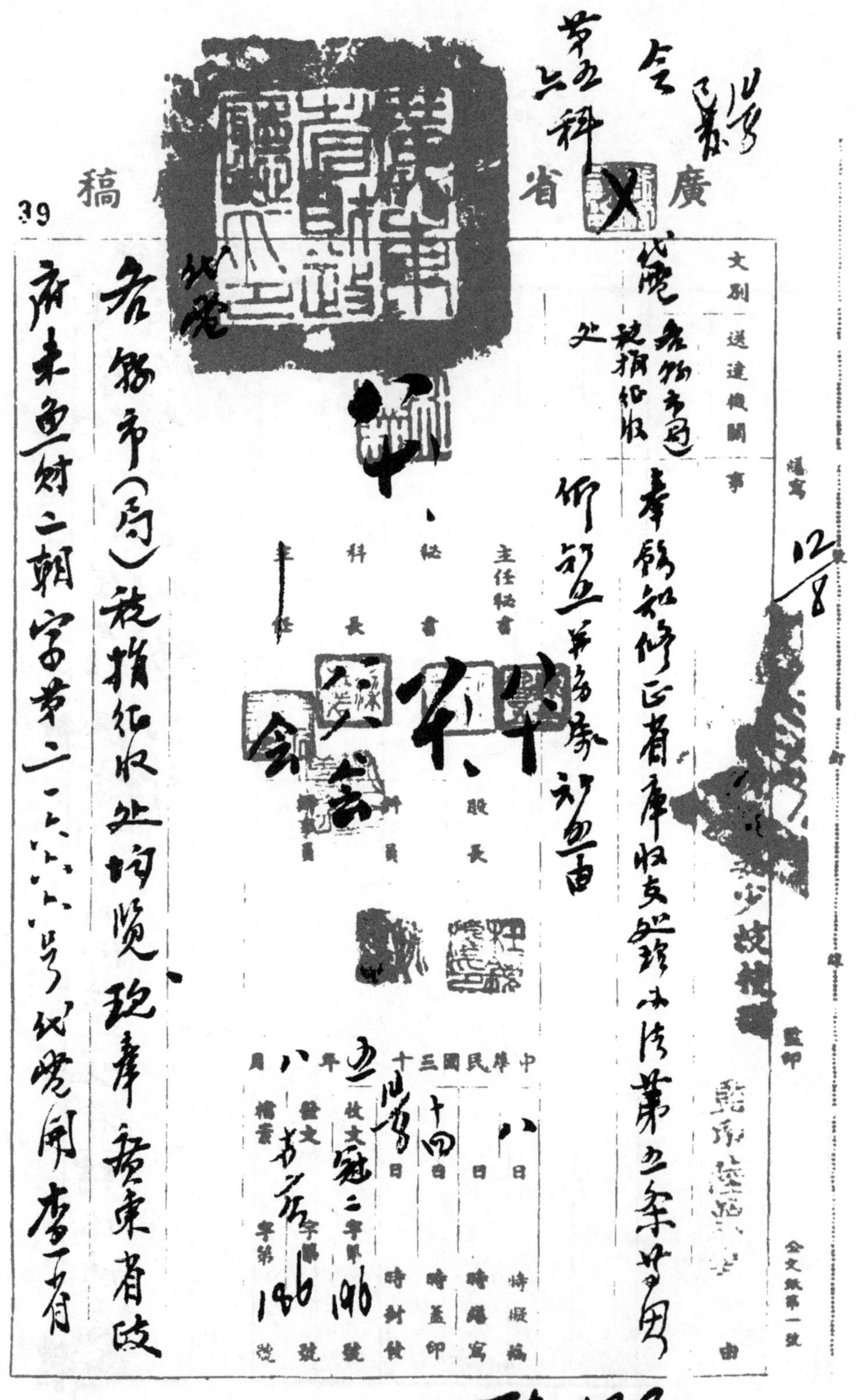
39

廣東省政府 稿

第五六科

代電 各縣市(局)稅捐征收處

奉頒知修正省庫收支处理辦法第五條等因仰知照並分飭所屬知照由

各縣市(局)稅捐征收處均覽：現奉廣東省政府未魚財二朝字第二一六六八號代電開

中華民國三十八年八月 日

40

公庫署程云：鑒並特飭所屬查照皆用庫
此令行電仰祈查照並特飭所屬查照一艇及於機○
政柴粵朝印

收文字 秋四擬 6239 號

廣東省政府財政廳代電 48

案由	原案	擬辦	審擬	決定
電呈籌設省庫計劃要點暨省庫組織規程省庫收支處理辦法省庫派員收款辦法省庫保管品處理辦法草案各一份請察核提會核定公佈施行并報請行政院備案由 會 章				

（復文請叙明本件發文年月日字軌號數）

中華民國 年 月 日到 民國廿六年六月廿五日 上午九時

收文 字第 號 旭575 秋四

廣東省政府財政廳代電

字第一三〇三號

中華民國三十五年六月二十四日

廣東省政府主席羅鈞鑒關於二中全會議決改訂財政收支系統一案現經中央決定於本年七月一日起實施現為時已迫關於省庫之設置自應妥為籌劃以免臨時周章茲經本廳將籌設省庫計劃要點暨省庫組織規程省庫收支處理辦法省庫派員收款辦法省庫保管品處理辦法五種草案分別草擬完竣并送經廣東省銀行核議修正謹將上項草案各檢具乙份電請察核提會核定公佈施行并報請行政院備案仍候示遵財政廳長杜梅和致巳迥朝印附

籌設省庫計劃要點省庫組織規程草案省庫收支處理辦法草案省庫派員收款辦法草案省庫保管品處理辦法草案各乙份

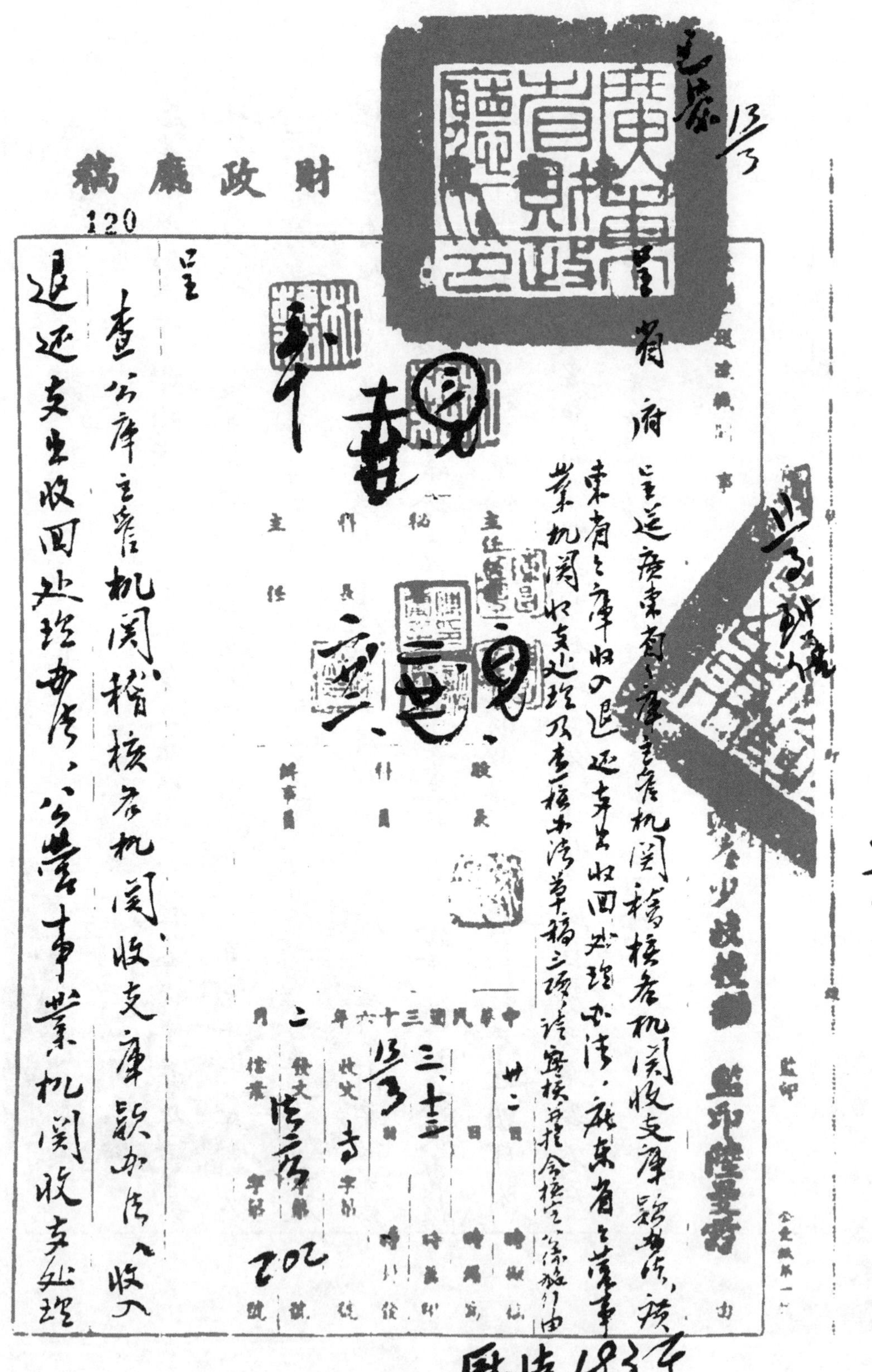

財政廳稿

120

呈

廣東省政府

呈送廣東省公庫主管機關稽核各機關收支庫款辦法、積東省公庫收入退還存款收回處理辦法、廣東省公營事業機關收支處理及查核辦法草稿三種請察核并提會核定公佈施行由

中華民國三十六年二月 廿二日

呈

查公庫主管機關稽核各機關收支庫款辦法、收入退還存款收回處理辦法、公營事業機關收支處理

廳法183号

121

及查核办法，前经中央订定公布施行，惟自实施改订财政收支系统实施后，省级财政恢复，似应另订办法公布施行，俾资遵守。谨拟具广东省各库主管机关稽核各机关收支库款办法、广东省各库收入退还支出收回处理办法、广东省各事业机关收支处理及查核办法草案各乙份，呈请察核，提会核定，公布施行，并转报行政院备案，俯候示遵。

谨呈

主席罗

附广东省各库主管机关稽核各机关收支库款办法、广东省各库收入退还支出收回处理办法、广东省各事业

122

机关收支处理及查核办法另行

财政厅长杜[illegible]

123

廣東省省庫主管機關稽核各機關收支庫款辦法

（一）各機關及省庫處理庫款之收支，除公庫法及其他有關法令另有規定外，依本辦法辦理之。

（二）各機關及省庫處理庫款之收支，省庫主管機關得隨時派員實地稽核。

（三）省庫主管機關稽核人員赴各機關及省庫查核時，得查核其現金財物，并調閱賬冊憑證報告及其他有關文件，如有諮詢，應由主辦人員負責解答，不得隱匿或拒絕，其有機密性質者，稽核人員應負嚴守秘密之責。

省庫主管機關處理前項事務，必要時得派稽核人員長駐指定機關，或分區巡迴視察。

（四）省庫主管機關認為有向各銀行查核各機關存款之必

要時得隨時派稽核人員前往實地调查，各該銀行應儘量予以便利，不得拒绝。

（五）稽核人員發見各機關處理款項有違反法令或其他不法情事時，除口頭指導糾正外，并應據實報告省庫主管機關核辦。

（六）支用機關簽發公庫支票，其數額在十萬元以上時，應附同有關單據或其他證明文件，送由駐庫審计人員核簽後始得交付債權人支取。債權人取出庫款，如須存入銀行時，得由原付款銀行商存款人仍存入該銀行。

（七）支用機關如須以公庫支票支取款項轉撥至其他設有省庫之地點備用時，應經財政廳或其指定之機關證明，由原付款省庫撥匯該户依法支用。

（六）各機關非因確實緊急需要、并經省庫主管機關同意、不得向銀行錢莊透支或押借款項、前項透支或押借款項應悉數儲存代理省庫之銀行、開立該機關透支經費存款户、并應由支用機關按旬編造現金出納表（附表）送省庫主管機關查核、各機關領取庫款撥還各該透支或押借款項時、應由省庫主管機關查核後省庫方得付款、

（七）、本辦法由廣東省政府委員會會議核定後施行、

廣東省省庫收入退還支出收回處理辦法

一、凡省庫收入總存款或特種基金存款之收款經原收入機關依據法令之規定或事實上發現錯誤應予退還全部或一部者、應由該機關填具收入退還書、交原繳款人、送由原收款之代理省庫銀行或郵政機關核明支付、在原收入科目內冲減之、此項支付、毋庸由省庫主管機關另填支付書、

前項收入退還書應備具收據通知及報告報查各一聯

（附格式）

二、代理省庫之銀行或郵政機關對於收入退還書理

應以收據及通知兩聯存查、報查聯送該管審計以報告聯送省庫主管機關、

三、原繳款人未能親往原繳款地點領取者、得由原收入機關將收入退還書交原收款之銀行或郵政機關、連同應退還之金額一併寄交退款受領人簽名蓋章、并將款支付之、

四、支用機關由普通經費存款戶或特種基金存款戶內支出之款、經各該支用機關依據法令或事實上支用減少須收回全部或一部份者、應由該機關填具支出收回書飭原債權人連同應繳現金或票據一併送原支款

代理省庫之銀行或郵政機關收入各該存款户、

前項支出收回書應備具正副通知兩聯及收據報告報核各一聯（附格式）、

五、代理省庫之銀行或郵政機關對於支出收回書之處理應以正副通知聯存查收據報告報核兩聯經簽証後收據聯及原債權人報告聯送原支用機關報核聯送該省審計机關、

六、原債權人不在原領款省庫所在地者應由原支出機關將支出收回書寄交該債權人原債權人應即將收回之現金或票據交由就近代理省庫之銀行或郵政機關轉原支出之省庫仍依前條規定手續辦理、

前項應收回之款債權人延不繳納應由該支用機關負責追繳、

又、原債權人對於應繳回之款、雖未經支用機關填發支出收回書、亦得逕將應繳回之款、并以書面載明繳款數目、原支用機關支用年月日及用途等項送交應支出之代理省庫之銀行或郵政機關或交由就近代理省庫之銀行或郵政機關滙交原支出之省庫、并報告支用機關、如支用機關核數未符時、仍應依照前條辦法填發支出收回書、飭令補繳代理省庫之銀行或郵政機關收到債權人逕行繳回之款、未經支用機關填具支出收回書者應給予收據。

八、依照公庫法第四條自行收納之款，該收入機關發現應退還情事在未繳解省庫以前，由該機關於所收款內自行退還之，其已解繳省庫者適用以上規定辦法辦理。

九、依照公庫法第五條自行支出之款，經各該支用機關發現應收回之款，即由該機關向原債權人收回之。

十、收入之退還及支出之收回屬於當年度收支者，應在原存款內沖正之；屬於以前年度者，其收入之退還作為本年度之歲出，其支出之收回作為本年度之歲入

均在收入總存款或各該特種基金存款內處理

支出收回書

第一聯收據

字第　　號

原支款						收回	
省庫名稱	年月日	科目	用途	金額	受款人	金額	理由

金（大寫）額國幣

（支用機關主管長官及會計人員署名蓋章）

收款省庫名稱

收回日期

主管員職銜署名蓋章

中華民國　　年　　月　　日

此聯由收款省庫給原受款人

附注：正副通知及收据报告报核四联格式均与此联格式相同

收入退還書

第一聯收據　　　　字第　　　號

原				繳			款		退		還	
日期			繳款書字號	預算編次		收項	金額	繳款人	金額		理由	退款支領人簽名蓋章
年	月	日	字號	款	項	年月份						

金額(大寫)

其他應行說明事項	收入或填發機關	退款公庫
	名稱	名稱　[illegible]（[illegible]行）
	長官職銜簽章	主管員職銜蓋章
	填發日期　中華民國　年　月　日	退款日期　中華民國　年　月　日

此聯由退款公庫寄總庫备核

傳票　　字 No.　　科目

~~局長副局長~~

~~經副襄理~~　　主任　　記帳

~~主　　任~~　附注：通知及报告报查三联格式均与此联格式相同

對方科目

廣東省省營事業机關收支處理及查核辦法

一、凡省營事業機關之收支與查核均依本辦法辦理

二、各省營事業機關應依規定限期編製營業概算連同營業計劃呈請主管機關轉請核定如逾期尚未編送者由省政府通知省庫主管機關轉知該省營事業機關之存款省庫或銀行停止其存款之支付并函知會計處及審計處但已經編送尚在主管机關審核中者各該主管机關得敘明辦理情形呈請省政府酌予展限

三、各省營事業机關之存款應以存放省庫或廣東省銀行為原則但因契約關係或其他特殊情形經各該主管機關核准

134

後，亦得存于其他銀行，均用其機関名義開立專户，辦理收支，并應將存款銀行户名帳號報告省庫主管机関。

四、各省營事業机関應依其各該會計制度所規定之現金票據証券收支月報及年度決算報告，按期加繕一份，送省庫、主管机関查核，其存款省庫或銀行，每月結帳後，并應將各該省營事業各存款户之收支結存各數，按日加繕核賬單一份，送請省庫主管机関查对。

五、各省營事業机関之盈餘，應行繳解省庫，其因營業之擴充或改進及其他用途需用資金時，應另行編具概算，呈請主管机関轉呈，請核定，由省庫依法指撥。

六、省庫主管机关得隨時派員分赴各省營事業机关寔地查核其現金票據証券等出納情形。

七、各省營事業机关如有支出不當情事，省庫主管机关查明確寔後，應通知其主管机关及審計机关糾正，於必要時并得呈明省政府通知其存款省庫或銀行止付存款。

八、本辦法由廣東省政府委員會會議核定後施行。

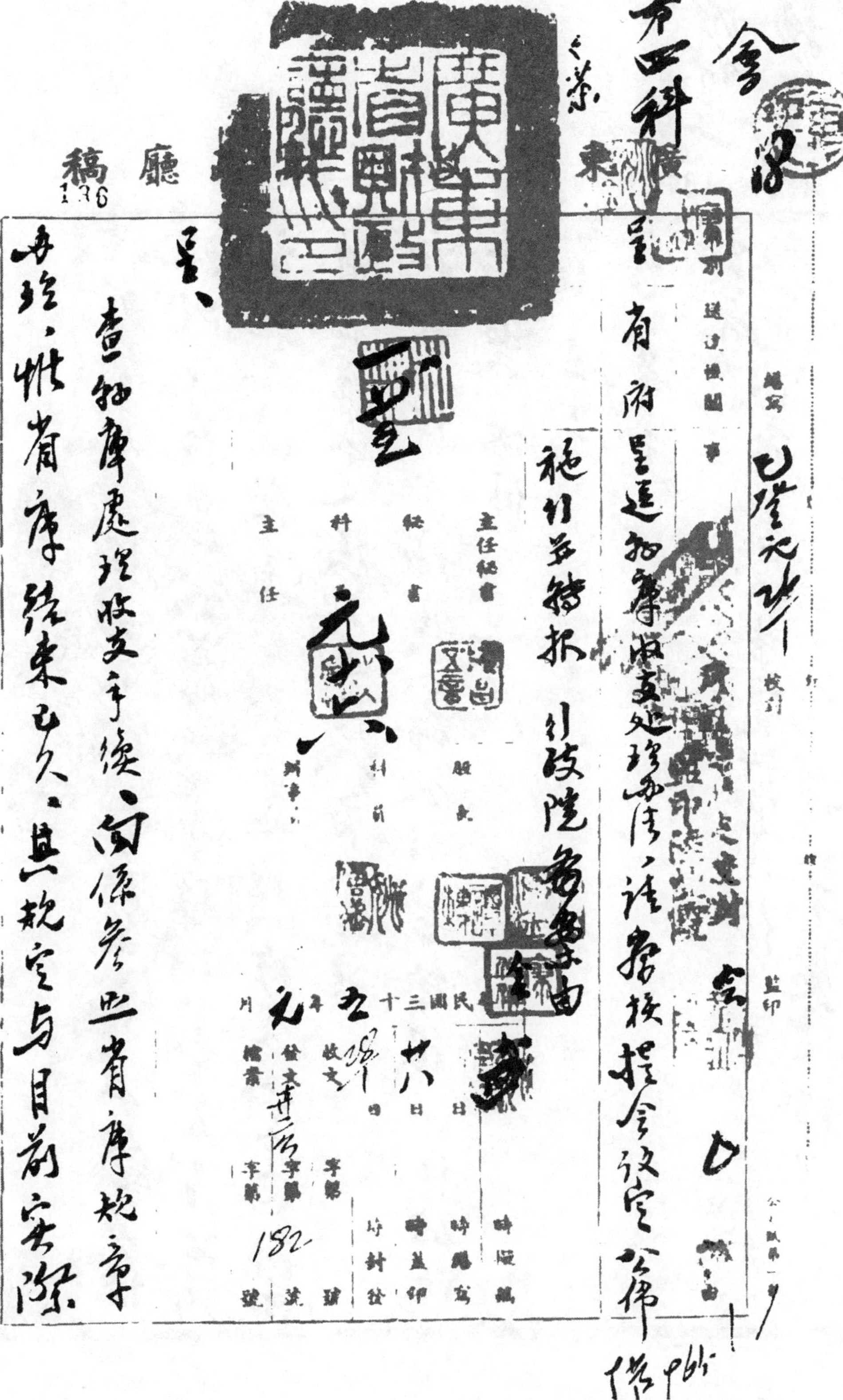

附件照抄送 目
137

情形，各省未撥，各銷之庫收辦理收支至為不便。
現此事結束，銷庫繼續接收，亟宜另訂新
章施行，以資遵守而便處理。職會擬定「廣東
省銷庫收支處理辦法」，備文呈送
察核，提會議定，公佈施行，並轉報　　行政院
備案，以便
示遵。謹呈
主席吳
附廣東省銷庫收支處理辦法一份
財政廳長杜梅和

廣東省縣庫收支處理辦法、

第一章　總則、

第一條、廣東省縣款之收支依本辦法辦理、

市款原管理由本省另案準用本辦法

第二條　縣之收入由縣庫核收、其支出由縣庫支付、

第三條　關於各縣之縣庫庫款催解、經費劃撥、報表編送、及其他縣庫行政事務、由各縣縣長依法就近辦理之、其報表編送由縣長負責辦理之

第四條、縣長除辦理前條規定事務外、每月編製收支報告及工作報告呈送財政廳審核

前項收支報告格式另定之

廣州市西關聯明新印　電話一六五八二

第四条、各机关依照公库法第四条及第五条各款之规定，该项收入或支出之一部或全部自行收纳保管或支出者，应照公库法施行细则第十五条之规定叙明事实，报由县政府核定。

第五条：公库法第四条第二款及第五条第二款所称之规定里程依左列办理：

一、第四条第二款为十公里。

二、第五条第二款规定如次

甲、交通便利地方（指有铁路之县或轮船通过）为三十公里。

140

乙、交通不便地方為十五里、

三、交通有特殊故障地方不能適用前項之規定者得由各該機關呈請省政府核定行之、

第六條、各機關團體收入之退還、支出之收回、應比照現行之收入退還支出收回處理辦法之規定辦理、

第七條、各機關之特定稅收支之處理適用「田賦改征實物收物到撥辦法」之規定、

第八條、省轄市及管理局之財政收支準用本辦法之規定、

第二章 收入

第九條、各縣收入已列入總預算或未列歲入總預算而應歸縣庫統收者、除田賦特種基金另有規定外、應由收入機關填具

缴款书交由缴款人连同现金直接缴纳就近县库核收、

第十四条 县库及县支库于必要时得派员驻在收入机关依照前条规定手续负责代收、

第十五条 县库及县支库对于收入总存款之收款应按年度别科目别机关别就县库管理及自行收纳两部份分别注明编制收入日报分送收入机关及县政府、

第十六条 各收入机关对于县库收入总存款之收款应依前条规定分别编制收入日报还报县政府、

第十七条 各收入机关自行收纳保管之零星收入应以所收款项每笔不满五百元者为限并收入较少机关其限度仍得报经县政府核定之、

142

第十四条　各收入機關依照本法第四條各款規定自行收納之款其應繳期間至多不得逾一月。

第十五條　繳款經財政廳核准以票據證券繳納者，除已到期之票據證券應依照第十九條之規定繳納收入總存款外，其未到期之票據證券應由縣庫作為保管品處理，俟到期收得現金後再行繳入收入總存款。

第三章　支出

第十六條：各機關支領縣款應依左列程序辦理：

一、各機關經常費或臨時費應由縣政府查照各機關核定分配預算（歲出預算法案）簽發撥字撥款書（附格式）

貴陽市西湖路聯新印　電話一六五八二

二、縣(市)政府[illegible]設有會計人員者并應由命令

辦理直接[illegible]列手續辦理

甲、命令聯由縣政府送代理縣庫之銀行或郵政機關辦理

乙、通知聯由縣(市)政府送請領機關查照

丙、存根聯由縣(市)政府存查

第十七條:代理公庫之銀行或郵政機關收到公庫主管機關所送

前條撥款書后,應將該款由收入總存款撥入請領機關

普通經費存款賬戶,並填撥款通知單(附撥款書)以送

請領機關。

第十八條:縣(市)政府各機關支用普通經費存款時,應依照公庫

法第十五条规定之发出支票（或拨款书）付给政府之债权人并向债权人取具收据、

第二十九条　依公库法第十八条及第二十条之规定关于收入总存款内直接拨付之支出应由县（市）政府依照本法第十四条之规定填发直字拨款书领款机关收到县（市）政府所送前项拨款书通知联应即填具领款收据向代理公库之银行或邮政机关具领

代理公库之银行或邮政机关收到领款机关所送领款收据核与拨款书命令联相符后照数拨付、

第三十条　县库及县支库对于各该县各费类普通经费存款或

145

特種基金存款收支日報送由縣庫分別加編收支總旬報一併遞報縣政府及財政廳、

第卅四條 各經管機關應分別存款帳戶年度科目造具現金出納旬報送縣政府、

第四章 特種基金

第卅五條 縣政府暨所屬機關經管之特種基金款項除該基金之法令契約或遺囑內有特別規定者得按照規定辦理外、應繳入縣庫開立各該基金帳戶作為左列各項特種基金存款辦理收支。

一、營業基金存款

二、非營業循環基金存款

三、公債基金存款

四、留埶本基金存款

五、信託基金存款

六、其他類特種基金存款

第廿三條 各特種基金之收入依第廿二條規定由縣庫辦理者其繳款手續及繳款書格式由該管機關逕與縣庫及縣庫商定之。

第廿四條 各特種基金之創撥支用應照各該基金預算或核定計劃數目由該基金項下支出之基金繳存縣

庫者應由該管机関於該基金存款户依法以公庫支票為之

第廿五條：特種基金之收支依第廿四條規定由縣庫辦理或由該管機関照呈准之原定收支處理辦法辦理者，應由該管机関按旬或按月分别科目呈报各該縣政府、

第廿六條 每屆年度終了縣庫縣支庫各户特種基金存款除設定該基金之法令契約或遺囑内有特别規定者由縣府通知縣庫辦理外、應轉帳加入下年度由該管機関繼續使用之、

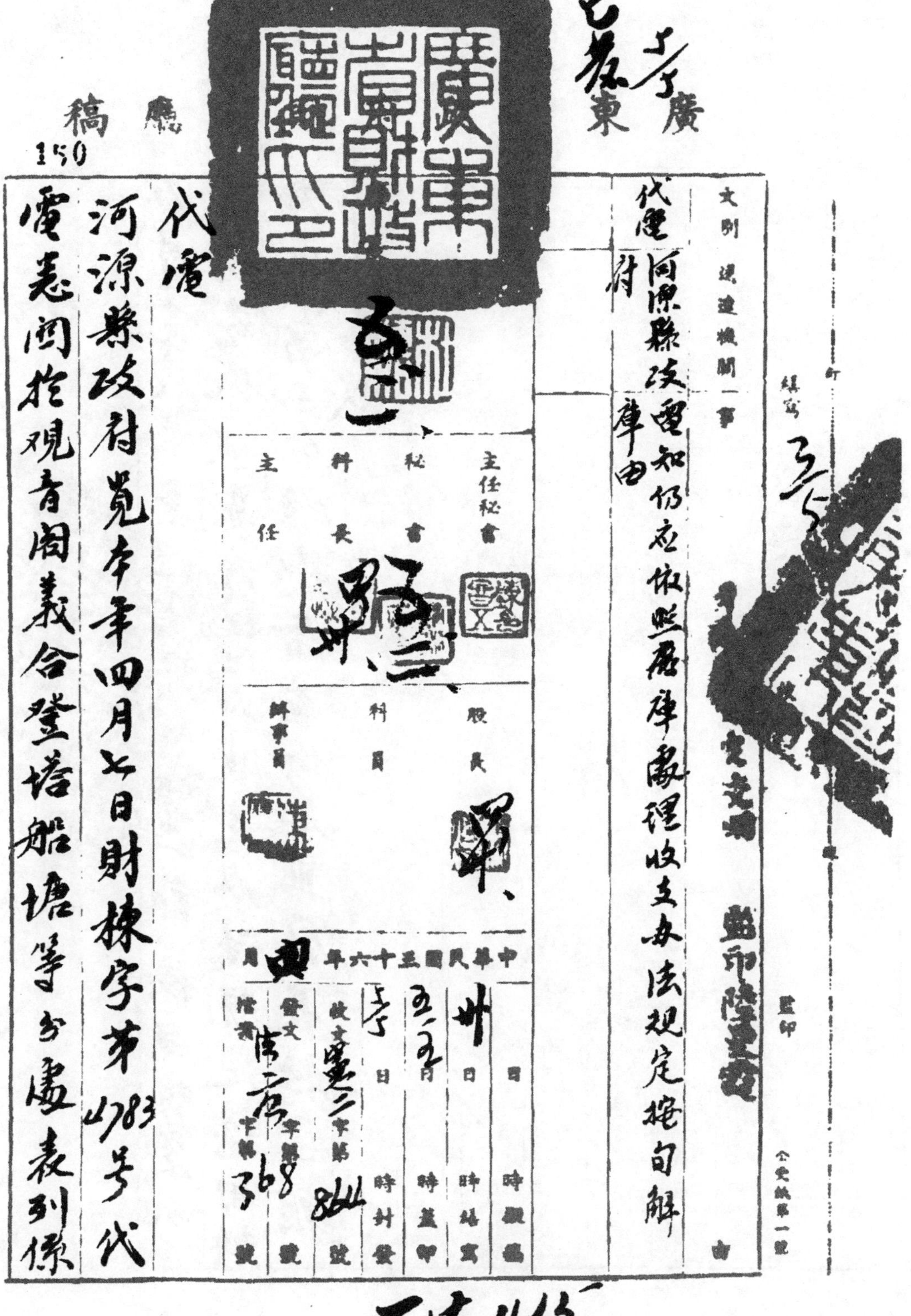

廣東省財政廳

廣東　廳稿

150

文別　代電

送達機關　河源縣政府

事由　電知仍應依照屠宰整理收支办法規定撥旬解庫由

主任秘書

秘書

科長

主任

股長

科員

辦事員

中華民國三十六年　月　日

時擬稿

時核寫　卅日

時蓋印　五月　日

時封發　　日

收文 字第8444號

發文 字第368號

檔冊

監印

公文紙第一號

代電

河源縣政府覽本年四月七日財棣字第1783号代電悉閱於观音閣義合登塔船塘等多處表列條

丁法4415

每月五号以前暨半個月解庫一節核与規定不符仍應依照縣庫處理收支办法規定按旬解庫餘並不合准予备查仰知照縣長杜○○朝印辰徽

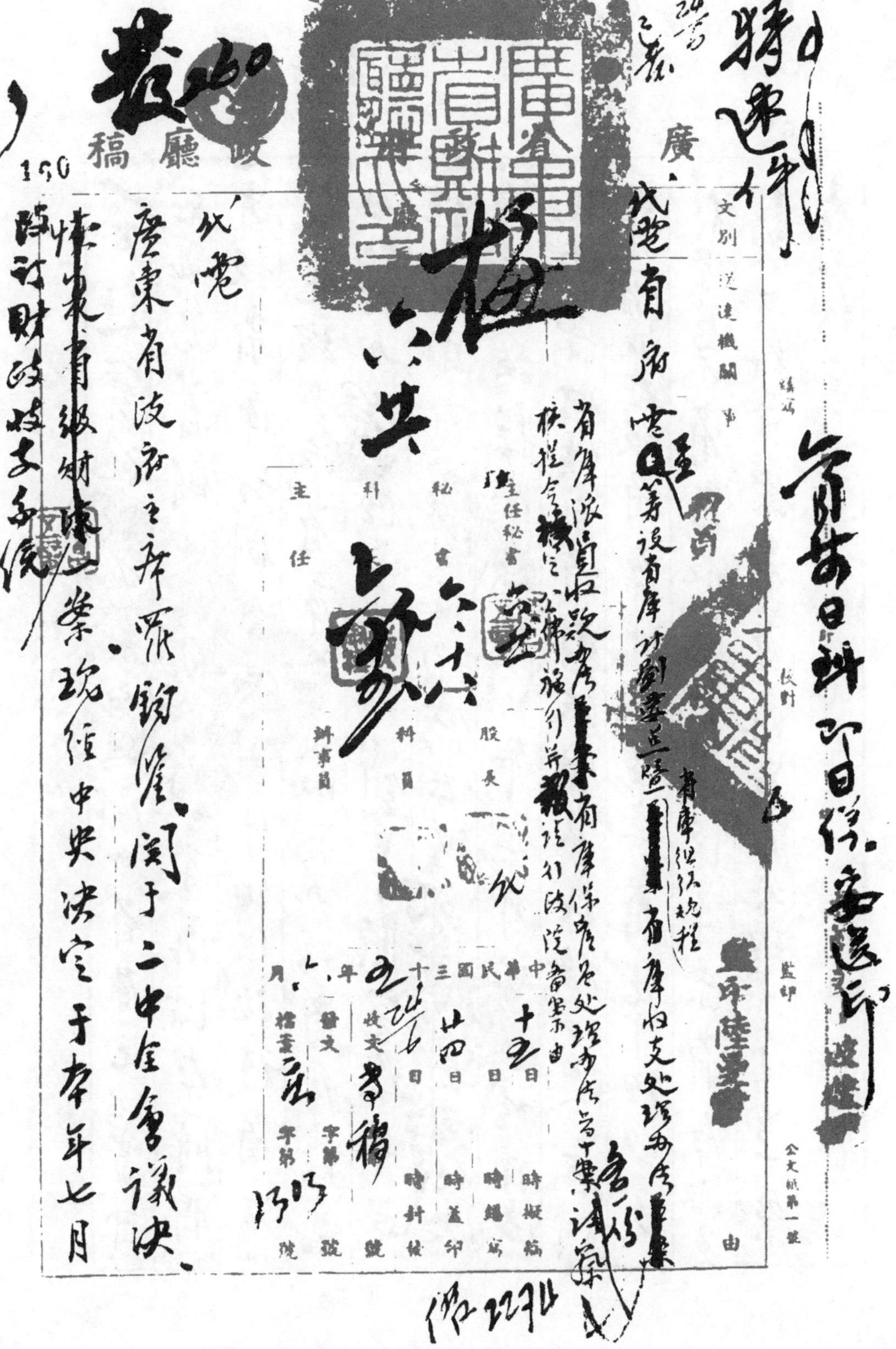

特急件

廣東省財政廳稿

文別 代電

送達機關 廣東省政府

事由 電呈籌設省庫

簽發日期 月 日 發送

主任秘書

秘書

科長

股長

主任

科員

辦事員

中華民國三十四年 月 日

擬稿 時

繕寫 時

蓋印 時

封發 時

收文 字第 號

發文 字第 號

檔案 字第 號

代電

廣東省政府主席羅鈞鑒、關于二中全會議決、

依照省級財政案、經中央決定于本年七月

臨時財政收支系統

公文紙第一號

五

161

一日起實施，施行以迄關于省庫之設置，自應妥為籌劃，以免臨時周章，并經本所將籌設省庫計劃要點、省庫組織規程、省庫收支處理辦法、省庫派員收款辦法、省庫保管品處理辦法五種草案，分別草擬完竣，並送經廣東省銀行核議修正，謹擬具草案具呈請察核提會，定期公布施行，並請轉飭改照奉案，仍候示遵。財政廳長杜梅和 已遵改

即附籌設省庫計劃要點、省庫組織規程草案、省庫收支處理辦法草案、省庫派員收款辦法草案、省庫保管品處理辦法草案

存 已修

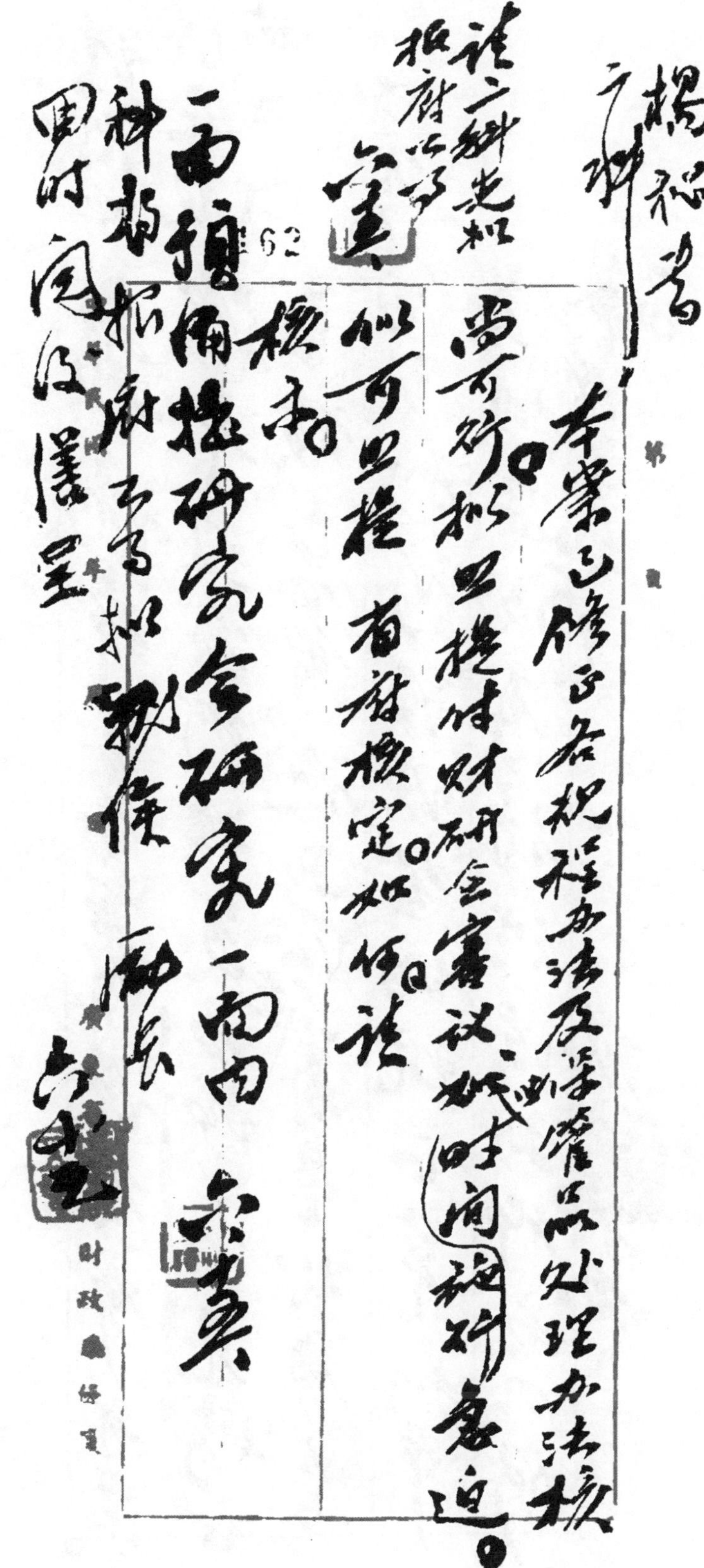
杨总长
二科
本案已修正各规程办法及保管品处理办法，核
尚可行。拟照提财研会审议，惟时间诚迫。
似可照提。首席核定如何？请
示。
请二科先拟
根据以下
宪
62
核示。
一面预备提研究会研究，一面由
科拟稿府公函拟 秘 候 厅长
用时间及谨呈
财政厅便笺

請指正
頒發示見
核送一閱
鈞覽

家諭奉悉。籌設省庫方案，
經參照省行辦法，四項意見備呈
並擬具籌設辦法草案，蓋依庫合
鈞之擬訂該項省鈔，現正草擬中，
俟擬妥後，再將詳法抄呈，以何
和叔理國之如宜

職 [illegible]

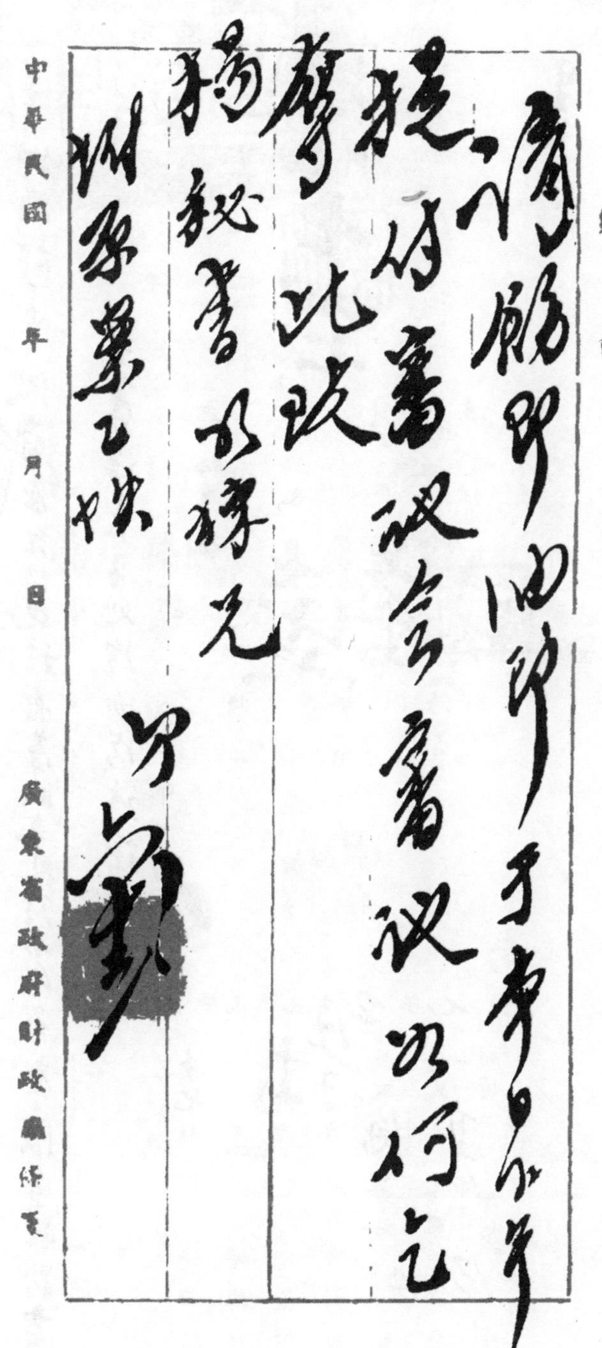

第　頁

中華民國　年　月　日

廣東省政府財政廳信箋

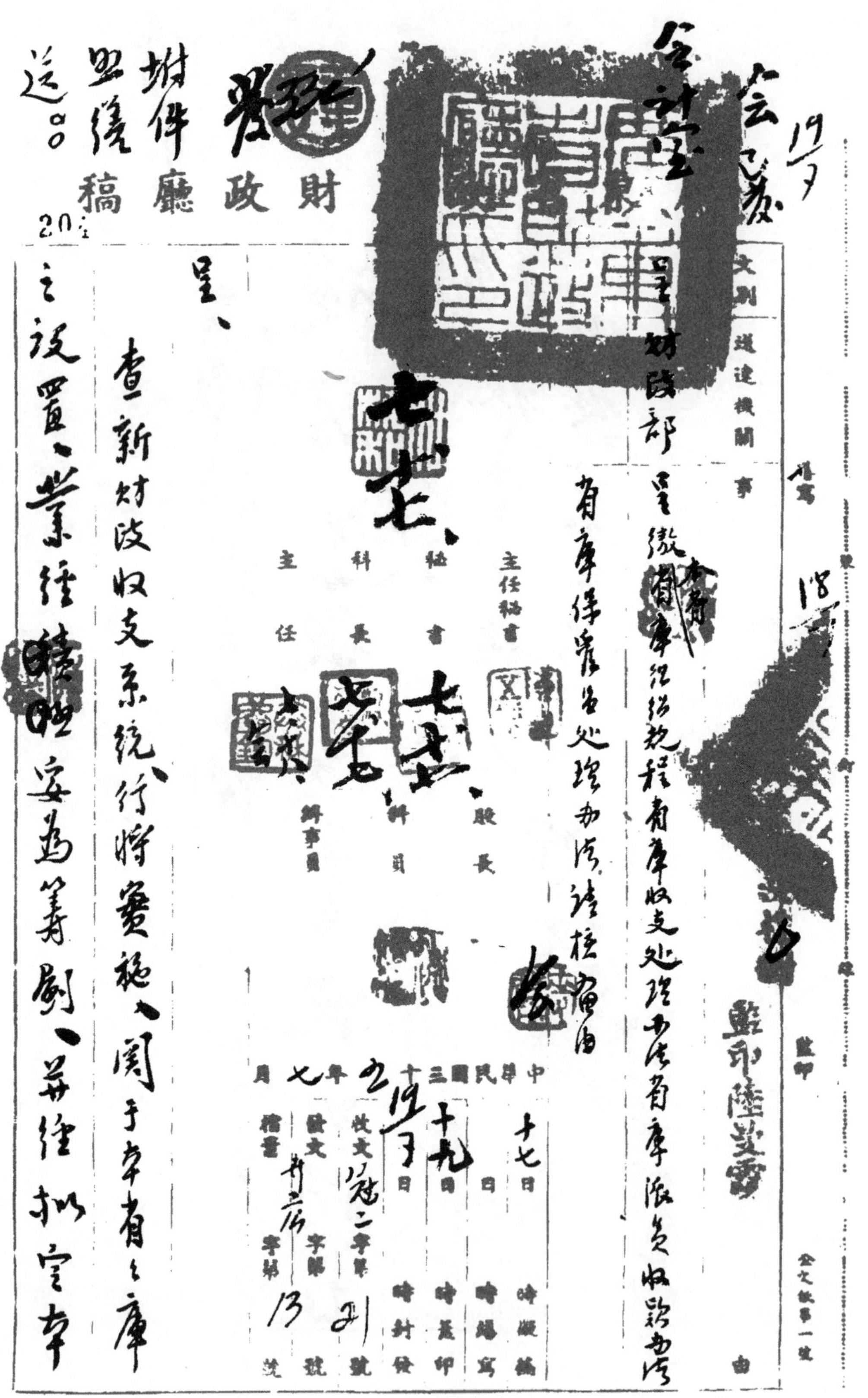

财政厅稿

拟件
照缮
送。

会计室

文别：呈

送达机关：呈财政部

事由：呈缴省库组织规程、省库收支处理办法、省库派员收发办法、省库保管品处理办法请核备由

主任秘书

秘书

科长

主任

股长

科员

办事员

中华民国三十七年 月 日

拟稿 十七日 时

缮写 日 时

监印 十九日 时

封发 日 时

收文 字第 号

发文 字第 号

档号 字第 号

呈

查新财政收支系统，行将实施，关于本省省库之设置，业经转饬妥为筹划，并经拟定本

缮写

校对

监印

公文纸第一号

205

省省库组织规程、省库收支处理办法、省库派员收款办法、省库保管品处理办法、抄付广东省政府第十届委员会第六次会议议决通过纪录在案、理合检具并同规程办法各一份、备文呈缴

察核备案。

谨呈

财政部

附委员会省省库组织规程、省库收支处理办法、省库派员收款办法、省库保管品处理办法各一份

[illegible]

广东省财政厅厅长杜梅

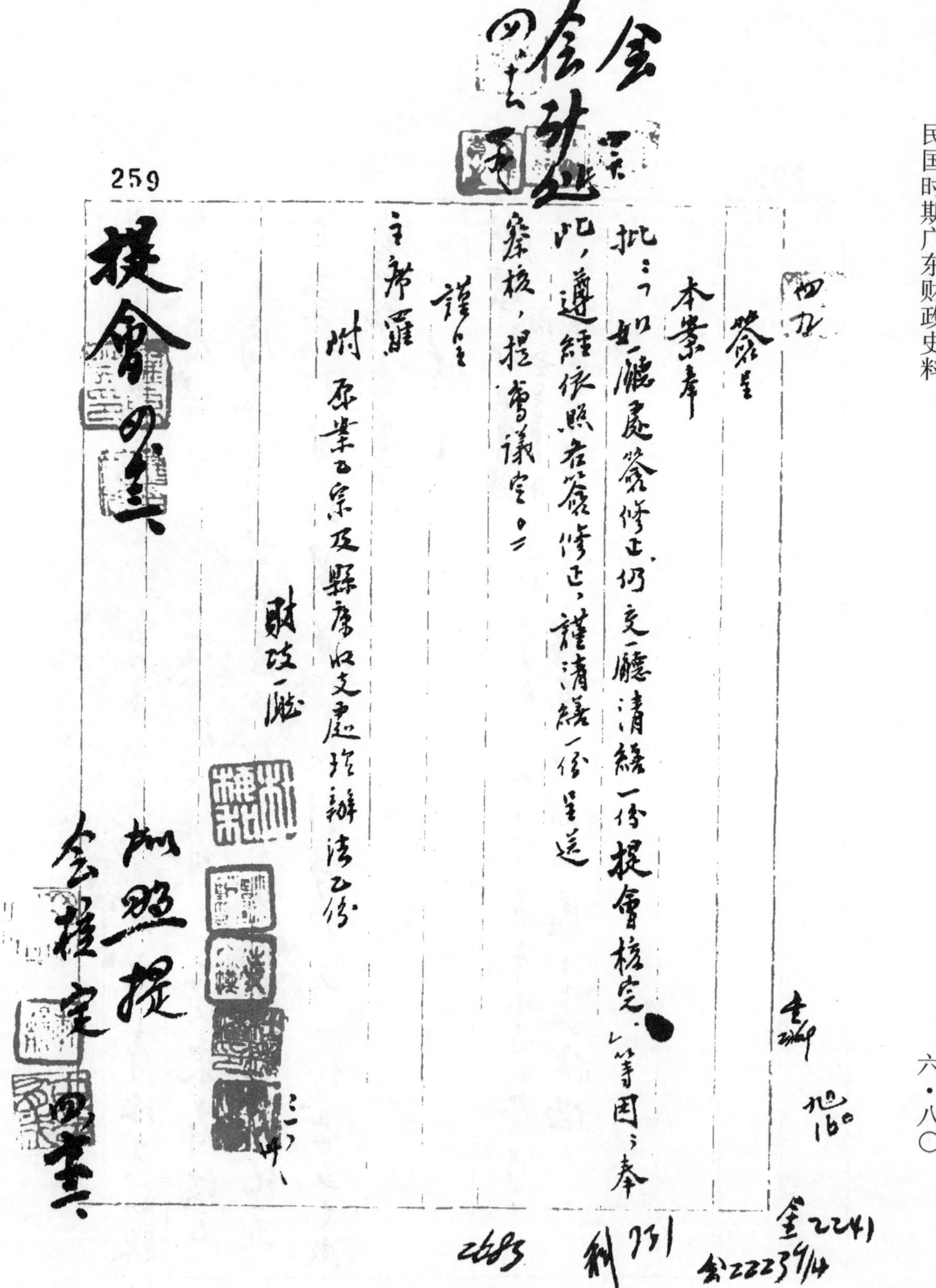

259

签呈

本案奉

批："如厅处签修正，仍交厅清缮一份，提会核定。"等因。奉此，遵经依照右签修正，谨清缮一份呈送

察核，提会议定。

谨呈

主席罗

附原案一宗及县库收支处理办法一份

财政厅

提会四、二、三

照提

会核定

照印分發

抄

260

廣東省縣庫收支處理辦法

第一章　總則

第一條　廣東省縣款之收支、依本辦法辦理、

第二條　縣之收入由縣庫核收、其支出由縣庫支付、

第三條　關於各縣之縣庫庫款催解、經費劃撥、及其他縣庫行政事務由各縣縣長（省轄市已設財政局者由財政局長）依法就近辦理之、至報表編送由縣長（省轄市已設財政局者由財政局長）督促辦理之、

第四條　各機關依照公庫法第四條及第五條各款之規定、請將收入或支出之一部或全部自行收納保管或支出者、應照公庫法施行細則第十五條之規定、敘明事實報由公庫主管機關核定、

第五條　公庫法第四條第二款及第五條第二款所稱之規定里程

261

依左列辦理

一、第四條第二款為五公里。

二、第五條第二款規定如次

甲、交通便利地方（指有鉄路公路或輪舟）為十公里。

乙、交通不便地方為五公里。

三、交通有特殊故障地方不能適用前項之規定者得由各該機關商請各該公庫主管機關核定行之。

第六條　各機關關於收入之退還、支出之收回應比照現行之「收入退還支出收回處理辦法」之規定辦理。

第七條　各機關關於實物收支之處理適用「田賦改征實物收納劃撥辦法」之規定。

第八條　省轄市及管理局之財政收支準用本辦法之規定。

第二章　收入

第九條　各縣收入已列歲入總預算或未列歲入總預算而應歸縣庫統收者、除特種基金另有規定外應由收入機關擬具繳款書交由繳款人連同現金直接繳納就近縣庫核收。

第十條　縣庫及縣分庫於必要時得派員駐在收入機關依照前條規定手續負責代收。

第十一條　縣庫及縣分庫對於收入總存款之收款應按年度別科目別機關別就縣庫管理及自行收納兩部份分別註明編製收入日報分送收入機關及公庫主管機關。

第十二條　各收入機關對於縣庫收入總存款之收款應依前條規定分別編製收入日報送公庫主管機關。

第十三條　各收入機關自行收納保管之零星收入應以所收款項每

263

筆不滿五百元者為限、其收入較大機關、其限度仍得報經公庫主管機關核定、

第十四條　各收入機關依照公庫法第四條各款規定自行收納之款、其保管期間至多不得逾一旬、

第十五條　繳款經財政廳核准以票據証劵繳納者、除已到期之票據証劵應依照第九條之規定繳納收入總存款外、其未到期之票據証劵應由縣庫作為保管品處理、俟到期收得現金後、再行歸入收入總存款。

第三章　支出

第十六條　各機關支領縣款應依左列程序辦理：

一、各機關經常費或臨時費應由公庫主管機關查照各機關核定分配預算、或其他預算法案簽發撥字撥款書。

二、公庫主管机関所簽發之撥款書應依照左列手續辦理：

甲、命令聯由公庫主管机関送代理縣庫之銀行或郵政机関辦理

乙、通知聯由公庫主管机関送請領機関查照、

丙、存根聯由公庫主管机関存查、

丁、報核聯由公庫主管机関送審計處查核、

第十七條 代理公庫之銀行或郵政機関收到公庫主管機関所送前條撥款書命令聯照數由收入總存款撥入請領機関普通經費存款賬户並填撥款通知單送請領機関、

第十八條 縣政府各機関支用普通經費存款時應依照公庫法第十五條規定簽發支票付給政府之債權人並向債權人取具收據、

第十九條 依公庫法第十八條及第二十條之規定関於收入總存款内直接撥付之支出應由公庫主管机関依照本辦法第十六條之規定

填發直字撥款書領款機関收到撥款書通知時應即填具領款收據向代理公庫之銀行或郵政機関具領代理公庫之銀行或郵政机関收到[illegible]領款機関所送領款收據核與撥款書命令聯相符後照數撥付

第二十條　縣庫及縣分庫對於各該縣各費類普通經費存款或特種基金存款收支日報送由縣庫分別加編收支總日報一併遞報公庫主管機関

第廿一條　各支用機関應分別存款帳户年度科目造具現金出納旬報送公庫主管機関

第四章　特種基金

第廿二條　縣政府暨所屬機関經管之特種基金款項除設定該基金之法令契約或遺囑內有特別規定者得按照規定

辦理外應繳入縣庫，開立各該基金帳户，作為左列各項特種基金存欵辦理收支：

一、營業基金存欵，

二、非營業循環基金存欵，

三、公債基金存欵，

四、留本基金存欵，

五、信託基金存欵，

六、其他類特種基金存欵。

第廿三條 各特種基金之收入，依第廿二條規定由縣庫辦理者，其繳欵手續及繳欵書格式，由該管機關逕與縣庫及縣分庫商定之。

第廿四條 各特種基金之劃撥支用，應照各該基金預算或核定計劃數目，由該基金項下支出之。基金繳存縣庫者，應由該管

機關於該基金存款户依法以公庫支票為之、

第廿五條　特種基金之收支依第廿二條規定由縣庫辦理或由該管機關照呈准之原定收支處理辦法辦理者應由該管機關按旬或按月分别科目呈報各該縣政府、

第廿六條　每屆年度終了、縣庫縣分庫各特種基金存款除設定該基金之法令契約或遺囑内有特别規定者由縣府通知縣庫辦理外、應轉帳加入下年度由該管機關繼續使用之、

第廿七條　本辦法自公佈日施行、

268

令計處附處

查原擬辦法第三條似應改為「關於各縣之縣庫收款、催繳經費、劃撥及其他縣庫行政事務由各縣縣長（省轄市已設財政局者由財政局長）依法就近辦理之，至報表編送由縣長（省轄市已設財政局者由財政局長）擔任辦理之」，因汕頭、湛江兩省轄市現均不設財政局，故應加「已設財政局者」一句，以資識別，當否？請察奪

令
本府第四科
令
会计处

奉
交下本省县库收支处理办法，饬覆酌筹周，亦参照本府会计处及秘书处法制室采列意见拟议如左：

一、原拟办法第三条拟改为“关于各县之县库款催解缮发划拨及其他县库行政事务由各县县长（有辖市由财政局长）依法就近办理之。至报表编送由县长（有辖市由财政局长）督促办理之。”

二、原拟办法各条对于县库之主管机关或称县政府，请修改为“公库主管机关”。

三、关于县库造送编送报表之责任问题应否列入一、二项。查公库法及公库法施行细则对于报

276

表編送之期限已有明確之規定，如編送遲滯，總庫當局負延誤之責，似可不必列入，免複冗贅。

四、參照法第十六條第二項規定，擬將報核賬目註明：「送審計處查核」。

五、關於各庫收支總庫收到撥款書，令飭該填送撥款通知單期限一節，查總庫收到撥款書，令飭自應即行辦理撥款手續，似無「期限」之可言，擬毋庸加入。

六、關於總庫及代理機關應用之書表格式，公庫法及公庫法施行細則多有規定，總庫及總庫主管機關自可參酌辦理，且各總情形實有不同，可由總庫主管機關會商代

271

库机构办理，俾有伸缩，似[illegible]须为一段之规定。

七、第十一条及第十六条文内之「特府」二字拟改为「特政府」。

八、第十六条以下文内所有「特(市)政府」者，拟将其中「(还)」字删去。

九、第卅条第一项后段「特(市)政府所送副项」六字拟删去。

十、拟增订第廿七条为「本办法自公布日施行」。

十一、原拟办法所有「特支库」名称均改为「特分库」。

以上所拟，如奉核可，敬祈

272

分别修正，提会核定。[illegible]，俾[illegible]
钧裁。

财政厅 [illegible]　三[illegible]

拟[illegible]处[illegible]修正[illegible]一份
提会核定。

[illegible]　三·六

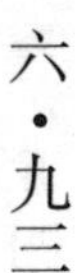

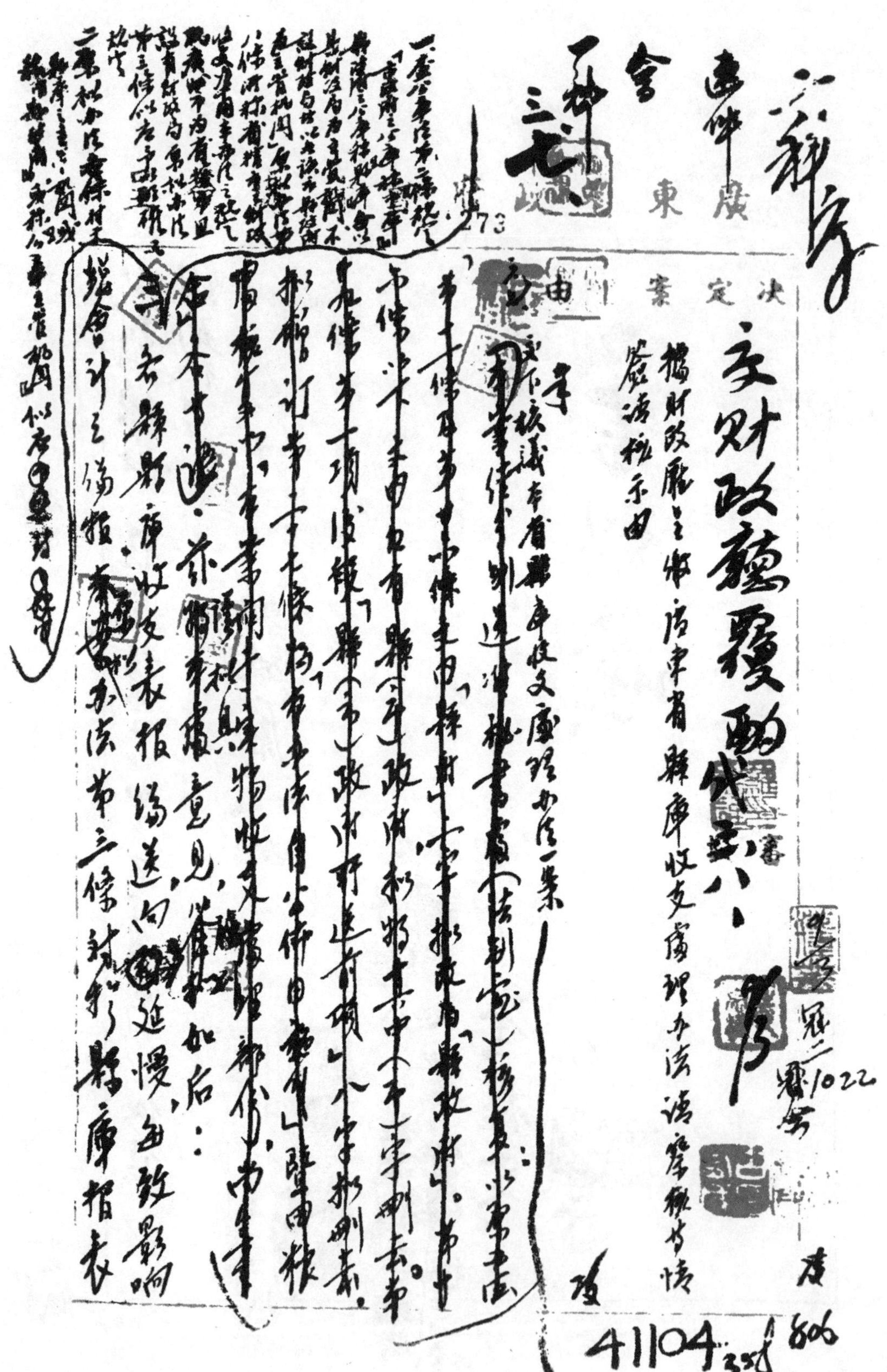
廣東

決定案

由

據財政廳呈擬廣東省縣庫收支處理辦法請察核施行由

交財政廳覆勘

273

41104

274

之備送，僅規定由縣長督促办理之，至於庫之領依期編報及縣庫延誤編報時應負之責任，尚未列入，可否加以明顯規定，以資限制。

四、關於縣府所簽發之撥款書照現行办法第十六條第二項規定，僅有三聯：甲、命令聯。乙、通知聯。丙、存根聯。惟查照廣東省審計處審核廣東省各縣市地方財務暫行办法第七條規定：「縣市前之經理財政机關核收款項時所簽發之收入或支付命令，應特備報核聯，送審計處查核」，是本办法所定之撥款書應加入報核一聯，以資送審。

五、各縣縣庫每有收到縣府撥款書命令聯後，延不填發撥款[illegible]領款机關者，現本办法第十七條，尚未[illegible]可否規定縣庫[illegible]

275

收到捐款书命令联后若干日，由[illegible]填发捐款

通知单，送缴款机关，非有特殊原因不得延误。

兹本案办法係属新订，对于本办法所规

定适用之书表（如捐款书收支日报等）格式，

可否[illegible]规定[illegible]併附入，俾趋一致。

右拟[illegible]项，谨[illegible]秘书处（法制室）[illegible]所拟意

见，[illegible]核定[illegible]发还财政厅办理，[illegible]谨请

核夺

秘四 946

276　广东省政府财政厅呈

案由	原案	拟办	审拟	决定
呈送县库收支处理办法请察核提会议定公布施行并转报行政院备案由				交法制、会计室签注意见

会章

（复文请叙明本件发文年月日字号数）

中华民国廿三年一月廿九日送交

附件随送

中华民国　年　月　日到

收文　字第41104号

廣東省政府財政廳呈

卉二公字第一一八二號
中華民國三十五年十一月二十八日

查縣庫處理收支手續，向係參照省庫規章辦理，惟省庫結束已久，其規定與目前實際情形，多有未協，各縣縣庫辦理收支，至感不便，現戰事結束，縣庫續有推設，亟應另訂新章施行，以資適應，而便處理，理合擬定「廣東省縣庫收支處理辦法」備文呈送察核，提會議定，公佈施行，并轉報　行政院備案，仍候示遵，謹呈

主席羅

附廣東省縣庫收支處理辦法一份

財政廳廳長杜梅和

[illegible]校對

監印陸曼霞

廣東省縣庫收支處理辦法

第一章 總則

第一條 廣東省縣款之收支，依本辦法辦理。

第二條 縣之收入由縣庫核收，其支出由縣庫支付。

第三條 關於各縣之縣庫庫款催解、經費領撥及其他縣庫行政事務，由各縣縣長（省轄市已設財政局者由財政局長）依法就近辦理之，至報表編送由縣長（省轄市已設財政局者由財政局長）督促辦理之。

第四條 各機關依照公庫法第四條及第五條各款之規定，請將收入或支出之一部或全部自行收納保管或支出者，應照公庫法施行細則第十五條之規定，敘明事實，報由縣政府核定。

第五條 公庫法第四條第二款及第五條第二款所稱之規定里程，依左列辦理：

一、第四條第二款為十公里

二、第五條第二款規定如次

甲、交通便利地方（指有鉄路公路或輪舟）為三十公里

乙、交通不便地方為十五公里

三、交通有特殊故障地方，不能適用前項之規定者，得由各該機關呈（商）請各該縣政府（公庫主管機關）核定行之。

第六條　各機關關於收入之退還、支出之收回，應比照現行之「收入退還支出收回處理辦法」之規定辦理。

第七條　各機關關於寔物收支之處理，適用「田賦改征寔物收納劃撥辦法」之規定。

第八條　省轄市及管理局之財政收支，準用本辦法之規定。

第二章　收入

第九條　各縣收入已列歲入總預算或未列歲入總預算而應歸縣庫統收者，除特種基金另有規定外，應由收入機關填具繳款書交由繳款人連同現金直接繳納就近縣庫核收。

第十條　縣庫及縣庫於必要時得派員駐在收入機關依照前條規定手續負責代收。

第十一條　縣庫及縣庫對於收入總存款之收款，應按年度別科目別機關別就縣庫管理及自行收納兩部份分別註明，編製收入日報分送收入機關及縣府。

第十二條　各收入機關對於縣庫收入總存款之收款應依前條規定分別編製收入日報送縣政府。

第十三條　各收入機關自行收納保管之零星收入應以所收款項每筆不滿五百元者為限，其收入較少機關其限度仍得報經縣政府

281

府核定、

第十四條　各收入機關依照公庫法第四條各款規定自行收納之款其保管期間至多不得逾一旬、

第十五條　繳款經財政廳核准以票據証券繳納者除已到期之票據証券應依照第九條之規定繳納收入總存款外其未到期之票據証券應由縣庫作為保管品處理俟到期收得現金後再行歸入收入總存款、

第三章　支出

第十六條　各機關支領縣款應依左列程序辦理：

一、各機關經常費或臨時費應由縣政府查照各機關核定分配預算、或其他預算法案簽發撥字撥款書、

二、縣政府所簽發之撥款書、應依照左列手續辦理、

282

丁、報核聯由公庫主管機關送審計處查核、

甲、命令聯由縣政府送代理縣庫之銀行或郵政機關辦理、

乙、通知聯由縣政府送請領機關查照、

丙、存根聯由縣政府存查、

第十七條　代理公庫之銀行或郵政機關收到公庫主管機關所送前條撥款書命令聯照數由收入總存款撥入請領機關普通經費存款賬戶、並填撥款通知單送請領機關。

第十八條　縣政府各機關支用普通經費存款時、應依照公庫法第十五條規定簽發支票付給政府之債權人並向債權人取具收據。

第十九條　依公庫法第十八條及第二十條之規定関於收入總存款內直接撥付之支出、應由縣政府依照本辦法第十六條之規定填發直字撥款書領款機關收到縣政府所送直字撥款

廣州市西湖路明新印　甘號一六五八二

書通知聯、應即填具領款收據向代理公庫之銀行或郵政機關具領、

代理公庫之銀行或郵政機關收到領款機關所送領款收據核與撥款書命令聯相符後照數撥付、

第二十條 縣庫及縣公庫對於各該縣各費類普通經費存款或特種基金存款收支日報、送由縣庫分別加編收支總日報一併遞報縣政府公庫主管機關、

第廿一條 各支用機關應分別存款帳戶、年度科目造具現金出納旬報送縣政府公庫主管機關、

第四章 特種基金

第廿二條 縣政府暨所屬機關經管之特種基金款項、除該基金之法令契約或遺囑內有特別規定者、得按照規定辦理

28

外應繳入縣庫開立各該基金帳户作為左列各項特種基金存款辦理收支：

一、營業基金存款

二、非營業循環基金存款

三、公債基金存款

四、留本基金存款

五、信託基金存款

六、其他類特種基金存款

第廿三條　各特種基金之收入依第廿二條規定由縣庫辦理者其繳款手續及繳款書格式由該管機關逕與縣庫及縣支庫商定之。

第廿四條　各特種基金之動撥支用應照各該基金預算或核定數

目由該基金項下支出之基金繳存縣庫者、應由該管機関於該基金存款户依法以公庫支票為之、

第廿五條　特種基金之收支依第廿二條規定由縣庫辦理、或由該管機関照呈准之原定收支處理辦法辦理者、應由該管機関按旬或按月分别科目呈報各該縣政府、

第廿六條　每屆年度終了、縣庫各特種基金存款、除原定該基金之法令契約或遺囑内有特别規定者由縣府通知縣庫辦理外、應轉帳加入下年度由該管機関繼續使用之、

第廿七條　本辦法自公布日施行

（格式二）

（收入机关）收入日报

286　　年　　月　　日　　字第　　号第　　页

章别	款别	项别	科目			报告期		国库代理部份			自行收纳部份			合计			备考
			款	项	目	年月	月日	万千百	十万千	百十元	万千百	十万千	百十元	万千百	十万千	百十元	

机关长官或其代理人　　第　科长 会计主任　　复核　　制表

省/国库收支机关收入日报格式说明

甲　表式尺寸

一、本表宽度直廿八公分　横卅六公分

二、本表式规定直二十二公分　横廿八公分

三、章别栏二公分半，款项目各栏一公分，报告期各栏一公分，国库代理部份、自行收纳部份、合计各栏一公分半，备考栏三公分半

乙　填表须知

一、章别栏——填写收款国库之名称

二、款项目各栏——应照收入款项目之名称（照填预算科目名称）

三、报告期年月栏——应填某年某月某日至某日（以填报所属年月份）

四、省/国库代理部份栏及自行收纳部份栏——应将收款总额分别填入国库代理部份栏或自行收纳部份栏内

五、合计栏——应将本日所收总数填入合计栏

六、备考栏——凡应注明事项均填入此栏

（格式三）

附注：本表纸张……须依照本表式样

甲、表纸尺寸

一、本表每页直廿八公分，横四十六公分

二、本表格式直廿二公分，横卅一公分

三、出纳日期栏一公分半，科目栏一公分半，预算款项栏二公分半，摘要栏五公分，据数书号数栏一公分半，存入支出结存各栏各一公分半，备考

乙、填表须知

一、日期栏——填记出纳日期

二、科目栏——填记该费用属于该机关之何科目

三、预算款项栏——填记该机关预算款项名称

四、摘要栏——填记各项摘录事项

五、据数书栏——填据数书号

六、字号栏——填记收付传票之字号号数

七、存入支出结存栏——分别填记存入支出金额及结余金额

八、备考栏——填记一切事项。

支用机关收支出纳旬报表

机关名称　　中华民国　年　月　旬（自　年　月　日起至　年　月　日止）第　号第　页

出纳日期	科目	预算款项	摘要	据数书字号			存入			支出			结存			备考
				字	号	号数	十万千百	十元	角分	十万千百	十元	角分	十万千百	十元	角分	

机关长官　　会计　　出纳

①

288

广东省省库收支处理办法

第一章 通则

第一条 本省省库之收支依本办法办理

第二条 省之收入由省库接收其支出由省库支付

第三条 关于本省省库之经解缴划拨指挥调遣及其他省库行政事务由财政厅长办理之

[illegible]由财政厅长[illegible]办理之

[illegible]由财政厅长[illegible]办理之

广州市西湖路联新印　电话一六五八二

第四条　各机关依照公库法第四条及第五条各款之规定，请将收入或支出之一部或全部自行收纳保管或支出者，应依公库法施行细则第十五条之规定，叙明事实理由，报由公库主管机关核定。

第五条　公库法第四条第二款及第五条第二款所称之规定里程，依左列办理：

一、第四条第二款为十公里

二、第五条第二款规定如次

甲、不通便利地方（指有铁路公路或

②

輪舟、為三十公里

乙、交通不便地方為十五公里

三、交通頗特殊情形地方不能適用前項規定之
並須得由各該機關報請財政廳核定行
之

第六條 各機關之于收入之退還支出之收回，不在此
限，現行之收入退還支出之收回處理辦法之
規定辦理

第七條 各機關關于實物收支之處理適用
田賦改征實物收納劃撥辦法之規定

第二章 收入

第八条 本省收入已列岁入总预算者，并未列岁入总预算而应归省库统收者，除特种基金另有规定外，应由收入机关填具缴款书，交由缴款人连同现金直接缴纳就近省库核收。

前项缴款书格式由财政厅另定之（附格式二）

第九条 省库及省分支库于必要时得派员驻在收入机关，依照前条缴纳手续，负责代收。

第十条 省库及省分库对于收入款项所收之收款，应按年度别、科目别、机关别就省库及理及自行收纳，内部作分别详细编制收入日

(3

报分送收入机关及审计机关并递报县财政所

前项日报格式由省财政另定之

第十二条　各收入机关对于每年收入总额收之收款应依照前条规定分别编制收入日报递报县财政厂

前项日报格式由财政厂另定之（附格式）

二

第十三条　各收入机关自行收纳保管之零星收入以收款凭证每笔不满五元之数为限

293

其收入较少机关其限度仍得报经公库主管机关核定

第十三条　各收入机关依照公库法第廿条各款规定自行收纳之款其保管期间最多不得逾一个月其有情形特殊应予酌量延长者得呈由主管机关核转财政厅核定

第十四条　征税经财政厅核准以票据证券征纳者除已到期之票据证券应依照第□条之规定缴纳收入总存账外其未到期

294

之票据证券应由省库作为保管品处理

依附烟收得现金后再行拨入收入存款

第三章　支出

第十二条　各机关支领经费应依左列程序办理

一、各机关经常费或临时费应由省库主发

机关查照各机关核定分配预算或其他

预算法案以签发拨付拨款书

六、公库主发机关收以后签之拨款书应依

照左列手续办理

第十三条　财政厅依照各机关预算拨款拨付或核收分别

签拟 据收支适用审计机关核定后，以命令饬送省金库，其由省分库拨付者，由省总库转送省分库，以便汇饬送领款机关。

第十三条 省金库收到公库主管机关飭送前条拨款书、命令，照数由收入总存款拨入请领机关经费存款帐户，并填拨款通知单，送请领机关。

第十四条 各机关支用经费存款，[illegible]

第十五条 [illegible]

[illegible]

296

5

第十八条　各机关依公库法第四条规定直接[illegible]经费[illegible]保管支出之额　各机关经费内预定费用金额除

由各该机关在其经费预算之内依照规定

定数额一次签发支票提取应用外其应

于公库法第二、三、四各款规定之收支由

於本年全省机关比照本年四月公库法第十五条之规定　各机关签发直字拨款书领款机

关收到拨款书(函)后应即填具收据

收据向代理公库之银行或邮政机关具领

领

代理公库之银行或邮政机关收到领

款机关所送收据核与拨款书

前項直撥字樣
於支出之款
基於預算
附得照
第十六条第
二項之總
支撥應註
機關款項
領人具領

公帑全體相應以四數撥付

第九条　依第七、第十八条及二十条之規定

關於收入及存款內直接撥付之支出

得依照前條規定辦理、

第二十条　各機關每年對於各費預算通過經費

存款及各種基金存款之收支應按年度

劃撥分劃機關劃編製預算通過存款收

支日報表及各種基金存款收支日報送由

本部分別加編送由收支總日報送財

政廳查核

298

省庫及市縣因庫存撥用僞幣舊由
經常存收僞款，用報[illegible]補其全
結報月報送財政廳查核。省市縣及
庫存應將[illegible]不送省庫。
~~省庫收市縣庫賬時，[illegible]表~~
~~列該月收月報格式~~
省庫（及市縣庫）對于各項數目應按收支
應按年度別、科目別、機關別編製
各項數目收支累積賬，由本省報送財
政廳查核。省市縣庫應將[illegible]

递省金库

前三项日报月报按式由省金库分送之

第二十一条 各支用省款经费机关、应分别数额编年度科目造具现金出纳旬报表送财政厅

前项旬报表格式由财政厅另定之(附格式三)

第四章 特种基金

第二十二条 各省政府所属机关经管之特种基

300

第二十三條 市政府所屬各機關之特種基金原定收支處理辦法應由各該機關擬由財政局簽請市參議會通過實施

除設定該基金之目的依照契約或遺囑內有特別規定者得按照規定辦理外應依下開市庫開立各該基金帳戶作為左列各項特種基金存款辦理收支

一、營業基金存款

二、非營業基金存款

三、公債基金存款

四、留本基金存款

五、信託基金存款

六、其他類特種基金存款

廣州市西湖路聯新印 電話一六五八二

第二十四条　各特种基金之收支依第二十二条规定由国省库分理其征缴库手续及缴款书格式由该管机关送与省库分支库商定之并由该管机关报由财政厅备案

第二十五条　各特种基金之划拨支用应照各该基金预算或核定计划数目由该基金项下支出之其基金征存省库者由该管机关于该基金存款之户径行以公库支票为之。

第二十六条　特种基金之收支依第二十二条规定由国库办理或由该管机关照其状之原定

302

收支处理办法第六条应由总务机关按旬或按
月份副科目列报财政所
前项特种基金由省库办理收支者应由各该
分支库按月份副科目报该基金结存
机关及省库递报至财政所
第廿七条 各县年度终了省库各库特
种基金存款除设定该基金之法令契约
别有规定外其内有结剩款者由财政厅通知有
关库为办理移账加入下年度由该
管机关继续使用之

开封市西湖纸制厂印 电话一六五八二

303

第廿八条 本办法自公布日施行

廣東省政府

文別 代電

送達機關 [illegible]

事由 [illegible]前經敵偽劫持及新設儲蓄機構存款[illegible]一案請[illegible]

監印

廳長

主任秘書

秘書

科長

科員

主任

辦事員

中華民國 年 月 日

日 時擬稿

日 時繕寫

日 時蓋印

日 時封發

收文 字第 號

發文 字第 號

檔案 字第 號

代電

[illegible]已被敵偽劫持及新設之儲蓄機構存款於復[illegible]

(告 866)

73

查閱之處理辦法、於廣東貿易同其財政金融特形

要辦之處、由銀號發以瞻就元票、代電〔需〕署〔部〕查照

特飭遵辦在案、茲據廣東財廳〈5[illegible]〉〈[illegible]〉〈12.18〉代電以臨時

迭報分署通每款并依照前項辦法辦理并開

相應電達查照並希飭遵辦、該管各轄市局遵照辦理

轄內各商營金融機構遵照辦理具報爲荷

爲荷（稍）施行

財政部印〈子〉〈漢〉

74

廣東省政府財政廳代電 和二會字第　號

中華民國卅四年十二月十三日

第　區行政督察專員兼保安司令公署公鑒：現奉財政部駐粵特派員辦公處本年十一月十九日粵金字第四五三號代電開：案奉財政部財錢己存(373)(1113)電開：關於收復區敵偽銀行及新設之儲蓄機構存欵於復員後其處理辦法茲規定如下：(一)收復區銀行戰前收受之法幣儲蓄存欵如被敵偽銀行折合偽幣入帳存戶並未提取同僞者應准照原折合率兌回法幣計算本息。(二)敵偽佔領後開始即以偽幣收付之儲蓄存欵其存儲時期應依照政府收換偽鈔宣價改折法幣計算。(三)銀行在戰前收受法幣儲蓄存欵經折合為偽幣後繼續存提所有存欵全數折時之價額並應依照第一項辦法辦理除分行外合電遵照辦理為要等因自應遵辦除分行外合電遵照轉飭該區內各商營金融機構遵照辦理並具報為要等因除分復外相應電請查照希飭所屬各縣市鄉鎮遵照轉飭轄內各商營金融機構遵照辦理具報仍將見復為荷

財政廳長杜梅和[illegible]亥元[illegible]印

監印陸曼霞

校對姜少波

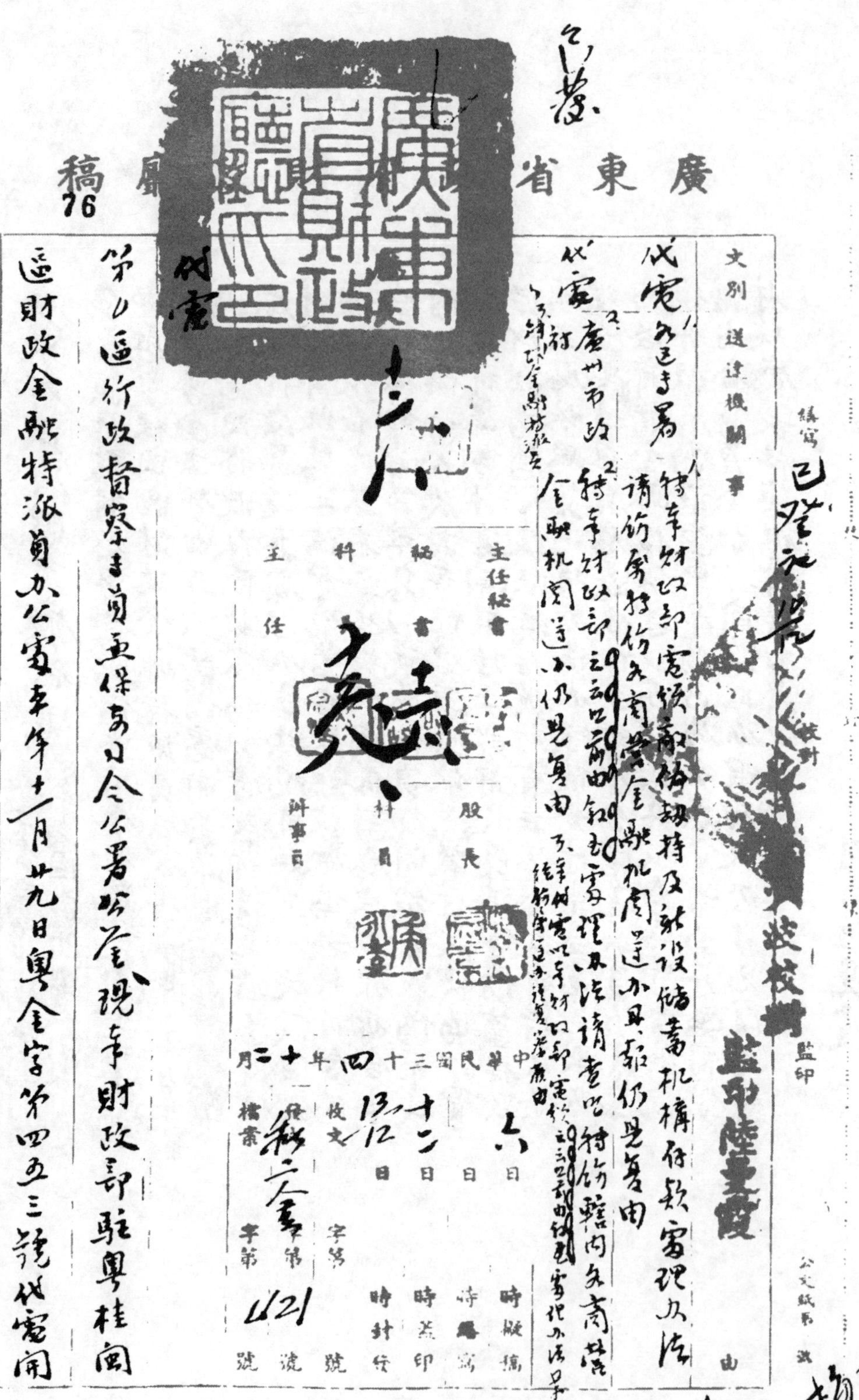

廣東省財政廳稿

76

文别 代電

送達機關 各區專署

事由 轉奉財政部電飭前撥劫持及新設儲蓄機構存款審理辦法請飭屬轉飭各商營金融機關遵照辦理仍見復由

代電 廣州市政府

轉奉財政部……金融機關遵照辦理仍見復由

主任秘書

秘書

科長

股長

科員

主任

辦事員

中華民國三十四年十二月 日

監印

第八區行政督察專員兼保安司令公署鈞鑒：現奉財政部駐粵桂閩區財政金融特派員辦公處本年十一月廿九日粵金字第四五三號代電開

77

「案奉財政部財錢己〈333〉〈11.15〉電開「關於云云照叙至並具報為要」等因相應（除電復外、）電請查照希即飭所屬各縣市局遵照特飭轄内各商營金融機關遵照辦理（具報）仍祈見復為荷財政廳長杜梅○騰〈亥元〉裒印

代電

廣州市政府公鑒、現奉財政部駐粵桂閩區財政金融特派員辦公處本年十月廿九日粵金字第四五三號代電開「案奉云云照叙至並具報」等因、除電請各區行政督察專員兼保安司令公署（轉）飭各縣市局遵照辦理暨電復外相應電請查照希即特飭轄内各商營金融機關遵照辦理具報仍祈見復為荷財政廳長杜梅○騰〈亥元〉裒印

代電

財政部駐粵桂閩區財政金融特派員辦公處鈞鑒、本年十月廿九日粵金字第四五三號（代電）奉悉業經特飭所屬各縣市局遵照辦理具報謹復

78
签核广东财政厅长杜梅和(騰滨)(印)票印

93

廣東省政府

文別：代電

送達機關：汕頭市政府、湛江市政府

事由：抄發上海市各銀行錢莊代理收兌僑匯中儲券及折比率折合法幣收受存款而中央銀行允取法幣及待[illegible]加[illegible]仰知照由

繕寫：[illegible]
校對：[illegible]
監印：[illegible]

廳長　[illegible]

主任秘書　秘書　科長　主任　辦事員

中華民國三十五年元月　十七日 時 擬稿　廿三日 時 繕寫　日 時 蓋印　日 時 封發

收文　字第　號
發文　字第　號
檔案　字第　號

代電

汕頭市政府、湛江市政府：查僑匯各省現尚均照現章財政部駐粵桂閩區財政金融特派員辦公處[illegible]財政部[illegible]

區財特派員鄧召蔭：對於偽中儲券收換事宜，續加補充，並經辦公布核定上海市各銀行錢莊代理收換偽中儲券及按比率折合法幣收受存款向中央銀行兌取法幣及計帳應行辦法一種，上海方面已經照辦，其他各地亦應同樣辦理。茲合將原辦法抄發，電仰知照，並飭長杜梅。子有。

財政部印 附件

代電

廣州市政府公鑒：現奉財政部駐粵桂閩區財政金融特派員辦公處……代電開……等由，附抄原附件，相應抄同原辦法電請查照為荷。

長杜梅。子有。

財廳印 附件

廣東 廳稿

文別	送達機關	事由
代電	汕頭市府	前據該市府查報廣州金融管理局汕頭分局處置成立情形一案業經電呈財政部核復下廳，茲將所知各電轉知由

主任秘書　秘書　科長　主任　股長 依祥　科員　辦事員

校對　監印 陳文範

中華民國卅七年八月　十日

代電汕頭市政府覽：查前據該市府查報廣州金融管理局汕頭辦事處成立情形請核示一案，當經本廳據情電呈財政部……

（公佈）善五金字第43號

2

八月三日財錢陝五字第二六九六號指令核復，以查本部前據該
冊金融處呈局電稱，查汕頭為僑匯集中地點，已經明飭該處已呈
於本年四月十日開始辦理，各在案，即行知照，並飭知照，因奉
前於財政部令飭（前本部財政部財錢陝五字第四二四七三號）廣州金融處呈局區域為廣州九
紛混亂，經由府通飭該處知照有案，茲本年前因，除分呈省政府外，咨汕頭市政府
察核外，合行電仰知照，廳長
知照。此令

廣東省政府財政廳稿

文別：遷達機關　事由：指令汕头市府　据呈复汕市金融管理局□□成立以来接收行业业务概况请察核一案指复遵照由

主任秘书　秘书　七、十九
科长　七、十九
主任
股长　伟祥
科员
办事员

校对　监印　陈文

中华民国卅七年七月　日

收文元三字第940/868号
发文善三金字第492号

指令

善三金字第492号

令汕头市政府

本年六月廿日/七月十三日复三财字第5560/5568号代电呈各件：为呈复汕市金融处

6

理局办事处成立以来执行业务概况请察核由

呈代电均悉。仰将该拘获炒卖港币商人沈璧邻等十五名及炒卖金饰人犯蔡志芳等三名移送法院侦讯及判决情形随时报查为要。此令。

厅长 胡善〇

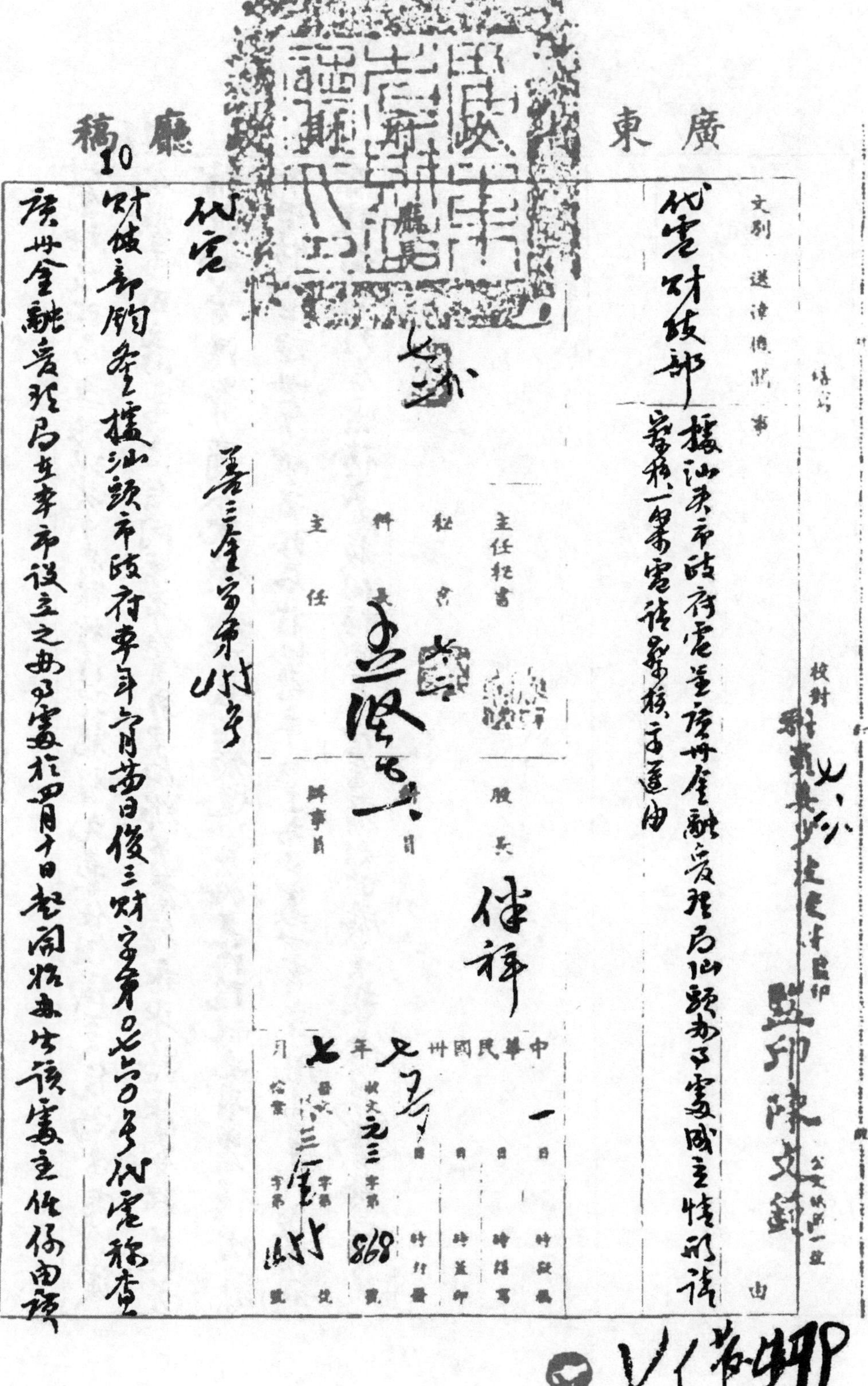

廣東省政府財政廳稿

10

文別 代電

送達機關 財政部

事由 據汕頭市政府電呈廣州金融管理局汕頭辦事處成立情形請鑒核示遵由

代電

署三金字第 號

財政部鈞鑒：據汕頭市政府本年六月廿日復三財字第〇七六〇號代電稱：查廣州金融管理局在本市設立之辦事處於四月十日起開始辦公，惟該處主任何雨……

主任秘書

秘書

科長

主任

廳長 偉祥

科員

辦事員

中華民國卅 年 七 月 一 日

收文 元三 字第 868 號

發文 署三金 字第 號

校對

監印 陳文

11

省金融管理局委派汕头中央银行经理杨智元兼任组织，要领尚未奉财政部核准成立。以未曾会同本市警察局派员前往永平路、永泰路一带地方捕获炒卖港币商人沈璧如等十五名，解送汕头地方法院讯办有案。谨密察核。等情。查该省金融管理局于汕头市成立与否，事前曾否奉准钧部饬知恭核。前情理合电请察核，俯候示遵。谨呈。省财政厅长胡善恒[illegible]

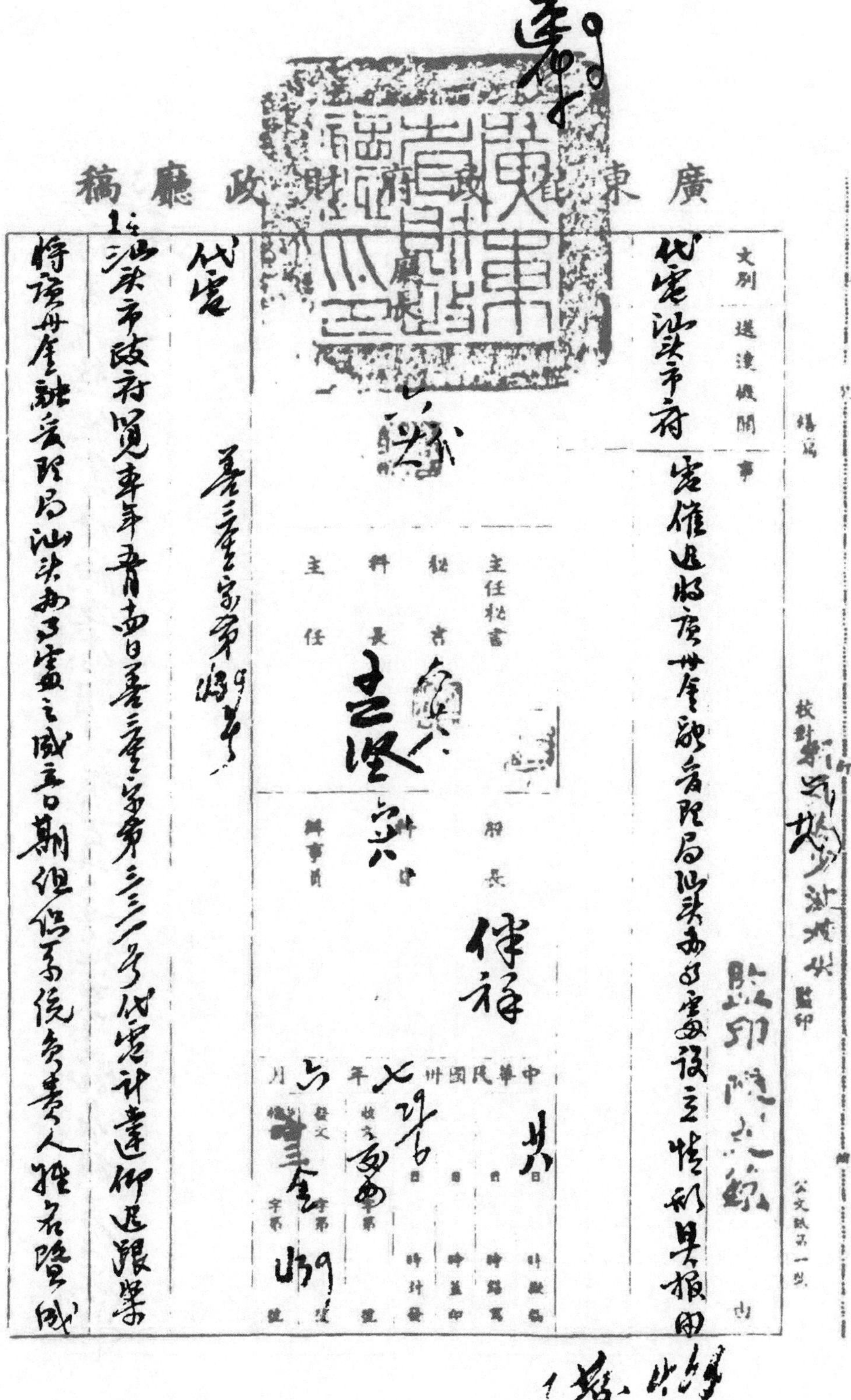
廣東財政廳稿

文別 送達機關 事由
代電汕頭市府
電催迅將廣州金融管理局汕頭辦事處設立情形具報由

代電
汕頭市政府覽：本年青西日善三產字第三三一號代電計達。仰迅飭遵照前令，將廣州金融管理局汕頭辦事處之成立日期、組織系統、負責人姓名暨成

15

立將該所一般業務概況查明具報毋再遲延為要。廳長胡善恒 〇 [illegible]

[illegible]

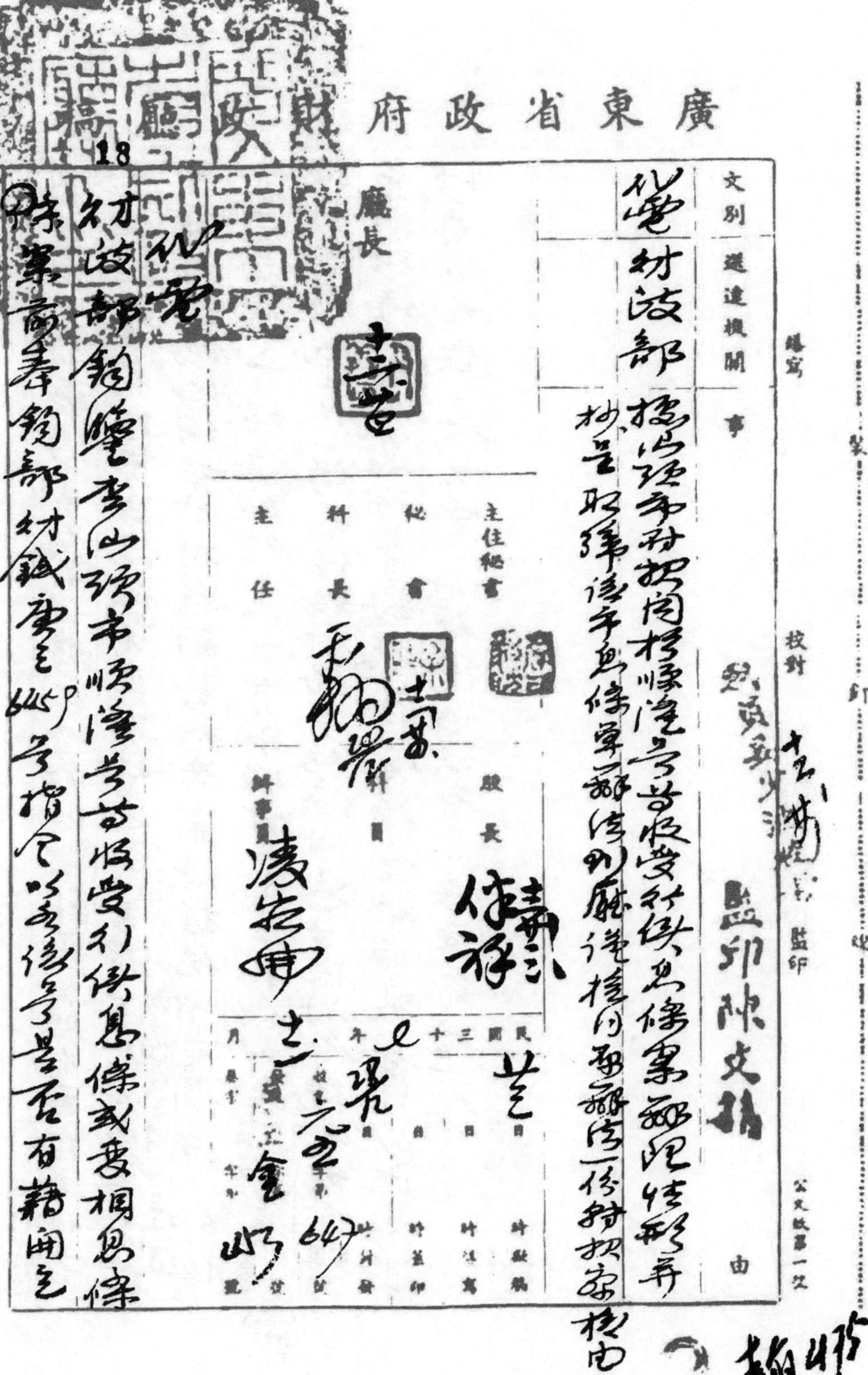

廣東省政府

18

文別	選達機關	事 由
代電	財政部	

廳長

主任秘書　秘書　科長　主任

股長　科員　辦事員

監印陳文昌

繕寫　校對　監印

民國三十年　月　日

公文紙第一次

息单收取款项事，应再详查。又查照当时藉此收取款项事，似应
移付违警罚法第四十四条第十一款规定，处以五日以下拘留，以示惩儆。其
因当经转饬汕头市政府遵办具报。案据该市府呈复以[illegible]
息单必须一方填发，或给予一方，皆予将受方[illegible]之[illegible]份[illegible]为[illegible]。
换用新办法二份，一份呈请核转备查，似系指遵其法附件。据此理合检同
原缴取缔汕头市息借单办法，除电请鉴核示遵外，会呈财政厅长
核鉴〈示遵〉 谨呈主席 附取缔汕头市息借单办法一份。

廣東省政府

文別	代電
送達機關	汕头市府
事由	著據該市府呈報承理折倒票照債事呈三案電本財部核發情形電仰遵照毋再延誤特由

廳長

主任秘書　秘書　科長　主任

股長　辦事員

譚永裕

民國　十五年　月　日　時擬稿

年　月　日　時發

繕寫　校對　監印 陳文錦

公文紙第一號

26

汕頭市政府本年九月八日僉三財字〈1095〉〈1096〉及同年月十五日僉三財字〈1120〉等呈三件均悉闊於承理照價及收稅鴻經覽

27

提案题 收受行使息债或收受行使更相息债各案叠经对电

财政部核办本年十月四日财钱庚三字(6059)号指令开

国府第九月廿五日金字第一六九号代电一件为据汕头市政厅

粮食处(四万余元)据称本部查核等因合行电仰遵照

分别查明办理具报以凭核办为要 厅长 执事○(列)戌(篠)

叶五金

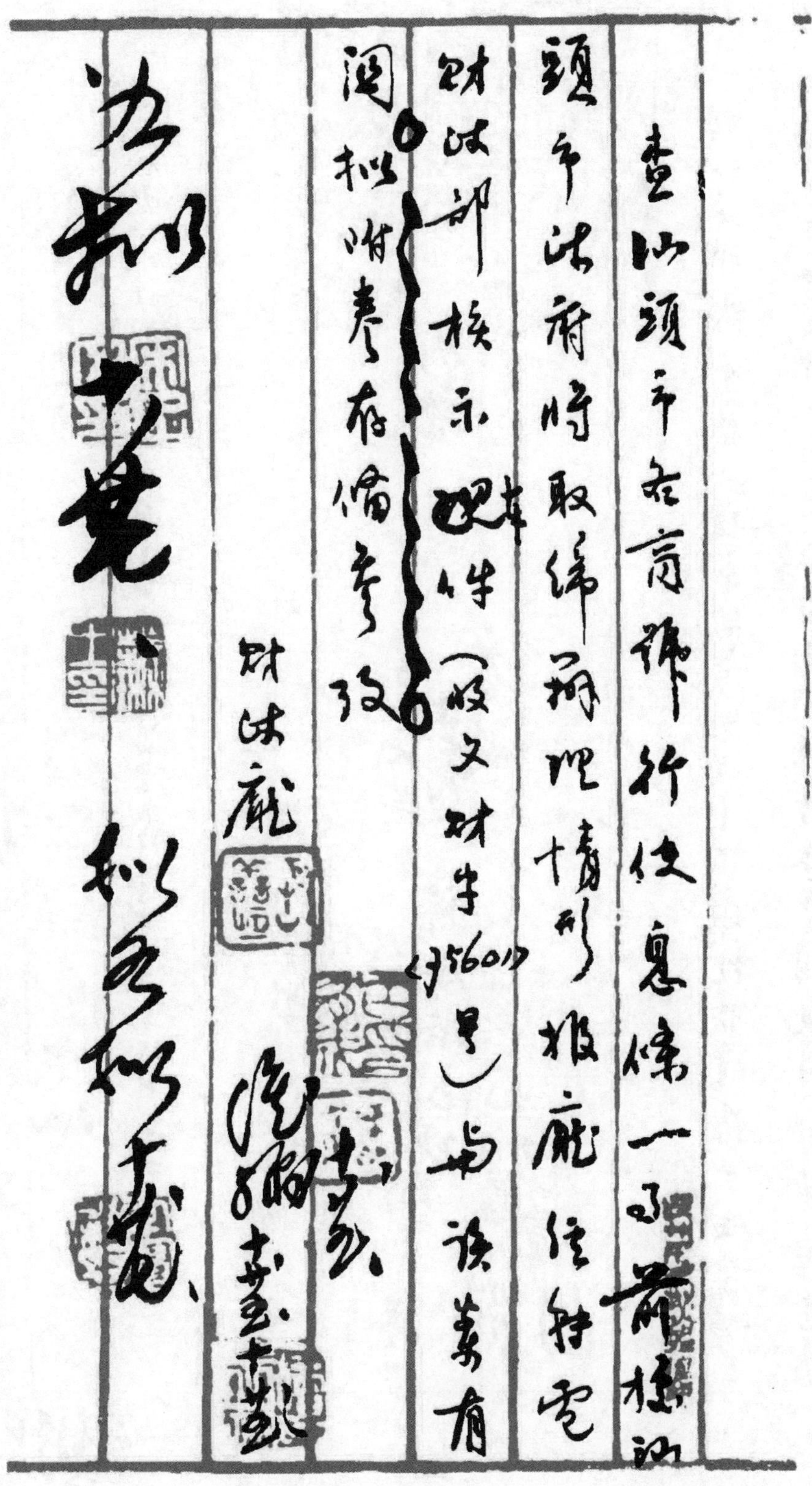
31

查汕头市各商号行使息条一事，前据汕头市政府将取缔办理情形报厅，经转电财政部核示。现奉财政部(收文财字第35601号)电，以该案有关报，附卷存备参考。

财政厅

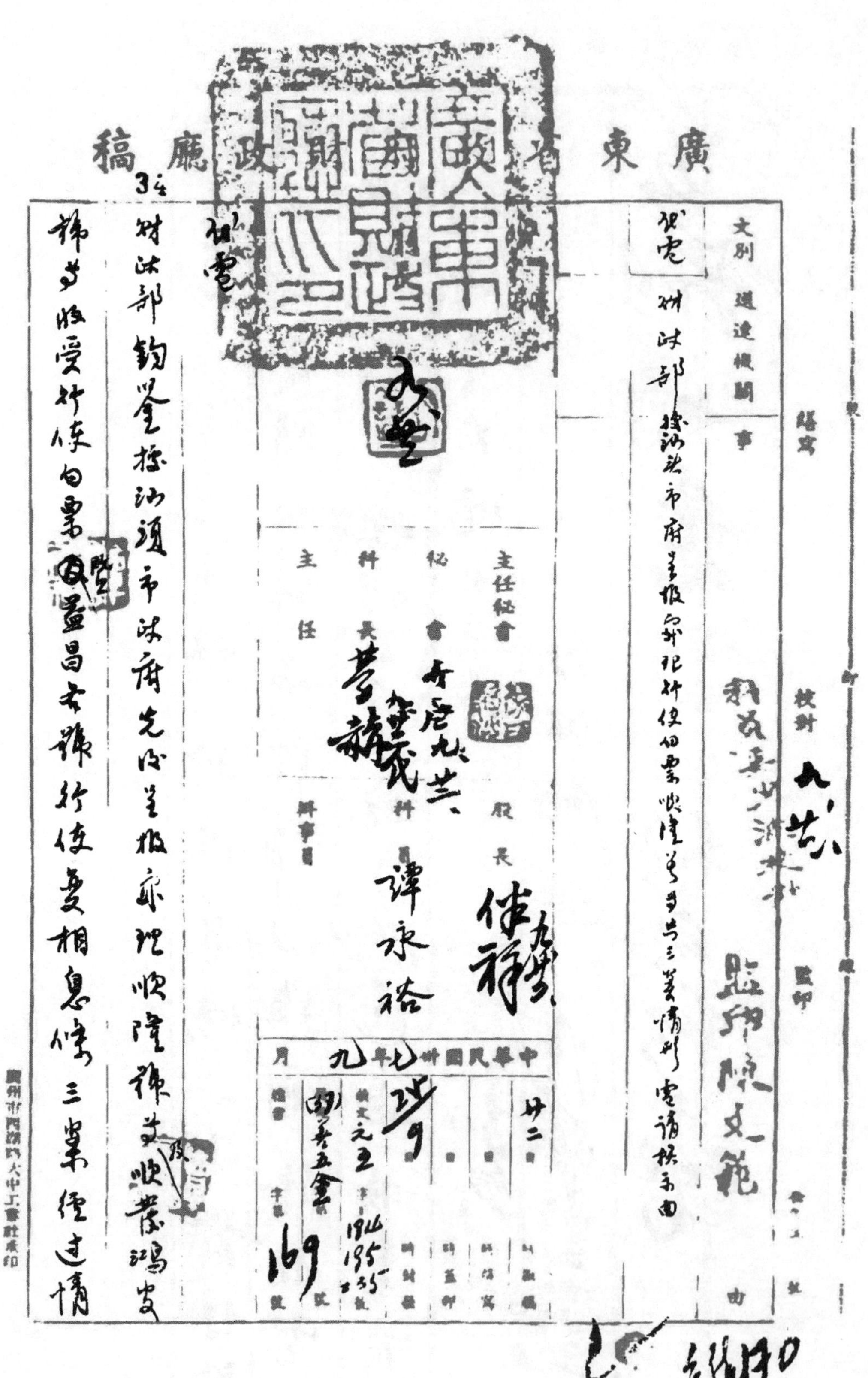

廣東省財政廳稿

文別：代電

送達機關：財政部

事由：據汕頭市府呈報承辦理收復隆號等三案情形電請核示由

經寫

校對

監印：監印陳文範

主任秘書

秘書

科長

主任

股長

科員

辦事員

中華民國卅九年 月 日

代電

財政部鈞鑒：據汕頭市政府先後呈報承辦理收復隆號及收某鴻安號等收受竹使角票及益昌商號竹使受相息條三案經過情

35

形請核示到廳查汕頭市各商號前以頭寸缺乏為詞請開息
條並收並按該市府呈報省府以商等行使息條易滋流弊
擬限期禁絕等情當經省府電飭飭屬嚴加取締以免擾及金融
并由廳電奉鈞部本年財錢庚三〈13767〉〈06.30〉代電將核飭汕頭市
府「並查明其情節輕重依據擅營銀行業務應予處罰
之規定擬具處分呈部核辦」一節飭知下廳在案茲據該
情該市府辦理本三案處分是否適當除幕暢紀核覆
銀樓業部份已據分呈應由主管機關建設廳辦理外理合抄
同原呈三件電請鑒核示遵謹呈財政部廳長姚○〈33〉申
「有」基五金附件」

○印
原呈三件請
便檢案照函呈
（文五1926 175 235三件）
這事核
九·卅

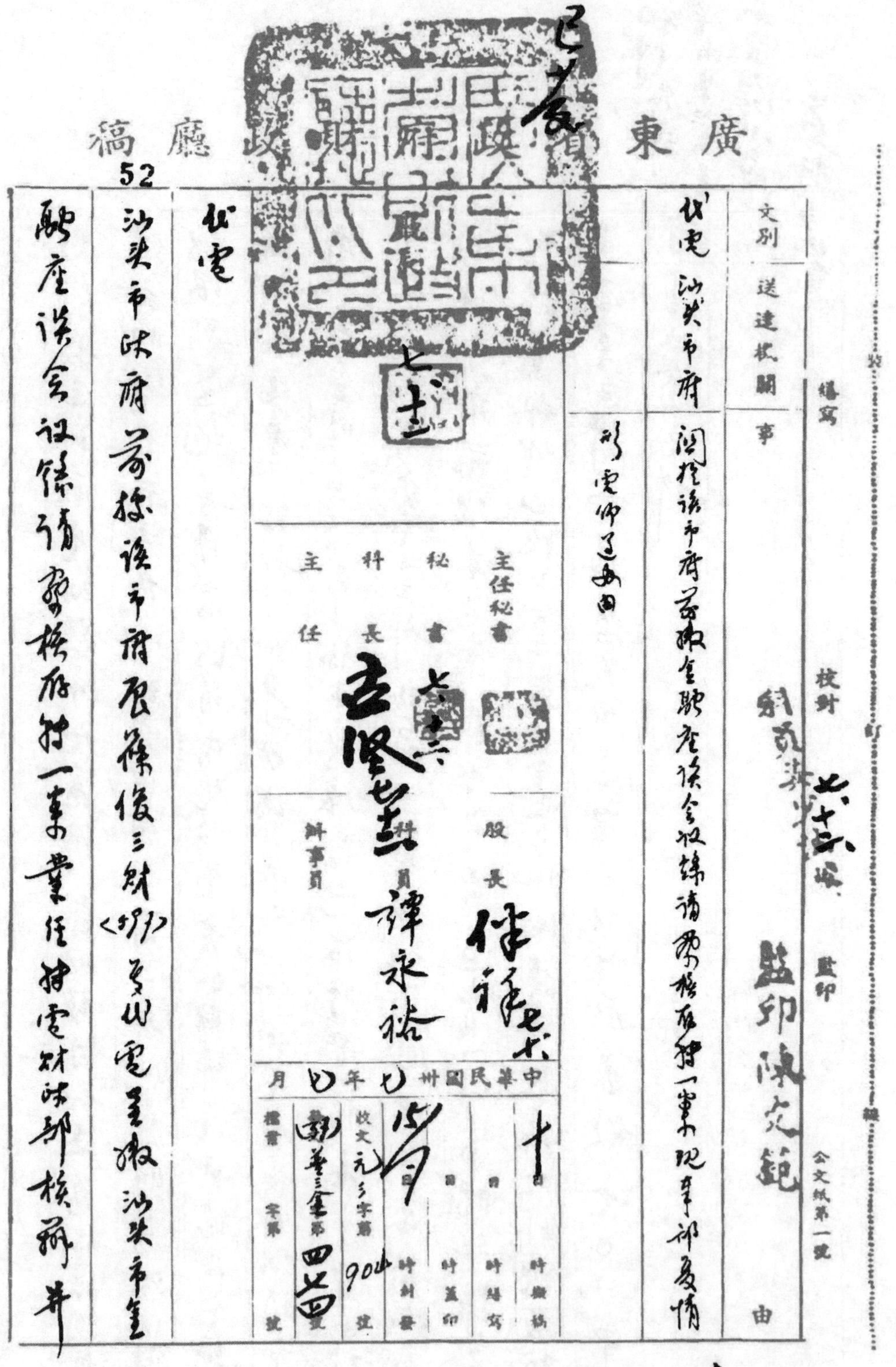

廣東省政府財政廳稿

文別：代電
送達機關：汕头市府
事由：闻据该市府前报仝(全)融座谈会议决请借拨县府(?)一案现奉部复请……

代电
汕头市政府 前据该市府展(?)绿(?)俊三财(?)……电呈报汕头市金融座谈会议(决)请借拨……一案业经电请财政部核办并……

53

以（37）农世华三金（3914）号代电发在案。兹奉财政部财钱农三字1336
06.30.号代电节开：原附会议录关于第一项取缔办法尚无不合，第二项
救济头寸办法应由中央银行依照规定核办理，利率一节
并应依照卅六年十月十九日公布之「利率管理条例」办理，仰即
转行遵照等因。关于第二项救济头寸办法，应即洽商中央银
行沪分行办理，至利率管理条例并随电抄发，仰即遵办，并
仰将办理情形随时具报，以凭核转。庞农怀华〇（37）午〈删〉
华三金附件

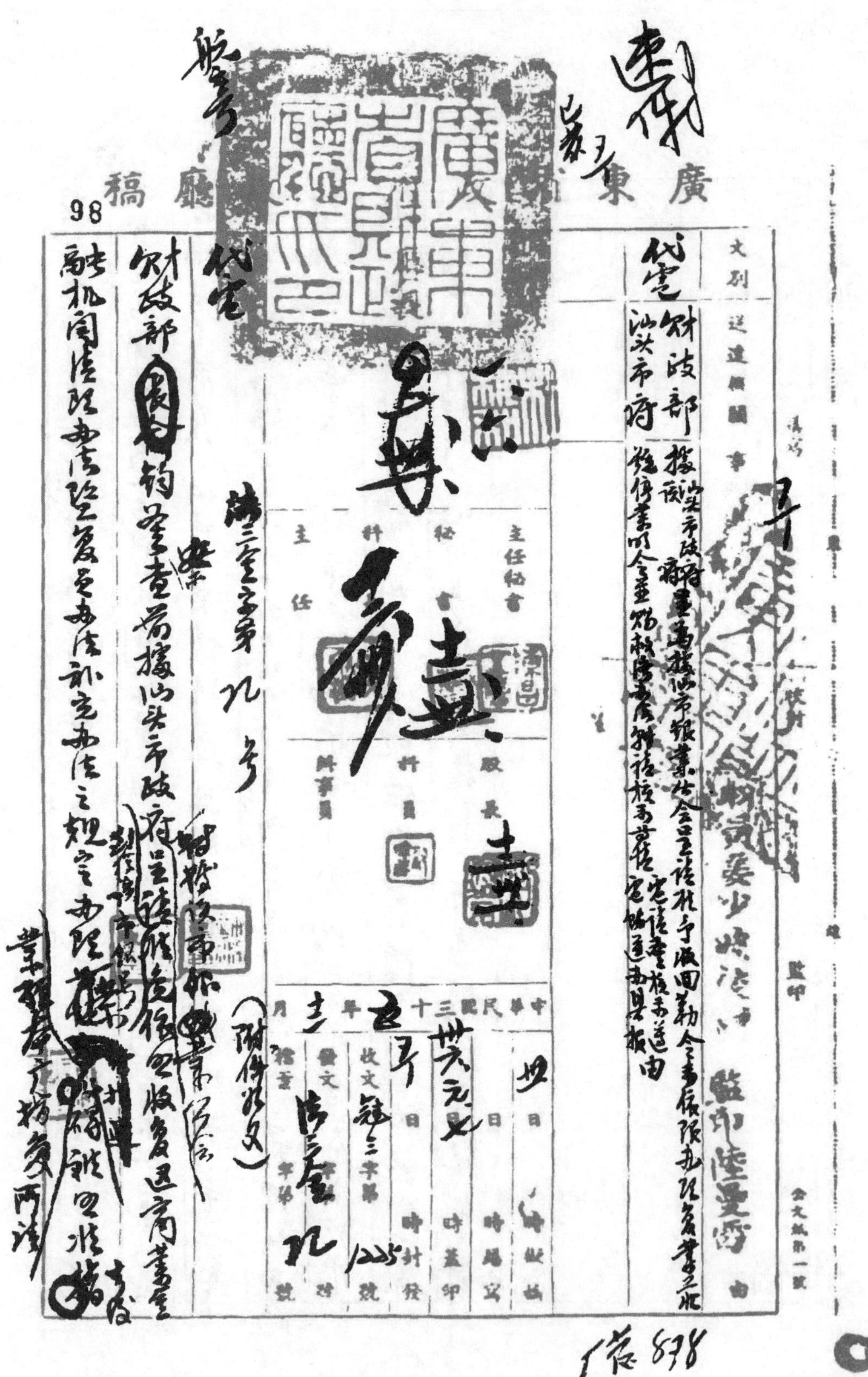
98 廣東省財政廳稿

代電

財政部

汕头市府

主任秘書 秘書 科長 主任

股長 科員 辦事員

中華民國三十 年 月 日

擬稿 時 日
繕寫 時 日
蓋印 時 日
封發 時 日
收文 字第 號
發文 字第 號
歸檔 字第 號

監印

99

咨　据该市政府卅五年十二月廿七日三财字第一六三〇号呈略以据中山市银业
公会陈述实际情形，请转请收回勒令停业成令并饬予救济以维商
业，来呈称为维公会改组前曾有违犯条例一节，当无不合，惟应如何予以救济，
理合检同原副呈一件，备文转呈察核，等由。查中山市地处沿海，商业
发达，对外贸易亦颇繁盛，关于该市金融之流通与工商业之发展，实
有赖于银钱业之策应为之协助，现该市银钱庄号概因公会改组而延未
申请复业，补办注册手续，[illegible]依法[illegible]查中山市现存
庄号计一七五家之多，倘一旦予以全部停业，[illegible]
融[illegible]影响至大，[illegible]
实情，准予补办注册手续[illegible]
理合据呈中山市银业公会呈中山市府原文一件，备文电请钧部查核[illegible]
施行。广东省财政厅厅长杜梅和〇子〈广〉亥三[illegible]　附抄原呈壹件

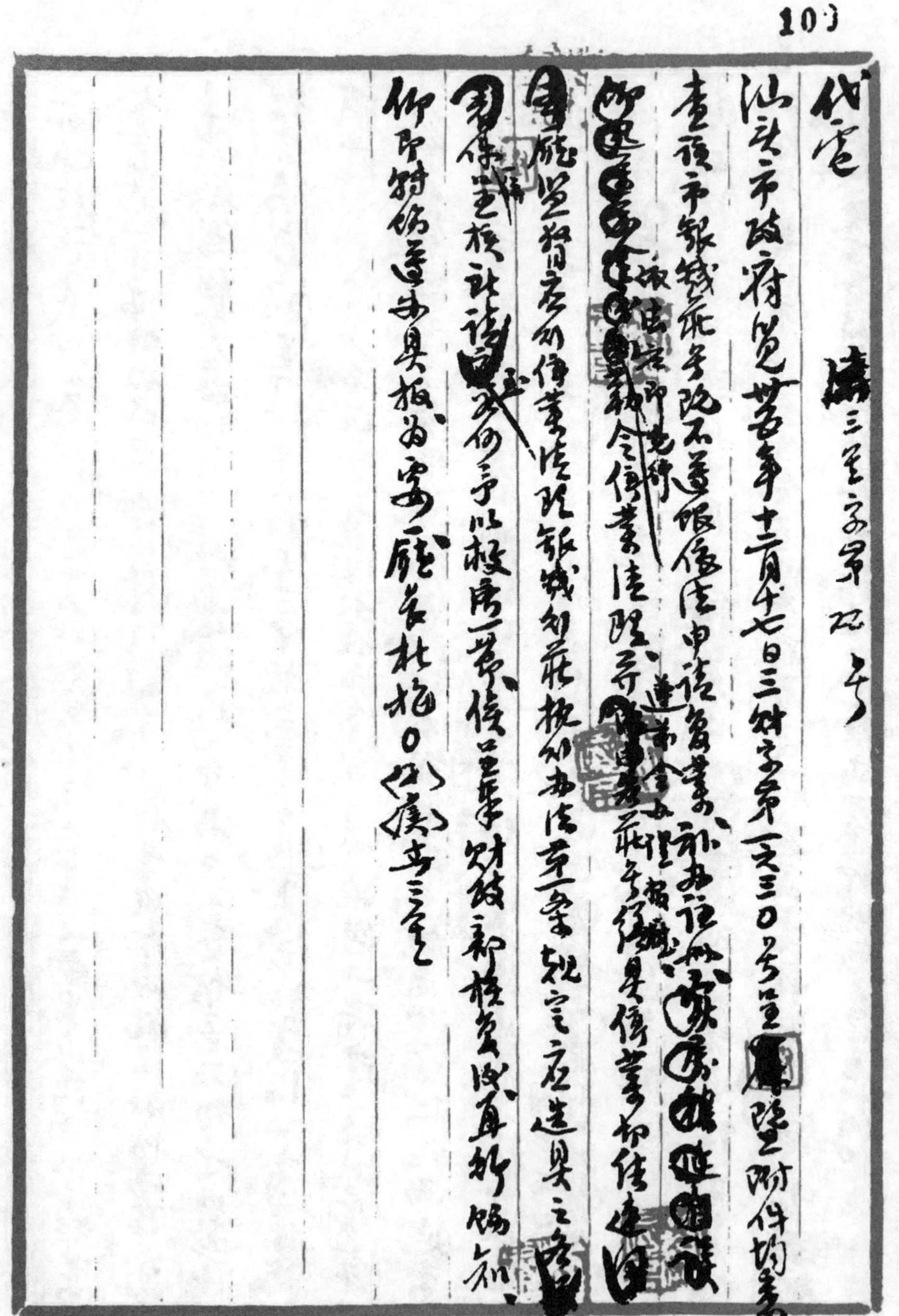

代电　　财三壹字第　号

汕头市政府览：廿三年十一月廿七日三时字第一九三〇号呈暨附件均悉。

查该市银钱纸币既不遵照依法申请复业，又未注册，[illegible]，[illegible]依法取缔，令停业清理，[illegible]纸币仍[illegible]停业，[illegible]

自应照指定分停业清理银钱兑换找换业法第一条规定在违法之[illegible]

司停止营业，[illegible]予以救济一节，候咨呈财政部核复后再转饬知。

仰即转饬遵照具报为要。厅长杜梅〇[illegible]

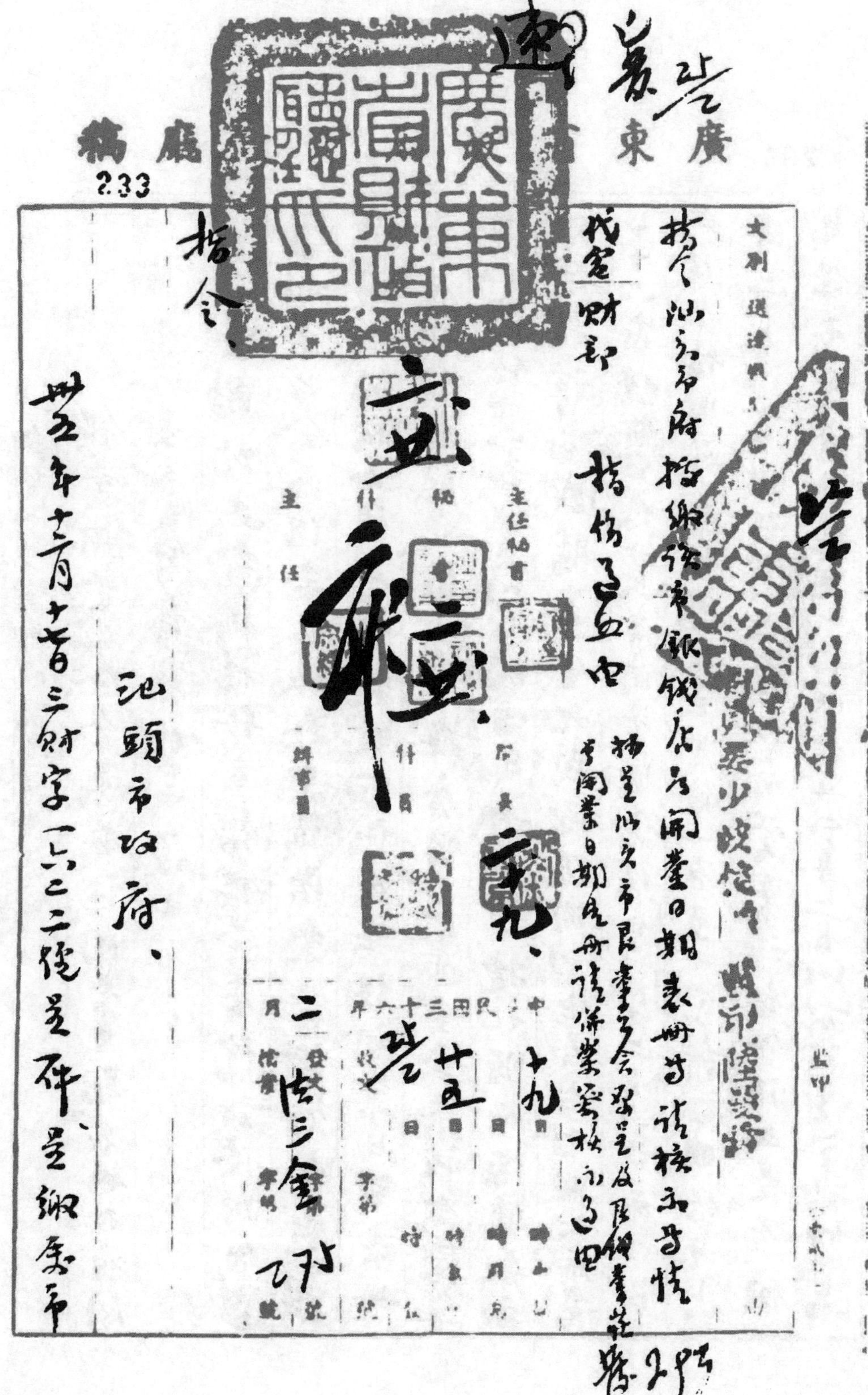
廣東 廳稿

233

指令

代電 財部

汕頭市政府、

中華民國三十六年 月 日

234

银业同业公会会员庄号开业日期表册及呈剧

呈各件，请察核示遵由。

呈附均悉。查於该市银钱业店号前据报因

藉同业公会改组未及依期申请营业，业经转电财政部

准於示放宽办法有案。兹据呈缴各庄号开业日期表册

查有四合、茂、恒通、宏、宝之、广、贵荣、正泰、全安、泰祐、合成、宏安

等九家系廿六年六月以后开业，和隆宏、捷记、顺安、源通、和元

信丰、和祥、树盛、腾茂、金记、成源、陈协记、达茂、吉元、联兴、泰盛昌

等十六家系廿六年开业，究竟系廿六年六月以前或以后

开设，未据将开设期注明。目下共计一百五十家，所列开业日期均系廿六

年六月以前开设所已否领有营业证、登记证，是否仍

然保有，有无其他登记证明，系廿六年六月以前所设之之证件，

235

未详细说明，兹核定关于该市银钱业之（标书应表示划）整理办法三项，为下：（一）关于该业同业公会因改组，会员庄号未及依期申请改业请予救济加请一节，应候财部核准后再行转饬遵办；（二）在部未核准以前，其开设在廿六年六月以前设立、现已开业又能提出战前执照或证件，经该市府查实并明确无仿冒者，暂不加取缔，但仍由该市政府及地方当局随时注意检查其业务；（三）在廿六年六月以后开设者（其不能提出廿六年六月以前设立之执照证件者），由该市府勒令歇业，并依法清理。以上三点，仰即分别切实办理，仍将遵办情形详报为要。此令。（附表）

厅长杜梅〇

代电

财政部钧鉴：业据汕头市政府呈，以据该市银业公会陈述过

236

呈以该会之各会员庄号未及办理复业登记手续，系因公会改组期间，另易人员未能于限期内来府办理，以致逾延，且战前营业执照，或因敌伪在时或向警察财政所报领，而中央已无案，即遭战时散失，亦须随各庄号因创伤损毁，以致证件多有遗失，或尚寄存内地未能即时取缴，请通融救济办法，并补缴。

查同公会改组以后，各会员庄号未及依期申请复业，请照予补救办法一案，当经特饬财部核示，旋据该市府呈复，各庄号经核呈财部备案，并指饬将各该庄号之开业日期及有无营业执照各节逐一查明具报，凭特各案，并详核。该市府以各该庄号开业日期[illegible]议核示，即照查所开各庄号究竟有无营业执照其他各证件，继未据[illegible]指饬：一、关于银业公会前呈以因改组致各会员庄号未及依期申请复业，请示救济办法一节，应候部核复后再行转饬遵办。二、在部未核复以前，如确在廿六年六月以前设立，现已开业，又能提出战前执照或其他证件，经该市府查明属实并无伪冒者，暂不加取缔，但仍由该市政府及该公会随时注意检查其业务。三、其不能提出廿六

237

年六月以前設立之註冊，及廿六年六月以後開設者，即由該市

府勒令趕日具結停業，并依法清理外，理合抄同[illegible]銀業[illegible]

[illegible]各銀號莊從開業日期清冊，[illegible]請鈞部察核備案[illegible]

[illegible]廣東省財政廳長杜梅和。且有法三令，即抄呈沙頭

市銀業[illegible]各銀錢業莊號開業日期清冊乙份

廣東省政府財政廳訓令 會金字第二七一八號

令 縣縣長

現奉

廣東省政府廿六年十月廿一日財字第一五四九九號訓令開：

「案准 財政部廿六年十月支錢滬電開：『查九月寒廳一財電敬悉。收集銀幣銀類，本部早定有獎勵辦法，八月間救國公債條例公布後，由部呈准救國公債募集辦法，通飭施行，該辦法規定以硬幣、生金銀及其製成品等類換購救國公債時，并准予加給手續費百分之六，以示鼓勵。近為利便人民兌換或購買起見，業於九月宥日通電全國行政軍警各機關轉飭各地軍警對於人民兌換法幣及換購救國公債應加切實保護，不得藉故留難，并函令中中交農四行盡力收兌。至收集金類，并已規定金類兌換法幣辦法，提經行政院會議通過，於九月卅日公佈施行，並專案電達各在案，仍希查照飭屬切實協助，并廣為宣傳，俾迅集事為荷』等由。准此。查此案經本府於本年九月十四日以寒廳一財電請財政部特定收集金銀獎勵辦法去後。准電前由，自應照辦，除電復并分行所屬一体協助外，合行令仰遵照，并飭屬一体遵照。此令」

等因。奉此，自應遵辦。除分行外，合行令仰該縣長即便遵照。此令。

中華民國二十六年十一月 四 日

兼代廳長曾養甫

第587號

民國廿年四月[illegible]收到

63

令發救濟金融辦法三條仰遵照由

廣東省政府財政廳令　總字第三九二號

令興寧縣縣長

為令飭事竊因省市金融發生恐慌銀業行號提款及省行兑現均陡變常態本廳負維持金融之責實有刻日設法救濟之必要當經會同省銀行擬定救濟金融辦法三條呈奉

廣東省政府核准在案亟應遵照辦理除會同省行佈告並由廳分別咨函令行暨先電飭外合撿同前項救濟金融辦法一紙令仰該縣長即便遵照妥辦具報此令

計發救濟金融辦法三條

廳長　馮祝萬

中華民國二十一年四月　七　日

監印陳靜庵

負責校對

財政 第726號 存

訓令各縣縣長飭屬各機關學校經征款項應予收款票據分別註明中紙毫銀若干由

廣東省政府財政廳訓令 財字第四一五號

令興寧縣縣長

為令遵事。照得粵省規收經由廳核定，除汕頭北海仍照行用地名券辦法辦理外，其餘各屬徵收五元及五十元兌現中幣，不足五元徵收毫銀，分行遵照在案。茲為預防流弊起見，所有各徵關收入款項，應予票照各聯分別註明某種兌現中紙若干、銀毫若干，以憑考核，不得參差蒙混，違者即予懲處。除分行外，合行令仰該縣長即便遵照辦理。切切。此令。

中華民國二十一年四月十六日

廳長 馮祝萬

監印陳靜庭

财政
3058
號

训令[illegible]行总库之款须以毫银中币及省行毫银新
存库备付

广东省政府财政厅训令 总字第 號

令 [illegible]县县长

为令遵事：现准
广东省银行函开：查该行董事会第四次会议决
维持中币计划第三条
省政府核准暨布告遵照在案。依据此项计划，除以现
毫为法定收税总金充实准备外，现在毫银中币市面流通
数量甚多，因可以政府功令限制纳税人必须以毫银中币及
省行毫元新币缴纳，使市面毫银中币持[illegible]不得不持现
金来行兑换[illegible]
厅通令各征收机关[illegible]凡征收[illegible]税款
~~[illegible]~~
毫元新币[illegible]
[illegible]
自应照办，除函复暨分行外，合行令仰该县长遵照，
嗣后凡征收各项款项，须以毫元五[illegible]毫以上现中币及
省银行毫元新币缴纳，不得以[illegible]
纳，毋违，此令。

中华民国二十一年七月廿七日

厅长区芳浦

廣東省政府財政廳快郵代電

分送各縣縣政府汕頭市政府南山安化梅菉管理局覽
案准廣東省銀行本年七月六日業由字第一五號公函開
逕啓者現接據行台山支行江電稱台山現為南路金融
重心近日市行鈔券愈形低折而各墟市亦同一情形商民
極端歧視請迅予設法維持漫電將理等情茲未查台山
市面市鈔跌價間接足以影響省券之安定關係重要自應設
法維持除電復外相應函請貴廳查照迅電各該縣府轉日佈
告商民人等照常十足通用無得歧視並分飭各地稅收機關
及分金庫按照比率收進市鈔以代國幣俾取締跌價導價方
並進市鈔不再價跌戰時金融賴以穩定仍祈見復為由
查市行券與省行券均為標準流通之鈔券自應按照規
定比率行使毋得歧視或低折迭經通行有案茲准前因
函復暨分飭各稅收機關及分金庫按照比率收受外合亟
電仰遵照佈告商民人等周知嗣後對於市行紙幣一律按照比
率行使無得歧視或低折以維金融仍將辦理情形隨時
報查為要財政廳長顧翊皓一金印

中華民國二十八年七月十九日

369

88

廣東省政府財政廳快郵代電

電仰轉告商民人等明白此非市行紙券一律按照比率行使以昭政府依據

分送各縣縣政府、汕頭市政府、南山安化梅菉管理局覽：案准廣東省銀行本年七月六日業曲字第一五號公函開：逕啟者，現據敝行台山支行江電稱：台山現為南路金融重心，近日市行鈔券愈形低折，而各墟市亦同一情形，商民極端歧視，請迅予設法維持等情。據此，遵理等情前來。查台山市面市鈔跌價，商接足以影響省券之安定，關係重要，自應設法維持。除電復外，相應函請貴廳查照，迅電各該縣府剋日佈告商民人等，照常十足通用，毋得歧視，並分飭各地稅收機關及分金庫按照比率收進市鈔，以代國幣，俾取締疏導雙方並進，市鈔不再續跌，戰時金融，賴以穩定，仍祈見復等由。查市行券與省行券均為換途流通之鈔券，自應准照規定比率行使，毋得歧視或低折，迭經通行有案。茲准前由，除函復暨分飭各稅收機關及分金庫按照比率收受外，合亟電仰遵照佈告商民人等，嗣後對於市行紙券一律按照比率行使，毋得歧視或低折，以維金融，仍將辦理情形隨時報查為要。財政廳長顧翊群。〇印

中華民國二十八年七月十九日

經印　潘興田

2664

廣東省政府財政廳代電

廣東省立高州中學高州農業職業學校高州女子師範學校均鑒本年四月卅日高聯字第一號代電備悉查各機關經臨費本廳歷係因應庫存從速簽撥至屬轉茂名省行應一律發給伍佰元以上大鈔一節查中中交農四銀行發行之鈔票其票面金額無論大小應一律行使不得歧視或拒用迭經通飭遵照并佈告週知有案近來各地發生拒用伍拾元及歧視一二百元法幣情事殊屬不法經由省政府重申前令通飭遵照佈告週知并飭屬隨時查禁如發覺有拒用或歧視情事應以擾亂金融論處在案特電復查照。廳長杜梅和辰灰支(以印)

卅六年六月四日到

89

字第四二一號 中華民國卅六年己月廿六日

90

91

廣東省政府財政廳訓令 第五〇九號

十八年七月十九日

令高州六屬道紀捐稅商合益公司

為令遵事現准

廣東中央銀行函開敝行現為便利交收起見經本月一日董事會第十次會議議決將存行新印紙幣酌提九百萬元簽字發行作為現兌紙幣發行之後關於此項新紙幣隨時十足無限制兌現凡商民繳納稅捐一律備足現金到行照價兌換，定期本月十日開始發行同日即將最近由庫撥交敝行遞支及現時應封之紙幣照提九百萬元截角免增加流通額數庶商民知新紙與截角舊紙實於原額內維持非於原額外增發以表決心而堅信仰等由准此查此項辦法與維持紙幣案並無出入自應照辦惟商民繳納稅亦須分別訂定免致誤會凡係現收十足銀毫及加一單賞者應全數改收現兌之新紙幣如係收銀八紙四或銀八紙二其八成現金亦應改收現兌之新紙幣其餘之四成紙或二成紙則照舊收繳未兌現之舊紙幣如向繳收紙名劵係加一單賞者則照舊征收本市近省各征收機關及承商自本月十六日實行轄省市稍遠之地現兌新幣一時尚未流通暫准以銀毫代新紙幣解繳惟仍須呈報備案以資考核除佈告暨分別函令外合行令仰遵照辦理毋違此令

中華民國十八年七月十日

廳長范其務

監印沈友仙

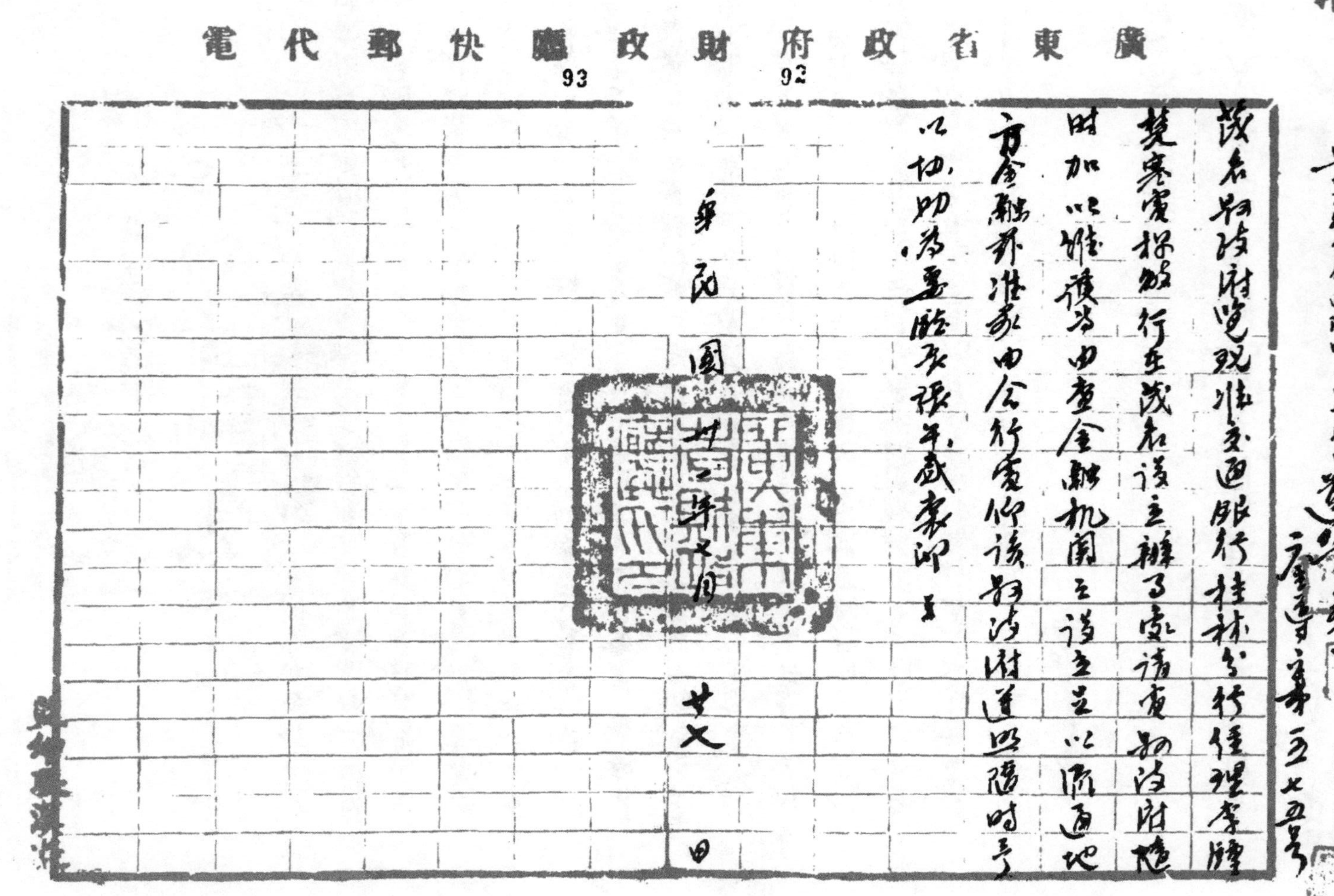
廣東省政府財政廳快郵代電
93
92

事、令各縣銀行籌設須知仰遵辦并報由

遵辦具報 十九、

一千八合 2330

廣東省政府財政廳代電 二金導字第192號

分送各縣市政府覽查推行籌設縣銀行原為調劑地方金融扶助經濟建設發展合作事業係屬中央戰時經濟政策之一亦為本省本年度施政計劃規定五作業將縣銀行法縣銀行章程準則及縣銀行招股章程準則先後頒飭遵照籌設在案茲為使各縣尚明瞭籌設手續以便按期完成起見經由本廳擬具縣銀行籌設須知除分電外合將該須知二份檢發仰即查收遵照切實辦理仍將辦理情形隨時呈報備查為要廳長張導民申梗寅印附發縣銀行籌設須知二份

9i

中華民國三十一年九月廿三日

監印張漢[illegible]
校對[illegible]

玄字第4393號

封發 一

令飭迅將轄境內各銀錢店號最近登記情形依式填報以憑彙轉由

廣東省政府財政廳訓令 一金亩字第三九四七号

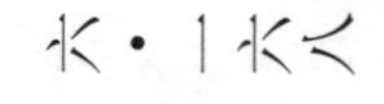

令茂名縣政府

現准

中中交農四行聯合辦事總處本年十月六日合秘統字第一八三五三號函開：

"查本處戰時金融設施對戰時財政之策之推行關係至鉅，本處為明瞭全國各地銀錢業之詳細情形，以為研究如何調整各地金融機構、促進普遍設置起見，特製定「全國各地銀錢業概況調查表」一種，即希貴廳將最近登記之各地方銀行、商業銀行及錢莊銀號等在貴省境內各地所設分支行莊情形（中央、中國、交通、農民四行及中信局、郵匯局可不必列入）依附表逐項填抄一份寄下，至紉公誼"

等由，附件准此，自應照辦。除分函廣東省銀行查照辦理暨分令外，合行抄發原附表，令仰該縣長遵照，迅將該縣轄境內各銀錢業店號最近登記情形依附表逐項查填一份呈報來廳，以憑分別存轉為要。此令。

附抄發原附表一紙

95

96

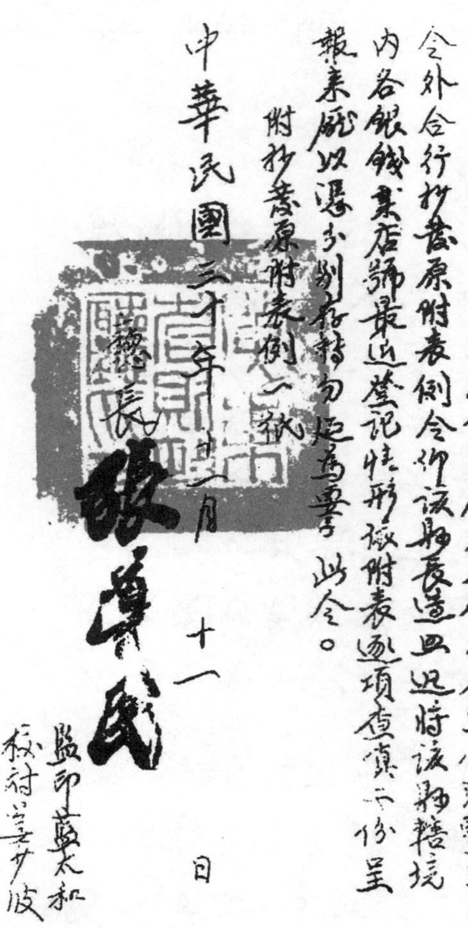

中華民國三十年十一月 日

廳長 張導民

監印 蘇太和

校對 少波

廣東省政府財政廳

民國廿四年廣東省第二次短期金融庫券第弍個月還本付息末尾兩碼[illegible]單

97 民國廿四年九月五日在廣州市商會當衆抽出末尾兩碼共二拾五個開列於下

04 10 19 26 27

29 30 37 38 40

45 49 53 54 58

60 66 67 76 85

92 93 96 99 00

凡庫券其末尾兩碼與上列兩碼相同者俱爲是月應還庫券照發行總額百分之二十五計算是月共應償還券額壹百三拾七萬五千元

（附 記）

(一)支付本息機關：廣東省銀行

(二)支付期效：是月中籤庫券由開籤之翌日起第六日開始支付本息六個月內（即廿四年九月十日至廿五年三月九日止）隨時憑券向指定支付機關領取逾期無效

(三)利率：月息一分兩個月計算即每券額百元給息二元

此項末尾清單可到本廳號房取閱外屬函索即寄

9910

密件不摘由

廣東省政府財政廳密令　會金字第三二號

令茂名縣縣長

現奉

廣東省政府二十六年七月廿日財字第一零三三二號訓令内開：「案准廣東綏靖主任公署刪辰參二代電開：『據報近來日台人携帶偽幣來汕推銷甚多，印刷頗精，極難分辨，均由浪人漢奸奸商認購推銷等語，請轉飭財政廳設法取締』等由，准此，自應照辦，除函復外，合亟令仰該廳即便遵照設法嚴加取締，具報為要，此令。」等因；奉此。除呈復暨分別函令外，合行令仰該縣長即便遵照，飭屬隨時查察，嚴密防範，以杜奸宄，而固金融，切切此令。

100

99

中華民國二十六年七月二十三日

兼代廳長曾養甫

2270

[illegible]關於在內地緝獲無証照私運白銀其給奬辦法應由奉文日起實行仰印轉飭所屬遵照由

廣東省政府財政廳訓令

金字第一一一號

中華民國廿六年五月廿六日收到

令與寧縣縣長

案查緝獲私運出口白銀，其給奬辦法，前經財政部頒佈施行在案。惟關於本省在內地緝獲白銀判定沒收後，其給奬辦法，尚無專章規定。現本省收買白銀，既未完竣。對于在內地緝獲無証照私運之白銀，其給奬辦法，亟應酌量情形，予以規定。嗣後凡在本省內地緝獲無証照私運之白銀，經判定沒收後，以二成解庫，其餘分作十成，計綫費四成，緝獲机関二成，協助軍警二成，出力緝獲人員二成。如無綫人，則將綫費撥給緝獲机関自行支配。上列給奬辦法，應由奉文日起實行。除分令外，合行令仰該縣長遵照，並轉飭所屬一体遵照。

此令。

104　103

中華民國二十六年五月十八日

廣東省財政廳印

兼代廳長曾養甫

監印曾昭門

校對[illegible]

二

697

廣東省政府財政廳訓令 金字第九〇四號

中華民國廿六年七月拾叁日發訓

令 興寧縣縣長

案奉

廣東省政府本年六月二十九日財字第七四九六號訓令內開：

「案准財政部二十六年六月十一日錢字第三九一五四號咨開：『查自實施法幣政策後，關於銀製品用銀之管理，業經本部制定銀製品用銀管理規則公佈施行在案。典當業當入各種銀器銀飾，期滿出售，原係相沿習慣，但若任其自由買賣搬運，非但易啟流弊，亦與銀製品用銀管理之意不符。近以該業不明政令，任意售運，滿當銀飾每為海關及軍警查扣，糾紛時起，自應明白指示，以資遵循。查該規則第八條規定「銀製品製造者停業時，應將所有銀器銀飾銀料按所含純銀量向中央或中國交通銀行兌換法幣」等語，典當業滿當整批銀器銀飾與銀製品製造者停業時之銀飾銀料性質從同，自應援該規則第八條之規定，持向就近之中央或中國交通中國農民銀行及其所委託兌換法幣機關，依照收兌標準，銀飾所含純銀量兌換法幣，不得私自運售，以免致干查扣，遭受損失。除分行各海關及各省市商會轉行典當業同業公會一體遵照外，相應咨請查照轉飭所屬一體知照。』等由，過府。准此，自應照辦，除咨復及分行外，合行令仰知照，并轉飭所屬一體知照。此令。」

等因奉此，自應遵辦。除分行外，合行令仰知照。此令。

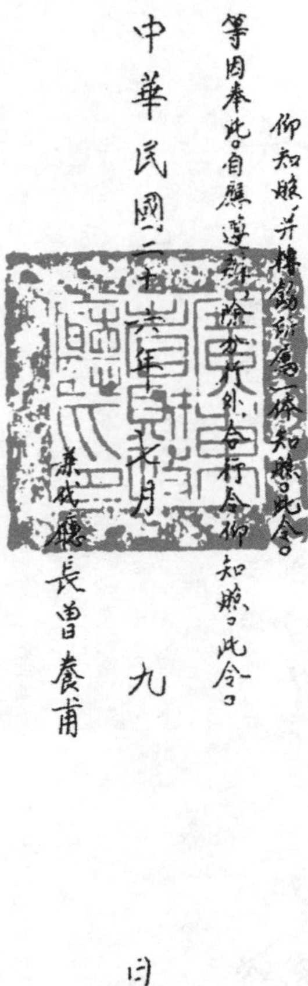

中華民國二十六年七月 九 日

兼代廳長 曾養甫

105

密件

密令各公安局所云存

貳二

第68號

密件不摘由

廣東省政府財政廳密令 會金字第三二號

中華民國廿六年七月廿七日收到

令興寧縣縣長

106 107

現奉

廣東省政府二十六年七月廿日財字第一零三三二號訓令内開："案准廣東綏靖主任公署刪辰參二代電開：'據報近來日台人携帶偽幣來汕推銷甚多，印刷頗精，極難分辨，均由浪人漢奸奸商認購推銷等語，請轉飭財政廳設法取締'等由；准此，自應照辦，除函復外，合亟令仰該廳即便遵照，設法嚴加取締，具報為要。此令。"等因；奉此。除呈復暨分别函令外，合行令仰該縣長即便遵照，飭屬隨時查察，嚴密防範，以杜奸宄，而固金融。切切此令。

中華民國二十六年七月二十三日

兼代廳長曾養甫

469

縣二

令私由他人民及商號公司暨兌換法幣機關等運銀幣銀類向就近中中交農四行領兌法幣者自暫免運輸銀幣銀類請領護照及私運私帶處罰辦法所規定備具證明書及查驗後收之拘束由

廣東省政府財政廳訓令 全字第七一七號

令興寧縣縣長

中華民國廿六年七月八日

現奉

廣東省政府廿六年六月廿四日財字第八二七七號訓令開：

「案准 財政部咨開：『查兌換法幣補充辦法前經核定施行，并咨請查照飭遵在案。茲為便利人民兌換法幣起見，除沿邊沿海及經過海關地方運輸銀幣銀類仍應持有部照方得起運外，其內地人民及商號公司暨兌換法幣機關等運銀幣銀類向就近中中交農四行領兌法幣者，得暫免運輸銀幣銀類請領護照及私運私帶處罰辦法所規定備具證明書及查驗後收之拘束，以利收兌。除呈報行政院轉呈國民政府備案并分行外，相應咨請查照飭屬一體知照』等由，准此。自應照辦。除分令外，合行令仰飭屬一體知照。此令」等因，奉此，自應遵辦。除佈告暨分行外，合行令仰該縣長即便遵照，並轉飭所屬一律知照。此令。

108

中華民國二十六年六月三十日

兼代廳長 曾養甫

監印 曾紹門

15605

中華民國三十一年十二月十日

事由：抄發卅一年第十三次行政會議關於整理金融辦法原提案及審查意見各一份仰遵照具報由

廣東省政府財政廳訓令 二金肅字第二五三六號

令各縣市政府
管理局

現奉

廣東省政府本年十一月調秘一文字第〇二九〇九號訓令開

「現據本省卅一年行政會議第三區秘書處本年九月廿四日議字第八五號呈附繳卅一年行政會議紀錄請核前來查原紀錄內鶴山縣長伍炳雄等提「應如何加强執行前次第三區党政軍聯席會議決定整理金融辦法以維金融而利民生案」審查意見（擬由本府審核辦理送請省政府通飭遵照）案因應要合先抄發原提案及審查意見各乙份令仰遵照核辦將辦理情形報查」

等因附發原提案及審查意見各乙份奉此查原提案所列依該府局可行者准照辦理除分令外合行抄發原提案及審查之意見各一份令仰遵照辦理情形報查為要此令。

附抄發原提案及審查意見各一份

110　109

中華民國卅一年十二月八日

廳長

監印張漢凝
校對

111

廣東省三十一年第三區行政會議討論臨時動議第三案

民國三十一年九月四日。

決議：照審查意見通過

第　組	臨時動議第三案
提案者	鶴山縣長湯燦華。
案由	應如何加強執行前次第三區黨政軍聯席會議決定整理金融辦法以維金融而利民生請公決案
附件	原提案乙件
審查意見	審擬照原案辦理送請省政府通飭遵照

審查人　謝晨光
　　　　黄光明

臨時動議第三案

案由：應如何加強執行前次第三區黨政軍聯席會報決定整理金融辦法以維金融而利民生請公決案

理由：查西江地接粵緣不肖者每乘某種情形對於運用法幣指摘版色使用某種加水某種十足某種低折又對於五千元以上之大券輒予歧視甚至拒收似此情形影響於國計民生殊非淺鮮前次李主席巡抵西江曾召開黨政軍聯席會報決定取締辦法執行後其情形漸趨和緩惟日久玩生未能澈底肅清此弊亟應遵照 主席指示原則擬定具体方案切實執行貫澈始終以求實效而維金融

辦法：一、遵照部令及省令之規定找換店舖一概不准開設違者封閉

二、政府机关对于各种大小券及各版式法币应一律通收，不得歧视，违者得报请其上级机关严予惩处；各行商如有歧视者，准由当事人向当地官署告发，以扰乱战时金融论，依法惩处。

三、无论机关团体公司行号或人民，均不得向市面大量收集小钞或某种直版新券，如每次超过二百元以上者，得报请当地官署查讯明确，予以行政处分，惟罚金数额应以不逾越其收集数十分之一为限，并以该次罚金百分之四十为充奖，百分之六十拨充地方振济金。

四、如向行局以大券换小券或以小券换大券，准行商收手续费百分之一。右列各项务须发行机关应切实执行，倘有奉行不力，以阻贼论者，应予行政处分。

提案人　阳蕴华　连署人　黄植文　钟岐　伍澍华

公决

廣東省政府財政廳快郵代電　四財導字第四七七三號

各縣(市局)政府各縣稅捐征收處均覽查改訂財政收支系統後地方自治財政居于重要地位各縣對財政之整理自應悉力以赴務獲自給自足如厲行公共造產清理公有款產籌募公債推進節儲靈活地方金融以及縣公庫網之推設財務行政技術之改良均為當前急務本廳爰本斯旨特訂編自治財政法規彙編各縣財政重要工作方案行政會議財政部份解釋兩種示以為各縣整理財政之準繩茲分別檢發一份仰即切實遵照辦理循此邁進對於法令章則必須貫徹執行更作推進尤貴爭取時間務使地方財政日趨正軌地方自治藉以完成是為至要廳長張導民申虞印計發財政法規彙編財政重要工作方案行政會議財政部份解釋各一份

中華民國三十一年九月　七　日

114

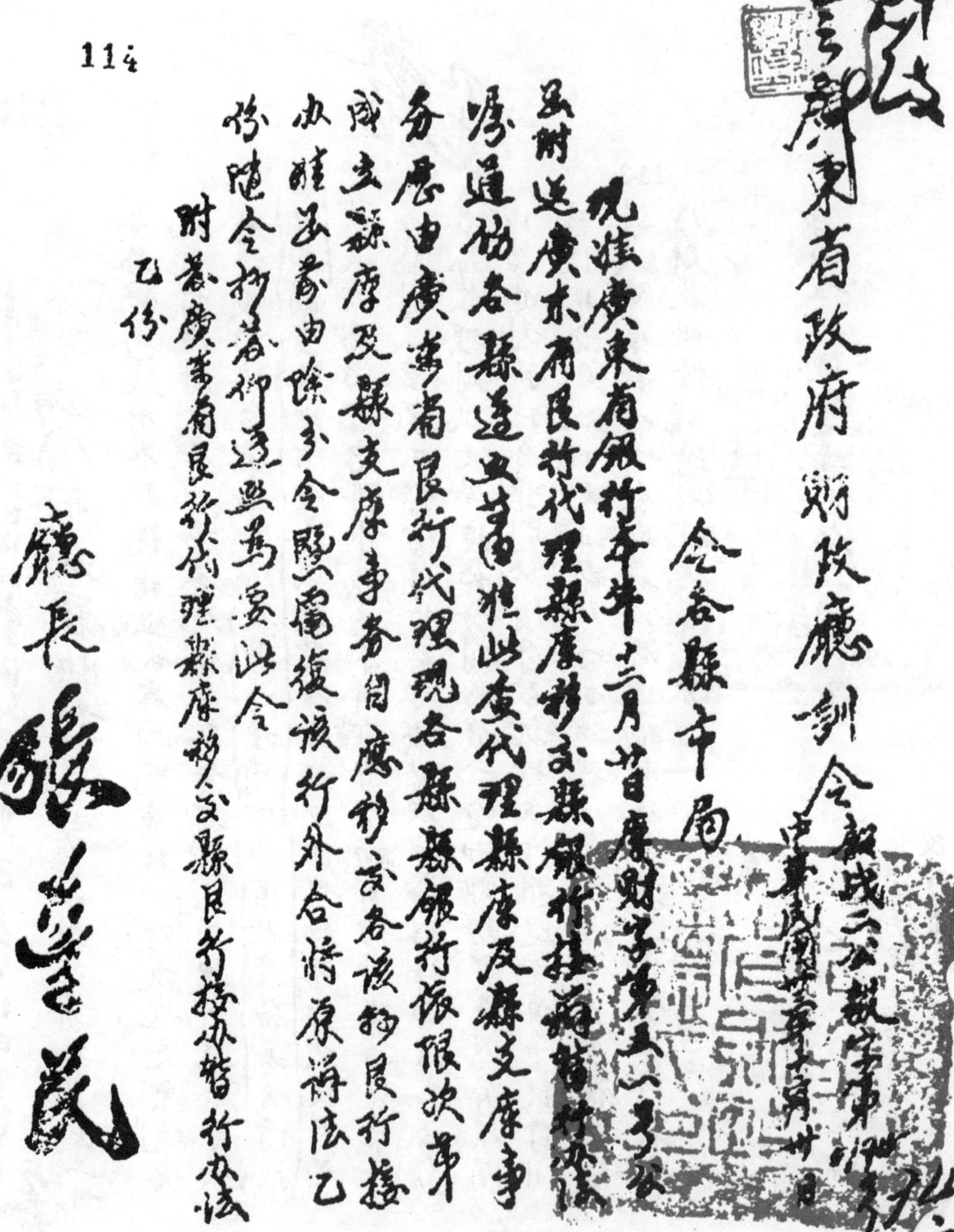

廣東省政府財政廳訓令　[illegible]字第[illegible]號
中華民國[illegible]年十二月廿日

令各縣市局

現准廣東省銀行本年十二月廿日庫財字第五〇三號函及附送廣東省銀行代理縣庫務及縣銀行接辦暫行辦法請通飭各縣遵照由，准此。查代理縣庫及縣支庫事務，應由廣東省銀行代理。現各縣縣銀行依限次第成立，該縣庫及縣支庫事務，自應移交各該縣銀行接收。准函前由，除分令縣屬復該行外，合將原辦法乙份隨令抄發，仰遵照為要。此令。

附發廣東省銀行代理縣庫務及縣銀行接收暫行辦法乙份

廳長　張[illegible]

127

財字

廣東省政府財政廳訓令

財和二會字第442號

中華民國卅五年十月

令各縣（市）、政府各管理局

查部頒典押當業管理規則及本省管理典押當業營業補充辦法，早經通飭遵照辦理有案。惟本省各地典押當業商號前受戰事影响，多經歇業，現戰事結束，各典押當業請求復業或新設者，依照上項規則及補充办法規定，應先呈准領有許可執照，方得開業。除分行外，合再將上項規則及補充办法抄發，仰即遵照办理，並轉飭所屬各典押當業遵照，仍將遵办情形報查為要。此令。

廳長　秦慶鈞

監印　陸曼霞
校对　姜少波

129　128

典押當業管理規則　修正本二十九年十二月一日公佈

第一條　各地典押當業之管理，除法令别有規定外，依本規則之規定。

第二條　典押當業分押當、典當兩種，資本不滿十萬元者稱押當，十萬元以上者稱典當，均應於牌號上標明之。

前項押當資本之最低額，由各省市（院轄市）政府依各地經濟情形定之，但不得少於三千元。

第三條　設立典押當業，應將左列各事項連同切結及應繳執照費呈由主管官署驗明資本，加具考語，轉請發給許可執照，方能開業，違者除勒令補領執照外，並處五百元以上一千元以下之罰鍰。

一　名稱（牌號）

二　資本總額

三　營業所在地

四　出資人姓名年齡籍貫住所

五　經理人姓名年齡籍貫住所

前項切結及許可執照之式樣另定之。

第四條　押當業之許可執照由該管省市政府發給，報內政經濟兩部備案，典當業之許可執照由該管省市政府轉請內政部會同經濟部核發給。

第五條　許可執照費依左列之規定：

一　押當業十元

二　典當業二十元

第六條　許可執照應懸於營業場所，如有遺失，應於十日內登報聲明，並叙明緣由，連同報紙三份，補領執照費五元呈由主管官署轉請補發。

130

131

第七條　凡典押當業均應於開業後一個月內，向保險公司，按資本總額保險，違者得由該管官署呈由市政府停止其營業，但因交通梗塞，經該管市政府核准者，不在此限。

第八條　典押當業如遇兵災盜劫及水火患致典押當物損失時，應於出事後二十四小時內，報請主管官署及當地商會驗明封存剩餘物品，已向保險公司投保者，須通知保險公司派員眼同驗封，其有號可稽者，得估價變賣，除以半價按票額攤付原典押各户外，並應按票額六成賠償。

違背前項規定時，除處五百元以上一千元以下之罰鍰外，仍飭令依照前項規定辦理。

第九條　典押當業不得設置分店，接物轉當，違者除勒令關歇分店外，並處三百元以下之罰鍰。

第十條　典押當業有左列情形之一者，應於一個月內呈報主管官署轉請換發許可執照：

一、營業地點之變更

二、出資人之變更

三、資本之變更

四、經理人之更易

不為前項之申請時，除處五百元以下之罰鍰外，仍令補行聲請。

第十一條　典押當業如因事故須停當候贖或歇業時，應於事前二十日內，叙明緣由，呈報主管官署轉請核准，轉報內政經濟兩部備案，並應由主管官署布告行之，違者依前條之規定處罰。

第十二條　典押當業收取月息，最高不得一分六釐，但得酌收棧租費二釐，保險費二釐，其餘

公營典押當之資本，每次罰鍰，收入並應返還，內政經濟兩部備案。

第廿一條　本規則所稱主管官署，各縣市為市縣政府，院轄市為社會局，院轄市政府如未成立社會局時，得指定其他各局為主管官署。

第廿二條　典押當業除民營外，並得由各地政府酌量設立之。

第廿三條　公營典押當業由市縣設立者，應呈報該管省政府核轉內政經濟兩部備案，由省市設立者，逕報內政經濟兩部備案，並應於牌號上標明省市縣公營字樣。

134

第廿四條　本規則未規定事項，得由省市政府另訂補充辦法，呈報內政經濟兩部備案。

第廿五條　本規則自呈奉行政院核准後由內政經濟兩部會同公布施行。

四

135

切結式

具切結人商民　　住本省　　市縣　　鄉鎮　　街路

門牌第　　號茲在本省　　市縣　　鄉鎮　　街路　開設　典押當

一所一切遵照典押當業管理規則及廣東省管理典押當業營業補充辦法之規定辦理如有違背情事甘願受罰

所具切結是實

具切結人　　（簽名蓋章）

中華民國　　年　　月　　日

廣東省管理典押當業營業補充辦法（本府第九屆委員會二四九次會議決議通過 三十年七月一日施行）

第一條　本辦法依據　内政經濟兩部所頒典押當業管理規則（以下簡稱部頒規則）第二六條規定訂定之。

第二條　本省典押當業依照　部頒規則暫分典、押當兩種，凡資本在十萬元以上者為典當，十萬元以下者為押當。

第三條　凡在本省境内開設典當押當除遵照　部頒規則定施管理外並適用本辦法之規定辦理。前項所稱之典當押當係指專以收受物品放押貸款業務之商店而言，其本省原設之當按押店均包括在内。

第四條　新張典當押當應於未開業前依照　部頒規則各條規定并附具同業或其他殷實店舖担保具結報請該管縣市政府查明切結確屬殷實呈由財政廳轉呈省政府發給許可執照方得營業，其前設之當按押店並應一律補完手續方准繼續營業。（補二）前項切結式樣另定之。

第五條　典當押當報領許可執照一張祇准開設一店，不得影射分設及於店舖以外營業。

第六條　典當押當所收利率准照　部頒規則規定連棧租保險等費每月最高不得超過原發出典貸本額百分之二，其斷典期限不得短於十八個月。

第七條　典當押當典受貨物應公平議價填發當票，將典受物品名號碼質料件數當本款額每月應納利息及滿當日期詳註票内謁

138

第八條　列字號加蓋店章交與物人收執票內字號不得添革及摘改遺漏。

第九條　典當押當典交貨物其款必須當點面十足支付不得折扣或其他需索。

典物人持憑當票在未屆斷典期限以前無論在何時均得清償本息取贖其所當物品但典物人於遺失當票時經預為掛失之聲明當者無論何人持票到贖均應查明確為原典人始得取贖。

第十條　左列各項物品不得為貸款之抵押
一、盜竊贓物有形迹可疑者
二、軍用及公有或官署物品有符號標識者
三、遺失物品經警察機關通知注意者
四、其他違禁危險物品

139

第十一條　典當押當停業須先將停止典受貨物日期（補二）呈報該管縣政府查明布告典物人於原定斷典期限未屆滿前將所當物品取贖至限滿之日為止如無糾葛及手續未清等情弊方准銷照停業

第十二條　前項停業典當押當於奉准停業核即須將原領特許執照繳由該管縣政府轉繳核銷

典當押當如有頂盤讓賣遷移改組或更換主事人及改變店號名稱應於十日內報由該管縣市政府轉呈財政廳備案否則以無照營業論

第十三條　典當押當在營業期內應依法繳納營業稅其征稅辦法另定之

第十四條　本辦法如有未盡事宜得隨時呈請增訂之

第十五條　本辦法經省政府咨請內政財政兩部備案由　年　月　日起施行

保結式樣

具保結人　　　今保得　　　在　　　縣鎮

地方開設　　　店經營典押事業如有違章或意圖斂

滅平民所當物品情弊被保人願負賠償責任所具保

結是實

非印
花屬

140

中華民國　　年　　月　　日

具保人

店司理人（簽名蓋章）

363

訓令奉 省政府令將本省禁銀出口案改為每人攜帶出口不得逾十元仰知照由

廣東省政府財政廳訓令 鉌字第二八三二號

令興寧縣縣長

現奉

廣東省政府財字第三四二八號訓令開：

「准財政部二十四年六月一日錢字第一一四一三號公函開：『案准貴省政府財字第二三八一號函開：現准貴部長艷電，請飭屬對於私運白銀出口，嚴加查禁，勿稍鬆懈，並請將私運及查緝情形，提電示知等由。准此，案查民國二十二年四月二十六日據廣東財政廳呈報，擬新規定每人攜帶銀毫出口不得逾二十元，銀條無論多少，俱在禁止出口之列，並擬具查緝私運銀角銀條出口充賞及取締私運辦法三條，請予備案前來，當經令准備案，並分別咨行各在案。准電前由，據廳將辦理情形，並抄同原擬辦法，咨部查照等因，並抄件到部。查該財政廳所擬查緝私運銀角銀條出口充賞及取締私運辦法，大體尚屬可行，惟原辦法關於私運銀幣一項，未經明白規定，應行補入辦法之內。至銀毫出口，本應視同銀幣一體查禁，惟粵省毗連港澳，往來旅客必須攜帶少數零用，如果嚴格不准攜帶分文銀毫，旅客似將感覺不便。本部前據拱北關稅務司呈請對於赴澳真正商民准攜帶毫銀十元，船員水手仍舊嚴禁攜帶，並據澳門民政總局亦有同樣要求，以期便利華人，仍保證決不攜出澳門以外往他處出洋等情到部，業經本部核准赴澳真正乘客准攜帶銀毫十元，不得超過，通令飭關在案。該財政廳所定每人攜帶銀毫出口不得逾二十元一節，並應改為十元，以一政令而便遵守。准函前因，相應函復查照，並希轉飭辦理見復』等由。准此。查此案於本年四月三十日准財政部孔部長艷電，請飭屬對於私運白銀出口，嚴加查禁，並請將查緝情形電復，當經將民國二十二年四月二十六日據該廳呈報擬新規定每人攜帶銀毫出口，不得逾二十元，銀條無論多少，俱在禁止出口之列，辦理情形，並抄同查緝私運銀角銀條出口充賞及取締私運辦法，函復在案。茲准前由，自應照辦，除函復外，合行令仰該廳即便遵照辦理。此令。」

等因。奉此，遵將銀幣一項（即大洋）補入本廳前擬查緝私運銀角銀條出口充賞及取締私運辦法之內，並將原辦法所定每人攜帶毫銀出口，不得逾二十元一節，改為不得逾十元，除分別呈飭咨函令行外，合行令仰該縣長即便知照！並由縣錄令佈告，以期周知。

此令。

中華民國二十四年七月十三日

廳長 區芳浦

令發廣東省各地郵政儲金局儲匯省縣款特約辦法仰遵照辦理由

歸卷

縣二

廣東省政府財政廳訓令 會核字第七六三八號

令興寧 縣縣長

查本省各級金庫規程及廣東省省縣款收支程序，業經先後通行在案。現為積極完成金庫制度，統一公款收支起見，除將廣東省總金庫改組成立，并增設廣州省分金庫，暨前經委託廣東省銀行代理各縣分金庫外，茲復與廣東郵務管理局簽訂「廣東各地郵政儲金局儲匯省縣公款特約辦法」，於本年七月起實行，依照該辦法第一款二項之規定，除南海等三十四縣市經設立廣東省銀行辦事處，其省縣庫事務仍照舊由省行辦事處辦理外，所有番禺等六十七縣市（附縣名表）均未設省銀行辦事處，其省縣金庫事務，應即由各該縣市郵政儲金局辦理，毋庸自設金庫，或設支電，所有代理省縣金庫經費及公款遞送匯費，統由省庫負担，各該縣政府無須支給，從前之經支給者，均自七月一日起停支，除分令外，合將廣東各地郵政儲金局儲匯省縣款特約辦法一份，令發，仰即遵照，務將此項辦法悉心體會，力求運用通匯機構，以期便利，而收實效。切切此令。

計發廣東各地郵政儲金局儲匯省縣款特約辦法一份，縣名表一份。

中華民國二十七年七月 十九 日

兼代廳長 曾養甫

144 143

監印 曾昭門 校對 許司吳少幾

地3366

二十、十五

歸卷

147 148

廣東省政府財政廳訓令 一金字第六二九四號

令興寧縣縣長

現准

廣東省銀行本年九月廿日粤字第九四四號公函開：

「查敝行奉令收買白銀，歷經督飭所屬各分支行處積極辦理。惟近以外滙趨漲，白銀價格日趨高漲，人民多有將白銀私運出口以謀厚利。敝行為杜絕白銀外流及迅速收集完成金銀國有政策起見，經電陳財政部請示可否提高給費，以利收買。現奉電覆核准每值國幣銀幣壹百元，其增給手續費為百分之十五等因。但查此項增給費用賣者方面應給予若干，部電尚無規定，自應由行統籌分配，用期於人民利益既有增加，收集進行亦無窒碍。當經參照中中交農四行收換大洋成例，并就粤省沿用毫銀習慣，以毫銀為單位計算，每毫銀百元應得手續費為國幣一十二元五角，分配為賣方佔手續費六元，尚餘六元五角分撥總分支行處為開支一切費用及派員赴鄉收買白銀費用。似此辦法，在賣者方面利益既增，自必踴躍求售，而各分支行處雖有費用，亦可常川派員赴鄉收買。惟是出售白銀既有獎勵，則私運私藏亦不能不嚴加限制，以期懲獎兼施，并擬飭凡藏有白銀者應一律向最近之收買白銀處申報，加具保結，領證繳運，限期繳送該處給值收買。如有私藏不售，准由人民告發，一經查實，除照定價將其白銀收買外，其增給之手續費六元即給予告發者作為獎金，以為藏匿者懲戒之意。迭經呈奉廣東省政府本年九月廿四日一財字第二六三五零號訓令核准照辦，定期十月一日起開始實行，除呈報并分行通告外，相應函達貴廳，希為查照，并通令各縣政府一體協助辦理，用利進行。」等由。准此。自應照辦。除佈告暨分行外，合行令仰該縣即便遵照，并令佈告，並轉飭所屬一體遵照辦理，以利進行為要。此令。

中華民國二十七年十月 三 日

兼代廳長 曾養甫

財政

150　149

令發金融庫券第二期銷出號碼清單由

第2914號

廣東省政府財政廳訓令

債字第四九號

民國廿一年七月廿八

令興寧縣縣長

為令遵事照得本省上年發行金融庫券業經規定分期結束還本並將第二期庫券號碼擬定由本年七月二十五日起按月抽籤還本付息在案現計為期甚邇所有是期銷出號碼亟應編印清單以備查對除呈報

省政府備案暨分別佈告函令外合將號碼清單令發仰該縣即便遵照并布告所屬一體知照此令

計發金融庫券第二期銷出號碼清單二十張

中華民國二十一年七月十八日

廳長　區芳浦

監印呂湘如

財政

第　號

訓令遵照發行整理金融庫券一案已奉省府議決通過先將章程令發由

中華民國十九年七月卅一日收到

152

151

廣東省政府財政廳訓令 第二八八五號

令 [illegible]縣縣長

為令遵事。案查本省自去年興師討逆以後，中行紙幣迭受影響，價格低折，至今尚未復原。國省兩稅收入減少，挹注無從，庫支則隨而短絀。不急將金融整理，必致上下交困。迫得發行民國十九年廣東整理金融庫券一千五百萬元，當經擬具章程細則，呈奉

廣東省政府委員會第九十六次會議議決通過，在案。自應照案辦理。除分別咨函通令暨將發行細則及還本付息表派銷額數另行擬訂呈准後再為分行辦理，並函

廣東財政特派員公署查照，轉呈

財政部備案，並分別函令國稅各機關及承商一體知照外，合先將修正章程一份，令發，仰該縣長即便知照。此令。

計發修正章程一份

中華民國十九年 七月 十九 日

廳長 范其務

監印 沈友仙

[illegible]員姜步[illegible]校

民國十九年廣東整理金融庫券章程

第一條　本庫券定名爲民國十九年廣東整理金融庫券以廣東省庫收入撥保並以現金償還本息

第二條　本庫券總額爲廣東毫洋一千五百萬元

第三條　本庫券用途爲清理十八年度短期軍需金庫券及維持紙幣之用

第四條　本庫券利息定爲週息一分以六個月計算

第五條　本庫券定於民國十九年八月發行

第六條　本庫券按照券面十足發行但爲獎勵繳款在前者起見如於十九年八月内繳款者准其搭繳廣東中央銀行未兑現紙幣五成九月内搭繳三成十月内搭繳二成依前定限期繳款者除照上列獎勵外並得提扣手續費百分之四十一月一日以後繳款者全收現金減扣手續費百分之三惟搭發經費及逾繳未之期不得提扣

前項所搭繳未兑現紙幣應全數公開封存不得再行發出

第七條　本庫券自發行起滿六個月後分十五個月平均償還本息其先後以抽籤定之

第八條　本庫券還本付息事宜由廣東中央銀行經理

第九條　本庫券應付本息由廣東財政廳於開始償還本息之前一月起按月由省庫收入項下照數撥交廣東中央銀行收存備支

第十條　本庫券定爲無記名式

第十一條　本庫券分爲壹百元伍拾元壹拾元伍元四種但五元券酌以一部分爲五則每則一元以便支配奇零數

第十二條　本庫券得自由抵押買賣並得爲銀行之保証準備金及其他公務上之保証金或担保品

第十三條　對於本庫券如有僞造及毀損信用等行爲應依法治罪

第十四條　本章程自公布日施行

156

155

通令知縣能將五個月搭銷庫券二成二以於八月內數繳者准照細則第四條辦理搭繳未兌現紙幣五成由

廣東省政府財政廳令第三〇八〇號

令興寧縣縣長

為通令事案查發行民國十九年廣東整理金融庫券一千五百萬元一案當經擬具章程及發行細則呈奉
廣東省政府第五屆委員會第九十六及九十八兩次會議議決修正通過令行遵照經即分別咨函通令佈告照辦各在案查發行細則規定第七條第五項國省內稅及各縣市屋稅捐務承辦及委辦機關對於納稅商人照稅額加搭銷二成等語此項搭銷庫券應由各該經募機關徵收領券搭銷旋為速集券款起見凡委辦承辦機關能將五個月搭銷之款照一個月飭額於本年八月內如數墊繳者准援照發行細則第四條規定辦理搭繳未兌現紙幣五成以示優異除具文呈報
廣東省政府察核備案并函
廣東財政特派員公署查照分別轉行國稅各機關知照暨分令外合行令仰該縣長即便知照此令

中華民國十九年七月卅一日

廳長范其務

監印沈友仙

黃少波校對

財政

第一〇一二號

令發金融庫券發行細則及遞本付息表仰即知照由

中華民國十九年八月九日收到

廣東省政府財政廳令第二九七〇號

令　縣縣長

為通令事案查發行民國十九年廣東整理金融庫券一千五百萬元一案業經呈奉

廣東省政府委員會第九十六次會議議決通過當將修正章程咨函通令分行查照各在案關於此項庫券發行細則及遞本付息表茲經分别詳細擬訂呈奉

157

廣東省政府委員會第九十八次會議議決照辦令行到廳函應分行查照除分别咨函通令外合將發行細則及遞本付息表各一份令發仰該縣長即便遵照此令

158

計發整理金融庫券發行細則及遞本付息表各一份

中華民國十九年七月二十八日

廳長范其務

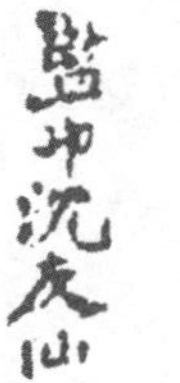

監印沈友山

員姜少波校對

民國十九年廣東整理金融庫券發行細則

一、總額　額面壹仟伍佰萬元

二、種類　壹百元伍拾元壹拾元伍元四種但伍元券內酌以一部分爲五期每期壹元以便支配奇零數

三、利息　週息一分概以半年計算（即每百元給利息五元）

四、發行　按照券面十足發行但繳款在前者准照左列期限成數搭繳廣東中央銀行未兌現紙幣逾期全收現金

十九年八月內繳款者五成

十九年九月內繳款者三成

十九年十月內繳款者二成

前項搭繳未兌現紙幣逐日由金庫送交廣東中央銀行封存不再發出按旬列表報告廣東財政廳

五、還本付息辦法　本庫券以廣東省庫收入擔保償還本息並由廣東中央銀行經理還本付息事宜定於民國十九年八月發行自發行起滿六個月後分十五個月償還本息（自二十年二月份起至二十一年四月分爲止）每月償還之本息總額數爲一百零五萬元於十五個月內全數清償至償還之先後以抽籤定之

六、經募機關及募集期限　廣東各縣市政府各機關團體及各稅捐承商均爲經募機關必要時由廣東財政廳派員協同勸募其派銷或搭銷之數額由廣東財政廳參照往年成例酌衡現在情形核定通告屆於派銷者限兩個月內全數募集屆於搭銷者限五個月內全數募集

七、派銷及搭銷

(1)各縣就殷戶派銷

(2)廣州汕頭費各辦商業牌照各城市商店照商業牌照資本額百分之三派銷各商辦銀行銀號則照百分之五派銷

(3)廣州汕頭兩市舖戶照房租額一個月派銷由業主負擔

(4)財政廳所屬房稅捐承商各照其餉額半個月數目派銷

(5)兩省兩稅及各縣市雜稅捐務承辦及委辦機關對於納稅商人照稅額加搭納二成（前因維持金融各稅捐加收一成之案另案呈請取銷）

(6)廣東省司法行政及國稅各機關附款搭銷二成

(7)廣東省司法行政及國稅各機關國立省立市立各學校暨各黨部每月應支經費均照每月預算搭銷二成

八、各經募機關人員應將承募機關團體或戶名姓名暨承募款數暨券種類暨數逐一登記按月彙報以備查考

九、基金　本庫券應付本息由廣東財政廳自民國二十年一月份起至二十一年三月份止每月下旬從省庫收入項下儘先撥足基金一百零伍萬元交付廣東中央銀行收存備支不得移作別用

十、收付款項　本庫券收付款項均以廣東毫洋爲本位無論解繳時有無折納紙幣償還時一律交付銀毫

十一、經募費用　除各機關搭發經費外凡關經募機關如於十九年十月底以前繳款者准扣經募費用百分之四十一月一日以後十二月底以前繳款者准扣百分之三並准於繳庫時分別扣除照章備抵逾限不得提扣又所有貼現還本等項及其他一切費用不得在券款內開支

十二、經募不力分別懲戒　經募機關務依廣東財政廳限募額數及所定募集限期募足繳款如有玩違照另案呈定懲戒辦法辦理

十三、收付報告　廣東財政廳金庫收入券款支出經募費用及廣東中央銀行收入基金支出庫券本息又收入封存紙幣各數目均應按月列表登載財政公報公佈之

十四、本細則自呈准公佈日施行

159

民國十九年廣東省整理金融庫券還本付息表

年期	負債數	還本數	付息數	本息總數
第二十年二月期份	一五,〇〇〇,〇〇〇	一,〇〇〇,〇〇〇	五〇,〇〇〇	一,〇五〇,〇〇〇
第二十年三月期份	一四,〇〇〇,〇〇〇	同　上	同　上	同　上
第二十年四月期份	一三,〇〇〇,〇〇〇	同　上	同　上	同　上
第二十年五月期份	一二,〇〇〇,〇〇〇	同　上	同　上	同　上
第二十年六月期份	一一,〇〇〇,〇〇〇	同　上	同　上	同　上
第二十年七月期份	一〇,〇〇〇,〇〇〇	同　上	同　上	同　上
第二十年八月期份	九,〇〇〇,〇〇〇	同　上	同　上	同　上
第二十年九月期份	八,〇〇〇,〇〇〇	同　上	同　上	同　上
第二十年十月期份	七,〇〇〇,〇〇〇	同　上	同　上	同　上
第二十年十一月期份	六,〇〇〇,〇〇〇	同　上	同　上	同　上
第二十年十二月期份	五,〇〇〇,〇〇〇	同　上	同　上	同　上
第二十一年一月期份	四,〇〇〇,〇〇〇	同　上	同　上	同　上
第二十一年二月期份	三,〇〇〇,〇〇〇	同　上	同　上	同　上
第二十一年三月期份	二,〇〇〇,〇〇〇	同　上	同　上	同　上
第二十一年四月期份	一,〇〇〇,〇〇〇	同　上	同　上	同　上
合計		一五,〇〇〇,〇〇〇	七五〇,〇〇〇	一五,七五〇,〇〇〇

160

附

第一四二〇號

訓令遵照擬定經募金融庫券月報表式按月造報查核由

廣東省政府財政廳訓令第七五三三號

中華民國廿九年八月十二日收到

令興寧縣縣長

161

為令遵事案查金融庫券發行細則第八條規定各經募機關人員應將承募機關團體或户名姓名暨承募款數發券種類張數逐一登記按月冊報以備查考等語關於此項月報表式

162

亟應擬定頒行遵守以歸劃一而便查核除分令外合將表式仰發令仰該縣長即便遵照按月造報毋違此令

計發編造經募金融庫券月報表一份

中華民國廿九年七月卅一日

廳長范其務

監印沈友仙

科員黃少波校對

163

某某經募機關編造經募金融庫券月報表

承募機關（團體戶名／姓名）	庫券種類	銷受張數	募集款數	備考

第[illegible]號

中華民國十九年八月十二日收到

訓令遵照擬定廣東整理金融庫券領券解款須知令發查收辦理由

廣東省政府財政廳訓令第七五七〇號

令 興甯縣縣長

為令遵事案查民國十九年廣東整理金融庫券定於本年八月一日發
164 行業經呈報通行有案所有各機關團體領券解款各項手續亟應
明白規定俾有遵守用特妥為解釋之須知茲特擬定領券解款須知
165 一份隨令發仰該縣長即便遵照此令

計發領券解款須知一紙

中華民國十九年八月 一 日

（印：廣東省財政廳印）

廳長范其務

監印沈友仙

[illegible]校對

領券解款須知

一 券銷 廣東整理金融庫券分左列二種

甲 派銷

一 有定額派銷 如各縣政府及税捐承商是

二 無定額派銷 如廣州汕頭公安局及商會是

乙 搭銷

一 税收搭銷

二 經費搭銷

二 凡派銷或厘税捐搭銷者應照核定額數或酌定額數備具正領五聯領款總收據各一份持赴廣東財政廳第四科或指定分金庫先行請領庫券照派數再依定限清繳其（應提扣手續費須於繳款時扣出）

三 凡經費搭銷者應照公務機關團體經常費預算準定額扣出二成庫券前赴財政廳請領准收通知單連同現金繳清金庫核收取回庫收據並不得提扣手續費

166

四 經費搭銷庫券之機關繳款後應即備具呈領及五聯領款總收據各一份連同取得庫收據送請廣東財政廳第四科核發五聯繳款書以憑發給庫券（已發券即在庫收據上蓋（庫券照發訖）字樣）以資識別

五 銷出庫券提扣手續費應於解款時照提扣數目填具送領及五聯領款總收據一份繳交財政廳以憑發庫撥支

167

六 整理金融庫券係為一種無記名式有價證券須由各銷券機關派員來廳或指定分金庫請領不得託請求付寄以昭慎重各機關派員亦應派員解繳不得推誤以重公款（如有特別情形不能派員可委託在省殷實信用商人向就近金庫處解繳惟應將該員姓名住址於領券解款文內聲明）

七 無論派銷搭銷庫券時及處一經發出由具領人領到後即由該領券人或機關團體負完全責任倘有遺失損毀等項情事發生不得要求取銷補發以維信用而專責成

八 整理金融庫券將來係憑號碼抽籤還本所有派銷搭銷各機關庫券發時依照號碼次序順序發出不得先後倒置以歸劃一而免紊亂

財

第[illegible]號

中華民國十九年八月十二日封

訓令該縣限期兩個月內照額募集金融庫券將款解濟由

廣東省政府財政廳訓令第一三四六號

令興寧縣縣長

為令遵事。案將此次發行民國十九年廣東整理金融庫券一千五百萬元一案，業經擬具章程及發行細則還本付息表，先後呈奉省政府核准，議決通過，暨分別公布，亟令在案。所有各屬派銷券額，自應預為規定，俾資進行。茲核定該縣派銷額四萬五千元，其派銷方法，應就發行細則第七條第一項辦理，並准援照同條第二項及第五項分別推銷，即在所定各縣認額內併計。惟南海之佛山、新會之江門、瓊山之海口、茂名之梅菉各市，應照商業貿易資本額派銷者，另分別責成市政府或商會辦理；及國省兩稅應搭銷者，另有辦理機關，所銷數不在其內。除分行外，合行令仰該縣即便遵照，[illegible]辦理，並照發行細則第六條所定[illegible]集期限，於兩個月內全數募集，將款解廳核收，仍限八月十五日以前照全額解款十分之三以上，八月底以前照全額解款十分之七以上，一面先派員來廳及指定分金庫具領庫券，慎勿遲誤干咎，切切此令。

附發細則拾份

中華民國十九年八月　日

廳長　范其務

二

監印沈友仙

169　168

財

第[illegible]號

訓令遵照稅款搭二成庫券除向收加一各款照加二搭銷外其不收加一各款均免搭銷由

中華民國十九年九月廿三日發

170

171

廣東省政府財政廳訓令 第三一四六號

令興寧縣縣長

為令遵事案查發行整理金融庫券一切稅款照加二搭銷并取銷加一征收一案業經具文呈請

廣東省政府察核并函令分行照辦各在案現查此項搭銷二成庫券除向收加一各款應一律照加二搭銷庫券外其餘不收加一各款如錢糧契稅防務官產墾荒護坟商業牌照沙捐護沙清佃登記等款自應免照加二搭銷以符向辦除分函及通令暨具文呈請

廣東省政府察核備案并請分行各機關知照外合行令仰該縣長即便遵照此令

中華民國十九年八月 五 日

廳長 范其務

監印 沈友仙

第附號

訓令查照金庫券樣本由

中華民國十九年八月廿一日收到

172

173

廣東省政府財政廳訓令第九二號

令[illegible]縣縣長

為令知事照得此次發行民國十九年廣東整理金融庫券一千五百萬元一案業經擬具章程及發行細則暨本付息表呈奉省政府核議通過暨分別公布亟令在案查此項庫券共分壹百元五十元十元五元及壹元聯券五種其式樣與從前所發各種庫券不同現當開始發行之際自應將預印樣本分發俾資識別除呈報暨分別布告外合將樣本令發仰即查照備案此令

計發樣本各一份

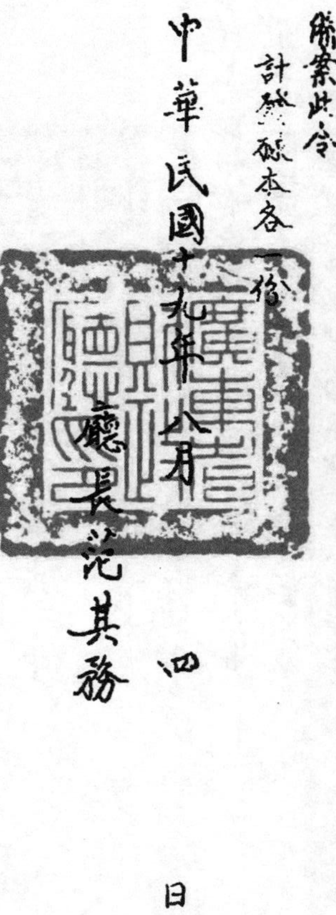

中華民國十九年八月 四 日

廳長范其務

監印沈[illegible]

[illegible]少波校對

民國十九年八月廿六日收到

第 [illegible] 號

174

175

令發金融庫券懲戒規則仰遵照由

廣東省政府財政廳訓令第一四三六號

令 興寧縣縣長

為令遵事查此次發行十九年廣東整理金融庫券其細則第十二條有經募不力分別懲戒之規定自應訂定專章俾資遵守當經擬具募銷廣東整理金融庫券懲戒規則八條呈請

廣東省政府核示茲奉

指令財字第二六〇四號內開呈及規則均悉當將該規則修正提出本府第五屆委員會第一零一次會議業經議決照修正通過在案合將印就規則改正一份檢發令仰即便遵照辦理並由廳公布施行等因計發修正募銷廣東整理金融庫券懲戒規則一份下廳奉此自應遵照辦理除布告及分別函令外合將規則令發仰該縣長即便遵照辦理並佈告分行所屬一體知照為要此令

計發修正募銷金融庫券懲戒規則一份

中華民國十九年八月 十五 日

廳長范其務

監印沈友仙

176

修正募銷廣東整理金融庫券懲戒規則

第一條 凡募銷整理金融庫券舞弊苛索勸銷不力繳款遲延者均適用本規則之規定分別懲戒之

第二條 凡經募機關如發現收買已發出之庫券混入搭銷或勸募後將原券收回再銷及在應搭收未兌現中紙期内票收全毫加收券價暨其他情弊依左列辦法懲處·

甲 各市商會有前條情弊之一者負責經募人員處五百元以上五千元以下之罰金

乙 商承厘稅機關除照甲項罰金外并撤銷承案

丙 官辦機關主管長官罰俸一個月至五個月並呈請撤任

丁 舞弊苛索情節較重者拘押主管經辦人員另案懲治不在甲乙丙三項處分範圍

第三條 經募機關應依核定派銷額數期限全數募集繳款如勸銷不力應左列辦法處分

甲 勸銷不及七成者各市商會取銷其應提扣之手續費稅捐承商照額加五認繳官辦機關主管長官罰俸一個月記過一次

乙 勸銷不及五成者各市商會仍照甲項取銷應提扣之手續費稅捐承商照額加倍認繳官辦機關罰俸兩個月記大過一次

丙 官辦機關稅捐承商勸銷在三成以下者分別呈請撤任撤銷承案

177

第四條 經募機關收存券款解繳遲玩者依左列辦法處分

甲 收存券款滿一千元逾限半個月未解者加一處罰官辦機關主管長官罰俸一個月

乙 收存券款滿一千元逾限一個月未解者加二處罰官辦機關主管長官罰俸兩個月餘照類推處罰至加倍為止

丙 收有券款滿一萬元逾限未解除照甲乙兩項執行處罰外稅捐承商撤銷承案官辦機關呈請撤任

第五條 各機關經費應搭足五個月為限少搭一個月主管長官除勒令補搭外罰俸半個月記過一次餘照類推如五個月完全未搭除撤銷罰俸外并呈請撤任

第六條 各征收機關撥支其他機關經費應照前條搭足五個月少搭之數責成原撥款機關認繳不得藉詞卸款經先發請免或請由下月扣繳

第七條 各機關未搭庫券月份之經費不准補入收支及抵銷交代作為欠解公款論嚴予追繳

第八條 本規則自呈准公布日施行

第 號

179　　178

令飭將辦理搭發金融庫券及取銷加收一成各緣由仰即遵照辦理由

廣東省政府財政廳令　第二九八二號

中華民國十九年九月二日發

令

為通令事案查發行民國十九年廣東整理金融庫券一千五百萬元一
案業經擬具發行細則及還本付息表呈奉
廣東省政府委員會第九十八次會議議決通過令行到廳經即分別咨
函通行查照辦理各在案查發行細則規定第七條第五項國省兩稅及
各縣市厘稅捐務承辦及委辦機關對於納稅商人照稅額加搭銷二成
（前因維持金融各稅捐加收一成之案另案呈請取銷）等語自應照案辦
理茲擬自八月一日起一切應繳稅款概照稅額加搭銷庫券二成免繳加
一其在八月一日以後解繳八月一日以前稅款仍照案定加一征收至稅額
搭銷庫券二成如有奇零尾數應照四捨五入辦法不及五毫者減免五毫
以上者應作一元搭銷因庫券面額最低以一元為限所有奇零細數自
應化零為整以便辦理又查本條第七項規定廣東省司法行政及國稅
各機關國立省立市立各學校暨黨部每月應支經費均照每月預算數
搭銷二成等語亦應查照辦理無論直支坐支撥支及提成等經臨各費
均一律照額搭發庫券二成自本年八月分起至十二月止搭足五個月
為限以後應否再搭俟屆時體察情形再行酌定其坐支撥支提成各機關
應按月照月額二成計算如數以毫銀解庫換領庫券搭發不得援照派
銷辦法搭繳未兌紙幣并不得在所領派銷券額內移搭經費致亂數目
至經費應搭庫券如未繳款領券者該月經費不准坐支抵解并作交代
不清論以儆疲玩除將辦理搭銷庫券及呈請取銷加收一成辦法各緣
由備文呈報
廣東省政府察核暨分函通令分行照辦外合行令仰該長即便遵照
辦理毋違此令

中華民國十九年九月　日

廳長　范其務

監印沈

校對

中華民國十九年九月八日收到

第〤〨〡號

訓令遵照從速派員就近前往分金庫照領銷券由

廣東省政府財政廳訓令第一六二九號

令興甯縣縣長

181 180

為令遵事照得此次發行金融庫券業經核定各縣銷額分飭依限募集解款在案現計發行將届一月各縣能遵令領券解款者尚屬寥寥無幾似此玩視功令殊為不合亟應嚴飭催領以利推行除分令外合行令仰該縣長即便遵照從速派員就近前往分金庫照額領券分別派銷將款解繳藉濟要需毋再玩延干咎切切此令

中華民國十九年八月廿九日

廳長范其務

監印沈良仙

[illegible]書

關於有關中華版券經電飭分行查照准人民以一四四對換國幣仰

知字第 號二

地45十八

提卷

歸卷

廣東省政府財政廳訓令 一金建字第七九四號

令興寧縣政府

182

現准

廣東省銀行顧行長元電稱，近查各屬對於本行中華版券，發生歧視，殊碍流通，茲經電飭汕連坎梧各行處，即日懸牌准人民以中華版券照一四四對換國幣，或平換美鈔版券。嗣作滙款存款，均照收在案。特電查照等由。除分令外，合行令仰該縣知照。

此令。

183

中華民國二十七年十二月 二十 日

兼代廳長曾養甫

主任秘書植兢秋代拆代行

照印 四 時

字第 19696 號

廣東省政府財政廳訓令 [illegible]字第[illegible]號

令各縣市局縣府

現准

廣東省臨時參議會本年十二月議字第一八五號公
函附送本廳施政報告審查意見一份請查照辦理等由查
籌設縣銀行為調劑地方金融扶助經濟建設及發展合
作事業為營業範圍一方面收受存款及代理
收解各種款項以為吸收社會游資收縮通貨之流通一方
面舉辦對於農倉農林工礦及交通等業放款用途要於水
利經營尤當小[illegible]地方建設事業貸款以應發
展經濟建設之需業經本廳令飭切實籌辦並限期本年底
籌設完成如公股籌集困難得准將第二年特存庫款撥充
並由[illegible]籌股撥付[illegible]縣銀行業務[illegible]
分區各縣市[illegible]
[illegible]本身重要業務成一個應依照[illegible]辦法
[illegible]一方面決意[illegible]如合作社聯合會[illegible]
建全組織一方面籌集核實款用途使貸款須不致濫
[illegible]於那貨幣方面能普遍發放以為舉辦糧食
增產之用除函復及分令外合將前參議會審查意見一份
抄發仰即遵照辦理具報此令

抄發前參議會審查意見一份

兼廳長 [illegible]

監印 [illegible]
校對 [illegible]

185 184

審查財政廳施政報告之意見

審查省財政廳報告深覺一年以來該廳對縣鄉鎮財政之整理已有進步深爲欣慰惟由于工作重心之側重整理縣鄉財政遂致工作進度未能整個配合本省施政之中心如去年及本年均以糧食增產爲工作之綱要完成於農民之號召普遍舉辦墾荒及春耕冬耕以爲縣政府舉辦農業貸款扶植貧農以謀促進計劃之完成惟縣鄉財政尚未能深切注意致發放縣區貸款有落非貧農之手且糧荒嚴重縣份則困擾迫前錢亦多未舉辦農貸故成效未及所期望此其一

其次據報告縣銀行已開業者有兩縣本年底續有十四縣開業竊以目下本省社會經濟形態有富者愈富貧者益貧之趨勢縣銀行設立後應側重吸收各該地游資以疏縮減膨脹之通貨另一方面並應舉辦農業貸款以謀扶植貧農安定農村經濟此其二

以上兩點希望財政當局切實注意圖謀改進

第二審查委員會召集人鄧植儀

趙靜山

李超桓

187

財經

35.1.16

事由：令飭查明該區內交易所情形報廳核轉由

廣東省政府財政廳訓令 和二金字第三一〇號 中華民國卅四年十二月四日

令各縣（市）局政府

現由

財政部駐粵桂閩區財政金融特派員辦公處粵金（39）財（34）政（1221）代電開轉奉財政部錢己（223）（4926）電各地交易所非奉部令不准復業除分電外仰將接收區內各地交易所情形詳報查核為要等因自應遵照并飭屬遵照并飭該省各縣市政府查明各地有無交易所詳報轉報等因自應遵辦除分行外合行令仰遵照查明報廳以憑核轉此令

廳長 杜梅和

監印 陳曼霞
校對 姜少波

會計

令知各机关委托中央信托局代购器材所请外汇应属急要需用者接到通知后应向指定银行洽汇以便迅为购办 九 二

廣東省政府財政廳訓令（會字第三三五一號）

令 稅務局

存 九廿

案奉

省政府發下財政部二十九年八月三日渝錢滙字第三四八號公函開：「案准中央信託局本年七月灰代電節開：『本局承各機關委託代購器材，有以洽購就緒，惟所需外滙難經大部核准，而款項尚未結滙或已結滙，而本局尚未收到者，以致稽延時日，謹電陳察核』等由；查各機關所請外滙，當屬急要需用，自應于本部核准後，迅滙中信局辦理，不應任何延擱，准電前由，相應函請查照，飭屬接到本部核准外滙通知書後，應請即向指定銀行洽滙，以便中信局迅為購辦，並希轉飭所屬一體遵照為荷。」等由；奉此，除通飭遵照外，合行令仰該局遵照，並轉飭所屬一體遵照為要！此令。

中華民國二十九年八月廿六日

廳長 顧翊羣

監印 劉英浩
科員姜友校對

190 191

中華民國三十年□月四日

[illegible]緝獲黄金白銀鈔票銅元之分配辦法仰知照由

一金郚字第一三二五號

廣東省政府財政廳訓令

令興寧縣政府

茲遵照

省政府一六四次會議決議,修正緝獲私貨沒收變價及罰金提成充獎辦法之標準,規定其他機關(指專員公署、市政府及其他軍警團隊)緝獲罰金、白銀、鈔票、銅元之分配辦法如左:

一、關於依法沒收之金類,應遵照部定辦法,以五成解繳國庫,其餘五成,以半數解繳省庫,半數交由緝獲機關自行支配。

二、關於依法沒收之白銀、鈔票、銅元等,以五成解繳省庫,其餘五成給獎,交由緝獲機關自行支配。

以上兩項給獎辦法,即自通行日起實行,除報告省政府及函各區行政督察專員公署暨分令外,合行令仰該縣長(體遵)照辦理,此令

中華民國三十年三月廿四日

廳長 鄒琳

監印鄒[illegible] 校對姜[illegible]

192

6551

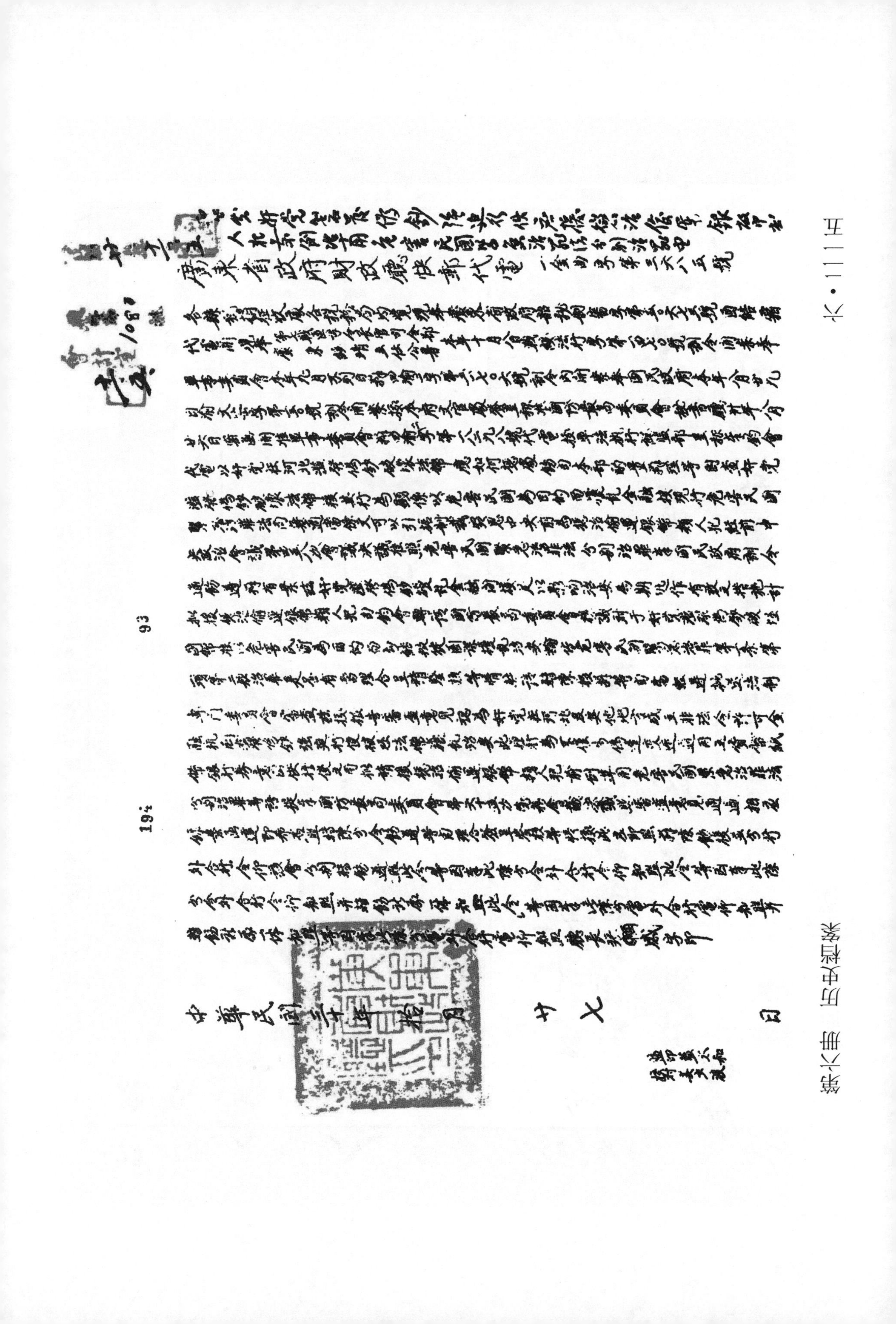

[illegible]

重慶市政府 財政部代電 [illegible]字第三六八五號

[illegible]

中華民國三十年拾月 廿七 日

93

194

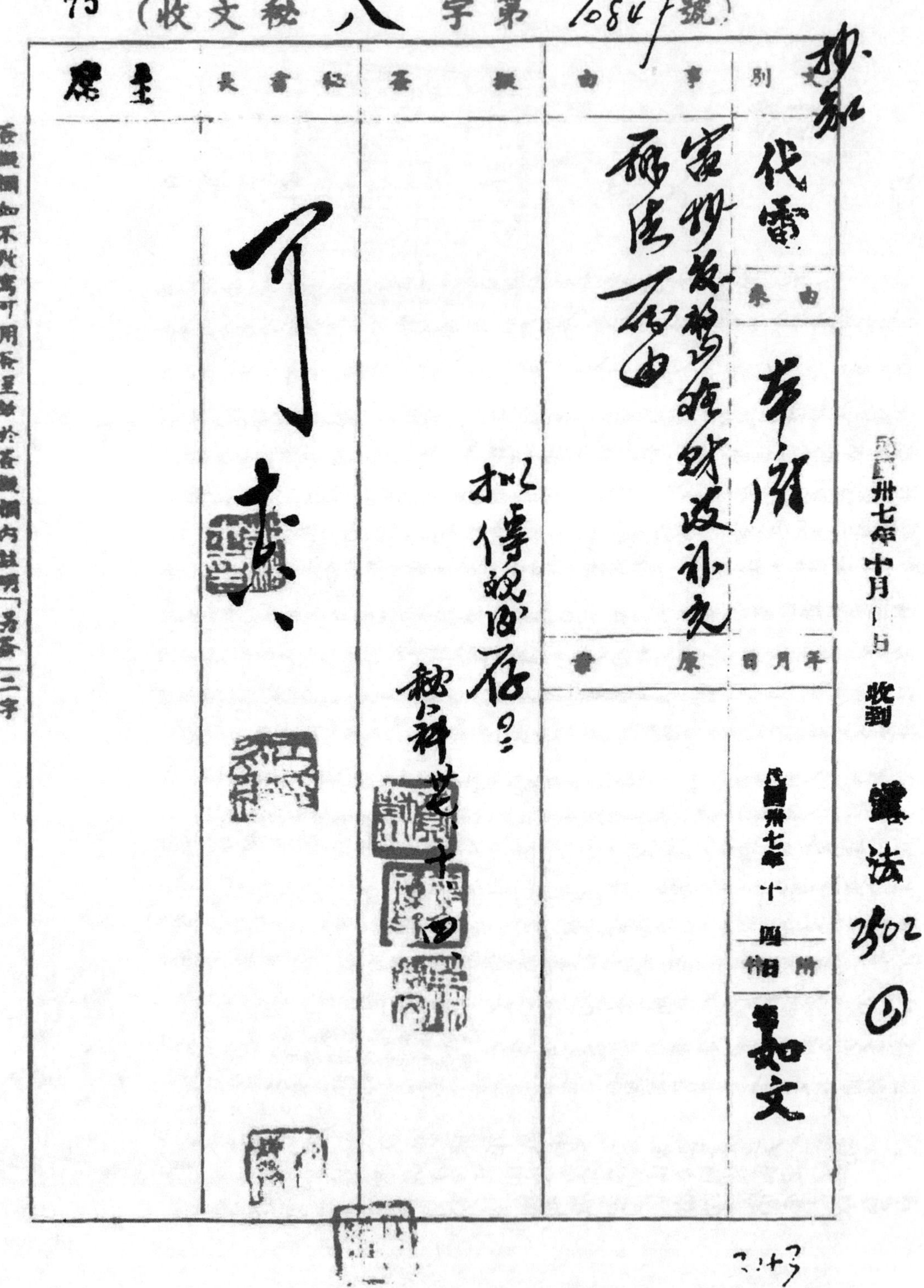
75 （收文秘八字第10847號）

文别：代電
事由：審抄發粵海財政特派員公署
來由：本府
民國卅七年十月十四日收到
原書年月日：法2502
附件：如文
擬以傳閱後存
簽擬：可
主席

簽擬欄如不敷寫可用簽呈紙於簽擬欄內註明「另簽」二字

抄送 本府各廳處會局省銀行實業公司各區專署

廣東省政府財政廳代電 善五金字第壹伍伍號

各縣市政府、管理局覽：奉 總統卅七年八月廿六日令開：

茲依動員戡亂時期臨時條款之規定，經行政院會議之決議，

對於民國三十七年八月十九日財政經濟緊急處分令之實

施，頒布整理財政補充辦法，此令。等因，附整理財政補充辦法

一份，奉此，除分令外，合行抄發補充辦法，令仰遵照，並轉飭

遵照。等因附整理財政補充辦法一份，奉此，除分令外，合將原

補充辦法抄發，廣東省政府財政廳廳長胡善恒（印）申馬 善五金 附件

中華民國卅七年九月 廿一 日

校對 姜少波

監印 陳文苑

總統令　三十七年八月二十六日

茲依據民國三十七年八月十九日[illegible]財政經濟緊急處分令[illegible]，制定整理財政補充辦法[illegible]，公布之。此令。

總統　蔣中正
行政院院長　翁文灝
財政部部長　王雲五

77

(二)關於整理財政補充辦法[illegible]

甲、營利事業所得稅，自三十七年起，分上下兩半年度[illegible]征收[illegible]。

1.納稅義務人應於八月底前，[illegible]三十七年度上半年[illegible]及次年二月底以前，[illegible]申報[illegible]年度所得額，[illegible]稽征機關[illegible]調查核定，通知限期[illegible]繳納。

2.征收[illegible]機關於本年度終了後，[illegible]上半年度[illegible]

78

3.納稅義務人[illegible]

4.關於[illegible]

乙、[illegible]三十七年八月[illegible]

(三)關於[illegible]

甲、[illegible]

乙、[illegible]附表(二)之規定。

丙、[illegible]附表(三)之規定。

(三)關於變更稅率者。

甲、海關進口稅加征戰時附加稅，協正稅征百分之四十，但協定稅率不在此限。

乙、食鹽稅每市担征金圓捌圓，井鹽及土膏鹽每市担征金圓伍圓陸角，漁業用鹽每市担征金圓肆角，工業用鹽及農業用鹽一律免稅。

(四)關於改定罰金罰鍰標準者。

甲、罰金罰鍰提高標準条例停止適用。

乙、凡規定罰金罰鍰之法律，原適用罰金罰鍰提高標準条例之規定者，一律就各該法律之原定金額，改以金圓為罰，關於易服勞役及易科罰金之標準亦同。

丙、凡規定罰金罰鍰之法律，原不適用罰金罰鍰提高標準条例之規定者，一律以其法定金額，按其公布時之全國躉售物價指數與三十七年八月上半月之全國躉售物價指數之比例調整後，再依規定折合比率，折合金圓為罰，其折合金圓之金額，由主管機關公布之。

(五)關於改定規費征收標準者，各項規費征收標準，一律由主管機關參照戰前標準改訂，報經主管院核定後，征收金圓。

附表(二)

改訂分類所得稅起征點及稅率級距表

(一)營利事業所得稅之起征點與稅率。

甲、起征點　每半年所得額滿金圓壹佰伍拾圓者

乙、稅率。

一、所得額在金圓一百五十圓以上，未滿金圓二百五十圓者，課稅百分之五。

二、所得額在金圓二百五十圓以上，未滿金圓四百圓者，就其超過額課稅百分之六

三、所得額在金圓四百圓以上，未滿金圓七百五十圓者，就其超過額課稅百分之八

81

四、所得款在金圆七百五十圆以上，未满金圆一千五百圆者，就其超过数课税百分之十。

五、所得款在金圆一千五百圆以上，未满金圆三千圆者，就其超过数课税百分之十二。

六、所得款在金圆三千圆以上，未满金圆六千圆者，就其超过数课税百分之十四。

七、所得款在金圆六千圆以上，未满金圆一万二千圆者，就其超过数课税百分之十六。

八、所得款在金圆一万二千圆以上，未满金圆二万五千圆者，就其超过数课税百分之十八。

九、所得款在金圆二万五千圆以上，未满金圆五万圆者，就其超过数课税百分之二十一。

十、所得款在金圆五万圆以上，未满金圆十万圆者，就其超过数课税百分之二十五。

十一、所得款在金圆十万圆以上者，一律就其超过数课税百分之三十。

三

82

属于公用工矿及运输事业者，其税额依前项各款规定减征百分之十。

(三)薪酬及薪资所得税

(1)甲项业务或技艺报酬所得税。

(甲)起征款 每年所得额满金圆四百八十圆者。

(乙)税率 百分之三。

(2)乙项薪资报酬所得税

(甲)起征款 每月所得额满金圆四十圆者

(乙)税率

一、所得额在金圆四十圆以上，未满金圆一百五十圆者，就其超过数课税百分之壹

二、所得额在金圆一百五十圆以上，未满金圆三百圆者，就其超过数课税百分之二

三、所得额在金圆三百圆以上、未满金圆六百圆者，就其超过数课税百分之三

四、所得额在金圆六百圆以上者，就其超过数课税百分之四。

(三)財產租賃所得稅之起征額與稅率

(甲)起征額　每年所得數額滿金圓八十圓者。

(乙)稅率　百分之四

(四)一時所得稅之起征額、稅率及課徵辦法

(甲)起征額　每次所得數額滿金圓四十圓者。

(乙)稅率　百分之十

(丙)行商一時所得之計算，以其每次售貨收入，減除百分之九十之成本開支後之餘額，為所得額。

附表(二)

改訂遺產稅起征額及稅率級距表

(一)遺產稅起征額改訂為金圓二萬圓。

(二)遺產免稅額改訂如左。

一、遺產總額未滿金圓二萬圓者。

二、陸海空軍官佐士兵及公務員戰時陣亡或因戰地服務受傷致死者之遺產，未超過金圓四萬圓者。

三、捐助學校醫院圖書館之財產，未超過金圓八萬圓者。

四

(三)遺產稅之寬減額改訂如左。

一、被繼承人死亡時遺有未成年或正在受教育之子女，每一子女准在遺產總額中減除其遺產總值百分之五之遺產額，免納遺產稅，但其每人減除額不得超過金圓二千圓。

二、喪葬所需之必要費用，但不得超過金圓二千圓。

三、農業用具及從事其他各業之工作用具，價值未超過金圓二千圓者。

四、遺產總數在金圓二十万圓以上，不適用前法第六條第一項減免之規定。

(四)遺產稅稅率級距改訂如左。

遺產總數在金圓二萬圓以上者，一律征稅百分之一，遺產總數超過金圓四萬圓者，就其超過額，依左列稅率遞級計算加征之。

一、超過金圓四萬圓至金圓八萬圓者，就其超過額征收百分之二

86　85

二、超過金圓八萬圓至金圓十二萬圓者，就其超過款征收百分之四
三、超過金圓十二萬圓至金圓十八萬圓者就其超過款征收百分之六
四、超過金圓十八萬至金圓二十四万圓者就其超過款征收百分之八
五、超過金圓二十四萬圓至金圓三十五萬圓者就其超過款征收百分之十六。
六、超過金圓三十五萬至金圓五十萬圓者，就其超過款征收百分之二十二。
七、超過金圓五十萬圓至金圓八十萬圓者就其超過款征收百分之三十。
八、超過金圓八十萬圓至金圓一百五十萬圓者，就其超過款征收百分之四十
九、超過金圓一百五十萬圓至金圓二百萬圓者就其超過款征收百分之五十。
十、超過金圓二百萬圓以上者，就其超過款征收百分之六十。五

附表（三）修訂印花稅法第十六條稅率表

類目	性質	稅率	貼印花負責人	免稅標準	註釋
（甲）商事憑證					
一、發貨票	凡公私營業或事業售貨貨物或交付貨物用具載明品名數量或價目之單據皆屬之	每件按貨價每十圓貼印花稅票三分其稅款零數不足一分者以一分計貼印花稅票	發售貨物人	每件貨價未滿三圓者免貼	所稱公私營業包括一切公司合夥獨資營利事業及公營事業暨公私合辦事業在內

87	88
二、銀錢貨物收據	
凡收到銀錢貨物後所立之單據皆屬	之但金融業存款收據除外
每件按金額每十圓貼印花稅票三分	其稅款零數不足一分者以一分計貼印花稅票
收受銀錢貨物	者
每件金額或價款未滿	三圓者免貼慈善機關發放賑款或賑濟物品收據免貼
如同一交易同時開立銀錢收據粘附於發	票之後者得僅按一種憑證貼用印花稅票但二者價格有不同時應按較高者計貼凡代收銀錢或貨物收據及收款收回執解款單等應按本目貼用印花稅票但金融業聯行間往來匯兌性質收款項之單據得適用本表第十八目之規定貼
如登錄送貨單發貨簽條售貨清單及出售貨品如不另立發貨票而以簽名持來據以得貨之任何憑證代替使用者如取貨簿配貨簿貨票契約等應依本目貼用印花稅票	

大

89

三、账单	凡公私营业或事业用对应付帐目交给欠款者凭以付款之单据皆属之	每件按金款每十圆贴印花税票三分，其税款零数不足一分者以一分计贴印花税票	立据人	每件金款未满三圆者免贴	用印花税票如同一交易同时开立收据粘附於帐单之后者得任择一种凭证贴用印花税票但二者价格有不同时应按较高者计贴
四、记载资本之簿据契据	凡公私营业或事业其记载资本之簿据或契约合同或具有契约效力之章程及凭证皆属之	每件按金款每十圆贴印花税票三分，其税款零数不足一分者以一分计贴印花税票	立据人	每件金款未满三圆者免贴	如另立股票或单契约合同或章程者已贴印花税票其记载资本之簿据应照本表七第十四目营业所用之簿据例贴用印花税票其契据订立二份以上者各按其出资数贴用印花税票

90

五、股票及债券	凡公私营业或公司集资或政府机关核准发行记名不记名之各种股票及认股字据以及记名不记名之各种债券皆属之	每件按票面金额每十圆贴印花税票三分，其税款零数不足一分者以一分计贴印花税票	立据人	每件凭票面金额未满三圆者免贴	

91	六、借貸借字及欠款字據	凡以借用財物或他種擔保品為質押向他人借貸款項或欠貸銀錢或貨物所立之契約字據皆屬之	每件按金數每十圓貼印花稅票三分其尾數零數不足一分者以一分計貼印花稅票	立據者	每件金額未滿三圓者免貼當票免貼	本目所稱契據如貼現契約延長契約定期滿付抵押或借據亦兌匯票定期本票莊票劃條同業折款單據各類欠款所立之契據皆是 契據期限超過四個月者應按本目稅率每十圓貼印花稅票三分短期契據在四個月以內者按金額每十圓貼印花稅票 八 二分在二個月以內者一律按金額每十圓貼印花稅票一分但短期契據期在二次以上者應按其總期限之長短照本目規定稅率計貼印花稅票 凡各種主債務之從證已按本目貼用印花稅票其從
92						

93

七、保险契据

凡保险业出给投保人遇有所保乃收

每件金额在十圆以上未满二百圆者

[illegible]者

每件额款未满十圆者

本项所称契据系指一切人寿及财物水火运

各债务偿还证应将其偿还证性质之契券贴用印花税票如系立主债务还债而以从前债务偿还证书仍应将本月贴用印花税票本目契据由受据者扣款代贴印花税票

94

发生险故时以取偿付款保款之契约单据皆属之

贴印花税票二分满三百圆以上未满三千圆者贴印花税票壹角满三千圆以上未满六万圆者贴印花税票四角满三万圆以上者一律贴印花税票一圆

免贴

九

输其他种类保险长期短期之保险契据而言如用借代单者应保险单贴用印花税票保费收据及赔款收据应按法贴用印花税票其照与保费汇贴用印花税票应由保险公司扣款代贴

95	八、承揽承须契据	凡承揽人与他方约定为他方完成一定之工作及一方须买他方各种动产不动产订立之契约单据皆属之	每件金额在十圆以上未满三百圆者贴印花税票二分；满三百圆以上未满三千圆者贴印花税票壹角；满三千圆以上未满三万圆者贴印花税票四角；满三万圆以上者一律贴印花税票一圆	立据者	每件金额未满十圆者免贴	本目所称契据包括各种承包工程承印出版及代理加工各项承揽承收价款收据应按银钱收据例贴用印花税票
96	九、预定买卖契据	凡预定买卖动产或不动产载有品名约价或银钱及约定买卖期限订立之契约单据皆属之	每件金额在十圆以上未满三百圆者贴印花税票二分；满三百圆以上未满三千圆者贴印花税票壹角；满三千圆以上未满三万圆者贴印花税票四角；满三万圆以上者一律贴印花税票一圆	立据者	每件金额不满十圆者免贴	本目所称契据如预约各种定单定货契约商号所发之礼券取货单等

97 一〇、居间行纪代客买卖之契据	凡以自己名义或与他人约定为他人报告订约机会或订约之媒介或为他人计算为动产不动产之买卖或其他商业上之交易而收取佣金为目的者所立之契约单据皆属之	每件金额在十圆以上未满三百圆者贴印花税票二分满三百圆以上未满三千圆者贴印花税票壹角满三千圆以上未满三万圆者贴印花税票四角满三万圆以上者一律贴印花税票一圆	立据者	每件金额未满十圆者免贴	本目所称契约单据如牙行报关行交易所经纪人及各种行纪商代客买卖所立契约单据
98 一一、汇兑储蓄及存入或支取款项之单据折簿	凡银钱业储蓄机关办理存款汇兑业务及汇兑储蓄人支取汇兑储蓄之银钱所立之单据折簿皆属之	每件贴印花税票四分储蓄折每年贴印花税票四角活存支票簿每本贴印花税票二角	立据者	每件金额未满五圆者免贴公库收票支票本票庄票及乡政储蓄券者免贴	本目所称单据簿折如存款簿储蓄簿支票簿银行汇兑票汇兑单汇款收据存款证票及金融业之发之银钱往来折但汇款须条载明收取汇款外费数者应分表第二目贴用印花税票又汇票以收款人为立据者

十八

99

二、提取货物之单据簿摺

凡各业商店或个人所出记名不记名凭以提取整修及取定购买之货物所用之单据簿摺皆属之

单据每件贴印花税票四分簿摺每件每年贴印花税票四角

立据者

每件金额未满三圆者免贴

三、寄存契约单据

凡信托仓库堆栈等业接受他人寄存物品或文契等项出给寄存人之契约单据皆属之

单据每件贴印花税票一角契约每件贴印花税票四角

立据者

每件金额未满三圆者免贴

100

四、营业所用之簿摺

凡公私营业或为营业关於营业所用之帐册簿摺皆属之

每件每年贴印花税票四角

立据者

本目所称单据簿摺如洗染等修理铺户或售卖货物者所交发货票而以本目单据代用者应按第一目发货票例贴用印花税票本目所称契约指栈单仓单各种栈发货单等凡仓库业所发之凭货栈以字其未用发货票者应按第一目发货票例贴印花税票

十上

如营业簿摺内记载资本额而为若干万金帐簿或股票合同字据贴用印花税票者其记载资本金额之簿摺应按本表第四目贴印花税票但以一次为限其有因增加资本添设本表第九目规定亦须按照贴页之簿册及内部所用草稿……以代替帐簿使用

五、運送契約單據	凡客商直接間接向公私交通運輸機關託運貨物之託運貨單、接運送契約及公私交通運輸機關出給客商憑以向到達地提取貨物之單據皆屬之	單據契約每件貼印花稅票三角	承運者	每件金額未滿三圓者免貼、鐵路局運送契約單據免貼	者應依本目貼用印花稅票，如運送契約單據上載有收到運費數額而未另立銀錢收據者，應按第二目銀錢收據例貼用印花稅票
101 六、委託書契	凡委託他人經理或代理或保管某種事務所立之委託書契約皆屬之	每件貼印花稅票一角	立據者		
102 七、娛樂比賽及展覽票券	凡各種娛樂場所比賽會展覽會等所售之憑以入場入座之票券舞票譯寺風券等皆屬之	每件按票面金額每一圓貼印花稅票五分，其稅額零數不足一分者以一分計貼印花稅票	發售票券者	每件票價未滿一角者免貼	本目所稱娛樂場所係指戲劇院、電影院、跳舞場及其他遊藝場所而言

（乙）產權憑證類

十三

十八、授產析產契據	凡財產所有者將財產全部或一部於生前或預定於終身後授與繼承人或贈與他人所立之契據皆屬之	每件按金額每十圓貼印花稅票三分其稅額零數不足一分者以一分計貼印花稅票	立據者如立據者不及貼印花稅票時應由承受人負責貼用印花稅票	每件金額未滿十圓者免貼	本目所稱契據如分單分關書契及載有財產之遺囑等是析產契據訂立二份以上者各按其所得數貼用印花稅票
十九、權利書狀	凡主管政府機關為辦理不動產登記所發給之土地管業執照及土地所有權狀及他項權利書狀等皆屬之	每件按金額每百圓貼印花稅票二分其稅額零數不足一分者以一分計貼印花稅票	發交	每件金額未滿十圓者免貼	本目所稱書狀如土地所有權狀土地管業執照及地上權地役權典權等權利證明書狀是
二十、典賣轉讓或買受財產契據	凡典賣轉讓或買受動產不動產及有價證券所立之契據皆屬之	每件按金額每百圓貼印花稅票二分其稅額零數不足一分者以一分計貼印花稅票	立據	每件金額未滿十圓者免貼	

十四

104 二一、設定地上權地役權之契據	凡取得在他人土地上有建築物或其他工作物或竹木為目的而使用之土地權利及以他人土地供自己土地便宜使用之權利設立之契據皆屬之	每件契金額每百圓貼印花稅票三分其稅額零數不足一分者以一分計貼印花稅票	取得權利者	每件金額未滿十圓者免貼
105 二二、租賃契據	凡定期或不定期租賃各種動產或不動產設立契約者皆屬之	每件契金數每百圓貼印花稅票三分其稅額零數不足一分者以一分計貼印花稅票	出租人	每件金額未滿十圓者免貼

本目所稱契據如租用車舟馬夫土地房屋各動產不動產所立之契據如租賃契約載於簿摺中且憑以收取租金者其簿摺應照本目貼印花稅票其簿摺未載明契約者照本表第十四目貼印花稅票

二三、承攬或承攬租賃

107 106

類目	範圍	稅率	納稅人	免稅	備註
產證 五	凡主管政府机関因人民或團体請領或承租官產所發給之證照皆屬之	每件按金額每百圓貼印花税票三分其零數不足一分者以一分計貼印花税票	領受者	每件金額未滿十圓者免貼	本目所称證照如承領承租官產執照及放領放墾執照等是

(丙) 人事憑證類

類目	範圍	稅率	納稅人	免稅	備註
十四、證明身份或資格之證照	凡主管政府机関因證明人民身份或資格所發之各種證書執照皆屬之	每件貼印花税票五角	領受者	户籍登記書表及國民身份證團體許可證書	本目所称證照如律師會計師醫師藥劑師工程師及各種技術人員證書文易證經紀人執照各種考試及格證書飛機及舟車司機執照助產士藥法看護士等證書是
十五、兵役證書	凡主管政府機関依准發給役征召之證書屬之	每件貼印花税票五角	領受者	旅外僑民回國證明書免貼	
十六、畢業修業證書	凡公私立各級學校及各種訓練班講習班發給學生	每件貼印花税票一角	領受者	小學以下畢業證書及学校所	

108 109

	之畢業修業證書皆屬之			發給殘廢證明書免貼	
二七、婚姻證書	凡關於婚姻事件所立之證書皆屬之	每件貼印花税票一圓	雙方關係人	户籍登記機關發給之婚姻登記證書免貼	本目所称證書如訂婚結婚解除婚約及離婚證書等是
二八、延聘及受聘書據	凡延聘人員擔任工作所立之書據及接受他人聘請爲其擔任某項事務所立之書據皆屬之	每件貼印花税票一角	立據人	政府機關及學校所發之聘書免貼	
二九、保證書據	凡對於某人或某種物品或某種事項擔保其行爲或品質或前途之妥善或保證其不發生某種事實或承認或甘受某種處分所立之文書字據等皆屬之	每件貼印花税票五角	被保證者	雇工保單入學及考試保證書政府機關員工保證書免貼	本目所称書據如保證書保單擔結甘結切結等是

（丁）許可憑證類

税目	范围	税率	纳税人	备考
三〇、各项许可证照	凡主管政府机关非因征收税捐而发给有关各种许可事项之证照皆属之	每件贴印花税票四角，专利及金融信托保险等业之登记证照每件贴印花税票十圆	领受者	本目所称证照如各种营业证照登记证照专利证照商标注册证照输出入货物许可证及[illegible]物证照采矿执照放映执照及出版物审查合格凭证等是，惟征收照费之证照则或登记费者不得以征收税捐论
三一、车船航空执照	凡主管政府机关非因征收税捐而发给之船舶车辆航空之执照皆属之	每件贴印花税票一圆	领受者	本目所称执照如船舶国籍证书船舶证明书三轮车兽力车及动机之营业执照是
三二、自卫狩猎武器证照	凡主管政府机关因人民自卫或狩猎请领武器发给之证照皆属之	每件贴印花税票五角	领受者	
三三、运输护照	凡主管政府机关核准运输物品或免税货物所发之护照皆属之	每件贴印花税票五角	领受者	本目所称护照如运输特许物品或免税货物之护照是

112

二四、旅行護照	凡主管政府機關為旅行國內外出國留學居住所發之護照皆屬之	國內護照每件貼印花稅票二角國外護照每件貼印花稅票一圓	頒發者	外交護照免貼	等是之

（戊）其他款

二五、勞務報酬收據	凡公教及各業從業人員領取薪津暨自由職業者領取業務或技藝報酬所出之收據等據均屬之	每件按金額每十圓貼印花稅票一分其額零數不足一分者以一分計貼印花稅票	領受者	士兵長警之薪餉收據免貼其他員工每月薪收入未滿二十圓者其薪酬收據免貼	本目所稱勞務報酬包括一切薪給津貼年金獎金退職金養老金及其他給與金但公務員傷亡卹金及因公支領之費用除外

十九

113

二六、申請書及訴願書據	凡人民或人民團體向政府機關所遞呈文訴願書及其他權益之申請書均屬之	每件貼印花稅票一角	具據者	學生與士兵之聲請書及土地登記申訴訟狀貼	本目所稱書據如請願遞出口許可證請除外匯申之申請書及遞出口商人所用之報關單外人入籍申請書等及其他一切支報權益之申請書等是之

第六册　历史档案

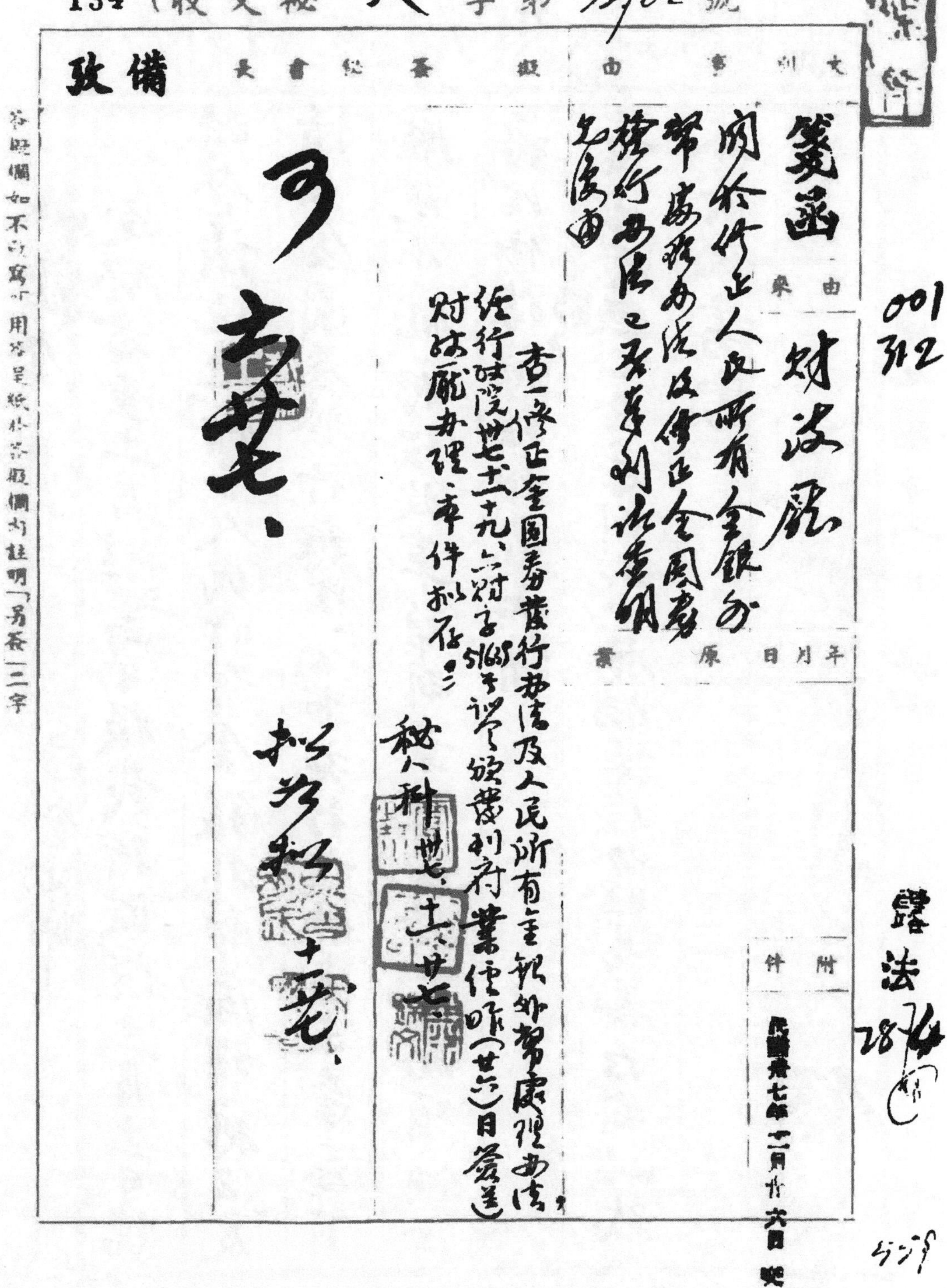

134（收文秘 八 字第 12702 號

文別：箋函

事由：關於修正人民所有金銀外幣處理辦法及修正全國發行辦法之發華期諒蒙明允復由

來由：財政部

原文年月日：

擬辦：查一修正全國發行辦法及人民所有金銀外幣處理辦法，經行政院卅七十一十九、六財字51685號訓令頒發利府業經于昨（廿六）日簽呈財政部辦理。本件擬存。

秘人科 卅七、十一、廿七

擬存 十一、廿七

批示：可 存 卅七、十一、廿七

附件：

民國卅七年十一月廿六日發

露法 28

001312

廣東省政府財政廳用牋

135

逕啟者查十一月十二、十三兩日報載行政院十一月十一日臨時會議通過「修正人民所有金銀外幣處理辦法」及「修正金圓券發行辦法」公布施行，該件迄未奉發下廳，現本廳辦理改革幣制案件，亟待該兩項修正辦法依據辦理，相應函請

貴處查明已否奉到或分發何單位辦理見覆為荷。此致

本府秘書處

廣東省政府財政廳啟

中華民國卅七年十一月廿四日

廣東省政府財政廳稿

第181號

來文	[illegible]字第六七號
文別	指令
送達機關	汕頭市市長張綸
類別	總務
附件	

事由：指令汕頭市長據呈請弛禁銅元入口查與前國稅管理委員公署布告取締辦法不符未便照准茲將布告抄發令仰遵照由

廳長 二十 琮代

主任秘書	秘書	科長	股長	科員
			二九	擬

中華民國 年

月日時交辦	月日時擬稿	月日時核簽	月日時判行	二月十日時繕寫	月日時校對	月日時蓋印	二月十一日時封發

去文 據字第一八五號

檔案 字第 號

指令

令汕頭市市長張倫

呈一件請俯准銅元弛禁入口并請轉函潮海關監督緊查照辦理由

呈悉。查取締銅元進口，經前國稅管理委員公署於十八年一月廿四日核定修正辦法，分行遵照在案。是年十一月准粵海關監督函，以禁止銅元入口，現在是否仍舊執行，經本廳核復仍舊執行在案。潮汕市面如果確因銅幣缺乏，亟待救濟，自應查照前國稅管理委員公署第一三六號布告修正廣東取締私運銅元進口辦法辦理。所請弛禁入口，及嚴禁私運出口，核與原案規定不符，未便照准。茲將前項布告抄發，仰該市長即便遵照辦理。此令。

計抄發荊關稅管理委員公署第一三六號布告一件

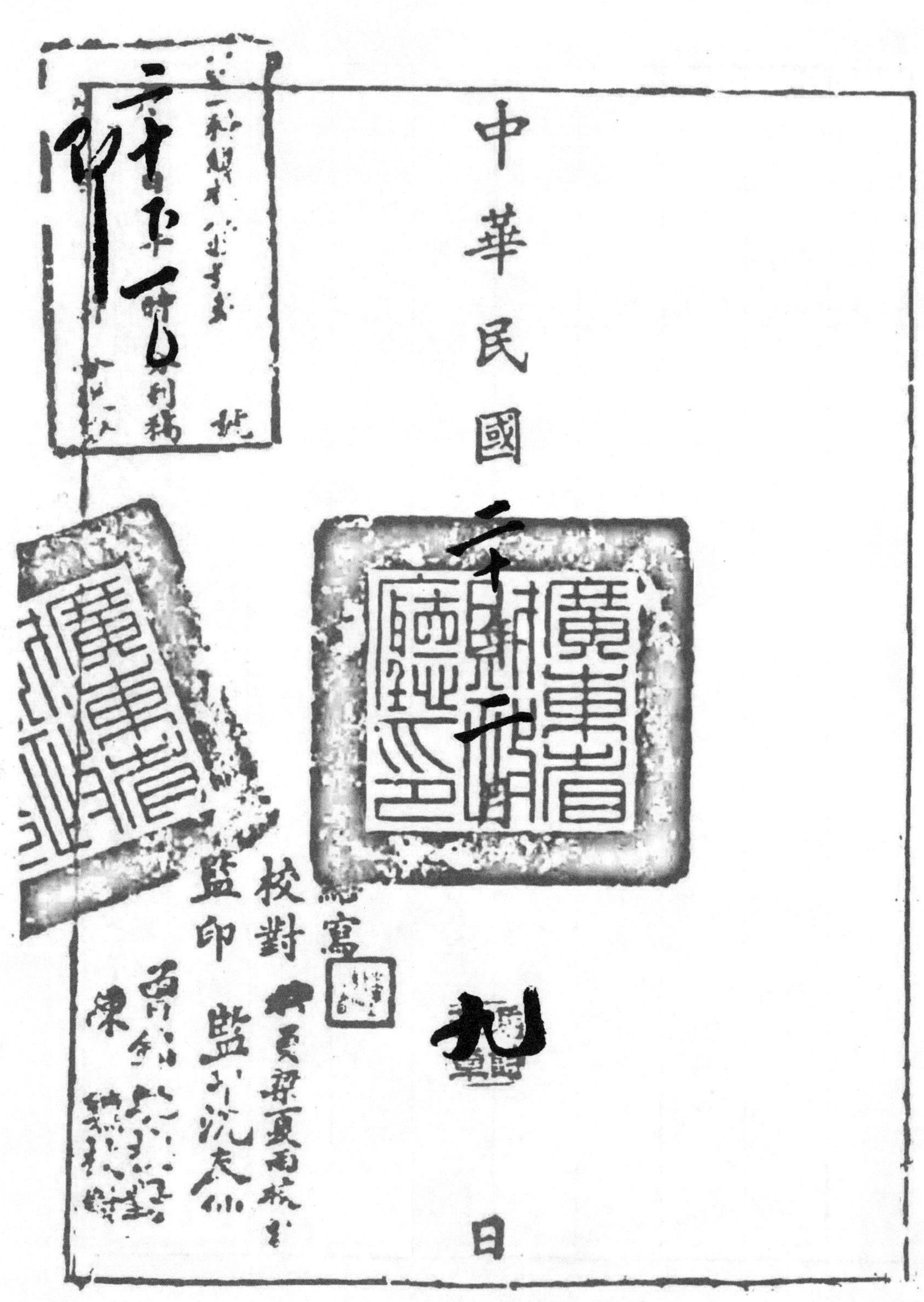

中華民國二十二年二月九日

總寫

校對 梁夏雨校

監印 監印沈太仙

與銀行切實合作以維戰時金融

查財政金融，首應相輔。過去本廳與省銀行本合作之旨，推行財政金融各要政，頗著成績。值茲抗戰時期，更宜切實與省內各銀行合作，以期收更大效果：

(甲)維持省券信用：自粵垣淪陷後，各地交通梗塞，國幣省券比率失其平衡，人民對於中華版券及本行版券，間有歧視低折情事發生。除由省行切實維持收兌外，應以本廳力量并分令全省庫視局協助辦理，使省券國幣比率得趨穩定。

(乙)努力吸收僑滙：查粵籍旅外僑胞，每年滙返國內現款，為數甚鉅，為增進本省人民財源起見，自宜鼓勵僑滙，亦所以增厚外滙基金，除由省行在海外各埠開設分行辦理外，本廳應加以行政力量，充分協助各銀行，俾著成效。

(丙)

收買白銀之現金為法幣之基金，收買白銀，即所以鞏固法幣之信用，除由省銀行於各地設處收買外，本廳應以行政力量協助辦理，俾增厚準備，完成幣政。

206

清稿

金融与银行切实合作以维战时金融

查财政金融，唇齿相辅，过去本厅与省银行本合作之旨，推行财政金融各要政，颇著成绩。值兹抗战时期，更宜切实与省内各银行合作，以期收更大效果：

（甲）维持省券信用：自粤垣沦陷，各地交通梗塞，国币省券比率失其平衡，人民对于中华国币券及市行版券间有歧视，情事发生，除依照中央行及省行发行省券切实维持收兑外，应以本厅力量并令金库税局协助办理，使省券国币比率得以趋稳定。

（乙）努力吸收侨汇：查粤省外侨胞，每年汇返国内现款、為數甚鉅、為增進本省人民財源起見、自宜鼓勵僑滙、亦所以增厚外滙基金、除由省行在海外各埠開設分行辦理外、本廠應加以行政力量、充分協助各銀行、俾著成效。

（丙）收買白銀、現金為法幣之基金、收買白銀、即所以鞏固法幣之信用、除由省銀行於各地設置收買外、本廠應以行政力量協助辦理、俾得增厚準備完成幣政。

（丁）收回舊毫十元中幣、前廣東中央銀行發行鈔票、計百元、五十元、一元、五元各種、已陸續收回銷燬外、惟十元票尚留市面、致人民虧損不少、本廠尚

有銀行當積極設法收回以維政府信用

公文紙第九號

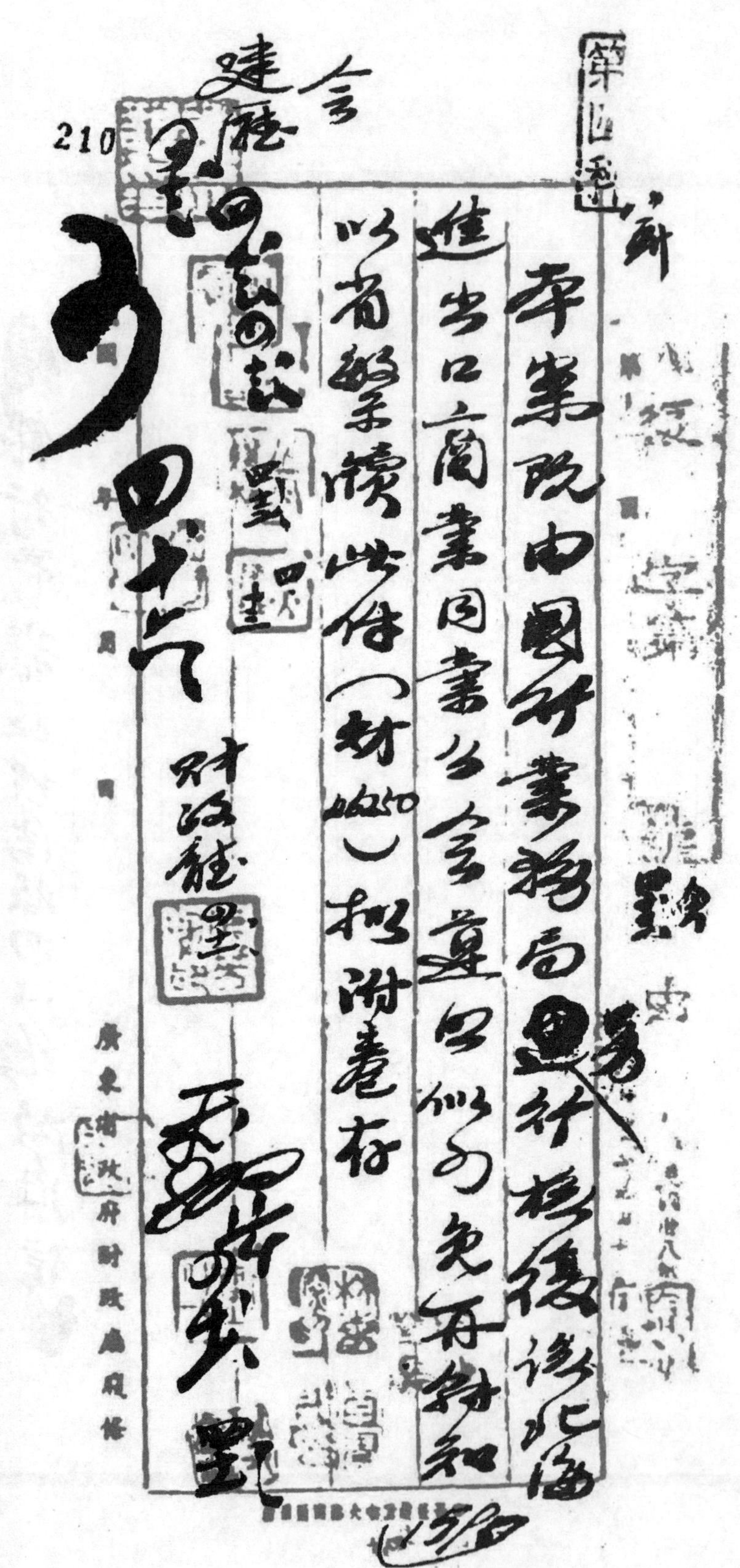

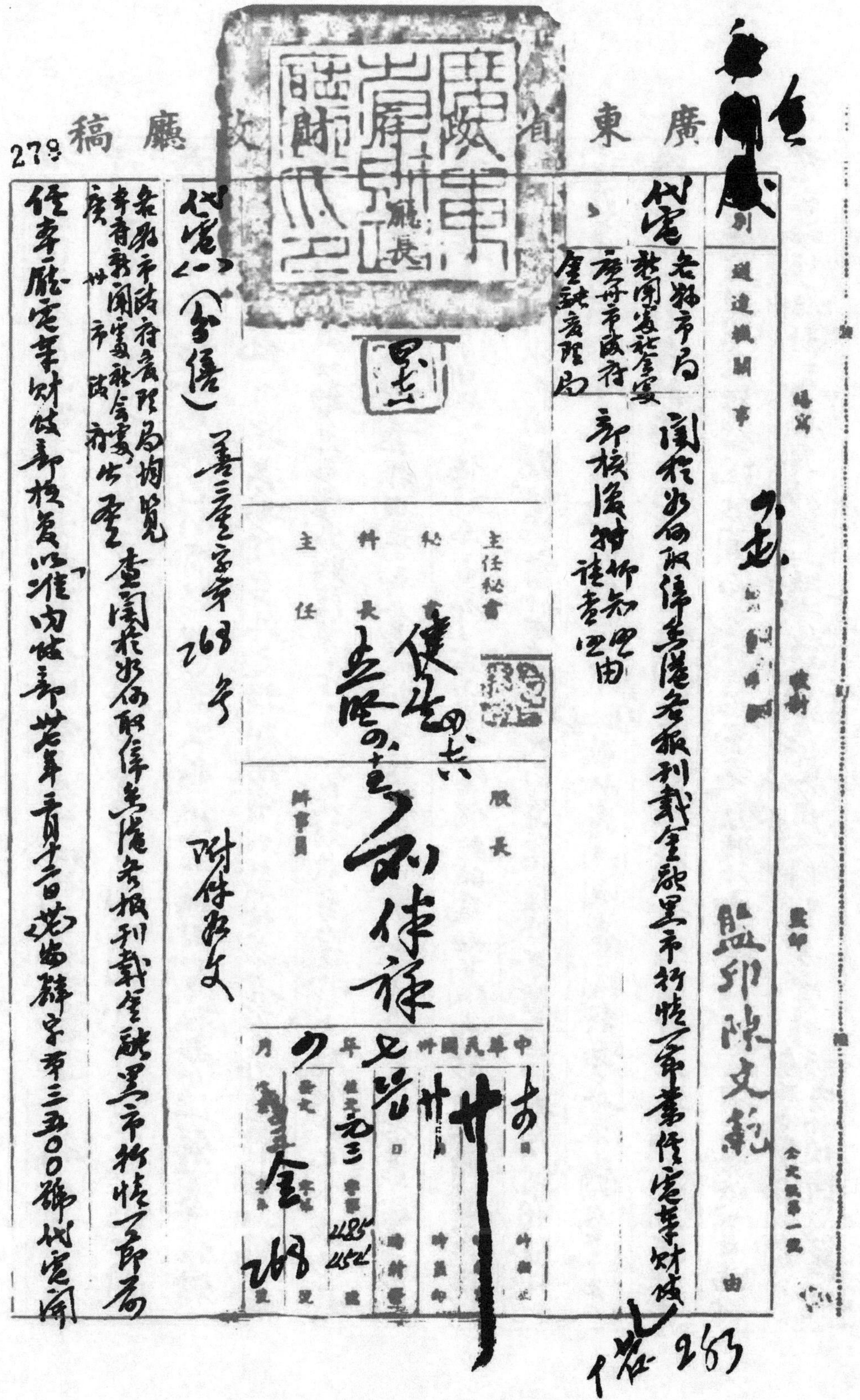

廣東省政廳稿 279

代電
名稱市局
新聞處社會處
廣州市政府
金融管理局

關於出版偽造名報刊載金融黑市行情事希查明依法處理由

監印 陳文龍

主任秘書
秘書長
科長
主任

廳長 何律祥

代電(一)(分繕)　善三金字第268号　附件抄文

名稱市政府金融管理局均覽　本省新聞處、社會處、廣州市政府：查關於出版偽造名報刊載金融黑市行情一節前

准本廳電呈財政部核復以准內政部卅七年十月十二日警字第二五〇〇號代電開

279

准行政院新闻局函请贵部本年二月六日财钱乙字第(3226)号代电为广州市销售之香港各报刊仍载金融黑市行情可否予以取缔一案查关于国外华文报纸进口国民政府主席广州行辕已订有港澳华文报纸入口临时登记办法一种应请特饬会同主管机关妥商办理至外文报刊如有刊载此类黄金外汇价格以外之行情者为数甚少仍照出版法第三十三条规定对于其登载上项情形之出版品于其进口时予以扣押并报由本部查核相应复请查照饬知等由到部查本部前据该厅卅七年一月十四日代电请核办来部当由本部电请行政院新闻局核办见复并电复知照在案兹准前由除代电请广州金融管理局并电复外合行代电仰知照并即转饬遵照

间后本部财政部本年三月卅日财钱乙字第(50128)号代电内开查关于广州市销售之香港各报刊载金融黑市行情可否取缔一案业准内政部电复以准本部代电饬遵照在案兹复准行政院新闻局卅七年新字第([illegible])号代电附送港澳华文报纸入口临时登记办法一份到部合再抄发上项办法一份电仰知照等因附发办法一份准此除分电外

合将原附件抄发仰即知照

相应抄同原附件电请

四川[illegible]务分区厂长胡[illegible]〈[illegible]〉鉴[illegible]养三[illegible]印附件

查四[illegible]各县有财政厅〈[illegible]〉[illegible]养三[illegible]印附件

代电〈二〉

财政部[illegible][illegible]金融[illegible][illegible]局[illegible][illegible]案等财政部本年三月卅日财钱乙字第〈50128〉号代

电内开查[illegible]广州市镇[illegible]各[illegible]港者报 云云 等因

知照[illegible]查本案前奉财政部财钱乙字第〈49525〉号[illegible]电饬下厅[illegible]本厅本年四月

三日以养三金字第〈215〉号代电特请贵局查照[illegible]案等由[illegible]

府奉行新闻[illegible]查四[illegible]各[illegible]市政府及[illegible]局知照外相应抄同原附件

一併电请贵局查照为荷广东省财政厅[illegible]〈[illegible]〉养三[illegible]印附件

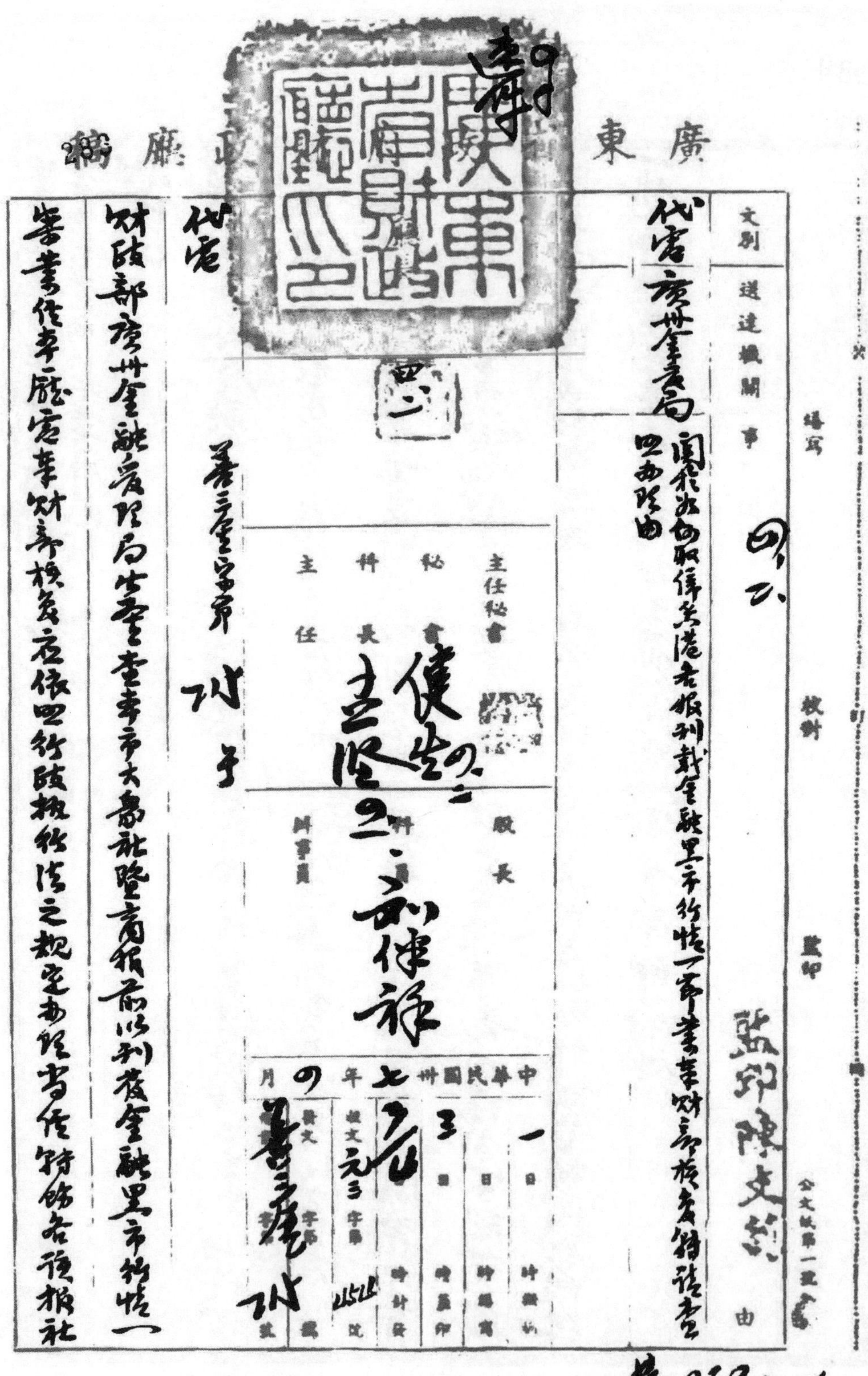

廣東財政廳稿

文别	代電
送達機關	廣州金融局
事由	關於滬市各報刊載金融黑市行情一節業奉財部核示……

繕寫　校對　監印

主任秘書　秘書　科長　主任

廳長　科長　辦事員

中華民國卅七年　月　日

代電

財政部廣州金融管理局……本市……刊登金融黑市行情一

案業奉廳電奉財部核令應依照行政……規定……飭各該報社

送到並收報行情取締連同令飭對各港各報應如何取締刊登黑市行情各節一併電部核辦各在案兹奉財政部本年三月卅日財錢乙字第四九五二五號代電核復以准内政部卅七年三月十六日港安肆字第三五〇〇號代電開[illegible]除代電廣州金融管理局並電復外合行電仰知照並同查港各報館經為大公報社商報刊登黑市行情案全案共貳拾伍件暨商報遵令呈繳罰鍰單一件（列入本部文卷）均經移交貴局接辦在案電前因相應電請查照為荷　廣東省財政廳[illegible]印

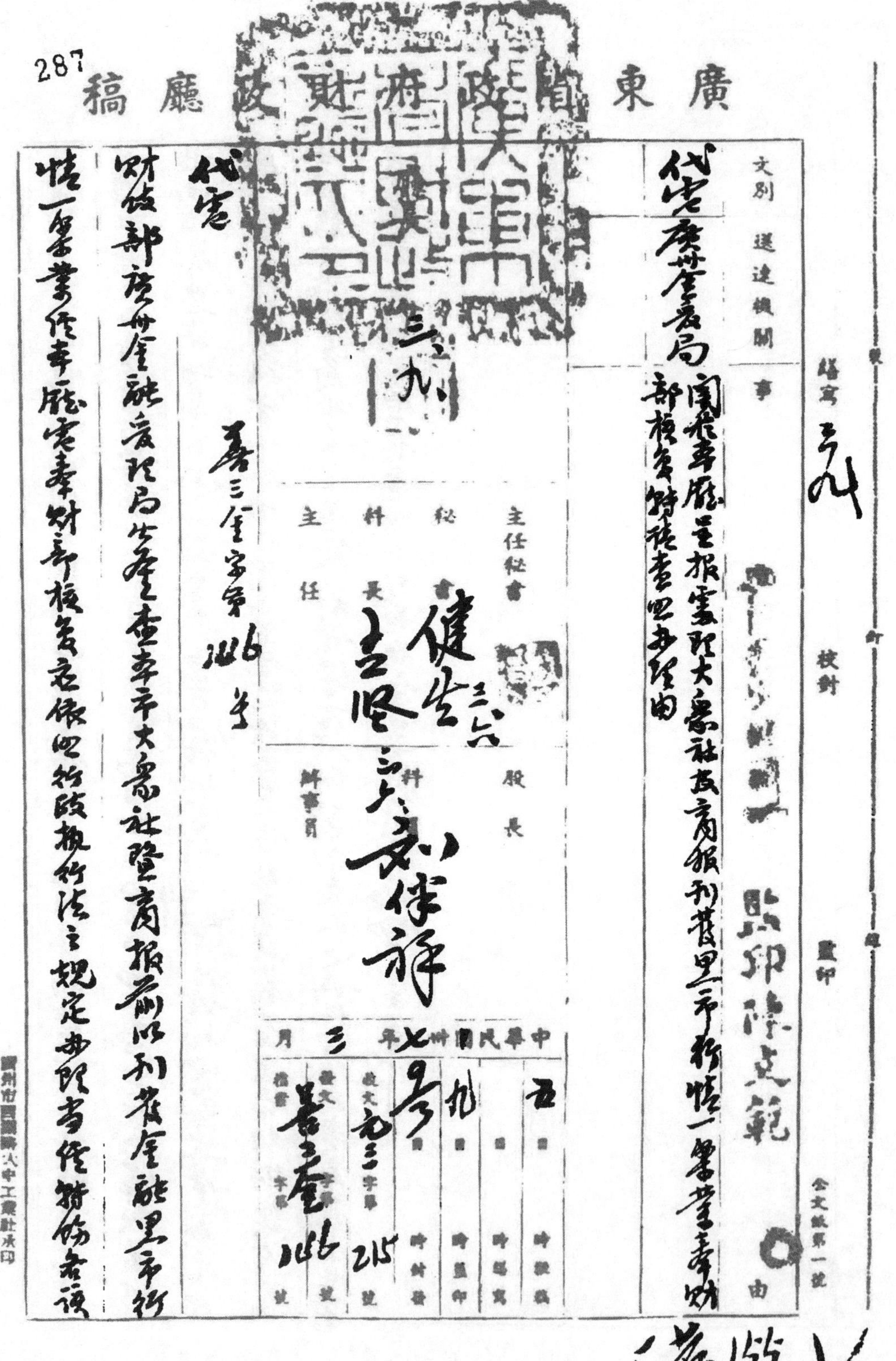

287

廣東財政廳稿

代電廣州金融局　關於本廳呈報處理大眾社商報刊載黑市行情一案業奉財部核復轉飭查照由

代電

財政部　廣州金融管理局　案查本市大眾社暨商報前以刊載金融黑市行情一案，業經本廳電奉財部核覆應依照行政執行法之規定處理，當經轉飭各該

中華民國卅七年三月

报社违反出版法情形，连同今后对于登载黑市者报纸如何处罚，开列黑市价格者节

一併密办核办在案。兹奉财政部本年二月十八日财钱乙字第四六五三五号代电，以

已由部据情密请行政院新闻局核办。至意见再饬核办。仰即知照，等因；查本厅

经办大鹏北商报刊载黑市行情，业奉令饬其将该件随同原报送呈，今呈缴罚

锾单一件（列入本年文卷），均经移交贵局核办在案。兹奉前因，相应电请查

照为荷。广东省财政厅（寅）（养）养三金印

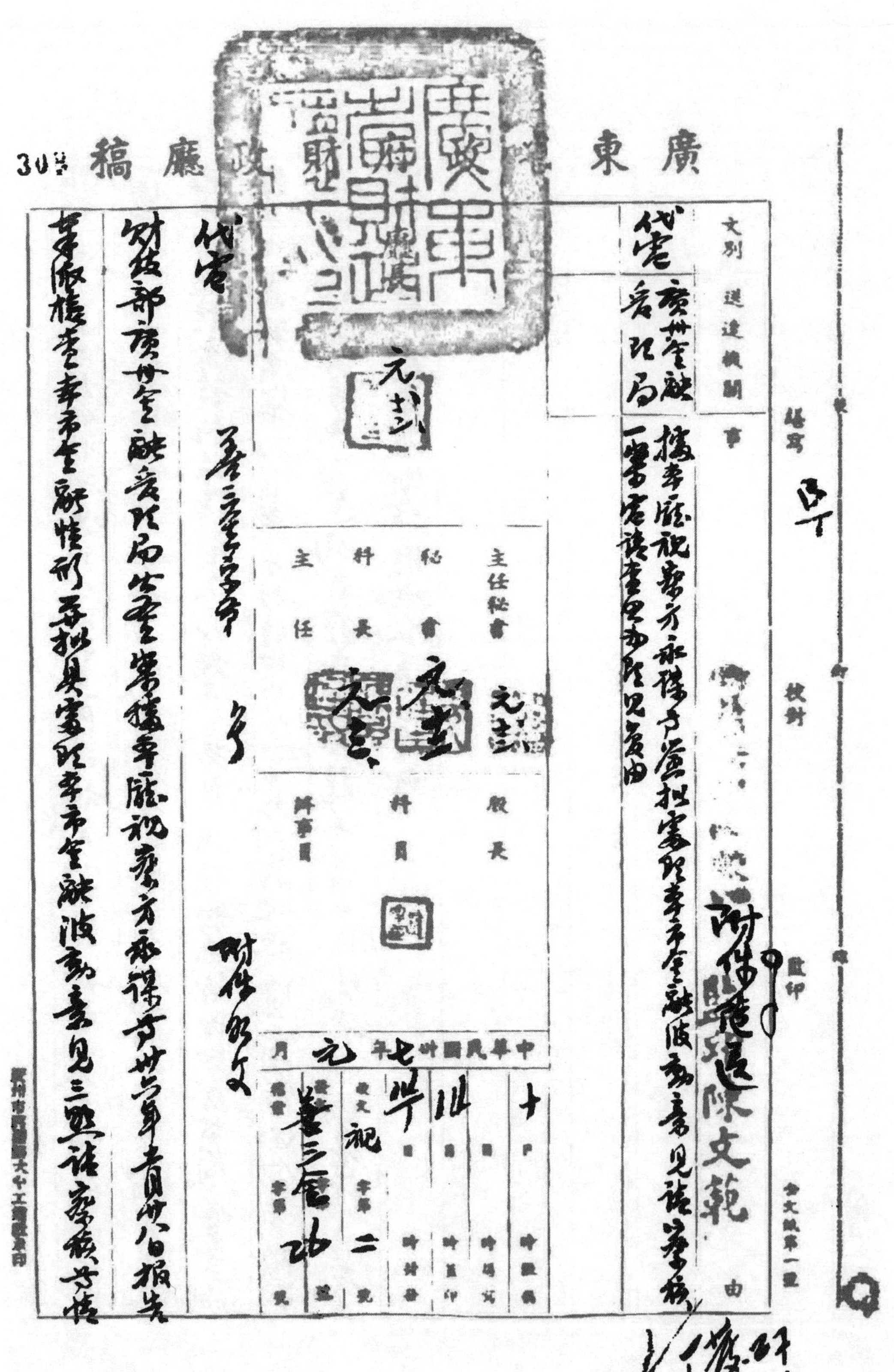

前奉壹日前本市金融波動時本廳曾派該員等會同市財警兩局所派人
員分赴市區檢查非法黃金外幣買賣並查獲租界東興商行桐安新同
本市信奉部核准復業及准予復業核所取締領部核示之銀錢業等清冊暨
視察方永謀等原與見書稿而者一併寄請鑒核至希查照見復為荷
廳長胡[illegible]

300

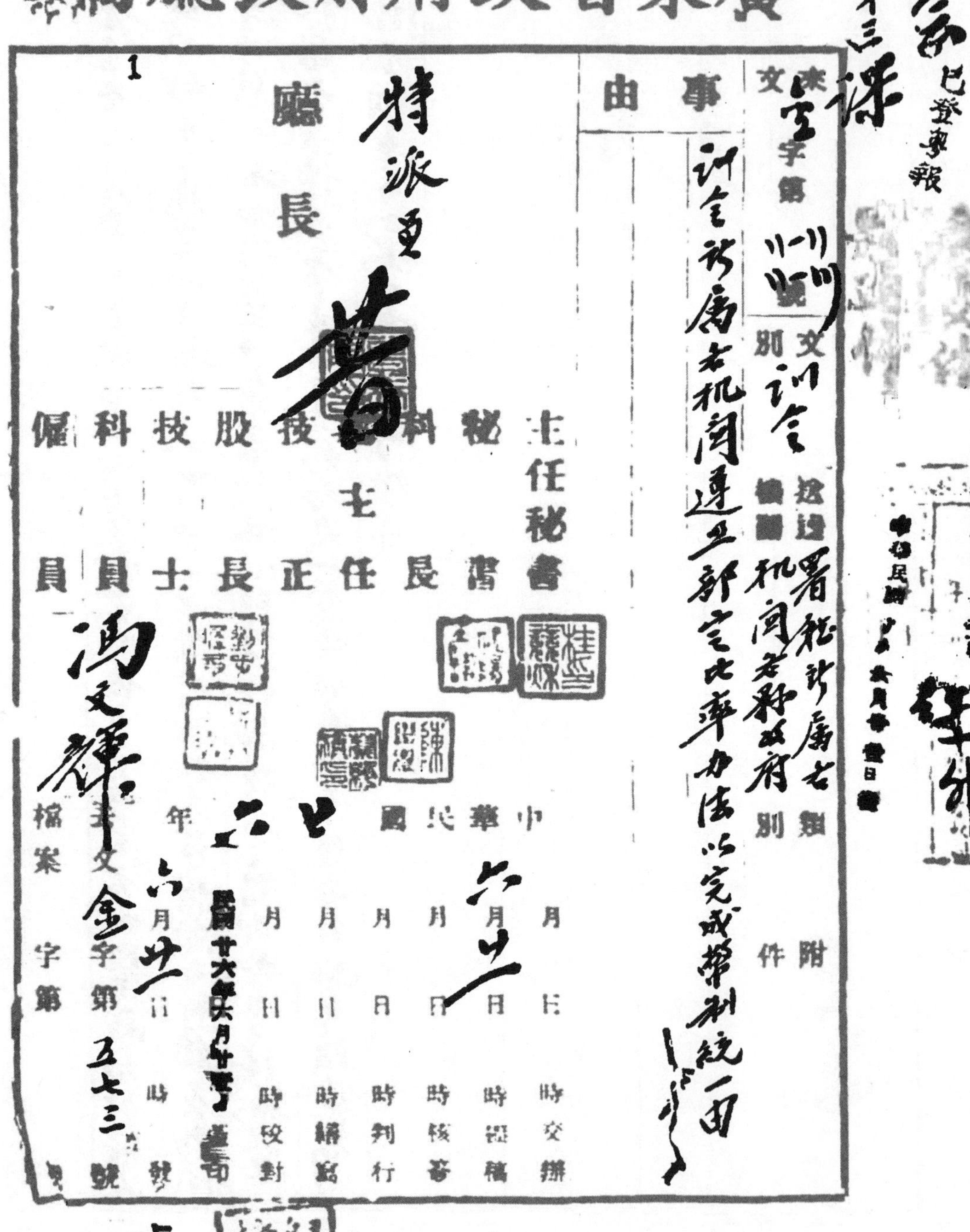
廣東省政府財政廳稿

特派員 黃

事由：訓令該府各機關遵照部定比率辦法以完成幣制統一由

來文 字第 號

文別 訓令

送達機關 署秘書處及各縣政府

中華民國廿六年六月廿一日

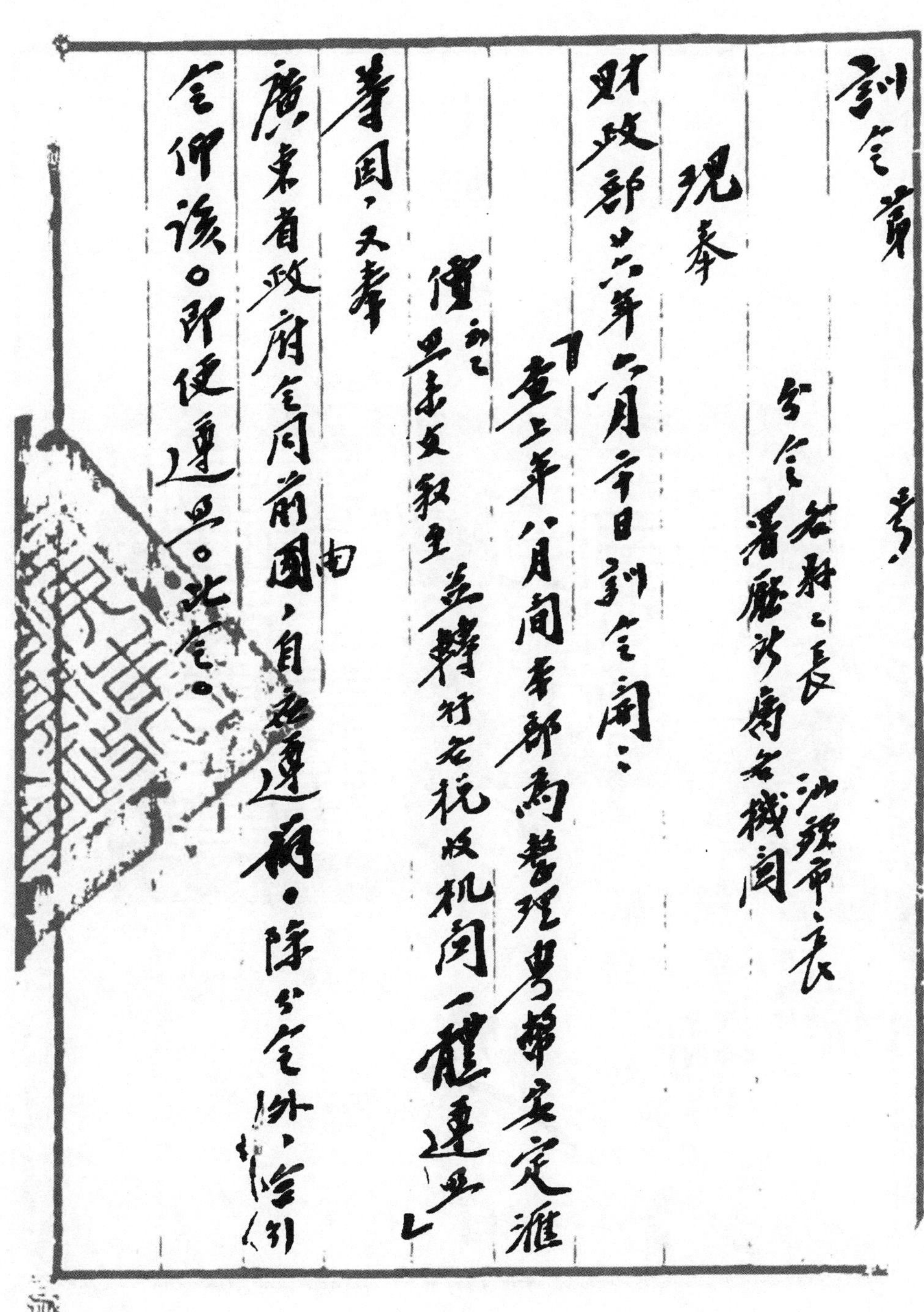

訓令黄　字第　號

令各科長　汕頭市長
署屬各機關

現奉

財政部廿六年一月廿日訓令開：

「查上年八月間本部為整理粵幣安定匯

價起見，呈奉文叙呈，並轉飭各稅收機關一體遵照」

等因。又奉

廣東省政府令同前因，自應遵辦。除分令外，合行

令仰該□即便遵照。此令。

3

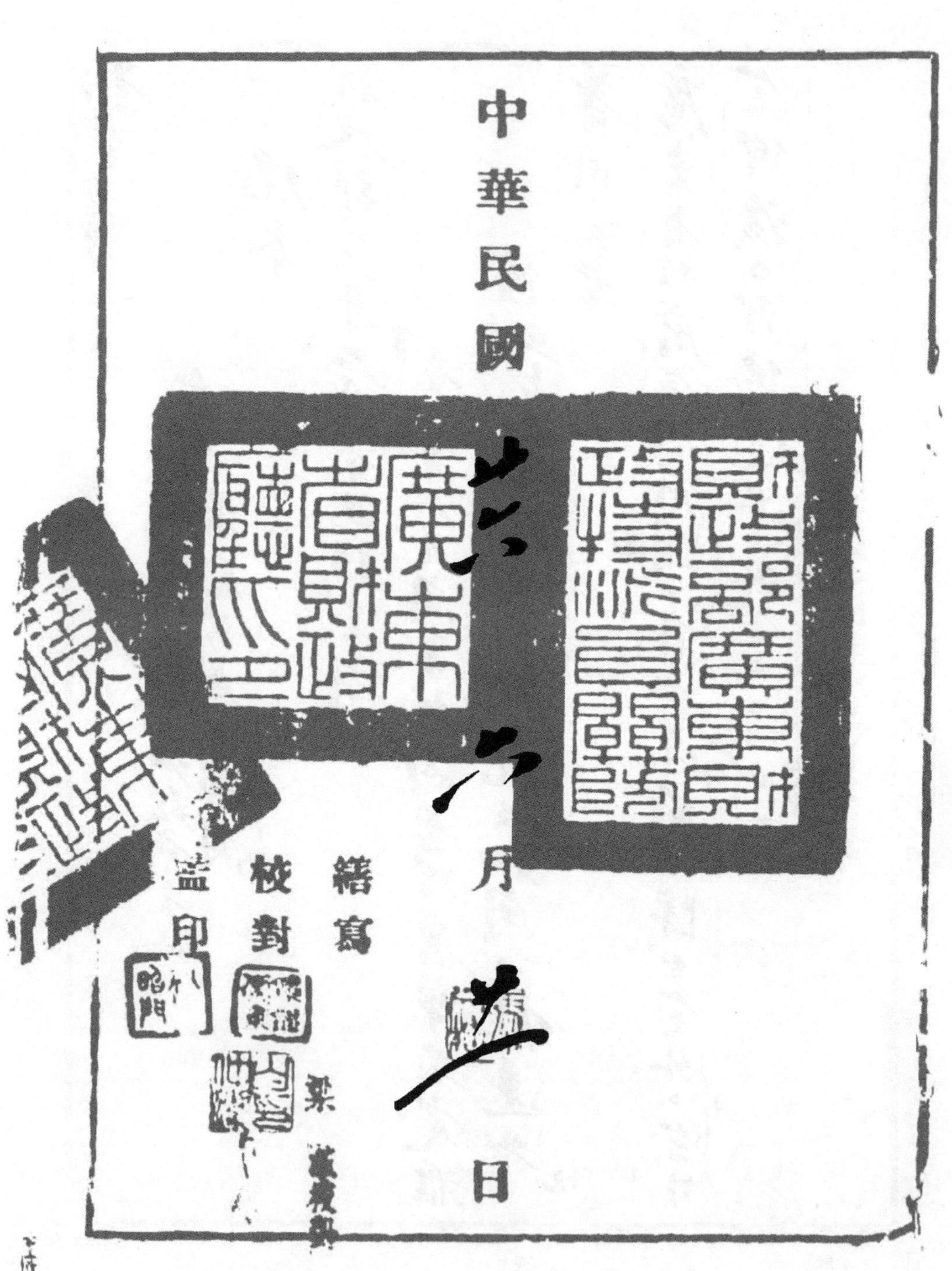
中華民國廿六年六月廿日

繕寫　梁

校對

監印

廣東省政府財政廳稿

來文 字第 號

文別 佈告

速 度

事由

布告 各銀行自八月一日起銀號自九月一日起所有存滙款項一律以國幣支付不能再用毫券或外幣仰商民人等一體遵照由

廳長

主任秘書

秘書

科長

主任 [signature]

技正

股長

技士

科員

僱員

馮文[signature]

中華民國廿六年

交辦 月 日 時

擬稿 六月廿三日 時

核簽 月 日 時

判行 月 日 時

繕寫 月 日 時

校對 月 日 時

蓋印 月 日 時

封發 月 日 時

歸檔 字第 號

案 字第 號

附件

10

佈告第　号

為佈告週知事：案奉省政府此次改用國幣，實為統一幣制，決定

省府為促進幣制統一起見，特規定各銀行自八

月一日起，各銀號自九月一日起，所有存匯款項，一律以國

幣支付。不能再用毫券或外幣，致紊幣制。合行佈告，仰

凡我商民人等，務須恪切遵照，毋得陽奉陰違，致干

查究，是為至要！切切此佈。

兼代縣長曾○

（通貼各銀行號門首）

11

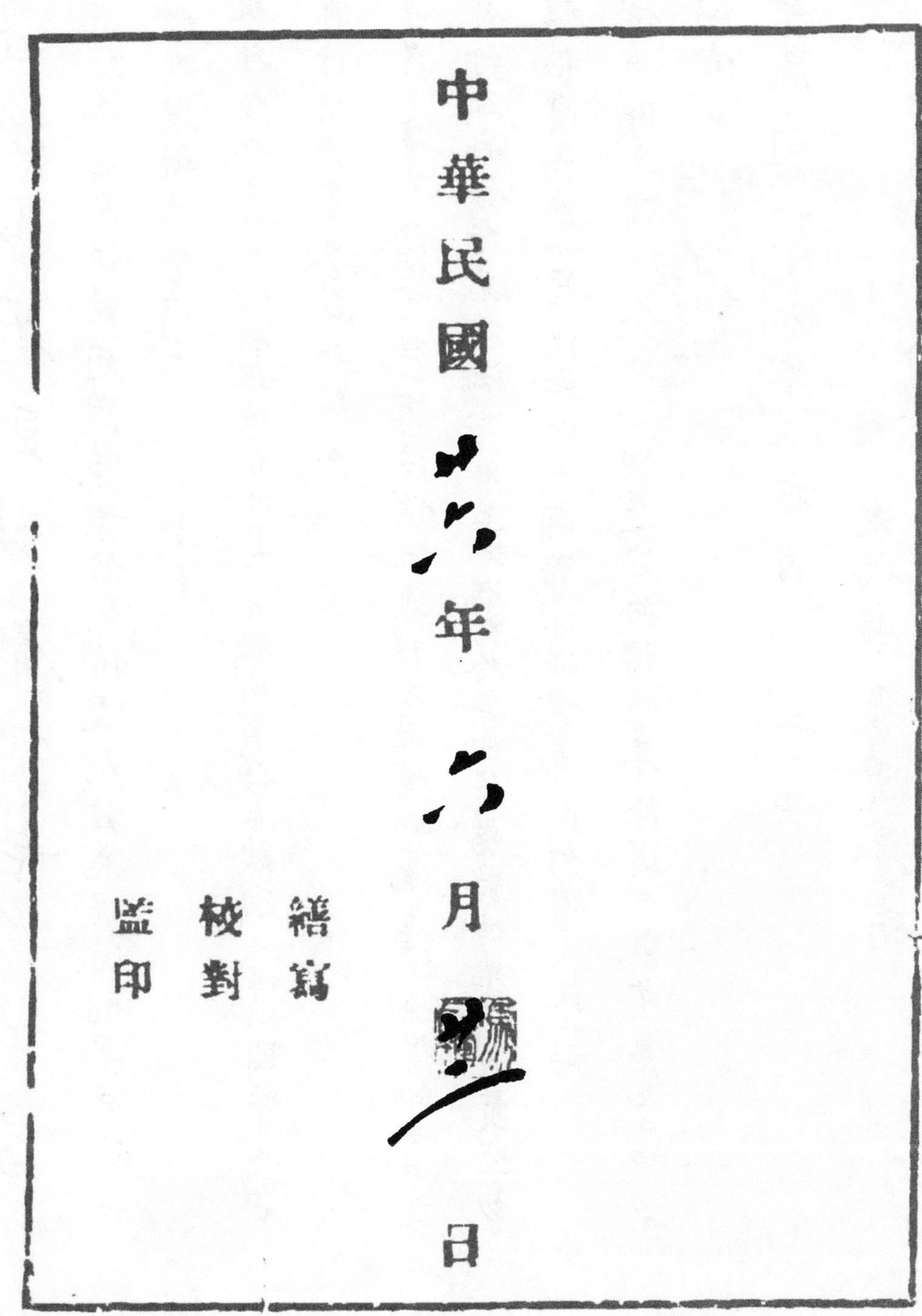

中華民國廿六年六月廿一日

繕寫

校對

監印

廣東省政府財政廳佈告　金字第六三七號

照得本省此次改用國幣，業經公佈週知，玆為促進幣制早日統一起見，特規定辦法如次：

一、各銀行自八月一日起，各銀號自九月一日起，所有存滙款項一律以國幣支付，不得再行使用毫券或外幣。

二、在本年內毫券雖仍可按一四四法價流通，但不准有絲毫差價，除得向中中交三銀行及省銀行兌換法幣外，並不准對於其他貨幣發生兌換買賣交易。

三、各種物價應按一四四比率改為國幣，不准提高，致影響人民生活。

合行佈告，仰各商民人等，恪切遵守，毋得陽奉陰違。致干查究。切切。

此佈。

中華民國二十六年六月二十四

兼代廳長曾養甫

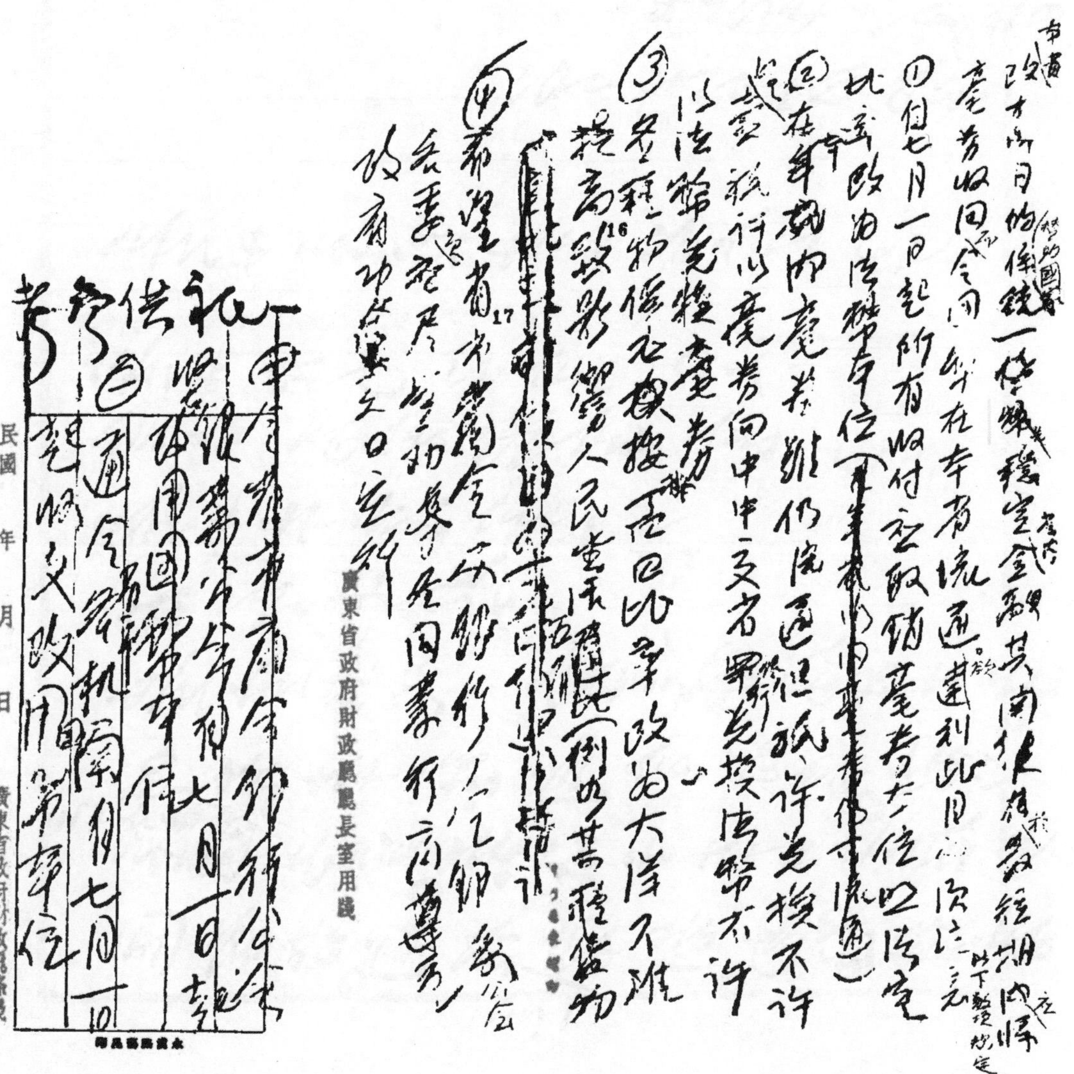

政府[illegible]維持國幣[illegible]穩定金融[illegible]

毫券收回[illegible]同[illegible]在本省流通。[illegible]

(1)自七月一日起所有[illegible]毫券[illegible]

比照政府法幣本位（[illegible]流通）

(2)在本省所有毫券仍照流通但只許[illegible]不許

[illegible]向中央及省銀行兌換法幣不許

以法幣兌換毫券

(3)各種物價[illegible]改為大洋不准

抬高致影響人民生活（例如某種貨物[illegible]）

(4)希望省市黨部[illegible]

各委[illegible]

政府[illegible]之日實行

廣東省政府財政廳廳長室用箋

一、[illegible]

(二)通令各機關[illegible]七月[illegible]日起[illegible]

[illegible]法幣本位

民國 年 月 日 廣東省政府財政廳箋

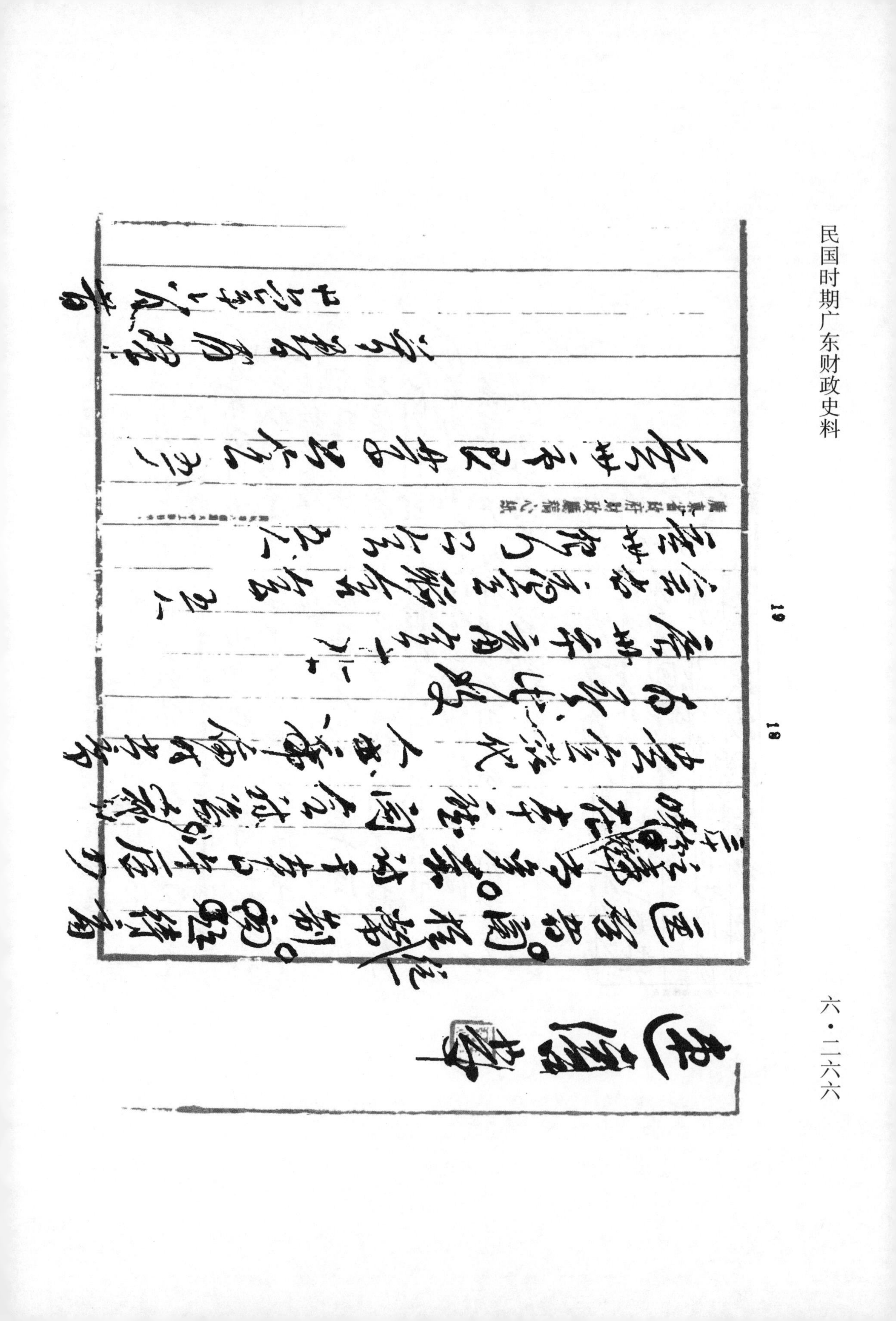

布告商民人等知照所有存匯款項一律以國幣交付

布告 第 号

為布告事：查本省此次改用國幣，業經公佈週知。茲為促進幣制早日統一起見，特規定辦法如次：

一、各銀行自八月一日起，各錢號自九月一日起，所有存匯款項，一律以國幣交付，不得再以新疆省票或外幣。

二、在本年內省票雖仍可按一四四比價混通，但不准有任何差價，除得向中中交三銀行及省銀行兌換法幣外，並不得以其他貨幣黃金兌換買賣交易。

三、各種物價應按一四四比率改為國幣標價，不准提高，致影響人民生活。

右仰佈告，凡我商民人等，務須恪切遵照，毋得陽奉陰違，致干查究。切切此布。

兼代 丁長官

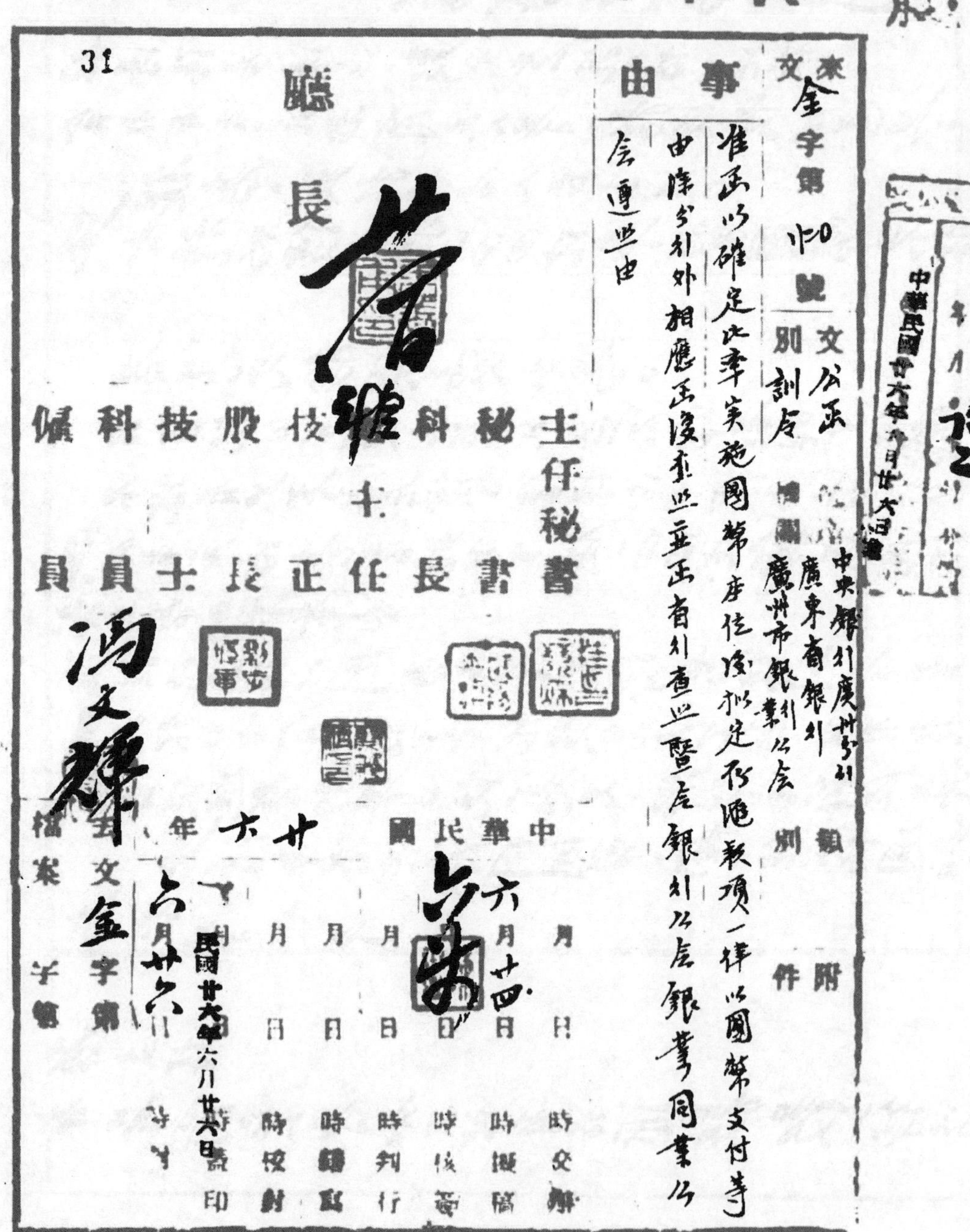

廣東省政府財政廳稿

來文 全字第1140號
文別 訓令
事由 准函以確定此事實施國幣應從擬定行使款項一律以國幣支付等由除分行外相應函達查照並函省行查照暨令銀行公會銀業同業公會遵照由
文 公函
機關 中央銀行廣州分行 廣東省銀行 廣州市銀業行公會

廳長
主任秘書
秘書
科長
技正
股長
技士
科員
僱員

馮文輝

中華民國廿六年
六月廿四日
民國廿六年六月廿六日

公函 第　號

現准

貴行等廿六年六月廿一日公函開：

「查確定比率實施國幣本位一案」云云 照來文叙至查

照办理

自應照办

等由准此，除函廣東省銀行查照暨令廣州市銀行公会，及錢

業同業公会，轉飭所屬各銀行號遵照办理外，相應函復

查照為荷。二

此致

中國
中央銀行廣州分行

33

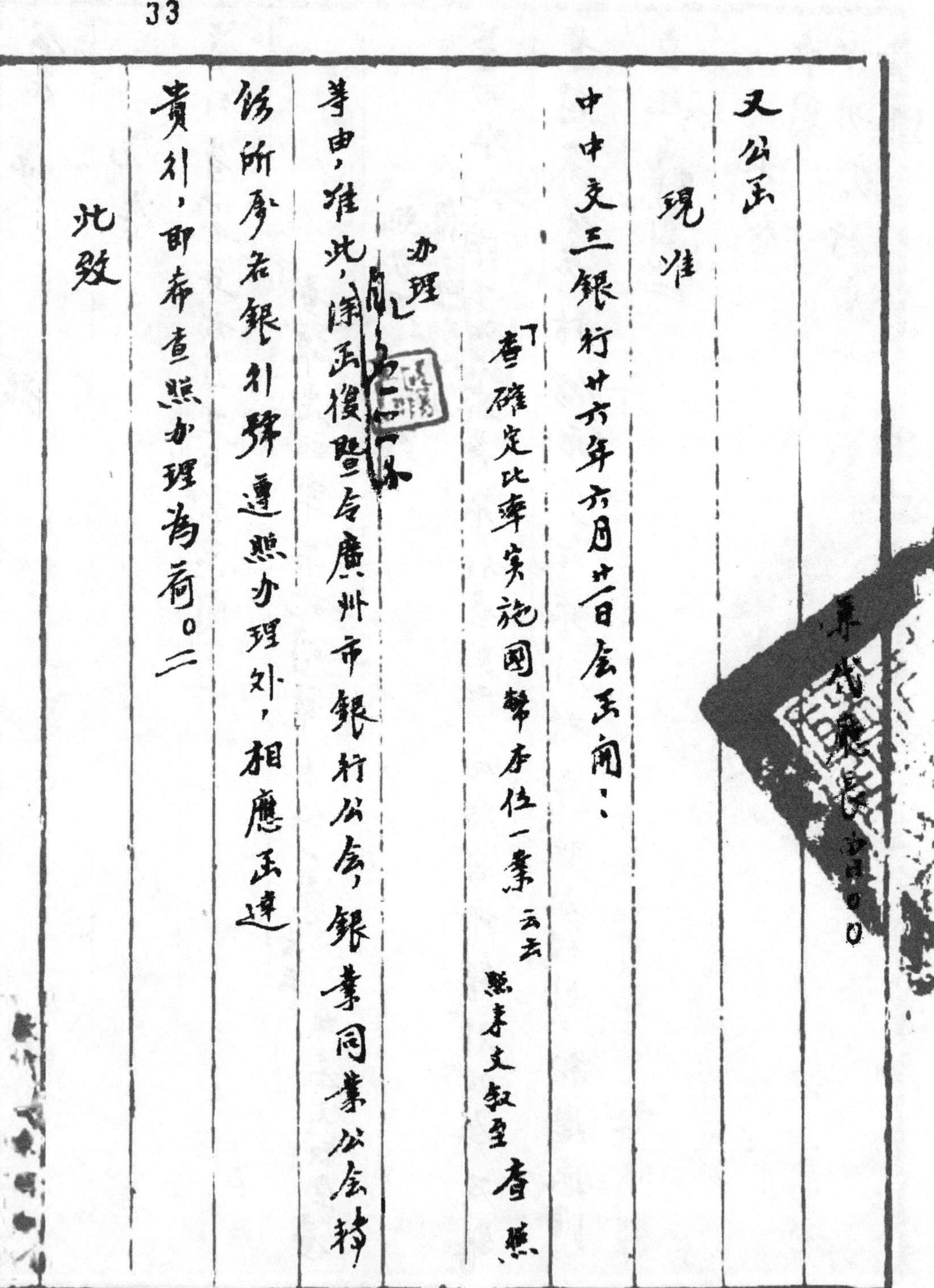
又公函
現准
中中交三银行廿六年六月廿日会函開：
查確定比率实施國幣本位一案云云
照录文叙至 查照
等由。准此，除函復暨令廣州市銀行公会、銀業同業公会轉
飭所屬各銀行號遵照办理外，相應函達
貴行，即希查照办理為荷。〇二
此致

廣東省銀行

兼代廳長曹〇〇

又訓令

令廣州市銀行公會、銀業同業公會

現准

中中交三銀行廿六年六月廿一日會函開：

「查確定比率實施國幣本位一案……」云云

照录原文叙行

查照办理

等由，准此，除函復暨分行外，合行令仰该会即便

转饬所属各銀行一体遵照办理。

35

中華民國廿六年六月廿日

繕寫 周得龍

校對 吳少波

監印 [illegible]

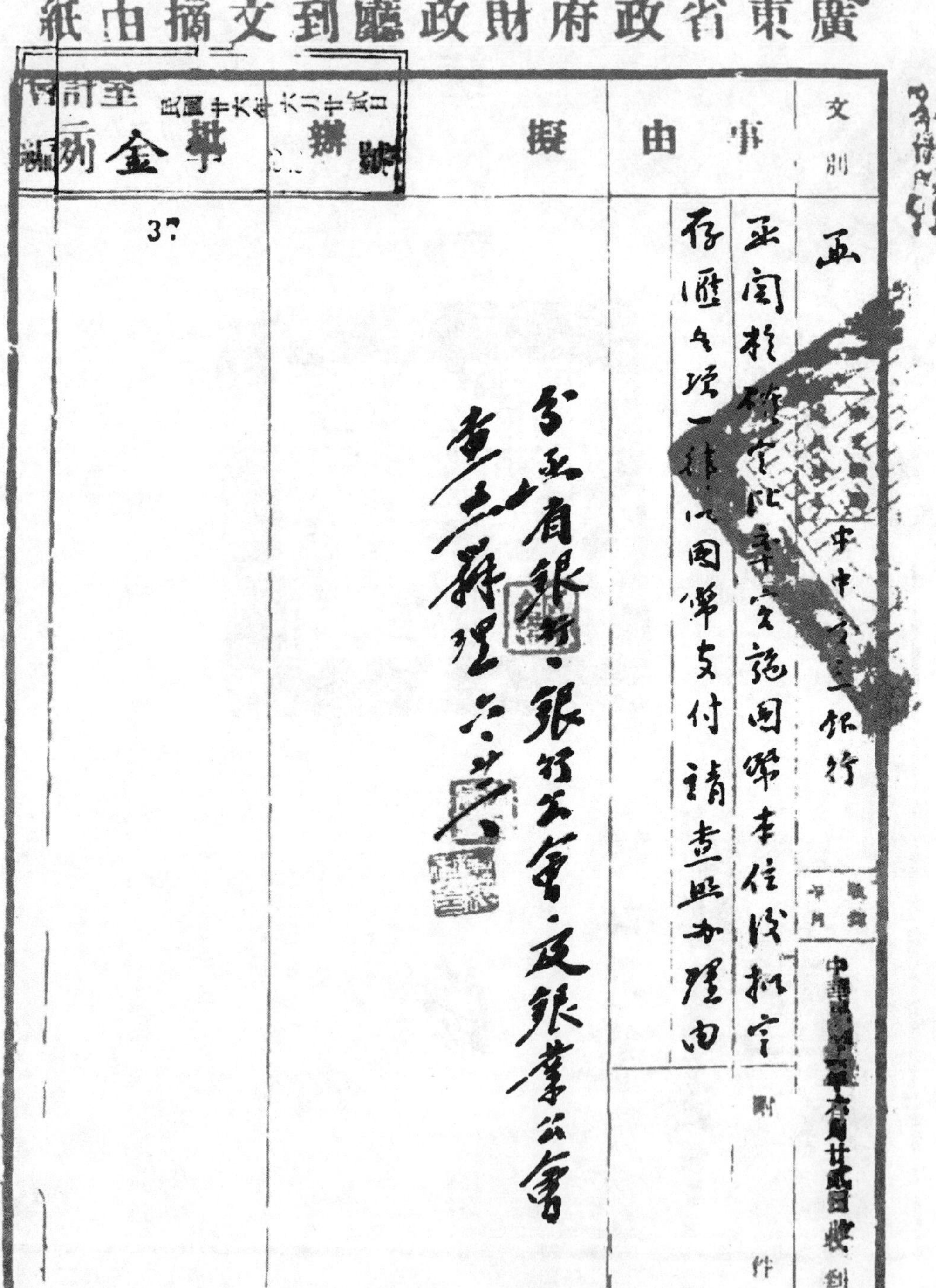
廣東省政府財政廳到文摘由紙

文別：函

事由：函聞於中央銀行存匯之款一律以國幣支付請查照辦理由

78

廣東省政府財政廳稿

來文	全字第302號
文別	訓令
送文機關	省机關
附件	全錄
事由	奉令為妨害國幣懲治暫行條例施行期間自本年七月十五日起延展二年等因[illegible]知照
廳長	

主任秘書	秘書	科長	主任	技正	股長	技士	科員	僱員

中華民國二十六年	
七月七日十時	交辦
七月七日十一時	擬稿
七月七日 時	核簽
月 日 時	判行
月 日 時	謄寫
月 日 時	校對
民國廿六年七月八日 時	蓋印
七月十四日 時	封發

檔案 字第 號
原文全字第一〇九四號

民國廿六年七月八日

282

歸檔

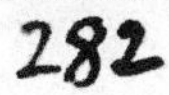

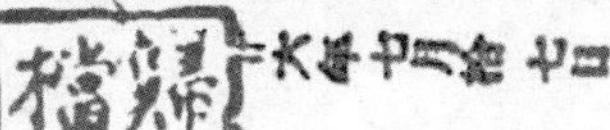

73

训令第　号

令 汕头市市长
各县县长
本厅所属各机关

现奉

广东省政府廿六年七月五日二法字第六六五九号训令内开：

"案奉行政院二十六年六月十九日第○三七二七号训令开：云云（照文叙至）一体知照。此令。"

等因，奉此，自应遵办。除分行外，合行令仰知照，并转饬所属一体知照。此令。

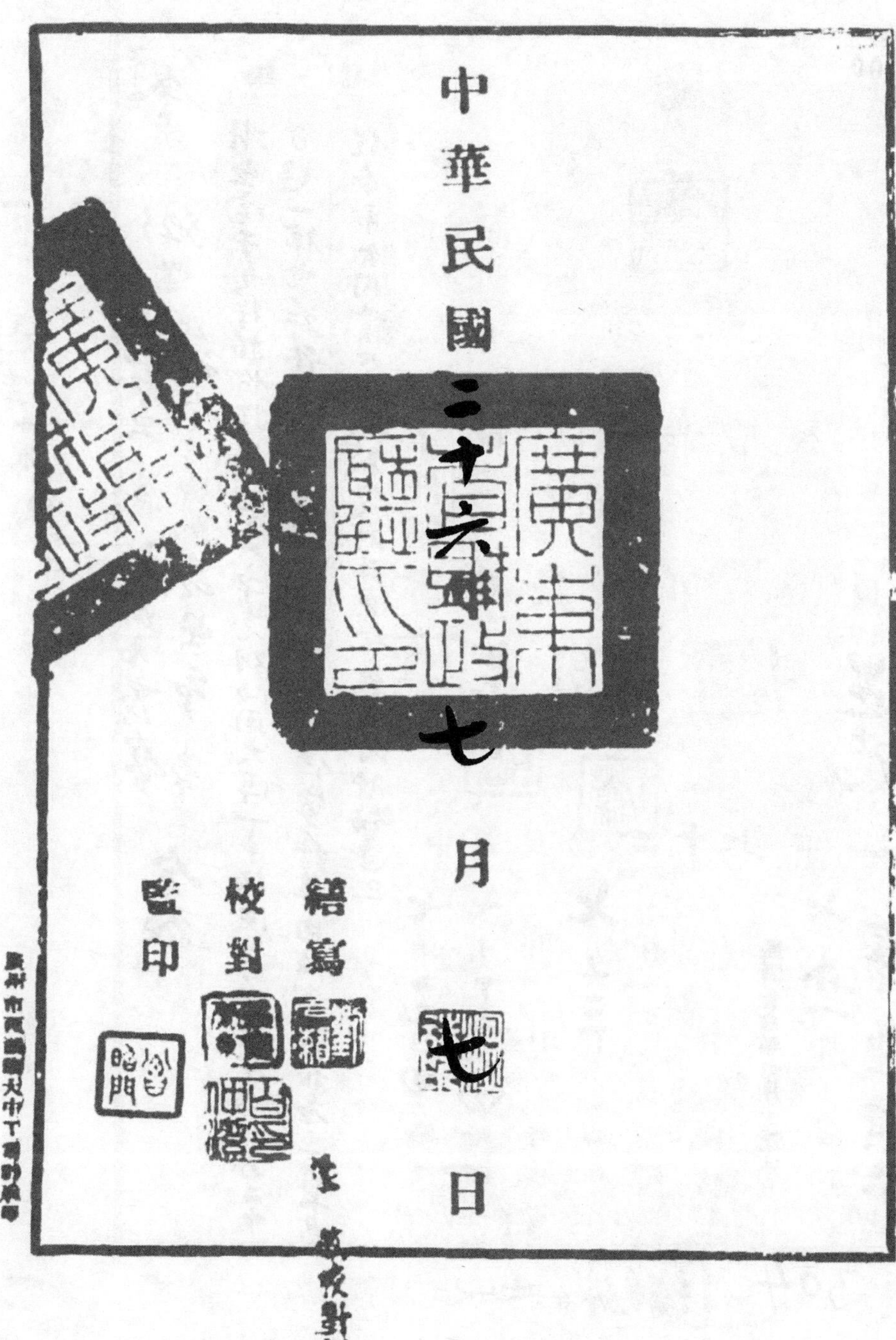

中華民國二十六年七月七日

繕寫

校對

監印

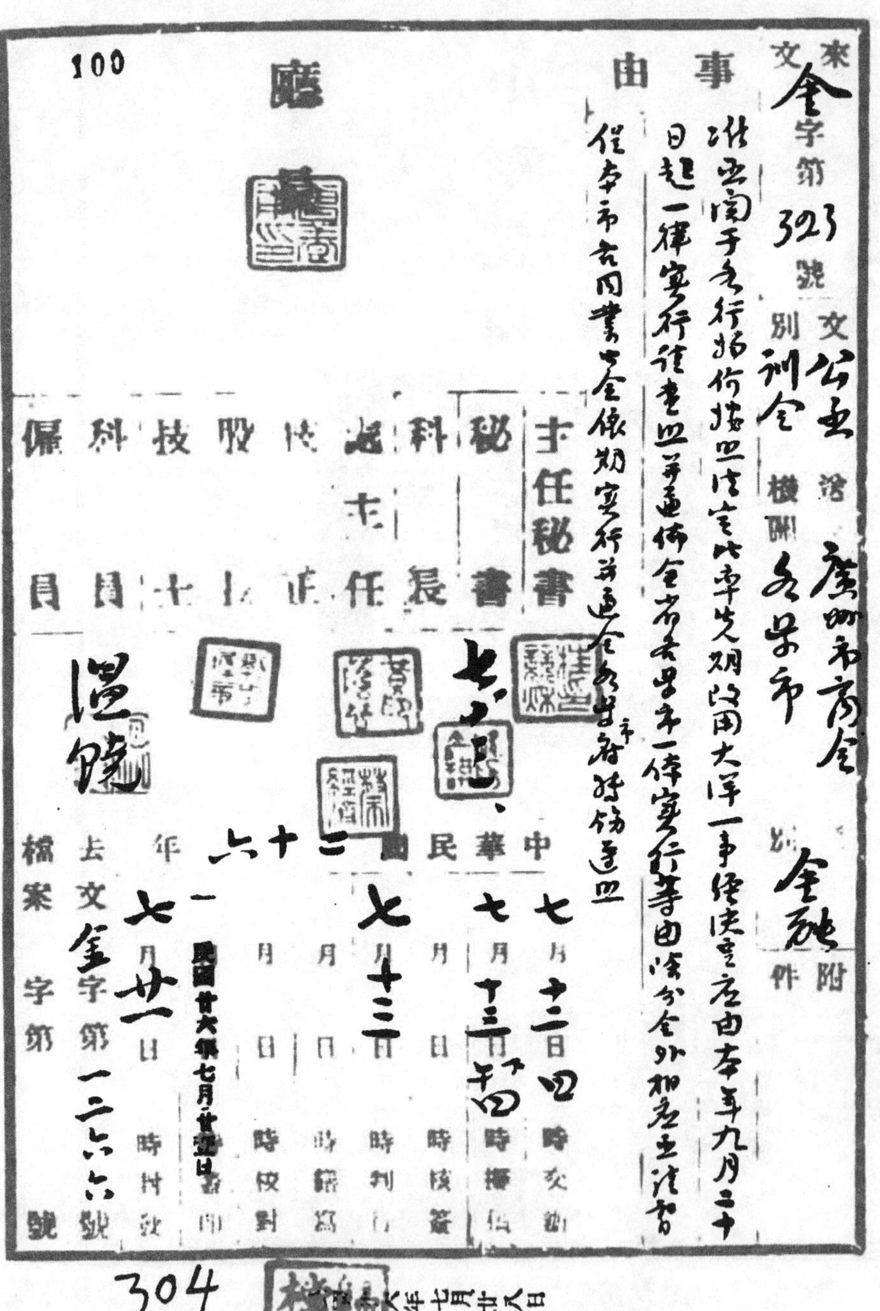

已登記

廣東省政府財政廳稿

100

廳

來文 全字第323號

文別 公函 訓令

來文機關 廣州市商會 各縣市

附件 全頒

事由 准函開本市各行將價格照請查此案先期改用大洋一事經決定自本年九月二十日起一律實行請查照並通飭全市各業一律實行等由除分令外相應令仰該市商會即便轉飭全市各同業公會依期實行並通令各業將市價折合遵照

主任秘書

秘書

科長

科員

技士

技佐

股長

保管員

還號

中華民國二十六年

七月十二日四時交繕

七月十三日十四時擬稿

七月 日 時核簽

七月十三日 時判行

月 日 時繕寫

月 日 時校對

民國廿六年七月廿一日 時蓋印

七月廿一日 時封發

去文 全字第一二六六號

檔案 字第 號

304

民國廿六年七月廿八日

公函第　号

逕啓者

贵会本年七月十日商字第三七一〇号公函，以关于各行物价标以法定比率改用大洋一事，经召集各行商讨论，决定由廿二年九月二十日起一律实行，请查照，并通饬会者各业商一体依照实行等由，自应照办，除分令各业、市政府饬属遵照外，相应函达

贵会查照，仍希切实督促本市各同业公会依照实行为荷，此致

广州市商会、

102

兼代厅长曾震○

训令第　号

令汕头市市长
各县县长

现准广州市商会廿三年七月十日第三七〇号公函开：

「现准贵厅云云 照来文叙至 足纫公谊」

等由。查各种物价应照以定比率，改用国币，本厅咨部办法内规定明白，并经函达该商会议决于本年九月二十日起实行，各县、市行商自应照遵办，以资划一而免歧纷。除咨令外，合行令仰该市长、县长迅即布告辖境商店，一体遵照，毋得违误，并不许有乘机提高物价情事，致干查究。仍将遵办情形报查。此令。

中華民國二十六年七月十三日

繕寫

校對

監印

梁　[illegible]校對

廣州市西湖路大中丁[illegible][illegible]承印

已登记

121

廣東省政府財政廳稿

急件

來文字第1651號

文別 訓令

送達機關 各机关

附件 全転

事由 抄奉發行政防害國幣銘法暫行條例仰併仿屬一体知照由

廳長

秘書 主任秘書 科長 主任 技正 股長 技士 科員 僱員

中華民國二十六年

八月四日十一時交辦
八月四日三時擬稿
八月 日 時核稿
八月 日 時判行
月 日 時繕寫
月 日 時校對
民國廿六年八月九日時蓋印
月 日 時付發

檔案字第八一九六一八號

各税务局照
准单抄发

122

训令第　号

令 各县县长
各区税务局 汕头市市长
缉私总处

案奉

广东省政府二十六年八月二日二秘字第九八三三号训令开：

"案奉 行政院 云云 照抄原文至 一体知照 此令。"

等因，计抄发原附妨害国币惩治暂行条例一份。奉此，自应遵办，除分令外，合行抄发原附修正条例，令仰知照，并转饬所属一体知照。此令。

计抄发原附妨害国币惩治暂行条例一份。

123

124

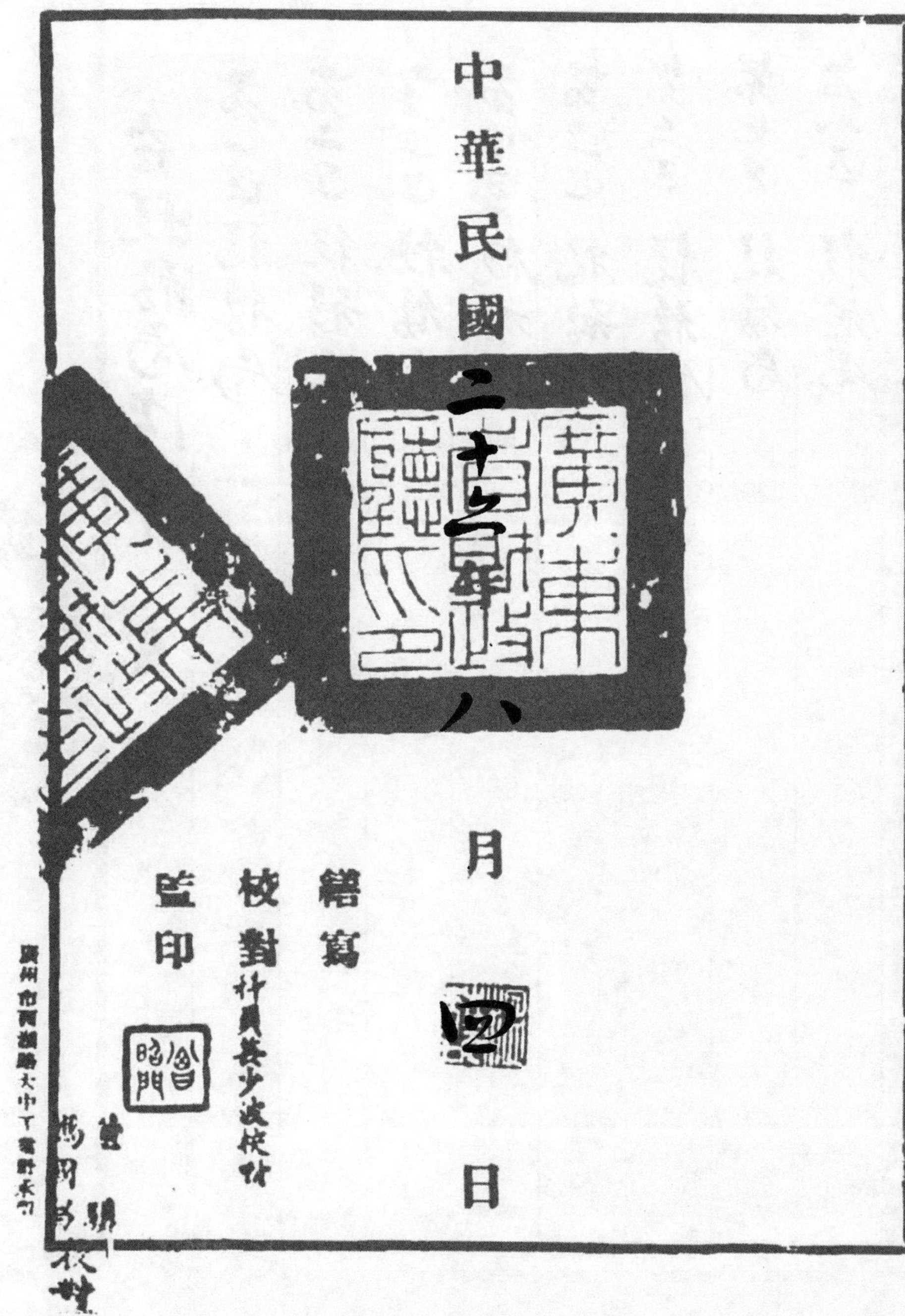
中華民國二十七年八月四日

繕寫
校對
監印

125

各税务局清单

第一区税务局
第二区税务局
第三区税务局
第四区税务局
第五区税务局
第六区税务局
第七区税务局
第八区税务局
第九区税务局

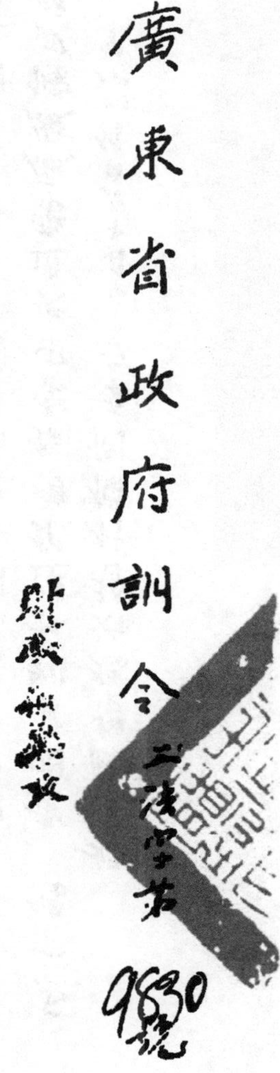

廣東省政府訓令

二法字第9830號

令財廳[illegible]政

行政院二十六年七月十八日第〇四三九六號訓令開：「案奉

127

國民政府二十六年七月十五日第五二六號訓令內開：

為令知事。查妨害國幣懲治暫行條例前經制定公布施行，並經明令將該條例施行期間自二十六年七月十五日延展二年，令在案。茲將該條例酌加修正，應再通飭施行。除公布並分行外，合行抄發修正條文，令仰知照，並轉飭所屬一體知照。此令。等因。奉此，除分令外，合行抄發原附修正條文，令仰知照，並轉飭所屬一體知照。此令。」

128

等因，計抄發原附妨害國幣懲治暫行條例一份。下府自應遵辦。除分令暨呈復外，合行將原條例抄發，令仰轉飭所屬一體知照。此令。

計抄發原附妨害國幣懲治暫行條例一份

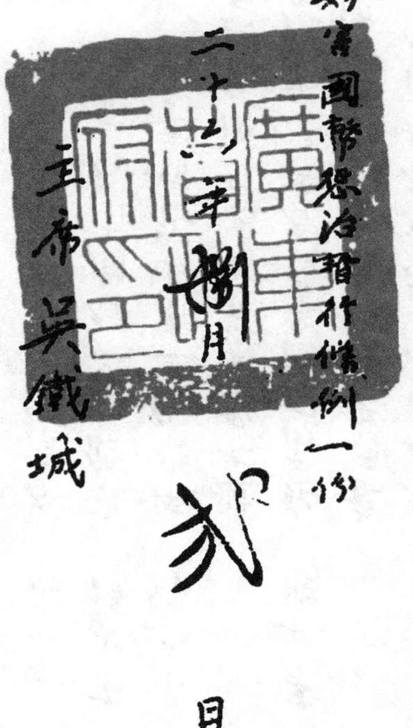

中華民國二十六年　月　日

主席　吳鐵城

妨害國幣懲治暫行條例 二十六年七月十五日修正公布

第一條 意圖營利私運銀幣中央造幣廠廠條或銀類出口者處死刑無期徒刑或七年以上有期徒刑得併科幣額或價額五倍以下罰金
意圖營利銷毀銀幣銅幣或中央造幣廠廠條私運出口者亦同。

第二條 意圖營利銷燬銀幣銅幣或中央造幣廠廠條者處一年以上七年以下有期徒刑得併科幣額或價額三倍以下罰金。

第三條 偽造或變造中央造幣廠廠條或減損其分量或行使或意圖行使而收集或交付者分別依刑法偽造貨幣罪各條之規定處斷。

129

第四條 意圖供行使之用而偽造變造幣券者處無期徒刑或五年以上有期徒刑得併科五千元以下罰金。

130

第五條 意圖供行使之用而收集偽造變造幣券者亦同。
犯前四條之罪者其銀幣銅幣廠條銀類或偽造變造之幣券不問屬於犯人與否沒收之。

第六條 本條例之未遂犯罰之。

第七條 本條例施行期間為二年。

第八條 本條例自公布日施行。

131

財政部令

事由	擬辦	決定辦法	備考
抄發奉發妨害國幣懲治暫行條例仰知照并轉飭所屬知照 附件	存查 八·十 此案前奉省府轉發下，業經通飭知照		

令 字第 號

年 月 日

中華民國廿四年八月九日收

收文 字第2187號

132

財政部訓令 錢字第39827號

令廣東財政廳

行政院二十六年七月十六日伍一第四三九六號訓令開：

案奉

案奉

國民政府二十六年七月十五日第五六六號訓令內開

「為令知事查妨害國幣懲治暫行條例前經制定公布，施行並經明令將該條例施行期間自二十六年七月十五日起延展二年各在案茲將該條例酌加修正應再通飭施行除公布並分行外合行抄發修正條文令仰知

照並轉飭所屬一體知照此令 等因奉此除分令外合行
抄發原附修正條文令仰知照并轉飭所屬一體知照
此令
等因計抄發原附妨害國幣懲治暫行條例一份到部除分令
外合行抄發原附修正條文令仰知照并轉 飭 所 屬
一體知照此令
計抄發原附妨害國幣懲治暫行條例一份

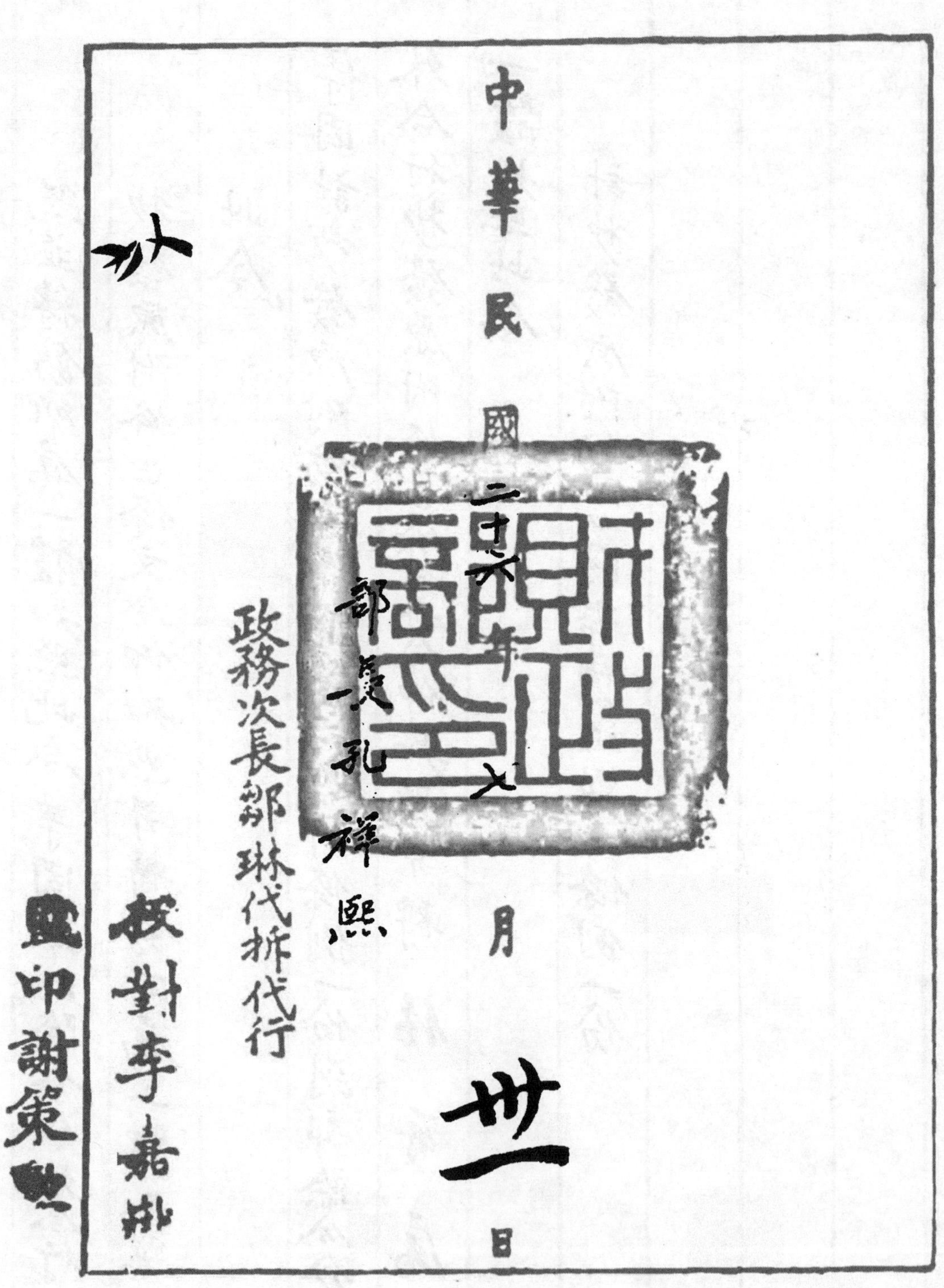

中華民國二十六年七月廿一日

部長孔祥熙

政務次長鄒琳代拆代行

校對李嘉

監印謝策

136　135

妨害國幣懲治暫行條例　二十六年七月十五日修正公布

第一條　意圖營利，私運銀幣、銅幣、中央造幣廠廠條，或銀類出口者，處死刑、無期徒刑或七年以上有期徒刑，得併科幣類或價額五倍以下罰金。

意圖營利，銷燬銀幣、銅幣，或中央造幣廠廠條私運出口者亦同。

第二條　意圖營利，銷燬銀幣、銅幣或中央造幣廠廠條者，處一年以上七年以下有期徒刑，得併科幣類或價額三倍以下罰金。

第三條　偽造或變造中央造幣廠廠條，或減損其分量，或行使或意圖行使而收集或交付者，分別依刑法偽造貨幣罪各條之規定處斷。

第四條　意圖供行使之用而偽造變造幣券者，處無期徒刑或五年以上有期徒刑，得併科五千元以下罰金。

意圖供行使之用而收集偽造變造幣券者亦同。

第五條　犯前四條之罪者，其銀幣、銅幣、廠條、銀類或偽造變造之幣券，不問屬於犯人與否，沒收之。

第六條　本條例之未遂犯罰之。

第七條　本條例施行期間為二年。

第八條　本條例自公布日施行。

已登记

137

遞件

廣東省政府財政廳稿

來文：字第2146號
文別：公函
送達機關：廣東省銀行
附件：金融

事由：准函送回金櫃任匙鑰一付，暨函請將正副金庫櫃鑰匙貼封送回，金庫封發等由，准此，除正副金庫、文封金庫櫃鑰匙分別用印封發，并將函送原稿存查，函復查照由。

廳長

主任秘書
秘書
科長
會計主任
技正
股長
技士
科員
僱員

中華民國二十六年

八月十三日 發擬
八月十四日
八月廿日

月日 時 核簽
月日 時 判行
月日 時 繕寫
月日 時 校對
民國廿六年八月拾貳日 蓋印
八月十二日 時 付發

檔案 會金字第九〇〇號

中華民國廿六年八月拾貳日

中華民國廿六年八月拾叁日

民國廿六年八月拾六日

公函第　號

現准

貴行二十六年八月七日總字第九二二號去函，茲將奉令合

核保證統一法幣存款一案之正副合同稿，業經副

請簽章，相應函送查照，飭繕送回合同印封發，仍祈

由，計送回正副合同稿各一份，准此，自應照辦，除將合同

稿繕正用印外，相應備文連同繕正合同印文封一件，合送

副稿各一件，一併函送

貴行，希即分別用印封發，並將合同副合同抽存備

案，並將正合同稿送還，為荷。此致

139

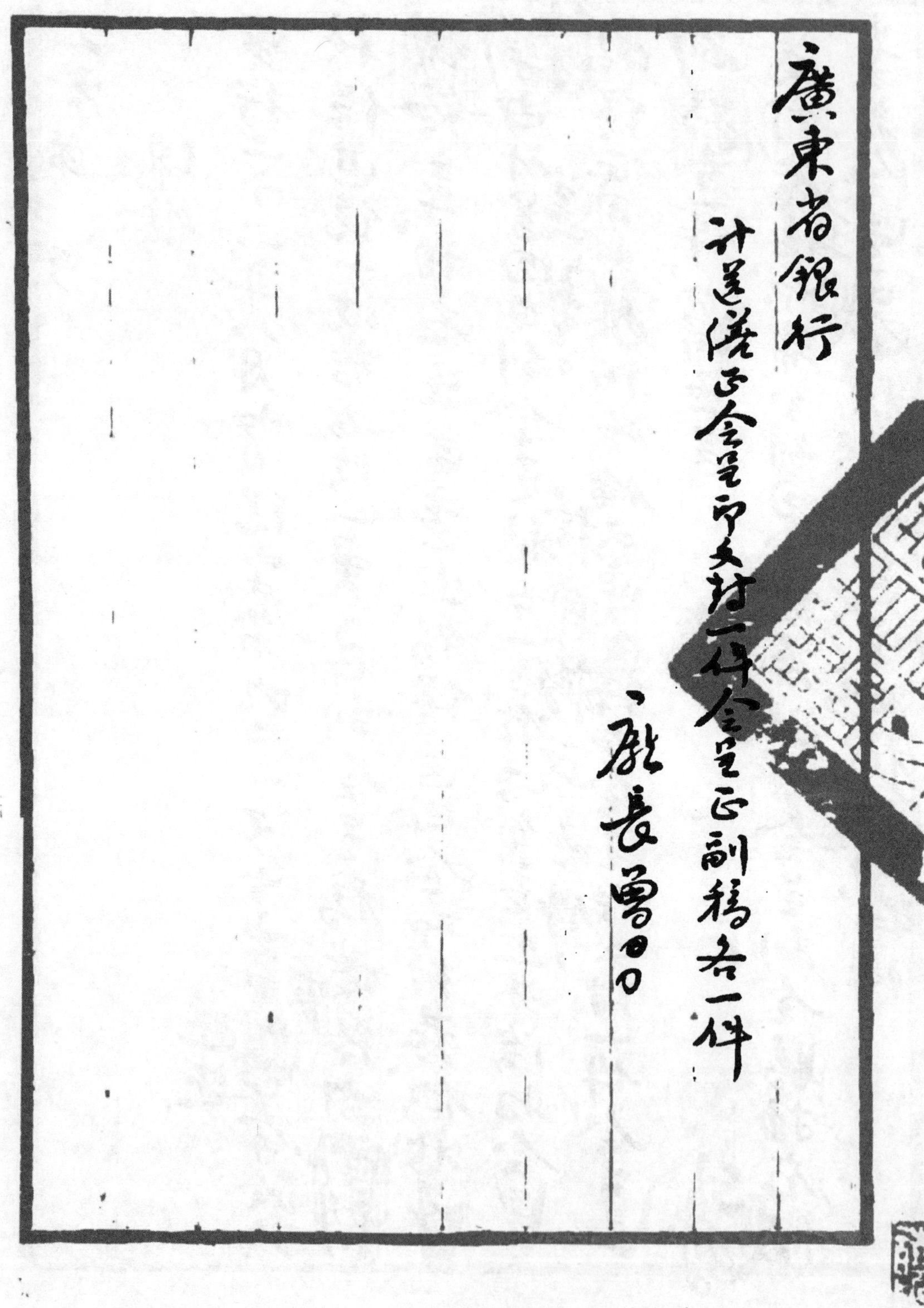

廣東省銀行

計送港正金呈市文封一件全呈正副稿各一件

廳長曾[illegible]

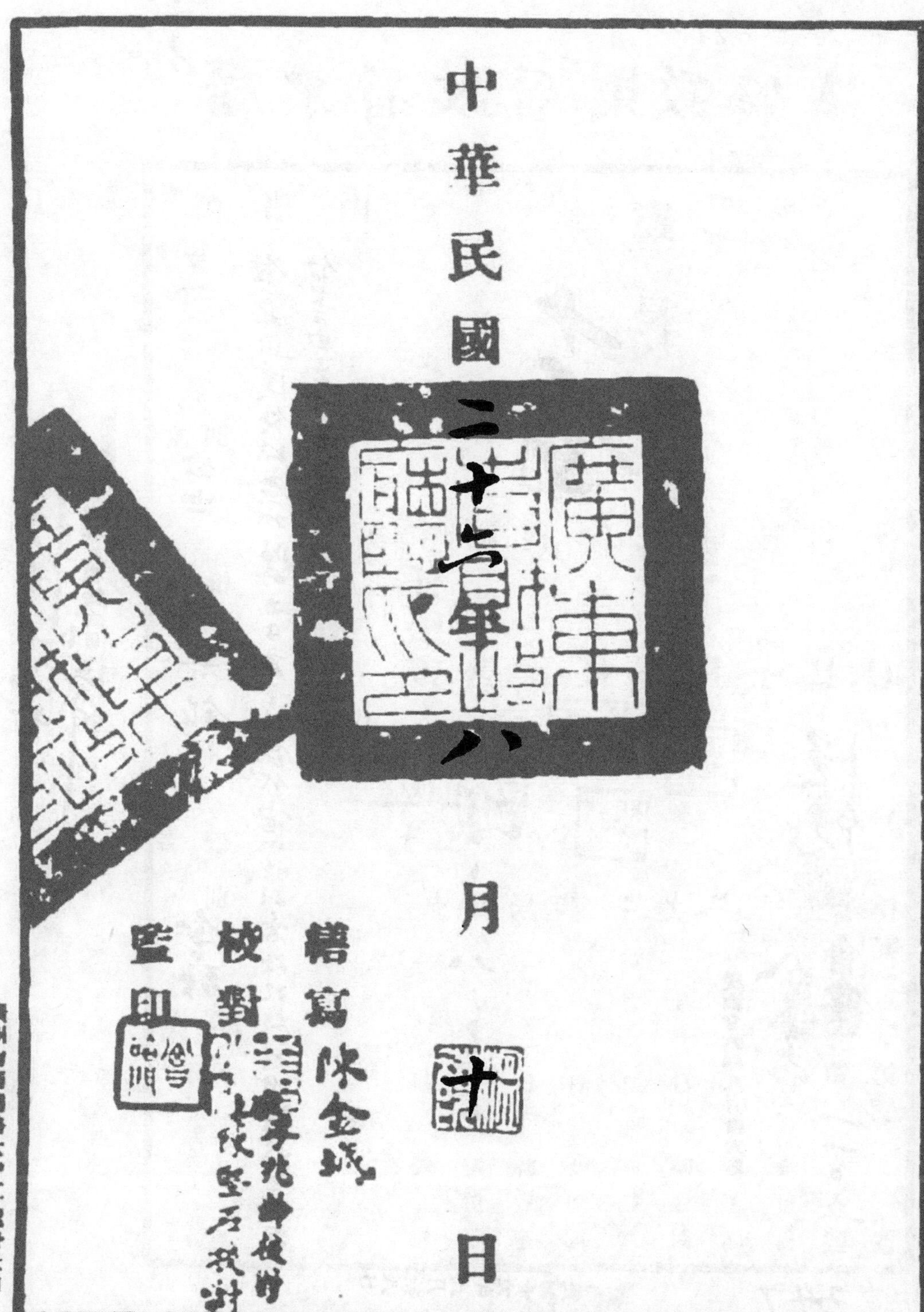
中華民國二十六年八月十日

繕寫 陳金綫

校對

監印

廣州市西湖路大中工廠承印

27

廣東省政府財政廳稿

來文	字第 號	文別	公出
送達機關	各銀行	附件別	全截

事由：准粵漢鐵路廣州站函請遇有該路代電以該站需款孔殷請准提款全部照付等由函達查照辦理由

主任秘書	秘書	科長	處主任	技正	股長	技士	科員	保員

廳長

中華民國二十六年八月十二日

月日時交辦	八月十二日二時擬稿	月日時核簽	月日時判行	月日時繕寫	月日時校對	民國廿六年八月拾六日時蓋印	八月十二日時封發

稿案：資金字第二〇五號

347

民國廿六年八月拾六日

廿六年八月拾六日下午發行

紹儀

28

公函第　號

現准兼粵漢鐵路廣州防衛辦事處主任王仁康銑日
(十六日)快郵代電稱：「現各銀行停止存戶提款云云　以敷工以應
急需」等由。查粵漢鐵路及黃埔支線為華南交通要道，該
主任所稱各節尚屬實情，自應照辦。除分函外，相應函達
貴行查照，對該辦事處薪費提款請予全數照付為荷。

此致

中國銀行廣州分行、
交通銀行廣州分行、
金城銀行廣州分行。

29

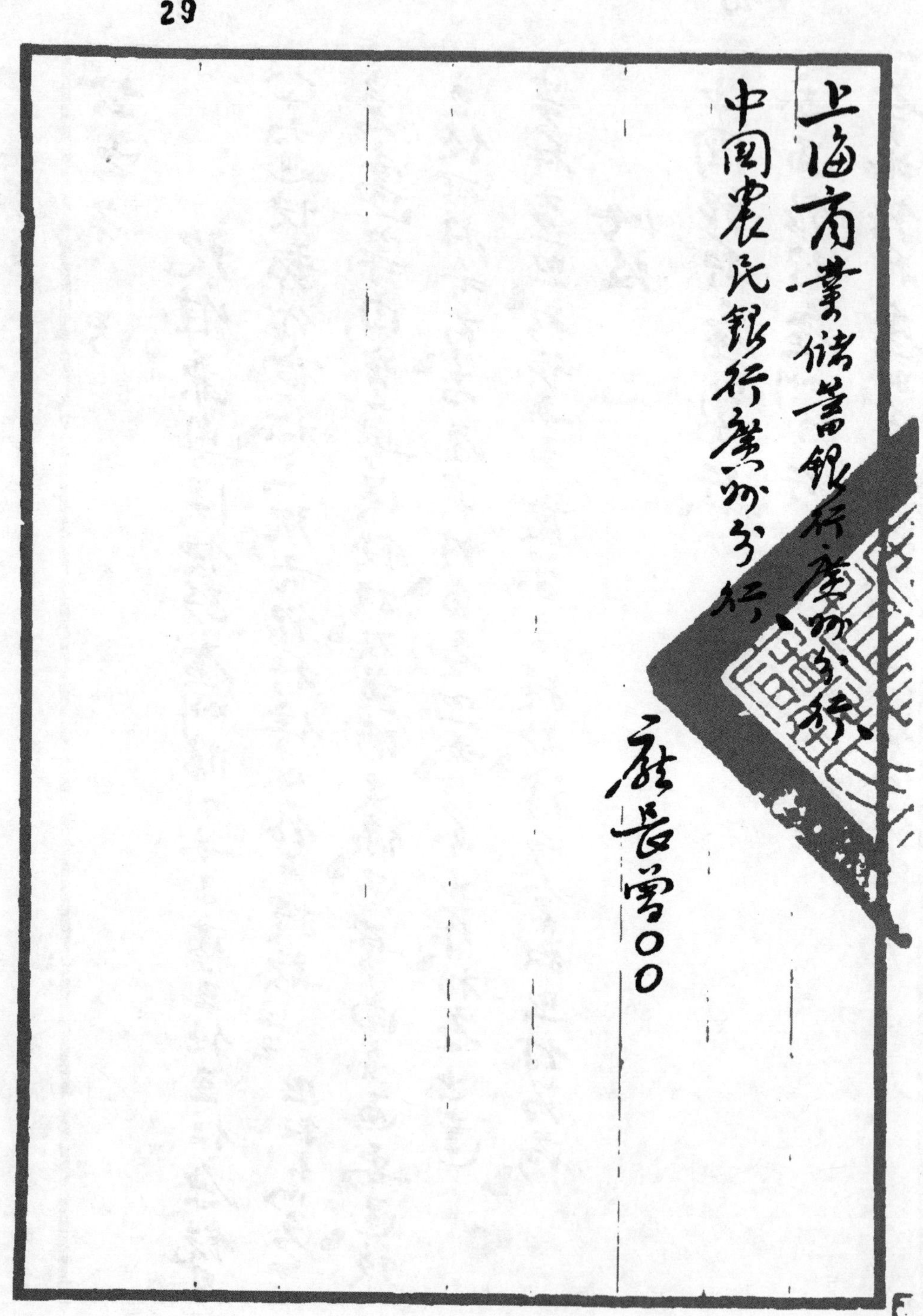
上海商业储蓄银行广州分行、
中国农民银行广州分行、
厅长曾〇〇

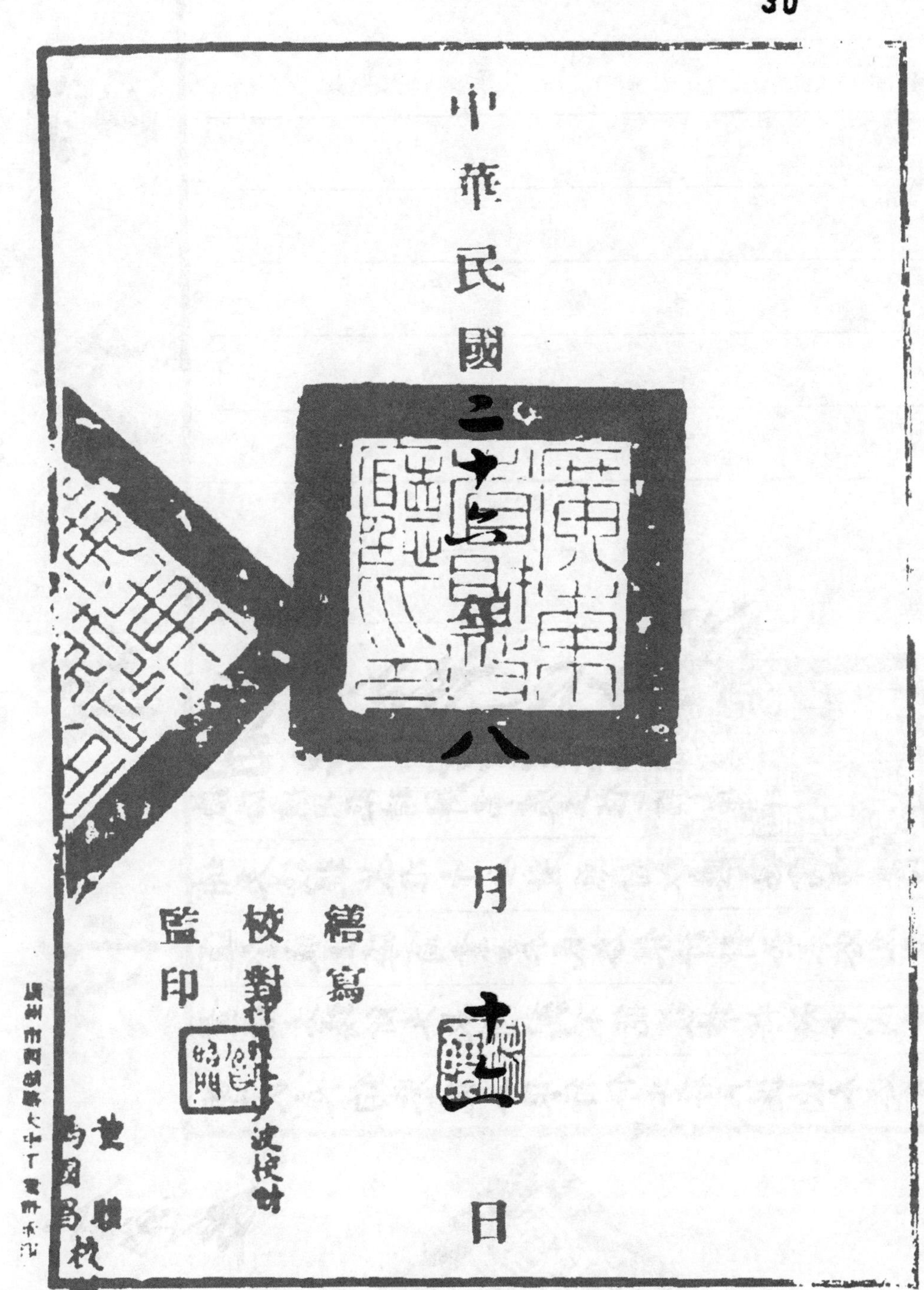

30

中華民國二十六年八月十二日

繕寫

校對

監印

32　31

快郵代電

金融股

曹次長鈞鑒：現各銀行停止存戶提款，本路及黃埔支綫所支款項，刻不能緩，請轉知中國、交通、金城、上海商業、農民各銀行，對於本路及黃埔支綫提款准予全數照付，以應急需。粵漢鐵路廣州臨時辦事處主任王行康叩。銑。

用本廳名義先函各行照办

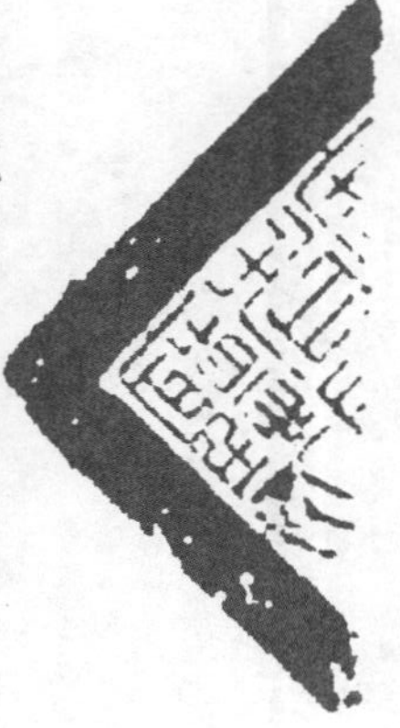

33

廣東省政府財政廳稿

來文 事由 出

文 字第 號 附件 送達

廳長

主任秘書 秘書 科長 主任 股長 科員

中華民國 年 月 日

民國廿六年八月十七日

上海分送

3

電

南京中央銀行（部次長玉林兄、徐次長可亭兄）祁齊路宋公館宋部長子文兄勛鑒：密。部頒非常時期安定金融辦法七條，此間業已遵辦，市況良好，請釋念。惟第五條所載工廠、公司、商店及機關之存款為發放工資或與軍事有關須用法幣者，得另行商辦。是否由存款者直接向銀行商辦，抑須經過主管機關審查其數量，有無限制？弟意各地情形不同，在中央只可規定原則，由各地酌量辦理。粵省為外洋進出口岸及戰時資源準備要區，尤與其他地方迥異，對於施行第五條規定應富有彈性，可否擬定

特派員公署為審查机関俾得互收付雙方酌量办理

以求供需相應穩定敝方希即賜復為感弟曾○○

叩篠印

35

上海中央銀行鄒次長玉林兄、徐次長可亭兄、祁齊路宋公館宋部長子文兄勛鑒：

○密。部頒非常時期安全辦法七條，此間業已遵辦。惟[illegible]市況良好，請轉令准第五條所載工廠公司商店及機

中華民國　年　月　日

廣東省政府財政廳箋

廣州大馬站

向之存款为发放工资或与军事有关
用途者，此得另行商办。至各埠存款是
否由存款者直接向银行商办，抑须经过
主管机关向当局[illegible]其最要者有无保障[illegible]第[illegible]
各地情形不同，在中央只可规定原则，由[illegible]
各地关员斟酌具有为难[illegible]出口岸

37

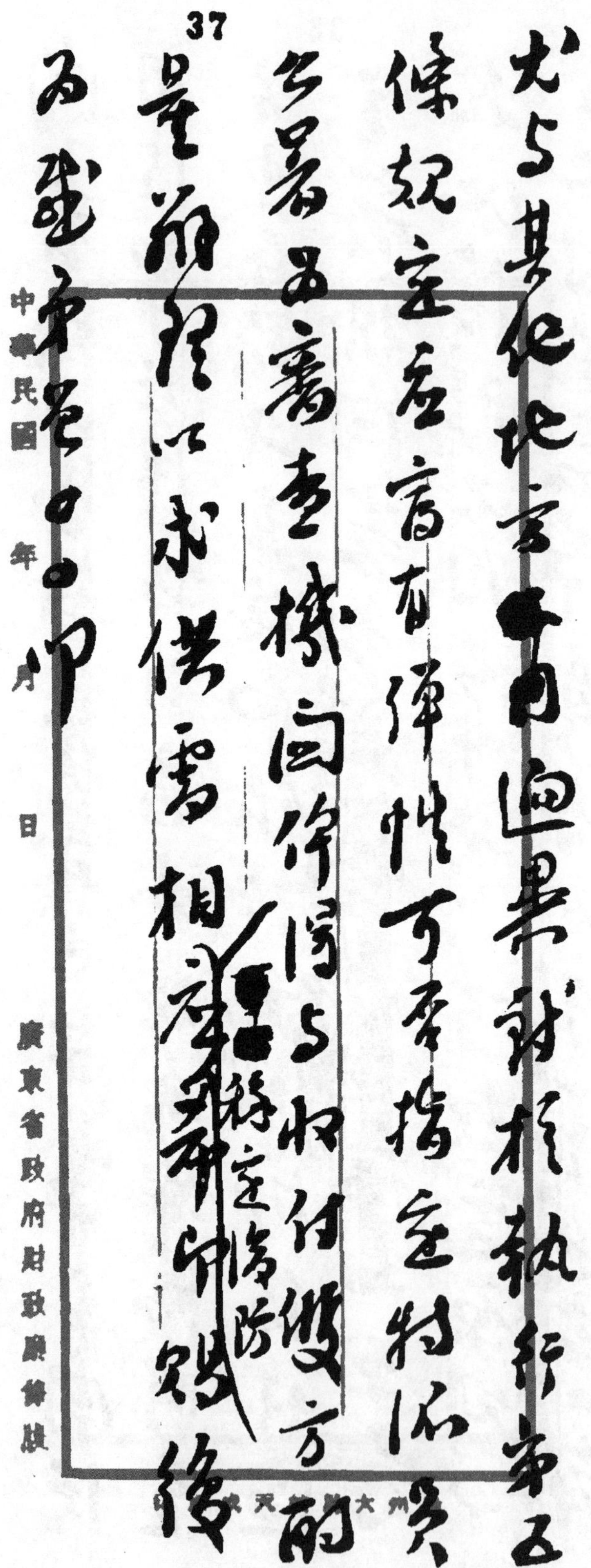

尤與其他地方有迥異，對於執行第五

條規定應有彈性，可否指定特派員

公署為審查機關，作為收付[illegible]方面

是[illegible]以求供需相[illegible]

為盼 [illegible]

中華民國 年 月 日

廣東省政府財政廳用牋

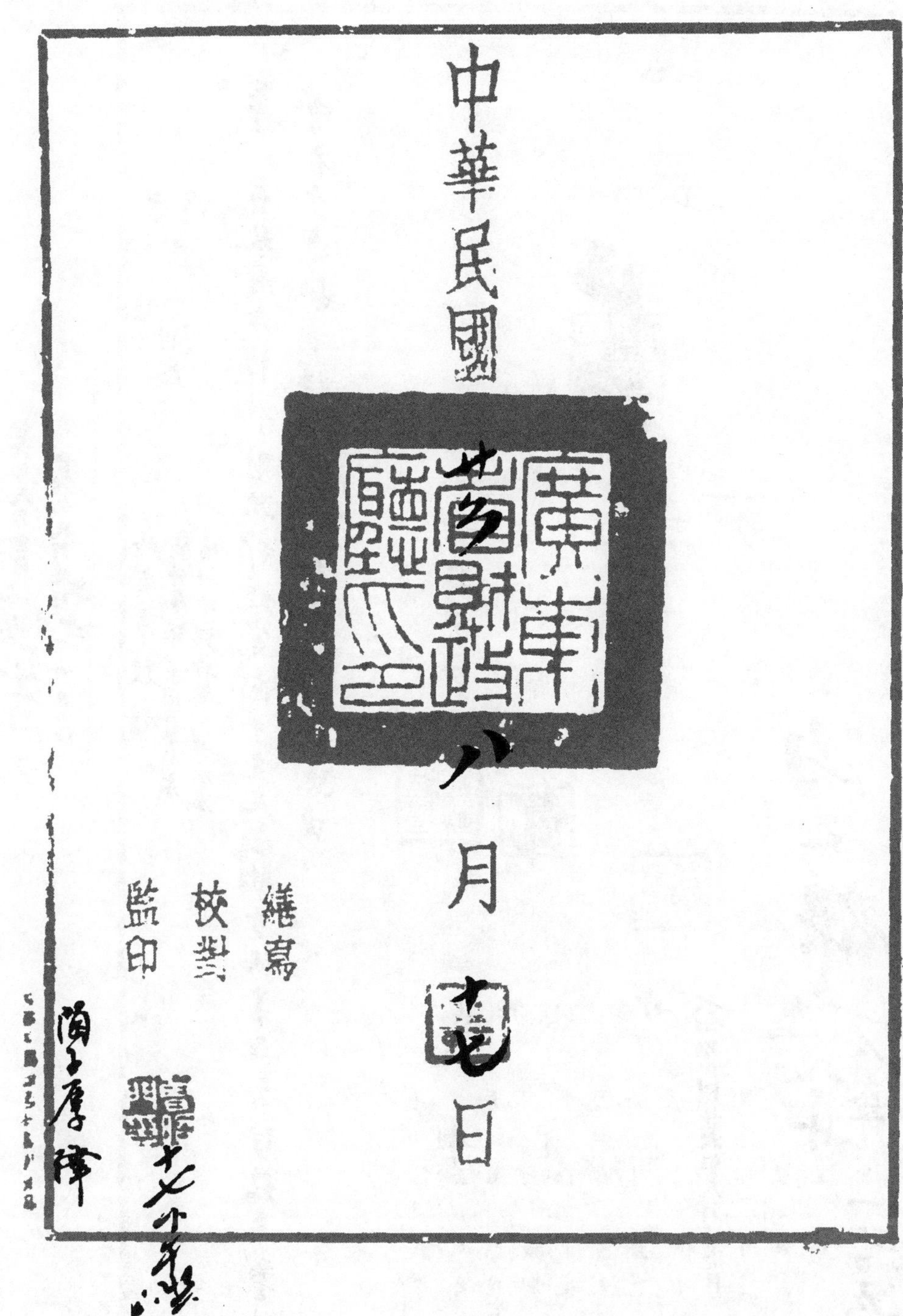
中華民國廿乡年八月十七日
繕寫
校對
監印

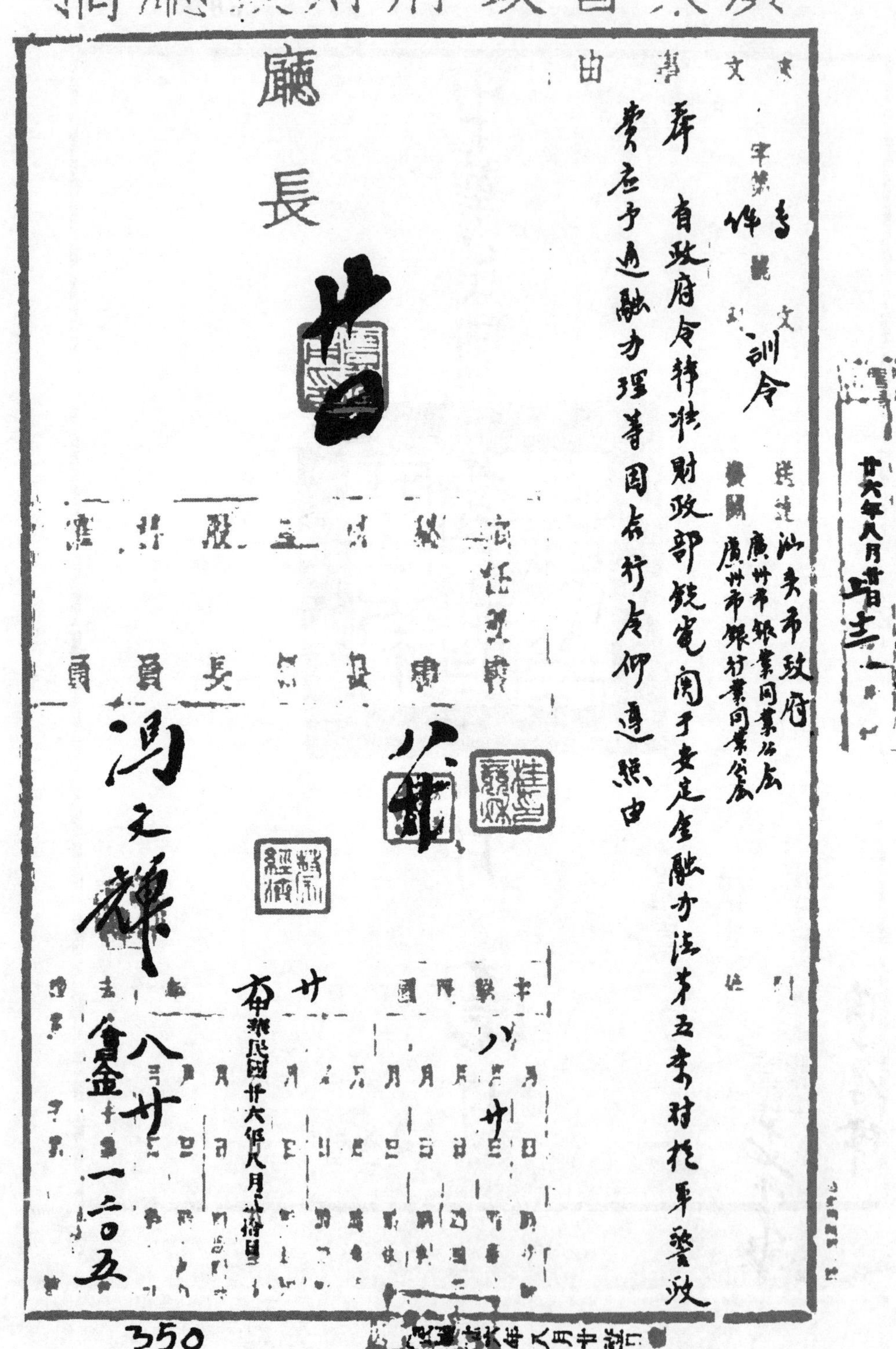

39

廣東省政府財政廳稿

事由：奉省政府令轉准財政部銑電開，予安定金融辦法第五條對於軍警政費應予通融辦理等因，應行令仰遵照由

文別：訓令

送達機關：汕頭市政府、廣州市銀業同業公會、廣州市銀行業同業公會

廳長

馮文輝

中華民國廿六年八月廿日擬

廿六年八月廿日上（？）
廿六年八月廿日（？）

350

訓令第　　號

分令　汕頭市市長
廣州市銀行業同業公會
廣州市銀業同業公會

現奉

廣東省政府廿六年八月十九日財字第一二六七九號訓令開：

「案准　財政部本年八月銑財電開　云云　照來文叙至并

飭銀錢業公会知照」

等因，奉此，自應遵辦，除分行外，合行令仰該市長、會

即便遵照，並轉知飭所屬銀錢業公会各行號遵照！此令。

41

稿

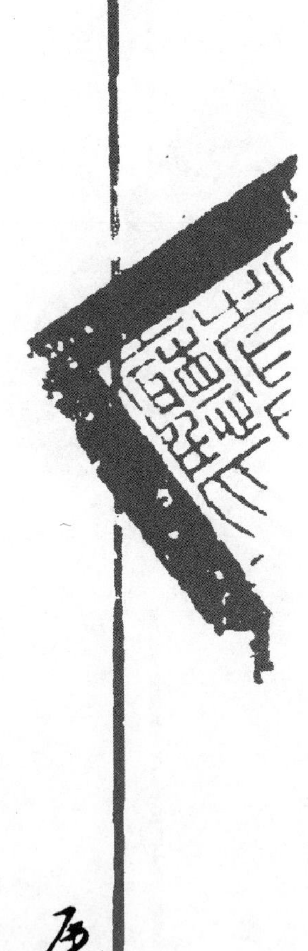

尾

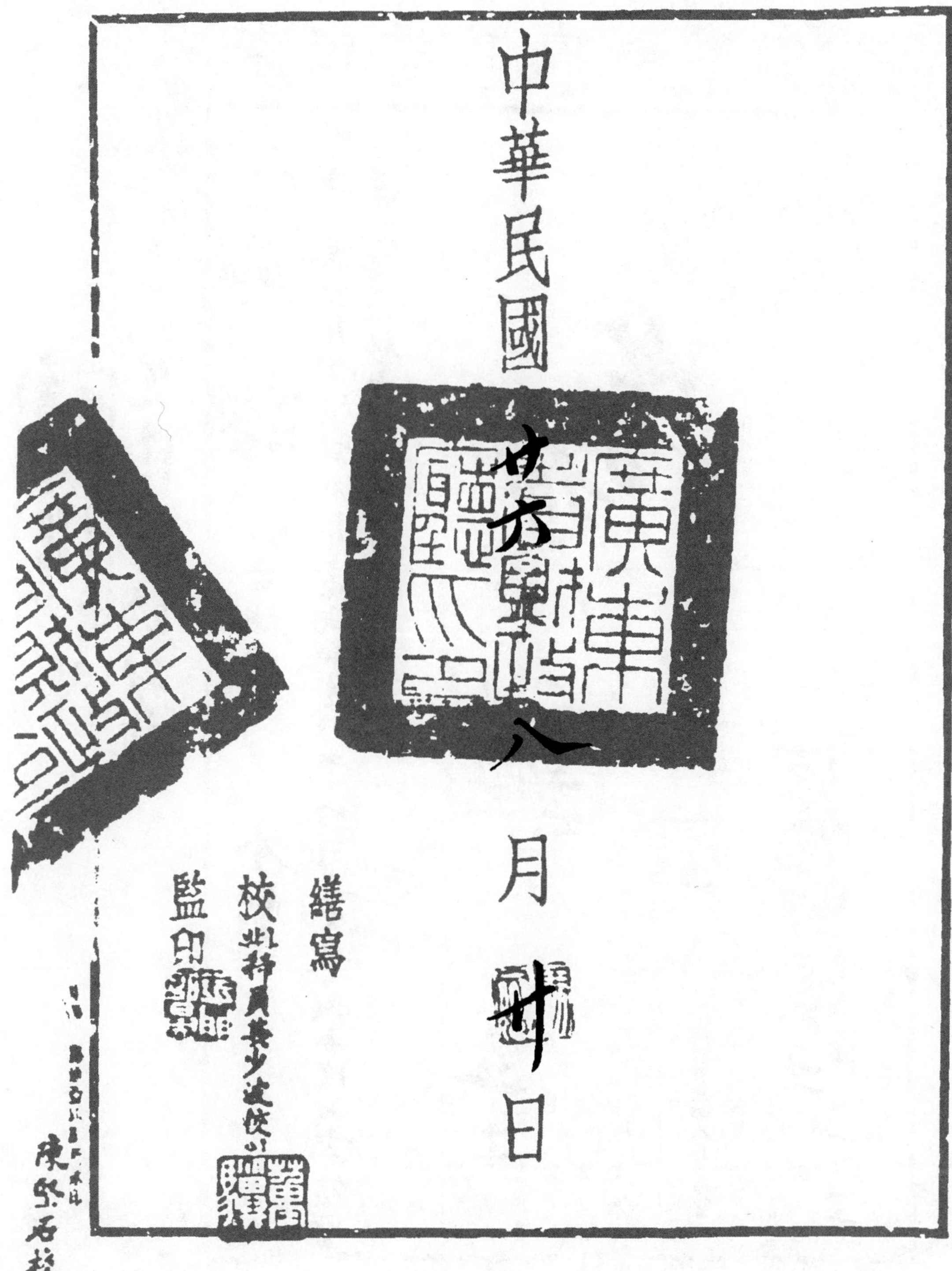
中華民國十六年八月廿日
繕寫
校對科員黃少波校
監印

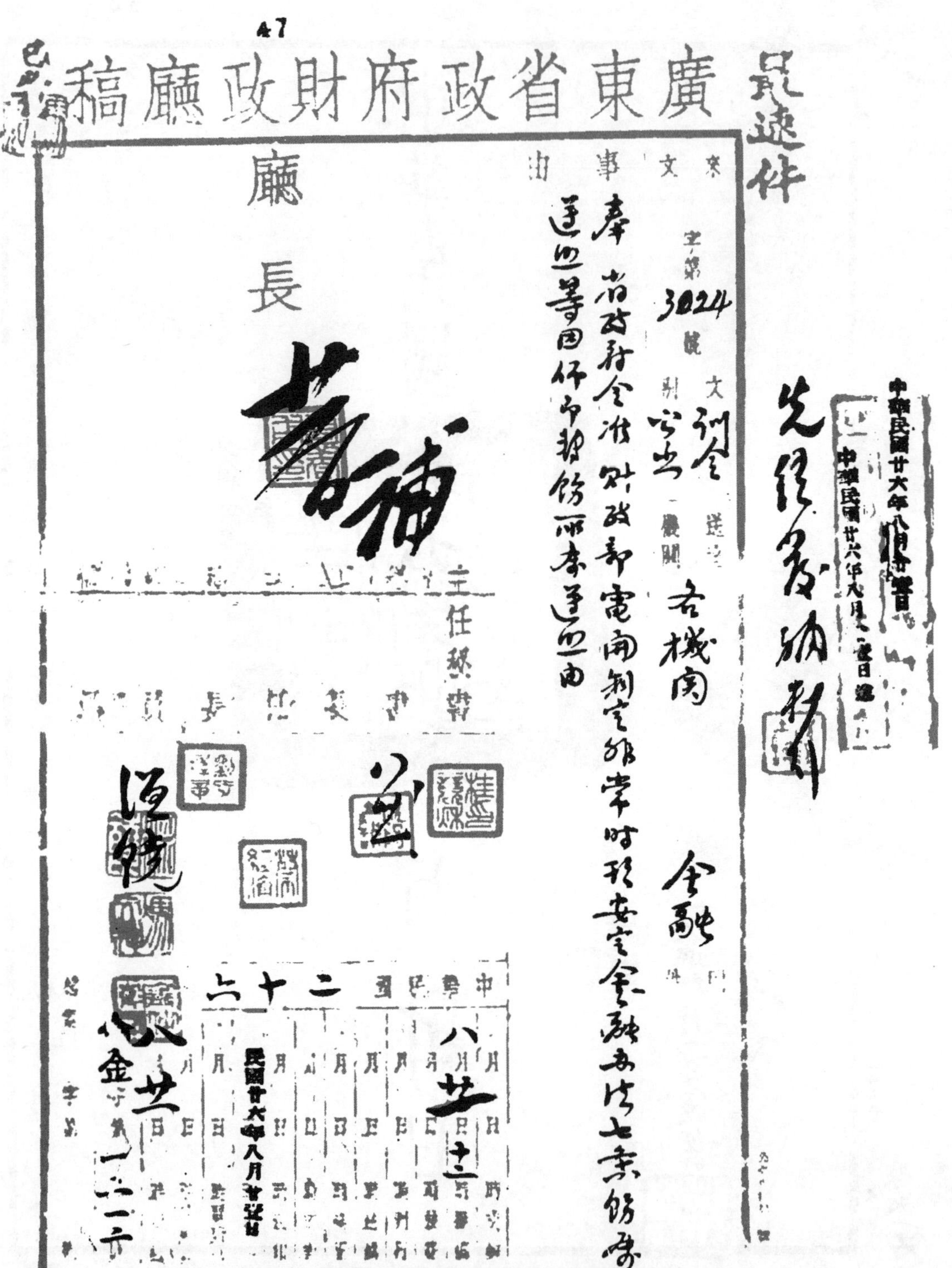

广東省政府財政廳稿

事由：奉省政府令准財政部電開制定非常時期安定金融辦法七条飭遵照等因仰即轉飭所屬一體遵照由

各税務局一律平列

48

訓令　第　　號

令　各縣市長　各税務局局長
廣州市銀行公會、廣州市銀業公會

案奉

廣東省政府二十六年八月十九日財字第一二七〇八號訓令開：

「案准財政部……云云照錄原文仰飭屬一體遵照。」

等因奉此，自應遵辦，除分令外，合行令仰遵照，並轉飭所屬一體遵照。

此令。

公函第　　號

案奉

49

廣東省政府二十六年八月廿九日財字第一三七六八號訓令開：「案准財政部六月四日公函開：『……』等因。奉此，自應遵辦。除分别函令外，相應函達貴會查照，印布轉飭所屬一體遵照為荷。」

……仰飭屬一體遵照。此令。

此致

廣東省商聯會

廣州市商會

廳長曾養甫

50

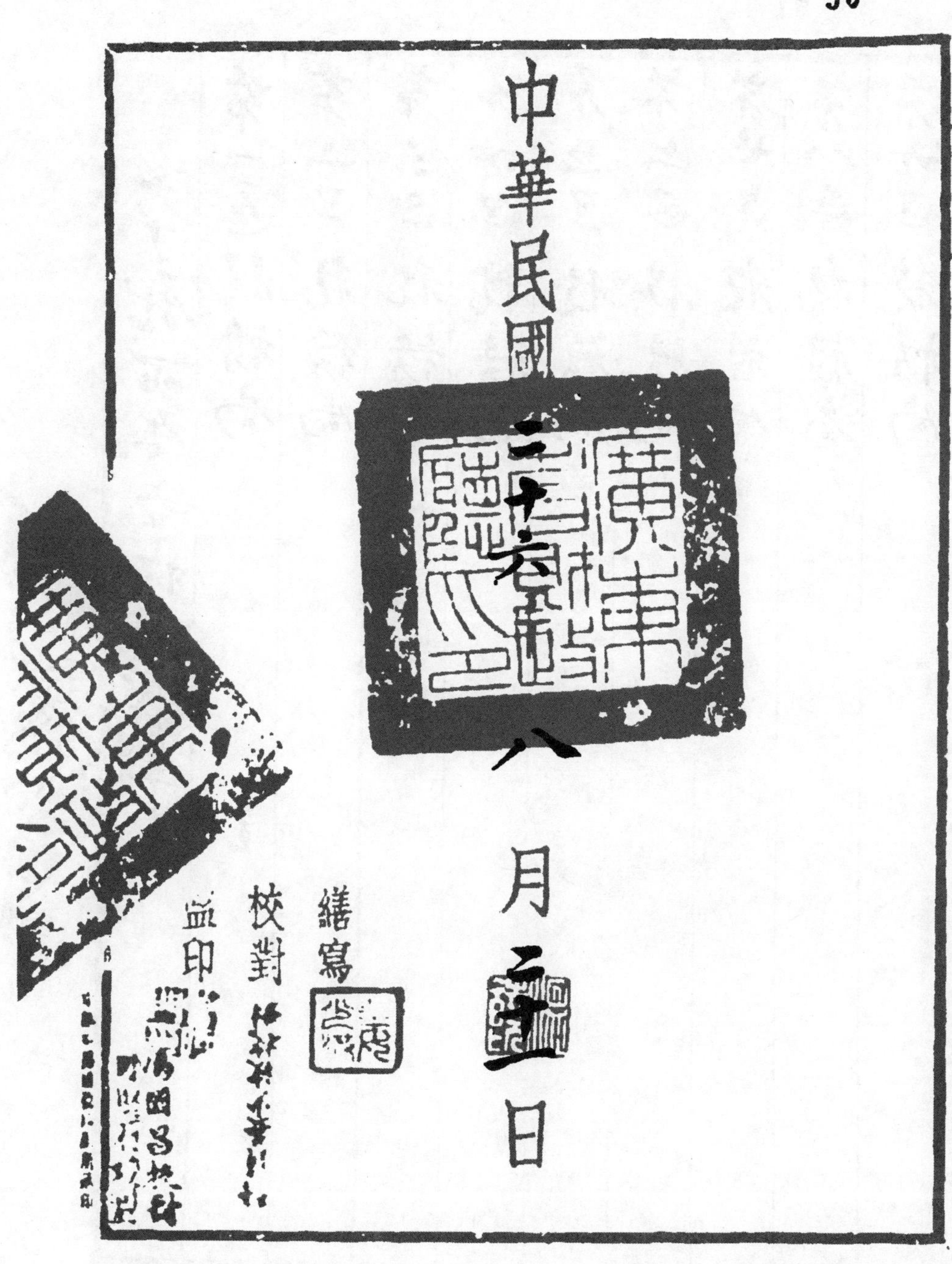
中華民國二十六年八月二十五日
繕寫
校對
監印

51

本厅所属各机关清单

第一区税务局

第二区税务局

第三区税务局

第四区税务局

第五区税务局

第六区税务局

第七区税务局

第八区税务局

第九区税务局

52

[illegible]

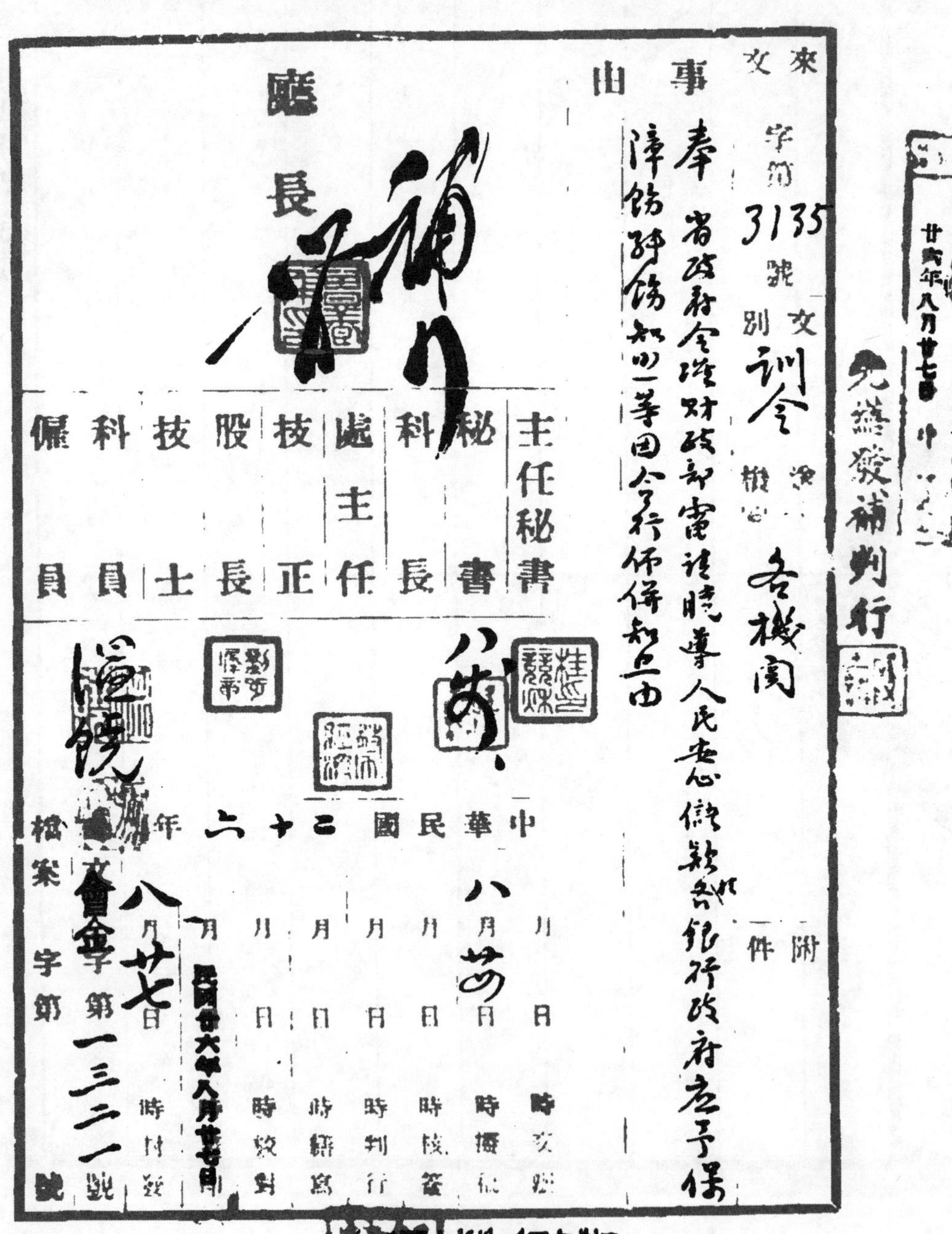

速件

已登記

67

廣東省政府財政廳稿

來文字第3135號

文別 訓令

擬送 各機關

附件

事由 奉省政府令准財政部電請曉導人民安心儲蓄各銀行政府應予保障飭即飭知以一筆因令行佈告知照由

廳長 補行

主任秘書　秘書　科長　處主任　技正　股長　技士　科員　僱員

八月廿七日

中華民國二十六年　八月廿七日

檔案 會金字第一三二一號

民國廿六年八月廿七日

先發補判行

廿六年八月廿七日

训令第　号

令各县县长
汕头市长
各税务局局长

现奉

广东省政府二十六年八月二十日财字第一二七四九号训令开：

「案准 财政部云云 照录文发 令行令仰饬属

知照。此令。」

等因奉此，自应遵办，除分令外，合行令仰知照，并转饬所属

一体知照。

此令。

稿
尾

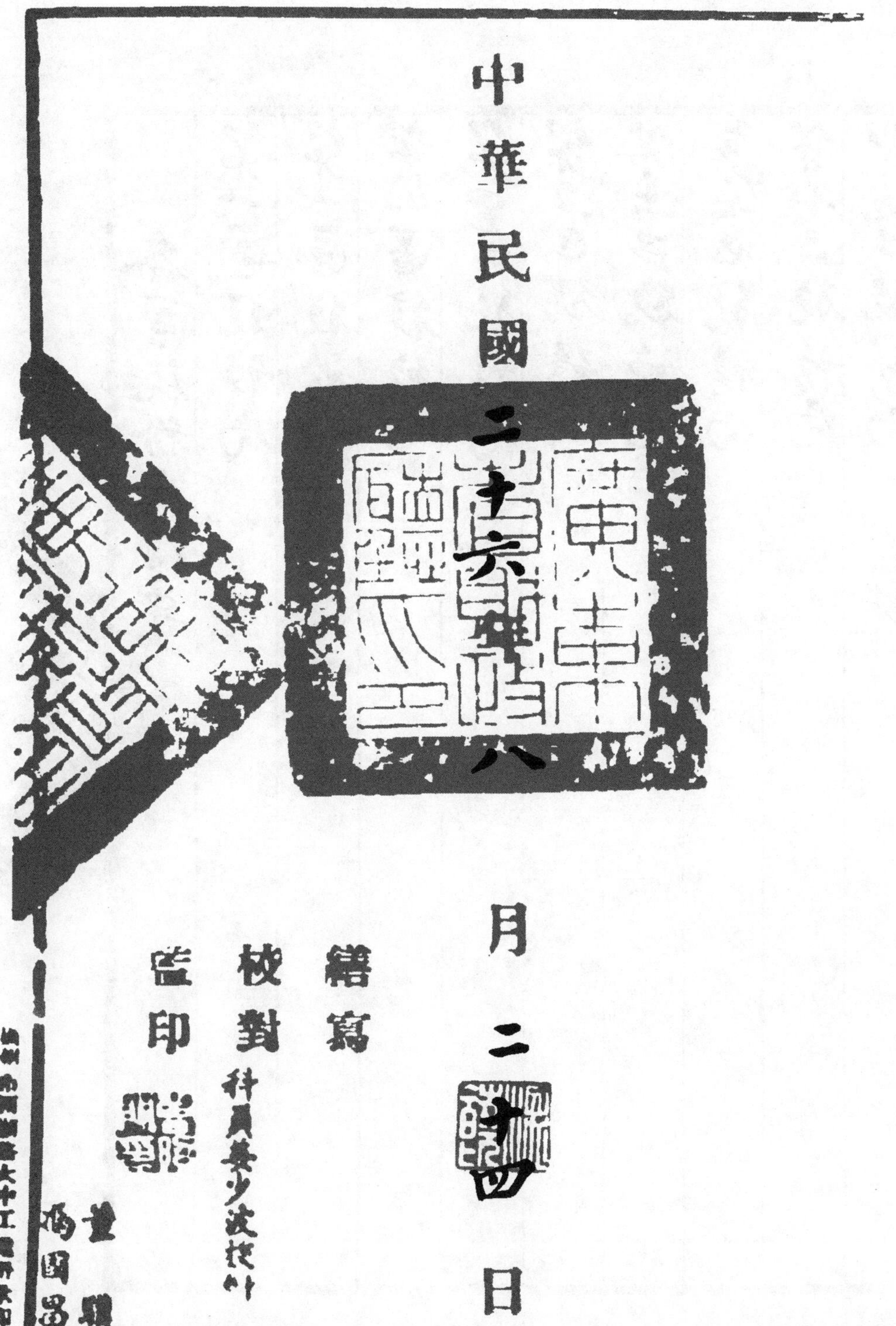

中華民國二十六年八月二十四日

繕寫

校對 科員姜少波校對

監印

71

各區稅務局清單

第一區稅務局

第二區稅務局

第三區稅務局

第四區稅務局

第五區稅務局

第六區稅務局

第七區稅務局

第八區稅務局

第九區稅務局

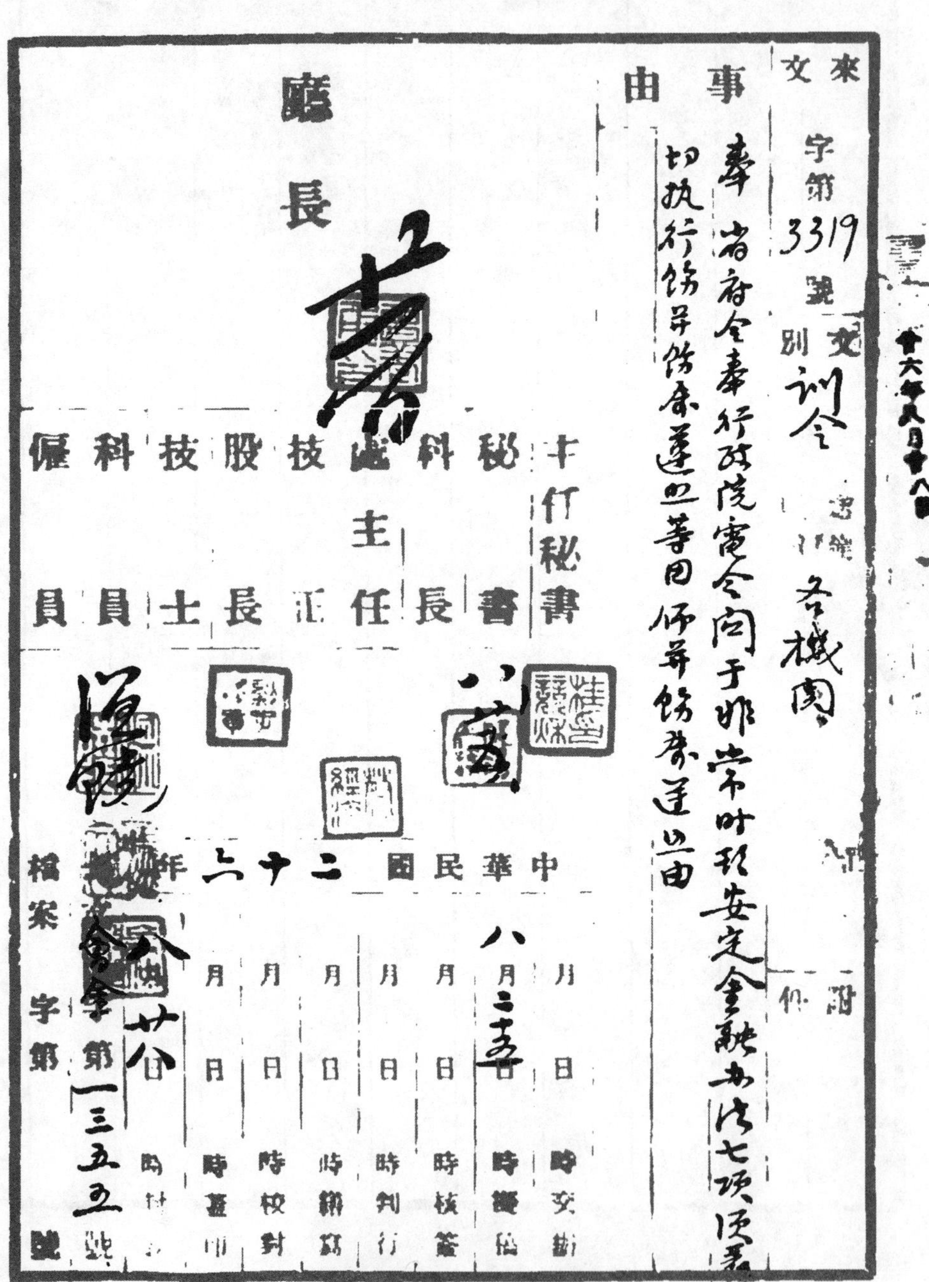

已登记

76

速件

廣東省政府財政廳稿

來文：字第3319號

文別：训令

送達：各機關

事由：奉省府令奉行政院電令关于非常时期安定金融办法七项，仰一切执行，饬并饬属遵照，等因，仰并饬属遵照由

廳長 [signature]

中華民國廿六年八月廿六日

十六年八月廿八日

下三刻

秘書 十行秘書　科長　主任　處正　股長　技士　科員　僱員

中華民國二十六年 八月二十三日

交擬　擬稿　核簽　判行　繕寫　校對　蓋印　封發

檔案：字第一三五五號

民國廿六年九月　日

照清單列

77

訓令第　号

令各機關

案奉

廣東省政府二十六年八月二十三日財字第一二八八二號訓令開：

「案奉 行政院云云（照抄原文叙至）並飭屬遵照此令」

等因；奉此，自應遵辦，除分令外，合行令仰遵照，並轉飭所屬

一体遵照。

此令。

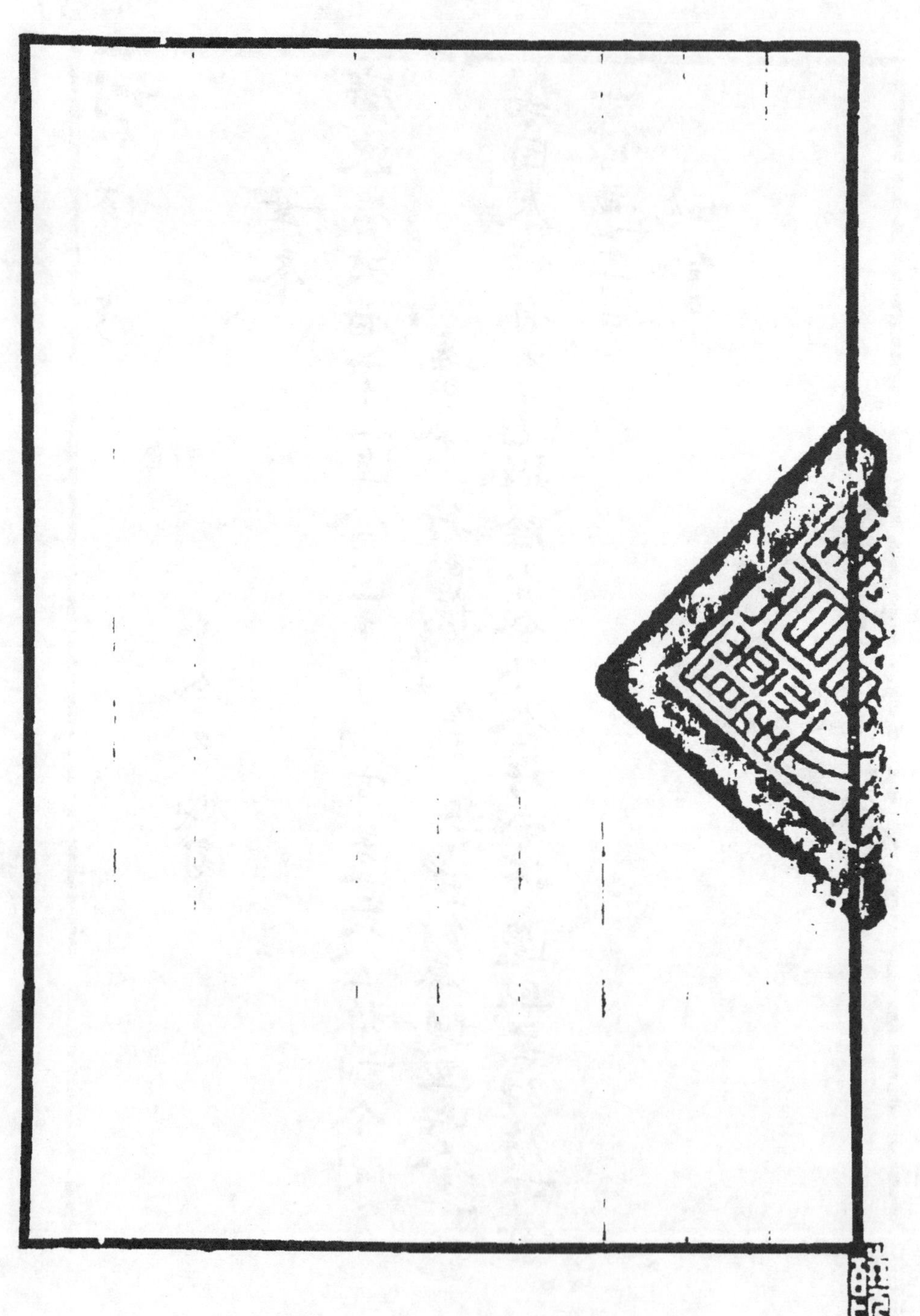

中華民國二十六年八月二十七日

繕寫

校對 科員麥少文校對

監印

80

分令各机關清單

各縣縣長

汕头市長

廣州市銀行同業公會

廣州市銀業同業公會

第一区稅務局

第二区稅務局

第三区稅務局

第四区稅務局

第五区稅務局

81

第六区税务局
第七区税务局
第八区税务局
第九区税务局

13

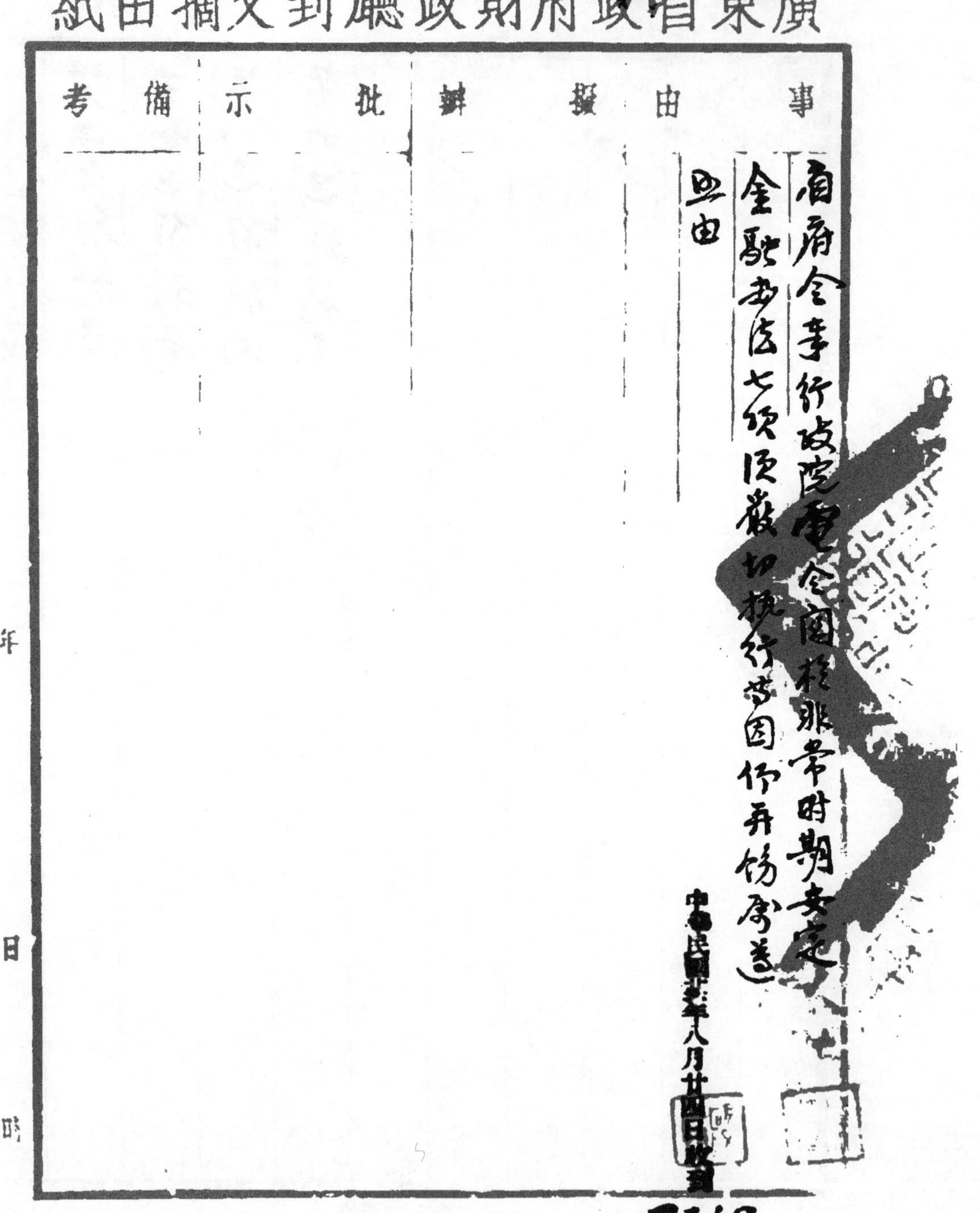

82

速件

廣東省政府財政廳到文摘由紙

事由	擬辦	批示	備考
省府令奉行政院電令關於非常時期安定金融辦法七項應嚴切執行等因仰並飭屬遵照由			

中華民國二十六年八月廿四日收到

年　日　時

3319

速件

广东省政府财政厅稿

己竹字

来文	字第3444号
文别	训令
事由	奉令关于凡商民以支票缴纳税款及税收机关以支票报解税款均得不受安定金融办法第一条之限制饬遵照等因仰并饬属遵照由
受文者	各机关
附件	金融

厅长

曾

主任秘书	秘书	主任	股长	拟稿	缮写
		小范		温悦	

中华民国二十六年八月廿六日

八廿八 曾益平 一四一五

民国廿六年八月廿八日

民国廿六年九月

中华民国廿六年八月廿七日

中华民国廿六年八月廿八日

結二隊單列　80

訓令第　號

分令各棧關

現奉

廣東省政府二十二年八月二十五日財字第一三七一九號訓令開：

「案准　財政部云云　照來文敘去合行令仰飭屬一

体遵照辦理此令」

等因，奉此，自應遵辦，除分令外，合行令仰遵照，並轉飭所屬

一体遵照辦理。此

令。

87

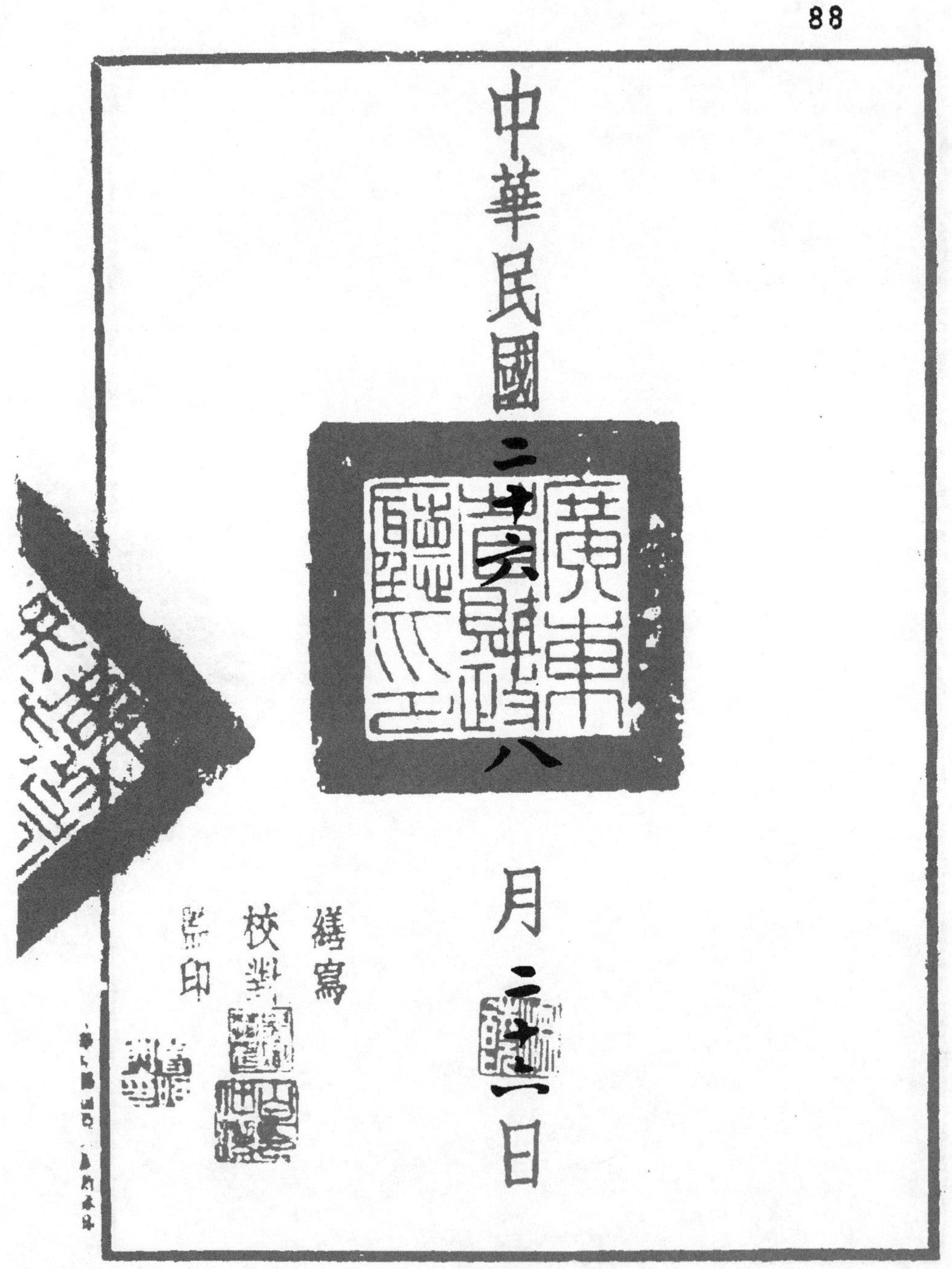
88

中華民國二十六 八月二十一日

繕寫

校對

監印

分令各機關清單

各縣縣長

汕頭市長

廣州市銀行同業公會

廣州市銀業同業公會

第一區稅務局

第二區稅務局

第三區稅務局

第四區稅務局

第五區稅務局

廣東省政府財政廳稿心紙

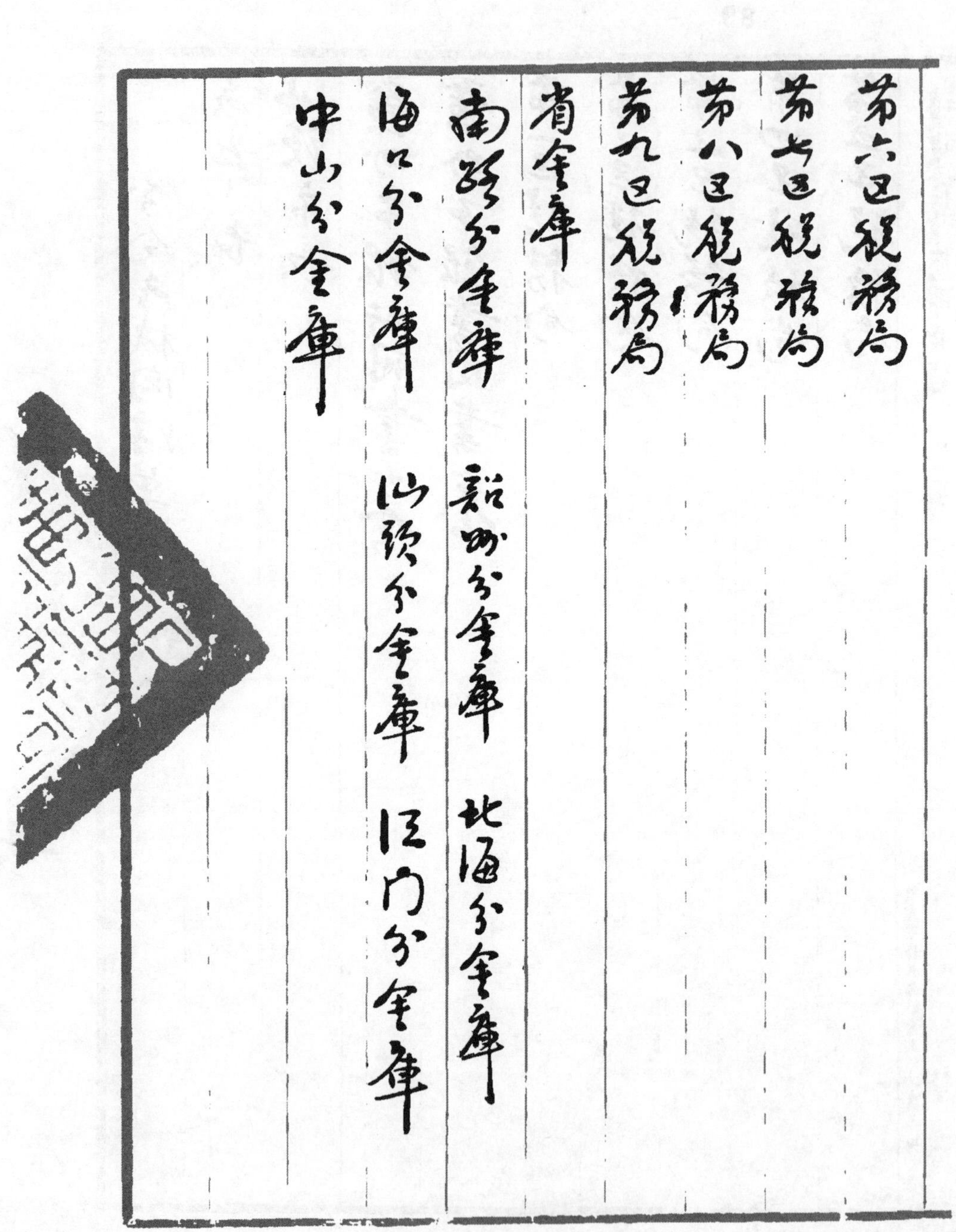

第六区税务局
第七区税务局
第八区税务局
第九区税务局
省金库
南雄分金库　韶州分金库　北海分金库
海口分金库　汕头分金库　江门分金库
中山分金库

95

廣東省政府財政廳稿

廳長

主任秘書

秘書長

科主任

股長

科員

僱員

八卅

來文：字第　號

文別：

送達機關：

類別：

附件：

事由：公函中央中國交通農民四行聯合辦事處廣州分處事 財部覆函於流通內地農工商礦各業資金設立貼放委員會辦理貼放事宜等因相應函達查照希即遵照部令安擬辦法函復過廳以憑辦理由

中華民國廿六年八月卅日

九月三日

會 字第一五二八號

民國廿六年九月 日

送件

民國廿六年八月卅日

廿六年九月 日

354

公函 第　　號

業奉

財政部經錢電開：

「本部為流通內地農工商礦各業資產函令中中交農四行於設有分支行之重要都市設立聯合辦事處俾察當地情形妥擬適當辦法報請核定施行前經電達在案嗣為活潑市面增加生產適應後方需要起見復經函令四行在重要都市設立貼放委員會辦理貼放事宜并令於漢口重慶南昌廣州濟南鄭州長沙等

97

處先行成立，派定主任委員，擬具內地貼放办法，前來經部修正，指令施行，特電請查照，迅為轉飭知照。

等因；奉此。查廣州為華南重鎮，全國抗戰後方根據地，關於金融之調整灵活，及後方生產資源之調劑，在在均極關重要，奉電前因，相應函達

貴分處，希即遵照部令，併案參酌實際情形，妥擬办法，函復過廳，以資辦理。為荷！

此致

中央中國交通農民四行聯合辦事處廣州分處

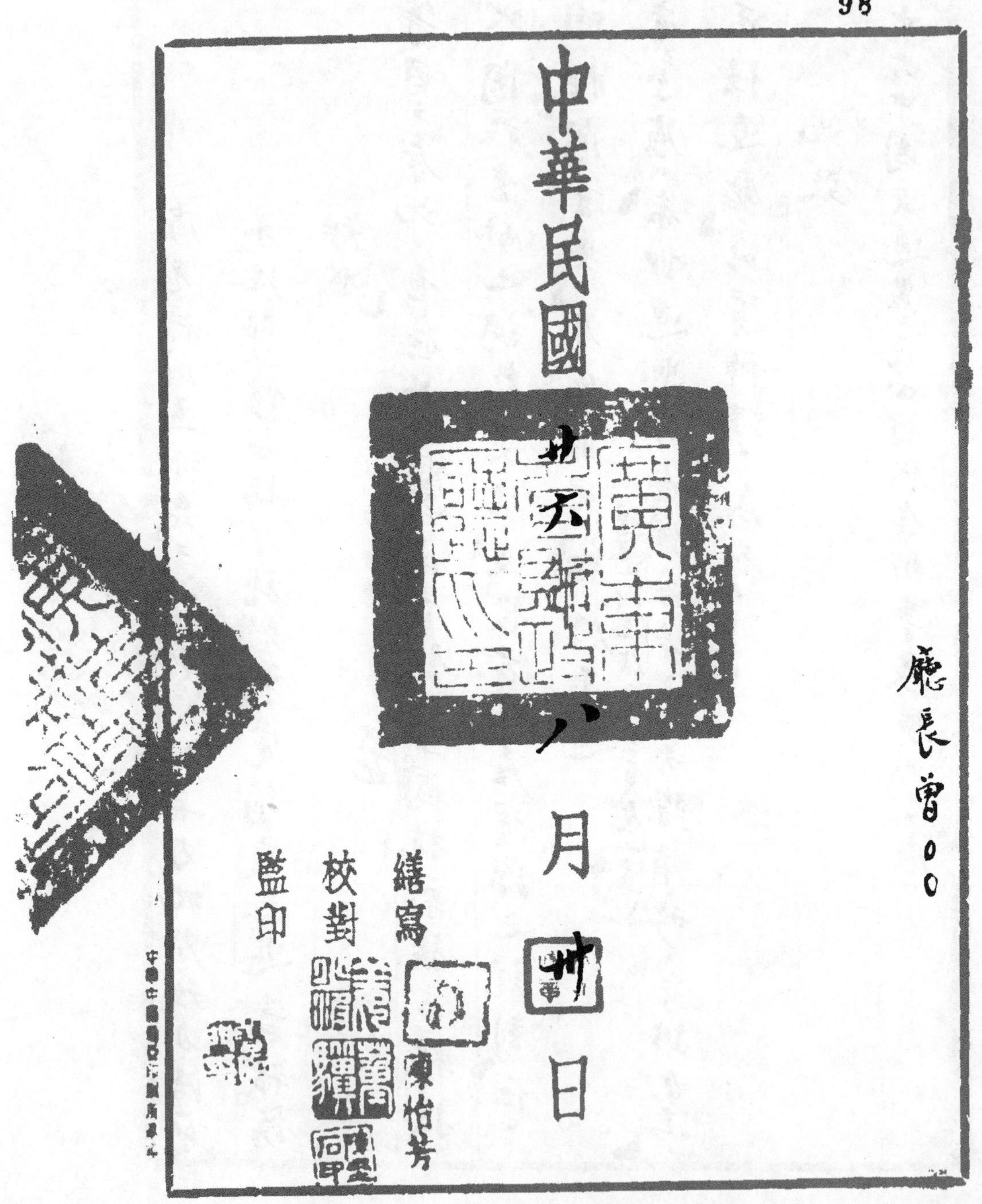
98

廳長曾〇〇

中華民國廿六年八月卅日

繕寫 陳怡芳

校對

監印

99

電總 字第 號

案奉

財政部經錢電開：

「本部為流通內地農工商業資

金，迭令中中交農四行於設有分支行之

重要都市設立聯合辦事處，斟酌當地情

形，妥擬適當辦法，報請核定施行，務使電匯

暢通無阻。嗣為活潑市面，增加生產，適應需求方

需要起見，復經函令四行在重要都市

100

設立貼放委員會辦理貼放事宜，并令於漢口、重慶、南昌、廣州、鄭州、長沙等處先行成立，派定主任委員，抄是內地貼放辦法前來，經部核正，指令施行，特電請查照為荷。部印

等因，奉此。查廣州為華南重鎮，全國抗戰[illegible]方根據地，關於金融之調劑靈活，在在均極重要，合行令仰該行等即遵照部令[illegible]擬辦法，具報核奪，毋延為要。此致

中、中、交、農銀行

廳長曾〇〇

[illegible]切實[illegible]妥

136

廣東省政府財政廳稿

來文	
字第　號	
文別	分令
送達機關	廣州市銀業同業公會 廣州市銀行業同業公會
類別	
附件	

中華民國廿六年九月七日
中華民國廿六年九月八日

事由：奉財政部電飭為便利小額存户起見所有存款額在三百元以下者其支取法幣得不受諉办法第一條百份之五之限制自九月一日起實行由等因合行令仰遵照由

廳長

主任秘書	秘書長	科主任	股長	科員	僱員

中華民國二十六年	
九月六日	時文擬
月　日	時撰稿
月　日	時核簽
月　日	時判行
月　日	時送繕
月　日	時繕正
月　日	時校對
月　日	時送印
民國廿六年九月八日	時取附件
月　日	時文附件
九月八日	時封發

去文　會金字第一七一〇號

歸檔　字第　號

训令第　号

令广州市银业同业公会
　　银行同业公会

现奉

财政部世钱电开

「查安定金融办法施行以来云云……（照案文录）转行遵照。此令。」

等因，奉此，自应遵办。除分令外，合行令仰该公会即便遵照，转知所属行号遵照。此令。

中華民國二十六　九月

日

繕寫

校對

監印

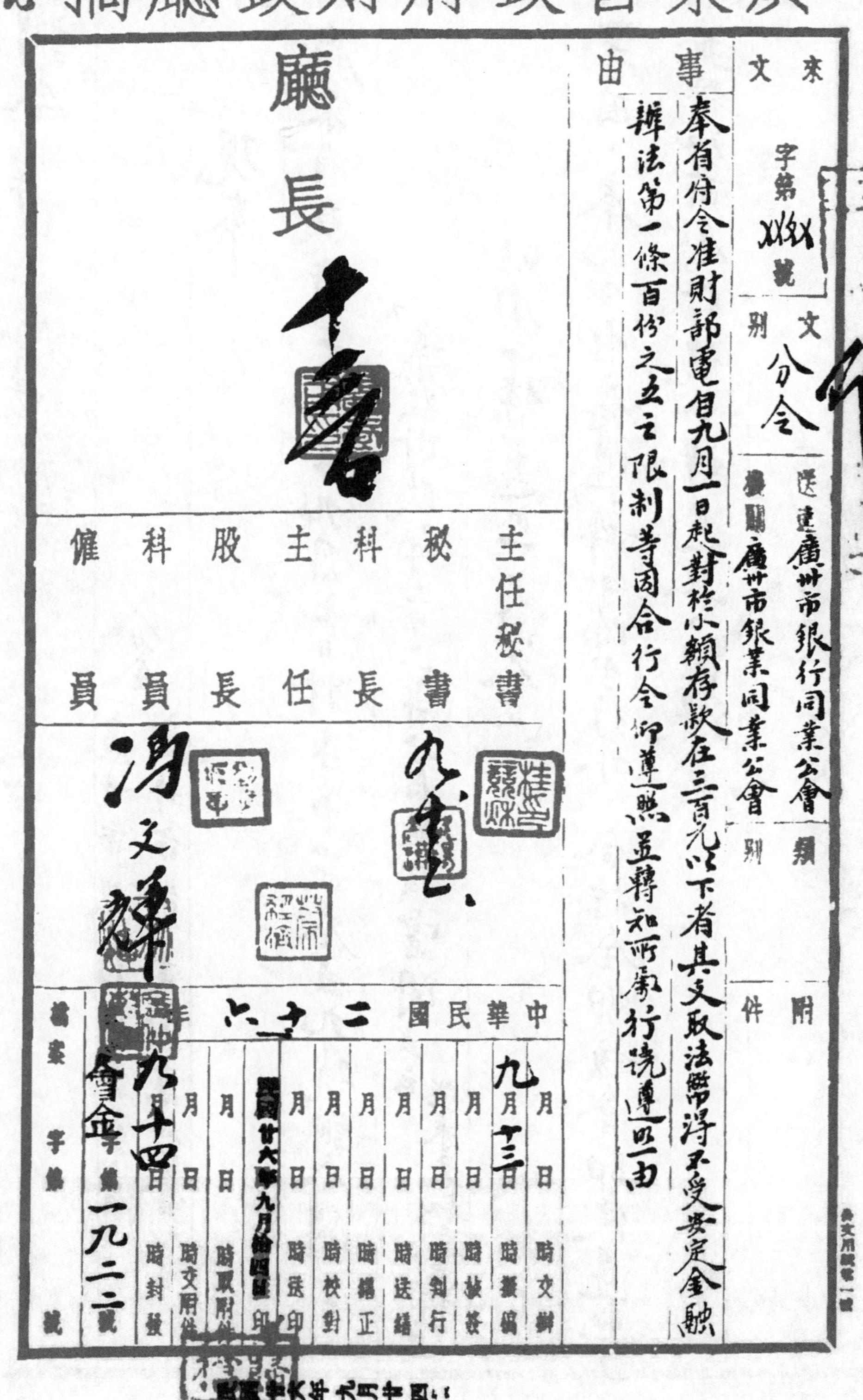

已登記 157

廣東省政府財政廳稿

來文	字第 XXX 號
文別	分令
送達機關	廣州市銀行同業公會 廣州市銀業同業公會
類別	
附件	

事由：奉省府令准財部電自九月一日起對於小額存款在三百元以下者其支取法幣得不受安定金融辦法第一條百份之五之限制等因合行令仰遵照並轉知所屬行號遵照由

廳長 曾

主任秘書 秘書 科長 主任 股長 科員 僱員

馮文謙　九、十三

中華民國二十六年九月十三日

檔案 會金字第一九二二號

中華民國廿六年九月拾四日

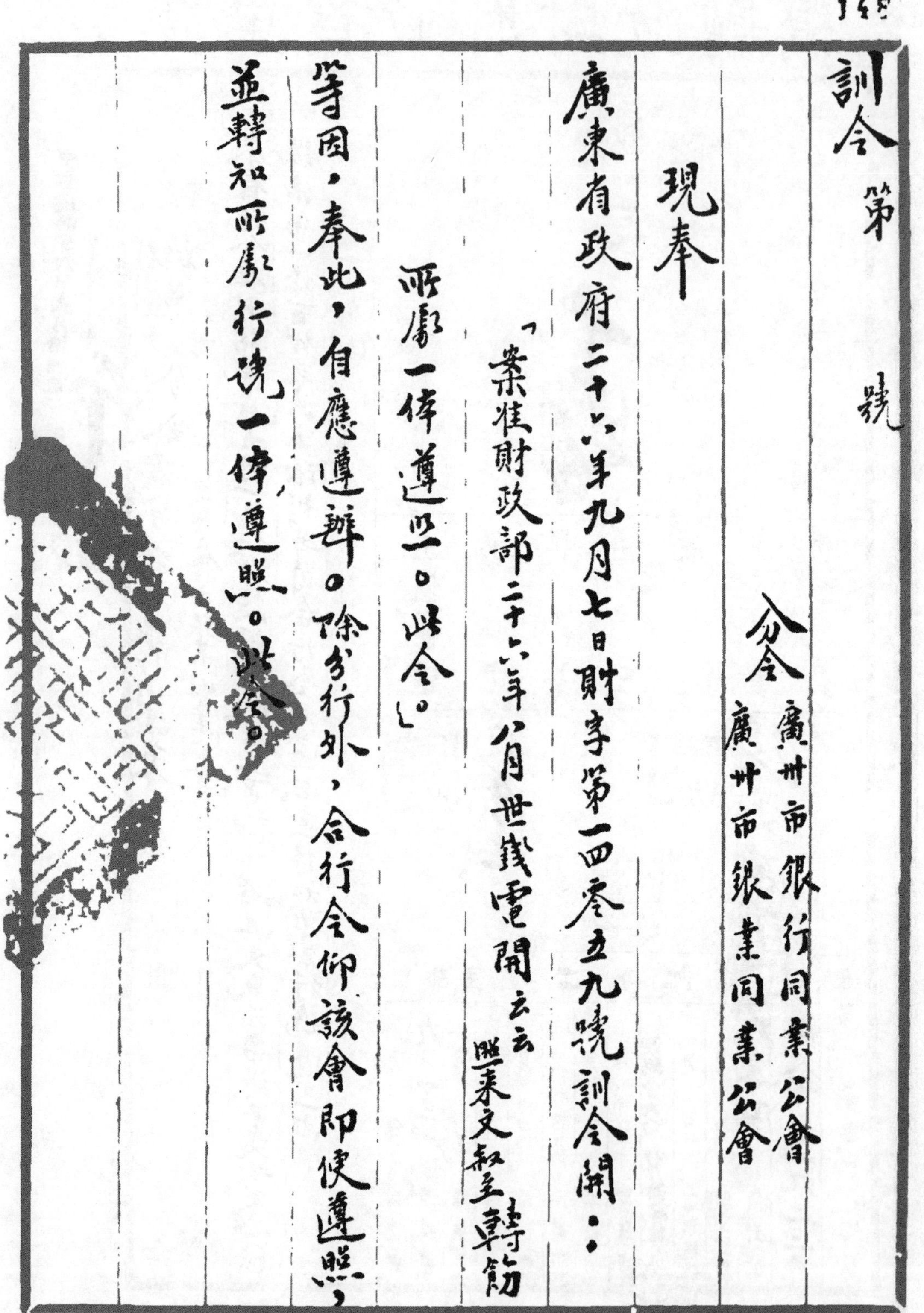
148

訓令 第 號

令廣州市銀行同業公會
廣州市銀業同業公會

現奉

廣東省政府二十六年九月七日財字第一四叁五九號訓令開：

「案准財政部二十六年八月世（卅）日錢電開云云照來文叙至轉飭所屬一体遵照。此令」

等因。奉此，自應遵辦。除分行外，合行令仰該會即便遵照，並轉知所屬行號一体遵照。此令。

149

150

中華民國二十六年九月十三日

繕寫

校對

監印

已登记 154

廣東省政府財政廳稿

速件

中華民國廿六年九月拾四日

中華民國廿六年九月拾五日繕

來文字第4639號

文別：訓令

送達機關：汕頭市政府

類別

事由：准省外總司令部復以汕頭警備司令部前遷往潮安辦公現已遷回汕頭市警察局業已設聯合辦事處一節俟決定辦法後當即辦理希轉知等因合行令仰知照由

附件

廳長 宋

主任秘書 秘書 科長 主任 股長 科員 雇員

九・十五

馮文華

中華民國廿六年九月 日

月 日 時交辦	
九月十四日 時擬稿	
月 日 時核稿	
月 日 時判行	
月 日 時送繕	
月 日 時繕正	
月 日 時校對	
月 日 時送印	
民國廿六年九月拾五日蓋印	
月 日 時取附件	
月 日 時文附件	
九月十五日 時封發	

檔案 會金字第一九五五號

民國廿六年九月十四日

公文用紙第一種

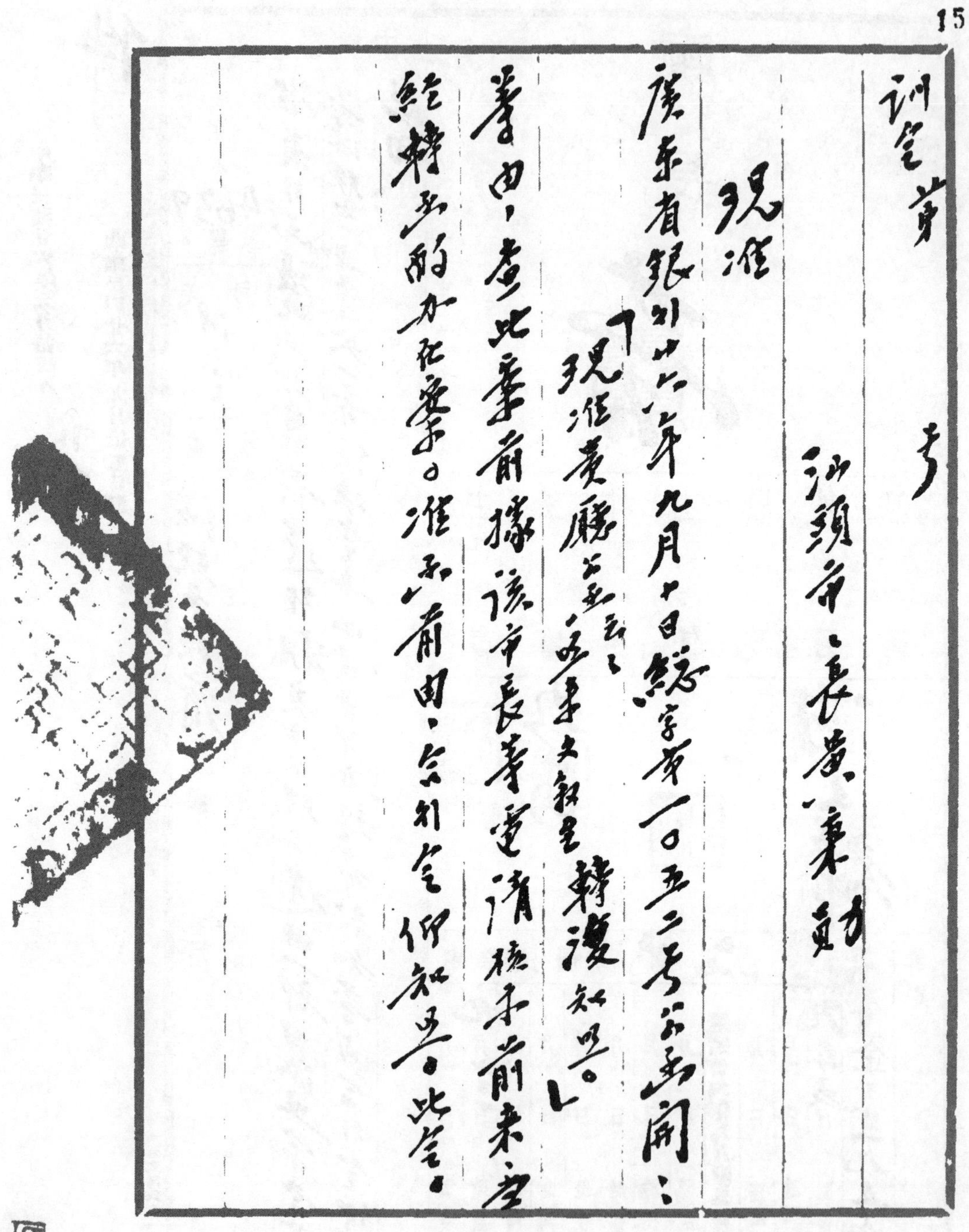

训令第　号

令汕頭市市長黃秉勳

現准

廣東省銀行廿六年九月十日總字第一〇五二號公函開：

「現准貴廳公函云云，應備文敘呈，轉復知照。」

等由，查此案前據該市長等電請核示前來，當

經轉函酌辦在案。准函前由，合行令仰知照。此令。

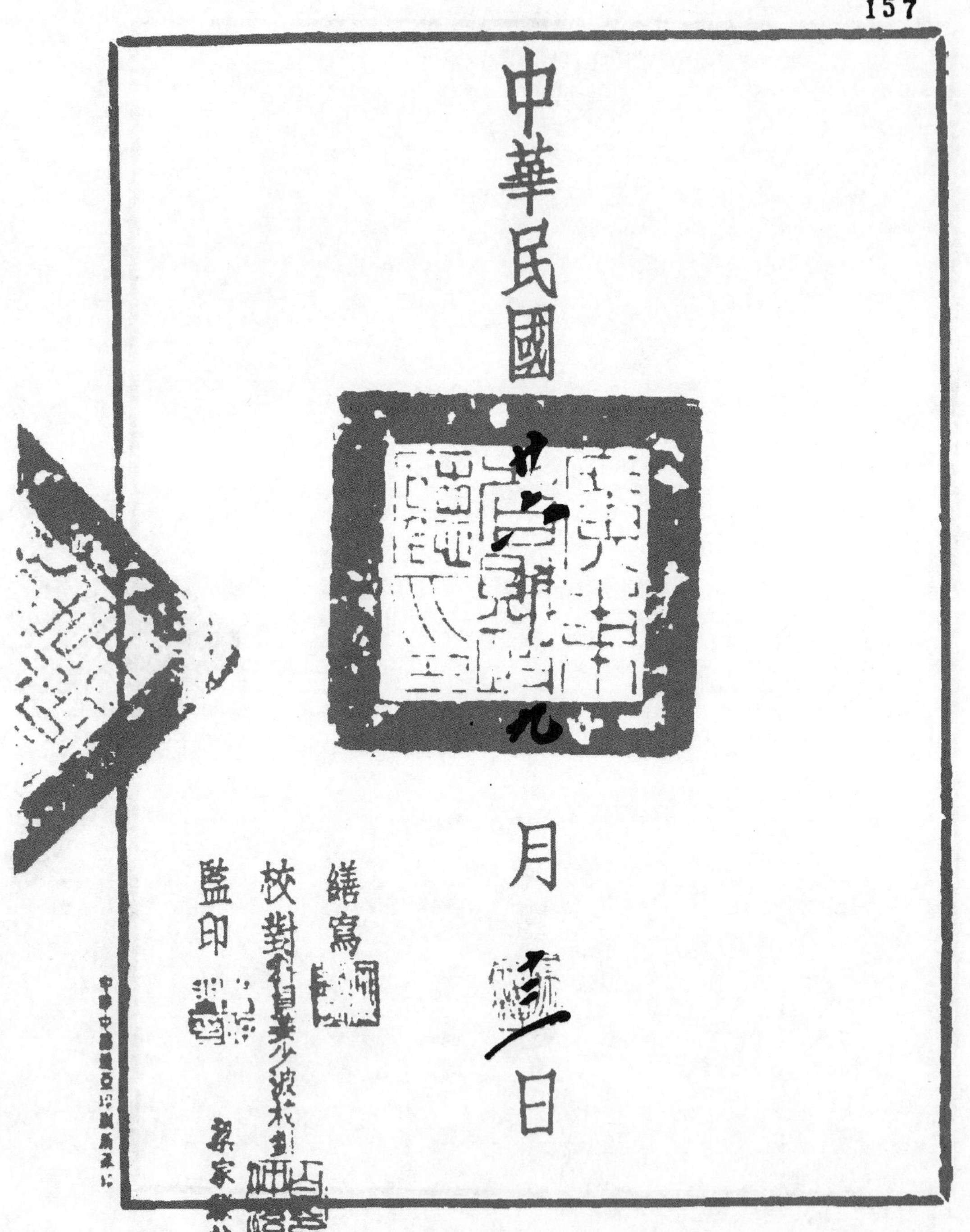

中華民國廿六 九 月 三十 日

繕寫

校對 科員李少波校對

梁家□校對

監印

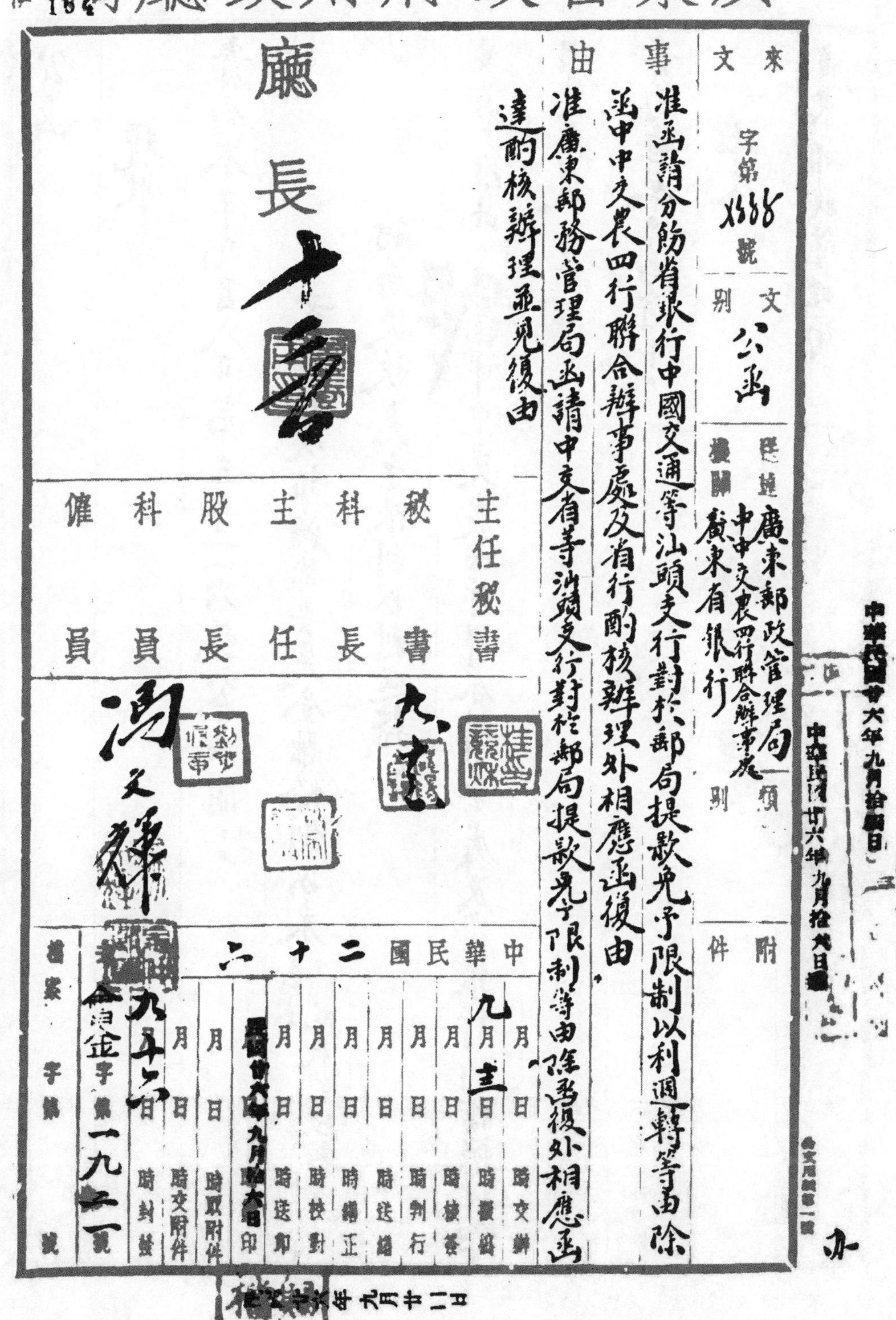

廣東省政府財政廳稿

來文 字第2388號

文別 公函

送達機關 廣東郵政管理局、中中交農四行聯合辦事處、廣東省銀行

事由 准函請分飭省銀行中國交通等汕頭支行對於郵局提款免予限制以利週轉等由除函中中交農四行聯合辦事處及省行酌核辦理外相應函復由

准廣東郵務管理局函請中交省等汕頭支行對於郵局提款免予限制等由除函復外相應函達酌核辦理函見復由

廳長

主任秘書 秘書 科長 主任 股長 科員 僱員

中華民國二十六年九月十八日收

中華民國廿六年九月拾六日擬

中華民國廿六年九月廿六日印

檔案 金字第一九二一號

辦

公函

現准

貴局本年九月八日第三三二一六號公函開：

「案查財政部頒佈安定金融條例以來云云照來文敘至對於

郵局提款免予限制以利週轉」

等由，准此，(函中中交農四行聯合辦事處及省銀行酌核辦理)

相應函覆

貴局查照。為荷！

此致

廣東郵政管理局

156

公函

現准

廣東郵政管理局局長駱朋函略稱：

「案查財政部頒佈安定金融條例以來　云云　照章支取至對於

郵局提款免予限制以利週轉」

等由，准此，除函覆外，相應函達

貴處

行

即希酌核辦理。並祈見覆，為荷！

此致

中央中國交通農民四銀行聯合辦事處

廣東省銀行

：

中華民國二十六年九月　日

繕寫

校對

監印

周得棉

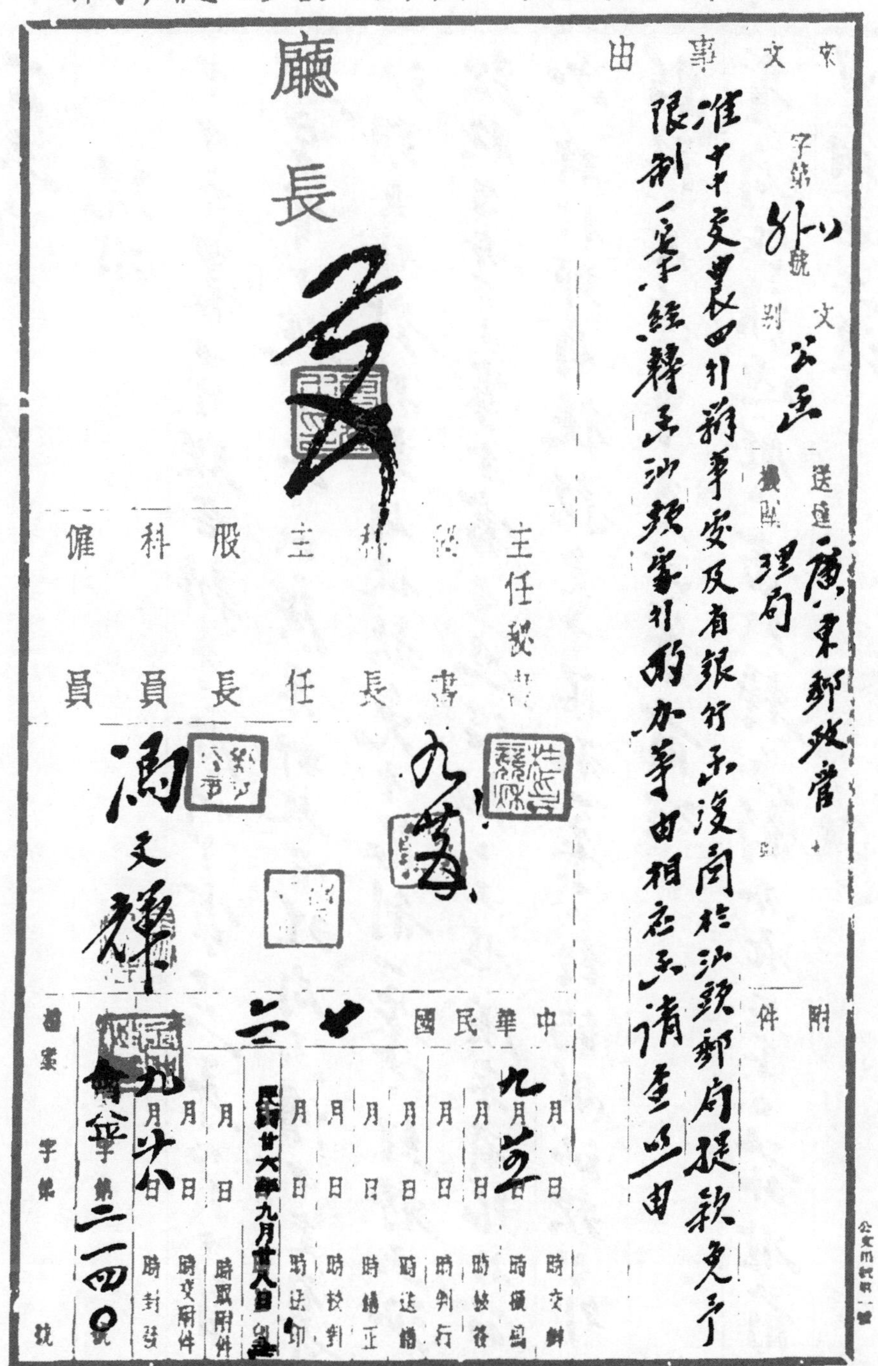
廣東省政府財政廳稿

172

廳長

事由：准中中交農四行辦事處及省銀行函復關於汕頭郵局提款免予限制一案，經轉飭汕頭郵局自行辦理，函請查照由

文別：公函

送達：廣東郵政管理局

中華民國廿六年九月廿五日

公函 第 号

现准

中中交农四行联合办事处广州分处廿六年九月十八日联字第十号公函，以：广东邮政管理局函请中交省等汕头支行对於邮局提款免予限制一案，经转函汕头联合办事分处查照洽办，又准广东省银行公函，对於邮局提款免予限制一案，经饬放汕头分行酌办，各等由，查此案前准

贵局函请过厅，当经转函酌办在案。兹准前由，相应函复

1754

貴局查照辦理！此致

廣東郵政管理局

兼代廳長曾[illegible]

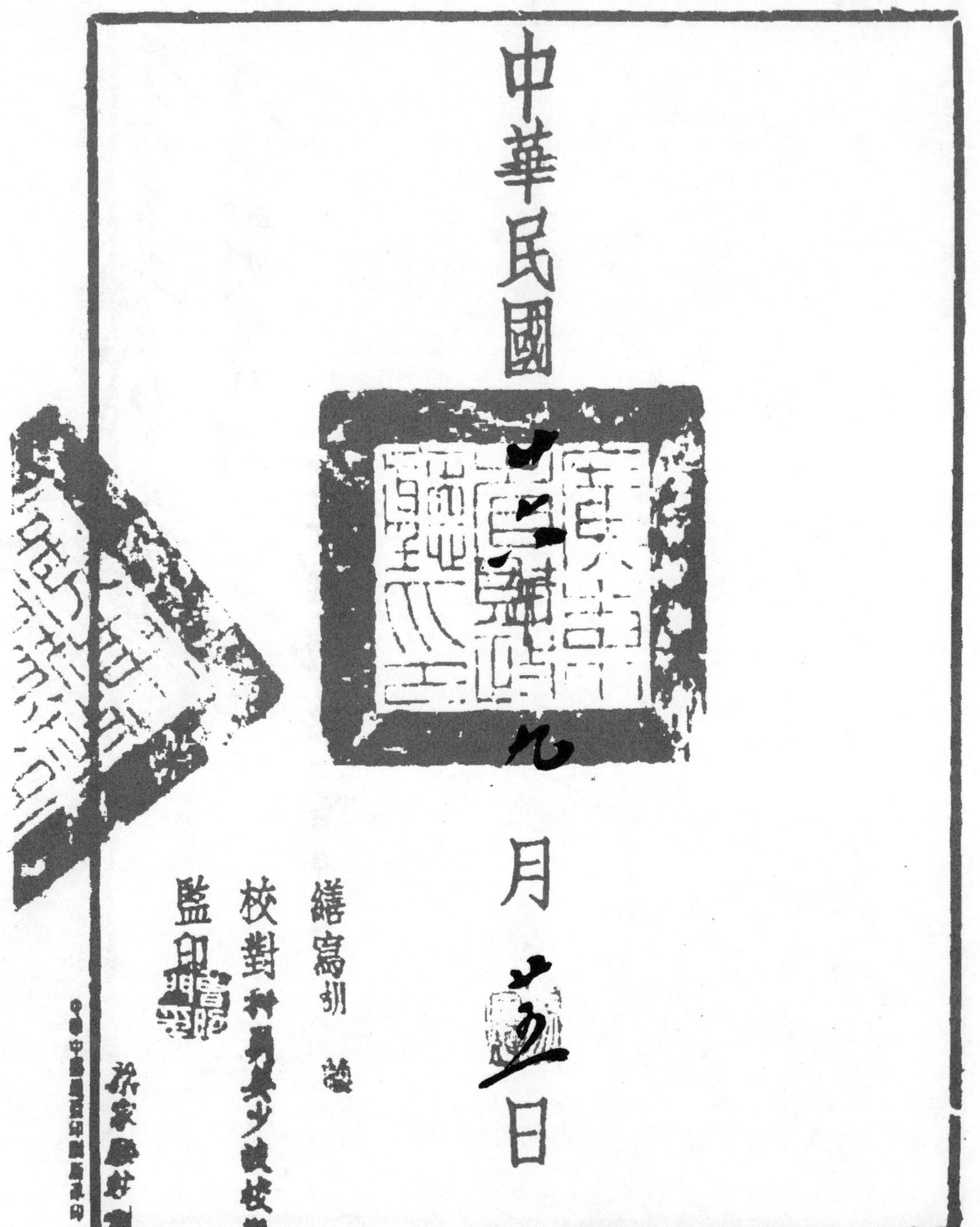
中華民國二十九年九月二十五日

繕寫 訓

校對 科員 吳少波 校

監印

186

廣東省政府財政廳稿

速付

來文	字第5455號
文別	訓令
送達機關	各縣市政府
附件	

事由：奉財政部電令九人民持有銀類、銀幣准其免換，如向兌換法幣或捐助國家等，一律予保護，不得留難等因，令仰遵照由

廳長 曾

主任秘書　秘書　科長　主任　股長　科員　僱員

馮文煒

中華民國廿六年
九月廿日　十月二日　十月二日

檔案　字第二二一三號

會金

187

訓令第　　號

令汕頭市長
　各縣縣長
　全省緝私總處

現奉

財政部廿六年九月肴錢滬電開：

「查本部前為便利人民持有銀幣銀類兌換法幣起見」云云，照來文敘至「轉飭所屬一體遵照」等因。奉此，自應遵辦。除分行外，合行令仰該即便遵照，並轉飭所屬軍警切實保護，不得留難為要。切切此令。

188

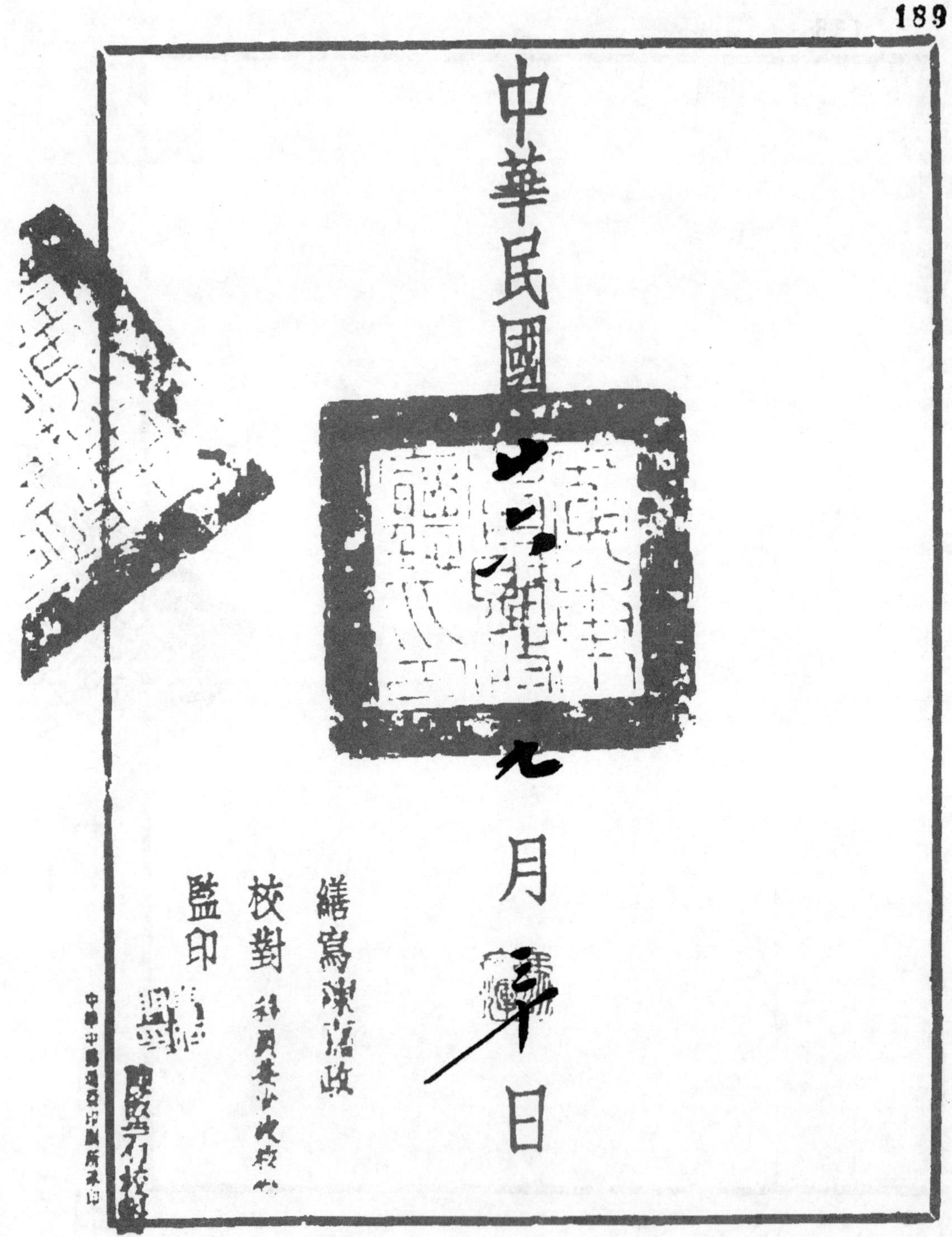

189

中華民國十六年七月十日

繕寫陳藹政

校對 科員黄少屹校対

監印

中華中路道亞印刷所承印

198

廣東省政府財政廳稿

廳長 （签名）

主任秘書　秘書長　科長　主任　股長　科員　科員

馮之□

來文　事由　字第6642號

奉財部令如有人民以銀錢行莊支票購買救國公債者查明存款無訛即將支票無收於票背加蓋經收機關圖記轉向行莊支取俾舒等因合行仰遵照由

文別：訓令

送達機關：汕頭市市長、各縣縣長

附件

中華民國 十月廿八 廿□ 十一 月 日

收文 月 日 時
擬稿 月 日 時
判行 月 日 時
送繕 月 日 時
繕正 月 日 時
校對 月 日 時
送印 國民廿六年拾月二十□日
取附件 月 日 時
支附件 月 日 時
封發 月 日 時

歸檔案 財金字第二六三二號

廿九

199

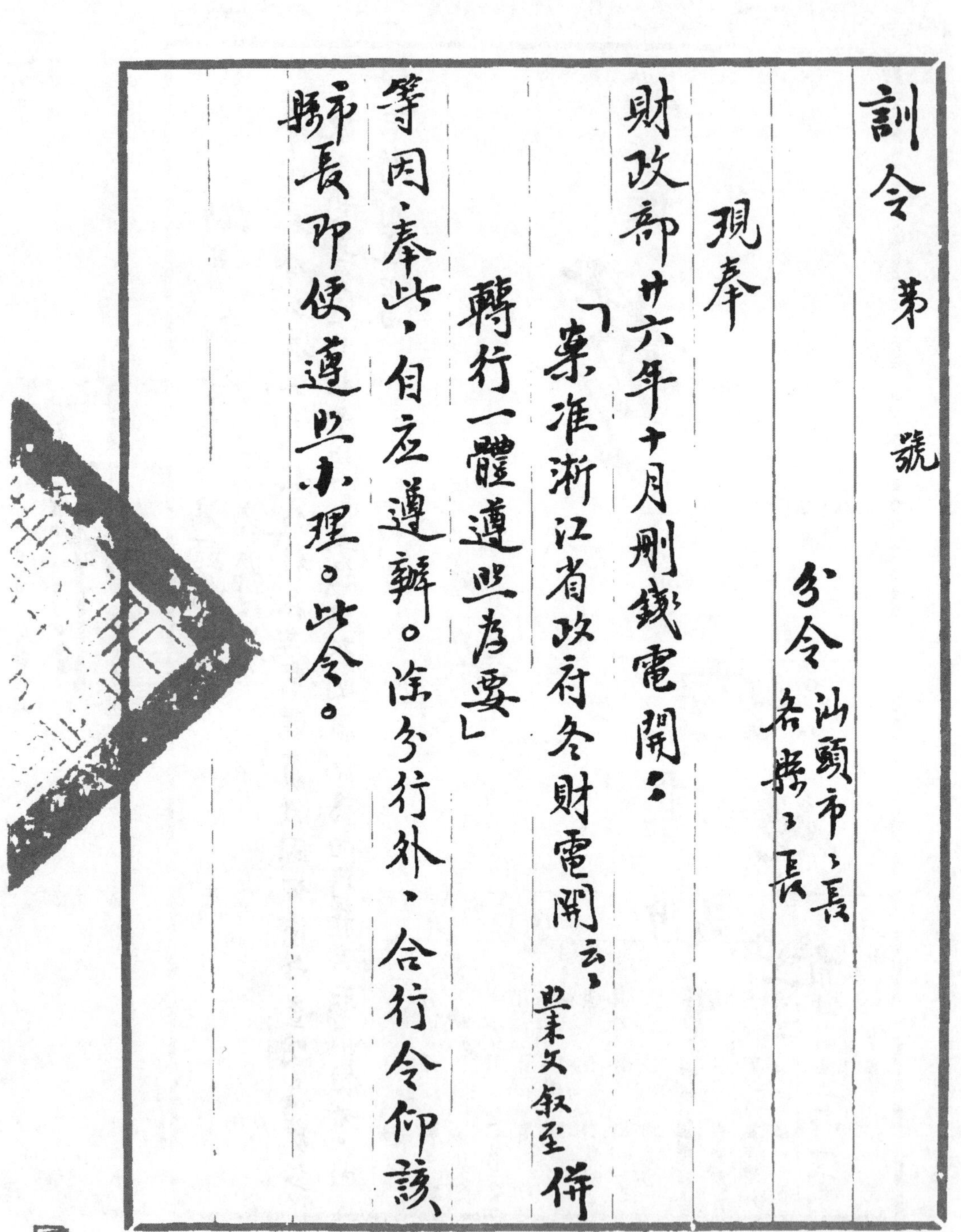

訓令 第 號

分令 汕頭市市長
各縣縣長

現奉

財政部廿六年十月刪鐵電開：

「案准浙江省政府冬財電開云云（照原文叙至）併

轉行一體遵照為要」

等因，奉此，自應遵辦。除分行外，合行令仰該

市縣長即便遵照辦理。此令。

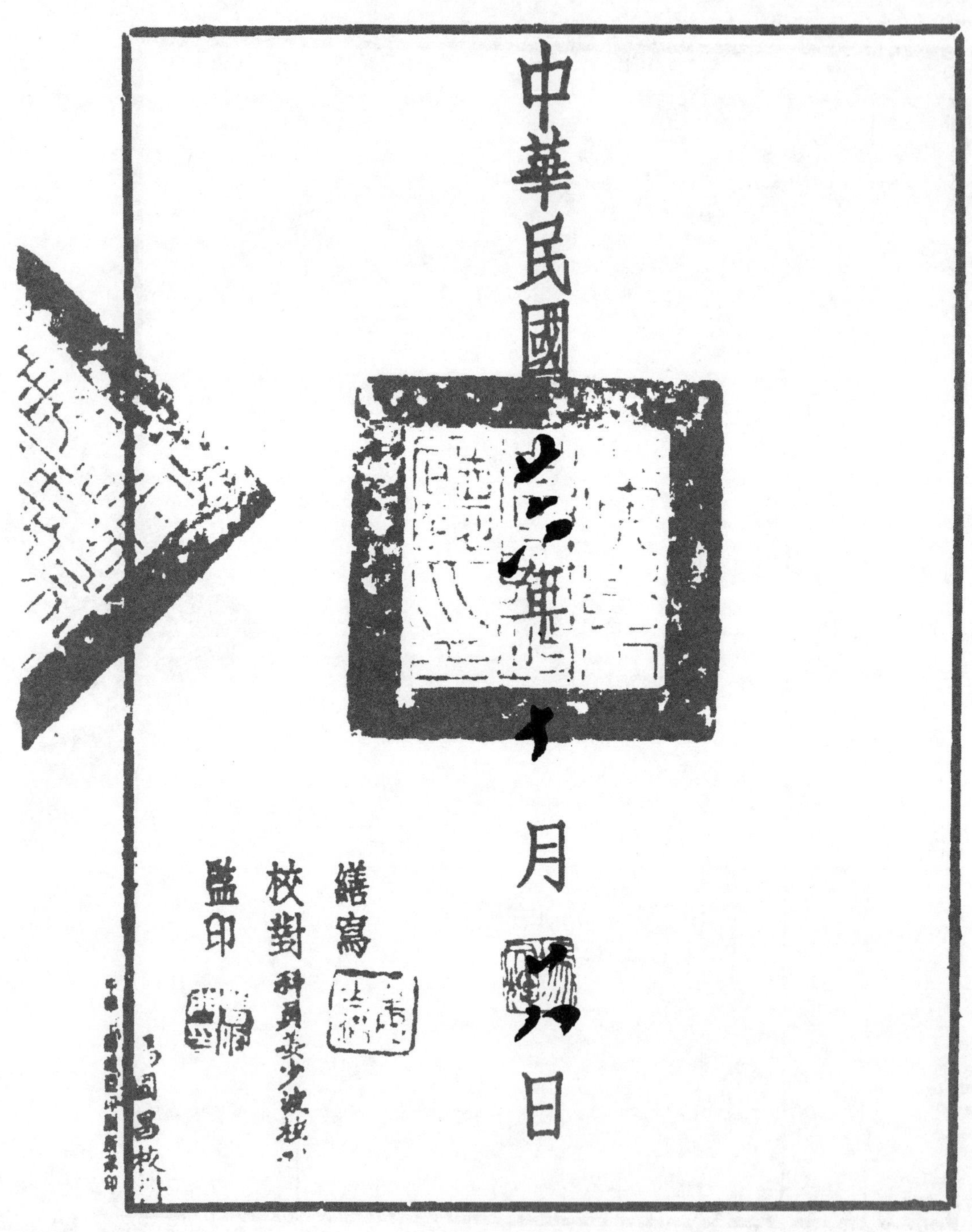
中華民國六年十月六日
繕寫
校對 科員吳少波校
監印

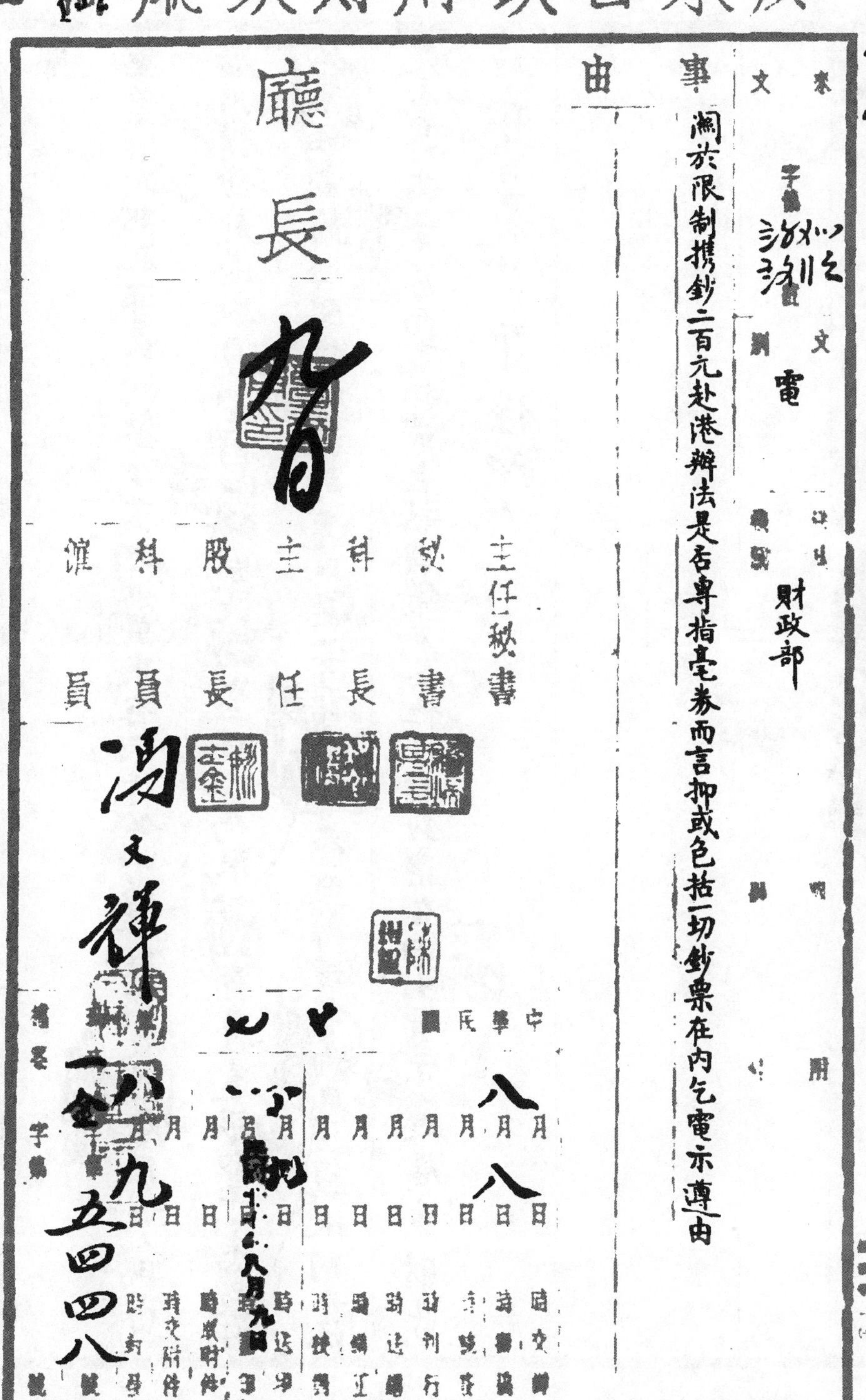

最速件

廣東省政府財政廳稿

來文　字號

文別　電

機關　財政部

事由　關於限制攜鈔二百元赴港辦法是否專指毫券而言抑或包括一切鈔票在內乞電示遵由

廳長

主任秘書

秘書長

科長

主任

股長

科員

擬稿員　馮文禪

中華民國　八月八日

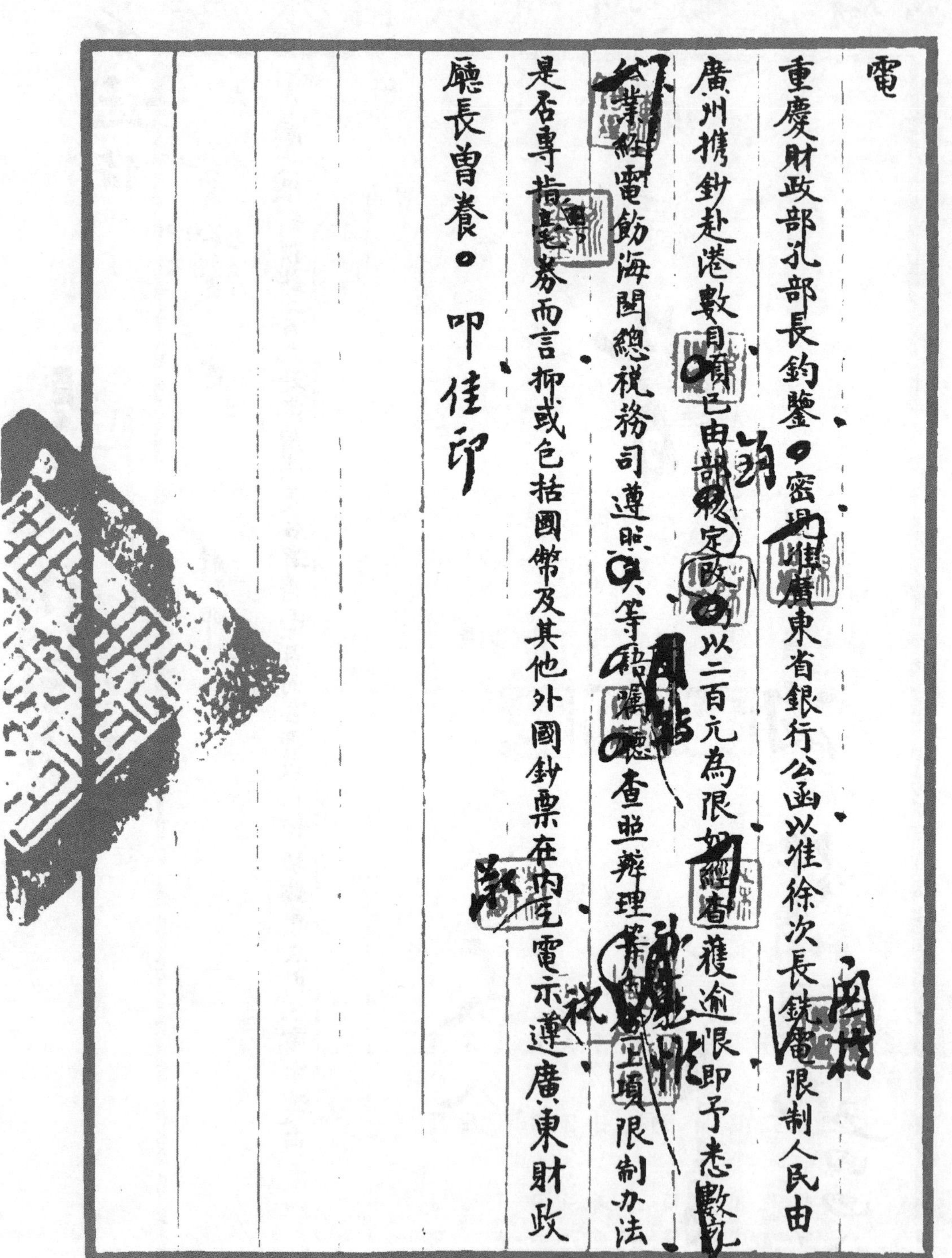
153

電

重慶財政部孔部長鈞鑒。密。據廣東省銀行公函以准徐次長銑電限制人民由廣州携鈔赴港數目前已由部規定改以二百元為限，如經查獲逾限即予悉數充公，業經電飭海關總稅務司遵照，其等語。準此，查照辦理并將上項限制办法是否專指毫券而言抑或包括國幣及其他外國鈔票在內，乞電示遵。廣東財政廳長曾養甫叩。佳印

154

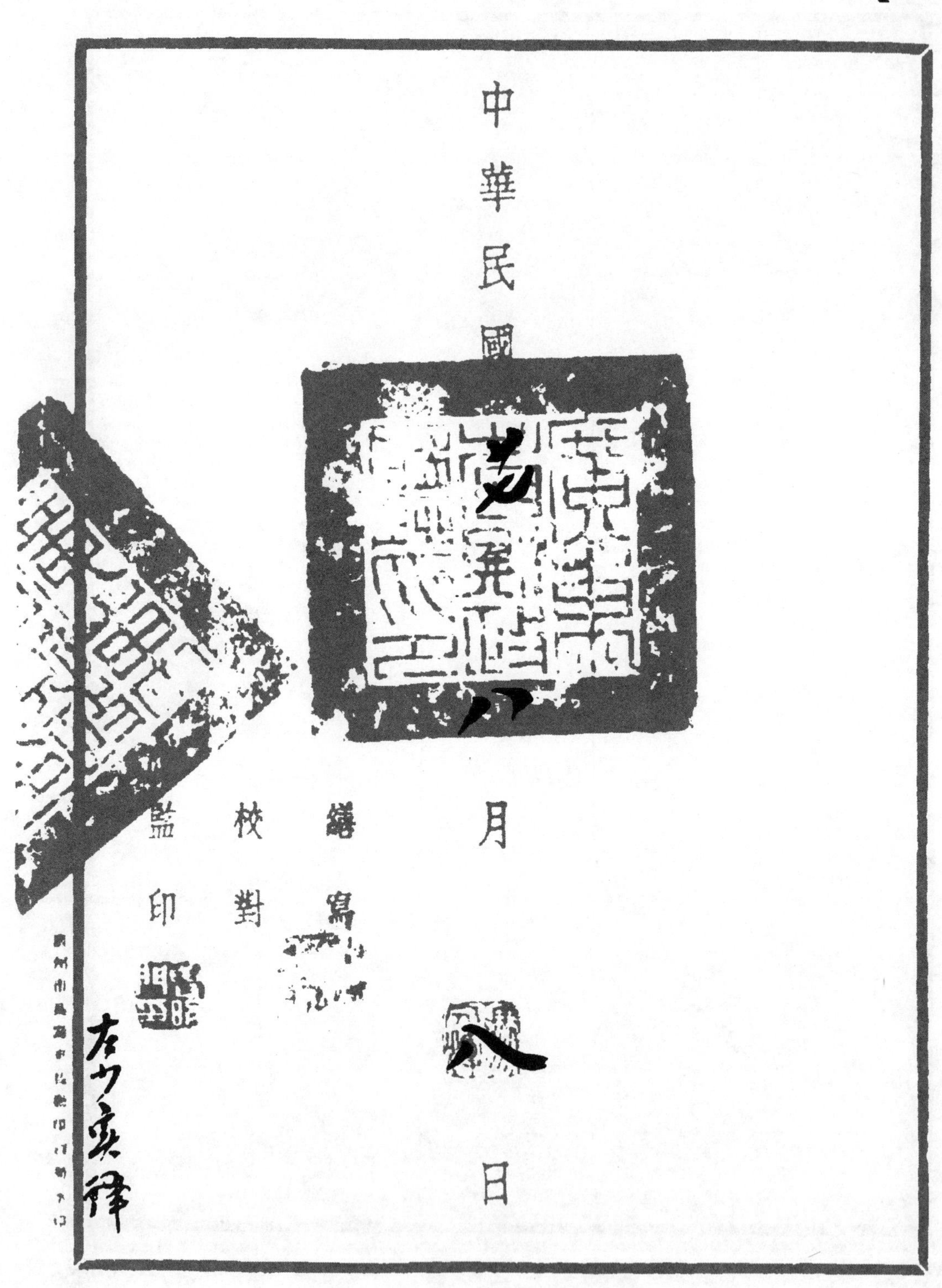
中華民國 月 日

繕寫

校對

監印

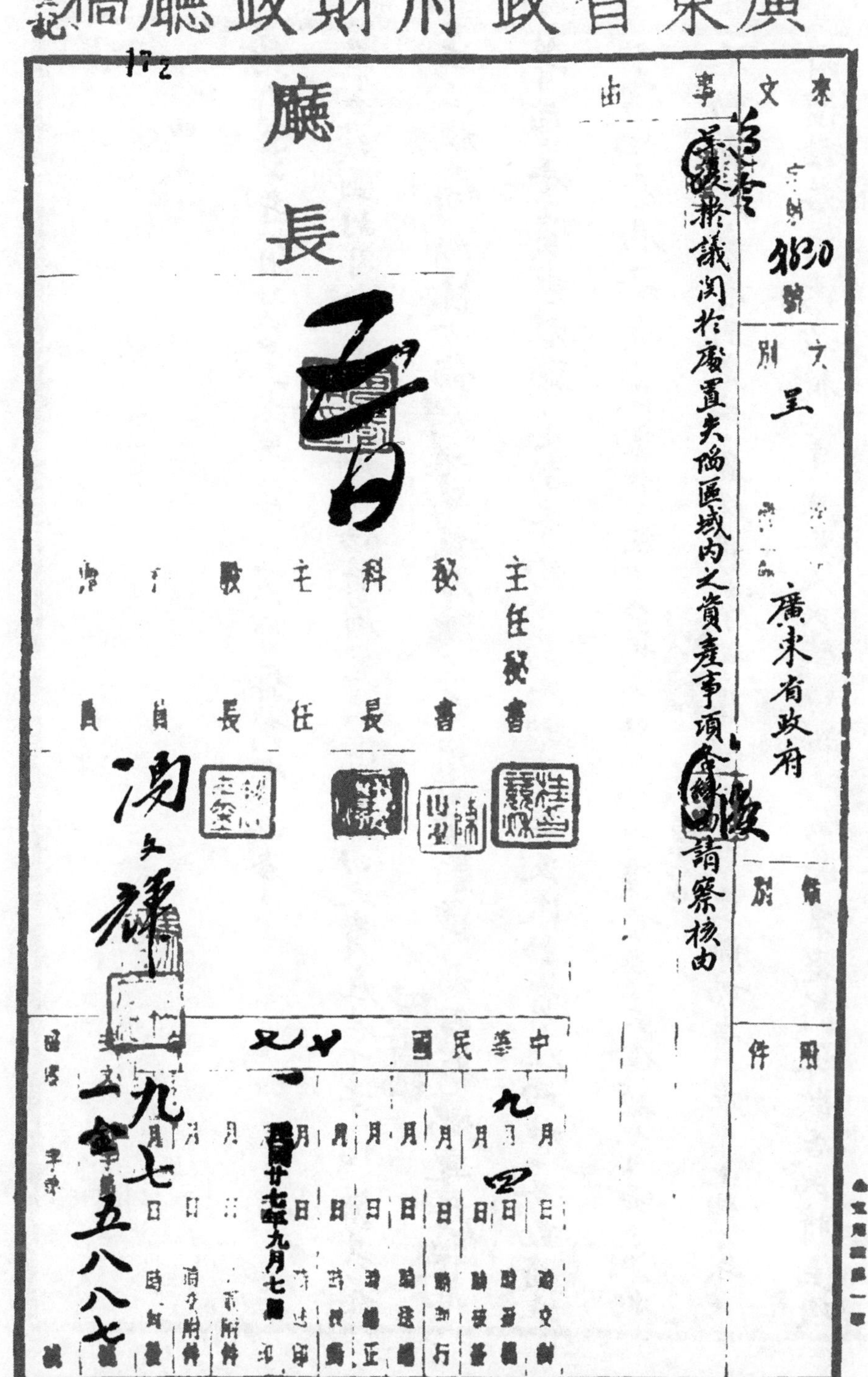

速件

廣東省政府財政廳稿

已登記

來文	字第4830號
文別	呈
機關	廣東省政府
事由	呈復擬議關於處置失陷區域內之資產事項請察核由
附件	

廳長

主任秘書

秘書

科長

主任

股長

辦事員

中華民國廿七年九月七日

呈

現奉

鈞府廿七年八月廿六日三文字第二二六六四號訓令，以奉

第四戰區副司令長官（ ）電，飭將處置失陷區域内之資產壯丁事項，擬具辦

法呈核，等因。除令飭財政建設課各廳及廣州市政府遵辦外，仰即[illegible]

等因。查資產種類，大別之，約分為不動資產及流動資產兩種。不動資產

：：為田地房屋等是。流動資產：：為現金、鈔票、有價證券、五金類等是。關於

不動資產，因有固定性，無從移動，似毋庸顧慮。至流動資產中之鈔票、

有價證券，因易於攜帶，且與人民生活攸有關，如將來遇敵疏散居民時，上項

鈔券，自然隨同流入内地。其因笨重，臨時難於運遷者，如為硬幣、金屬類，及

174

糧食等而已，政府應於事前，從速收集，亦擬一面由省銀行於本省沿海各地方，增設收兌機關，一面責成當地政府及地方團体，將白銀黃金國有政策，廣為宣傳勸導，使人民能自動將所存黃金白銀，悉數出售，如此，既可增強國家資源，又可免資敵用，至居民之如何疏散，疏散後之如何安置，及當地糧食之如何調節，剩餘糧食之存置等問題，係屬民政廳及糧食委員會主管範圍，似應由各該機關擬辦。奉令前因，理合將擬議緣由，備文呈復，仰祈

鈞府察核！謹呈

廣東省政府

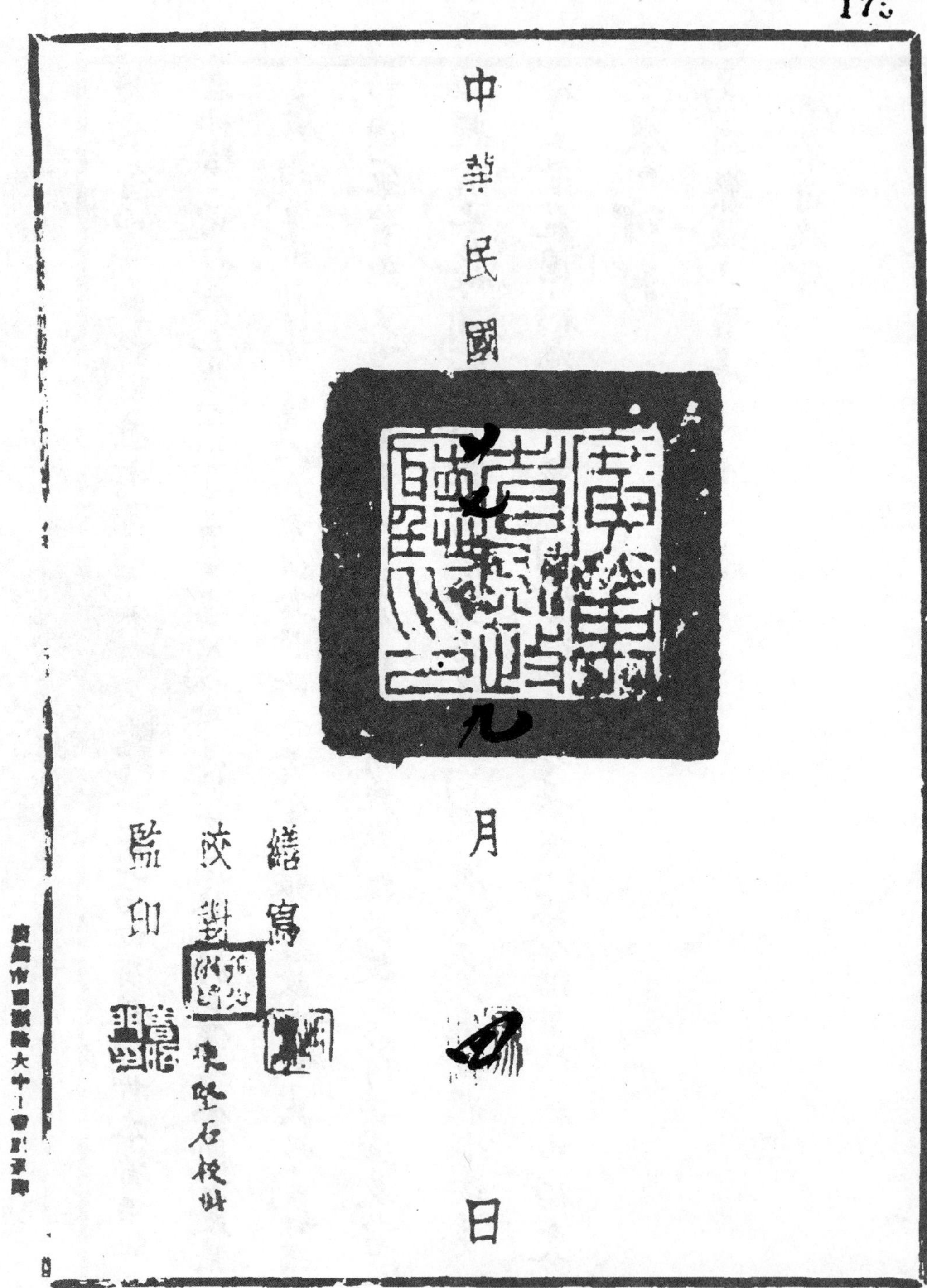
中華民國十九年九月　日

繕寫
校對
監印

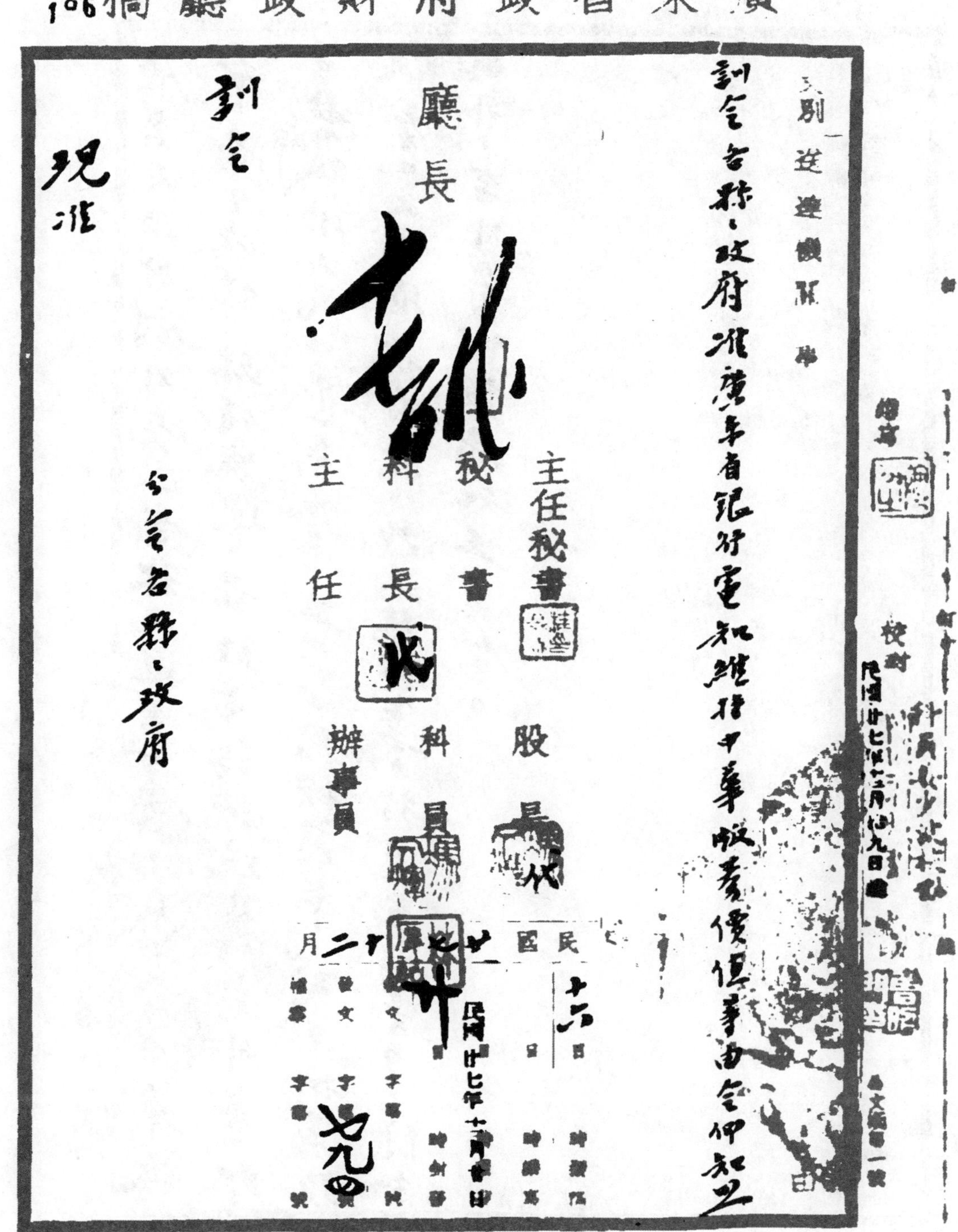

186 廣東省政府財政廳稿

訓令各縣縣政府准廣東省銀行電知維持中華紙幣價值事由令仰知照

廳長

主任秘書

秘書

科長

主任

股長

科員

辦事員

民國廿七年十二月 日

187

廣東省銀行顧行長元電秘。近查各屬對於本行中華版券，發生歧視，殊碍流通，希經電飭汕建坎梧各行處，即日懸牌准人民以中華版券照一四四對換國幣，或兌換美鈔版券。又作滙款存款，均照收存案。特電查照等由，除分令外，合行令仰該縣知照。此令。

第一科

廣寧

財政部駐粵無線電台

民國　年　月　日由　午　起　午　時止

時刻　台名　收報人　號數　收字數　發字數　備考

桂主任秘書國寀：頃接省行顧行長由香港發來元電稱：近查各屬對本行中華版券發生歧視，殊礙流通，茲經電飭汕、連、坎、梧各行處即日懸牌，准人民以中華版券照144到換國幣，或平換美鈔版券，如作匯款存款均照收存，業特電查照等語。希由廳通令各縣知照。廳長曾（養）印

十二·十五 下午一時到

中華民國廿七年十二月廿五日

對校人簽名　　値收人簽名

151

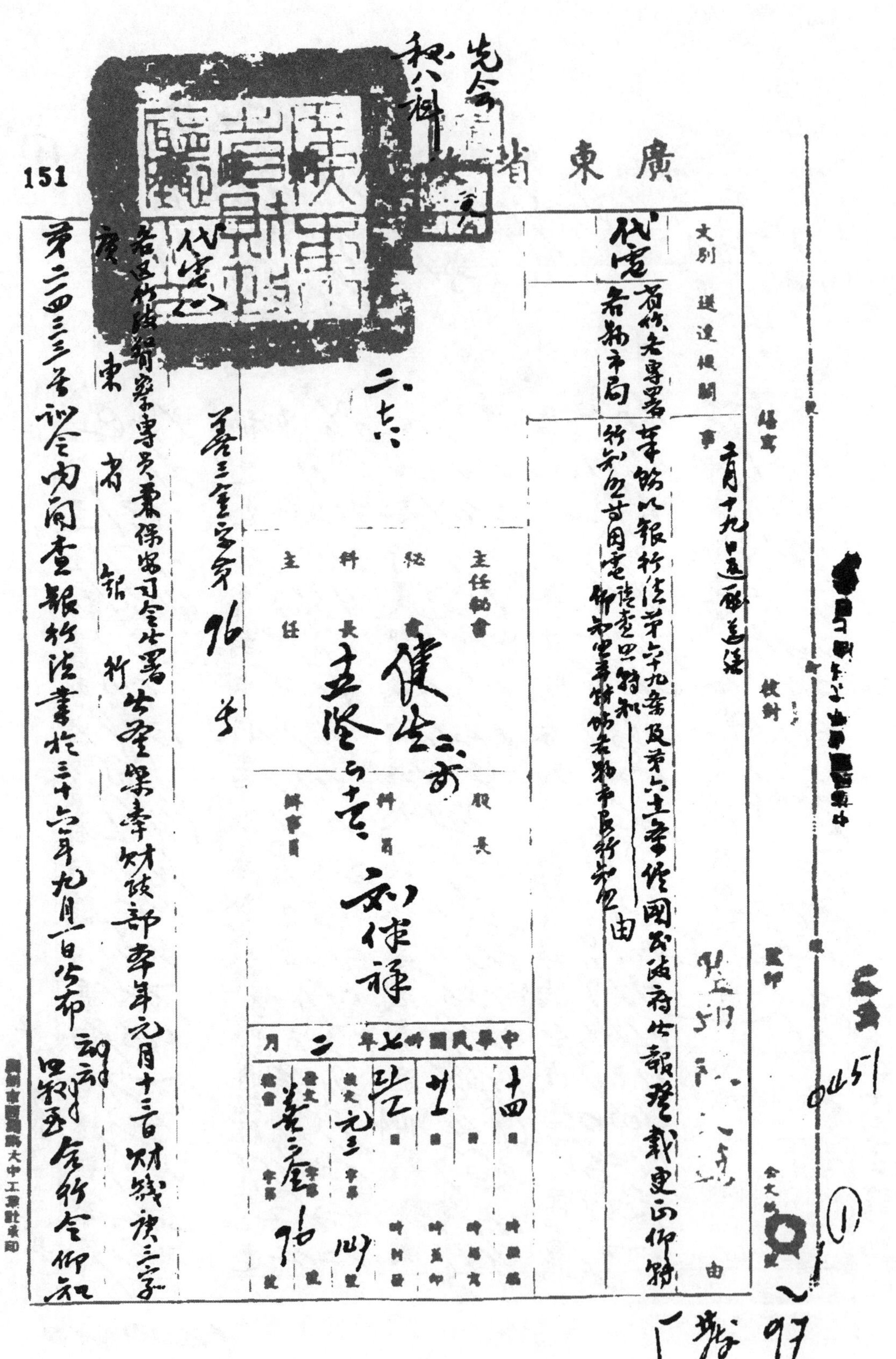

廣東省

文別：代電

送達機關：省府、各專署、各縣市局

事由：奉飭以銀行法第六十九條及第六十七條經國民政府公報登載更正仰轉飭知照一案，特電仰知照並轉飭各縣市局行知照由

二月十九日送□□

主任秘書
秘書　健生 二、廿
科長　李□ 二、十六
主任
股長
科員　劉偉祿
辦事員

中華民國卅七年二月 十四日

廣東省銀行 代電（2）

各區行政督察專員兼保安司令公署、廣東省各縣市局：

案奉財政部本年元月十三日財錢庚三字第二四三三三號訓令內開：查銀行法業於三十六年九月一日公布，……令行令仰知照照特行知照，并同查银行法前经本省政府于三十六年十二月廿四日以财三金字第二八一五三号代电通饬知照有案。兹奉令前因，除分电外，相应电请查照特行知照为荷。县长胡善〇〈恒〉善三金印

代电（二） 署三金字第　　号

各县市政府度政局均览：案奉财政部本年元月十三日财钱庚三字第二四三三号训令内开：查银行法业于三十六年九月廿四日公布，合行令仰知照特行知照，并同查银行法前经本省政府于三十六年十二月廿四日以财三金字第二八一五三号代电通饬知照有案。兹奉令前因，除分电外，合行电仰知照并特饬该县市银行知照为要。县长胡善〇〈恒〉善三金印

159 廣東省政府財政廳簽呈

決定	案由	審擬
	准廣東省參議會函以廣東省銀行仍襲舊章組織，應請轉飭遵照新章改組，以符法制等由簽請核示由。	外七銀字第71號 二月九日呈

案准廣東省參議會函以本會一屆五次大會因據劉參議員經邦提議為廣東省銀行仍襲舊章組織，應電請中央及本省政府迅飭遵照新章改組以符法制而杜流弊一案，當經決議通過，函紀錄在卷，相應檢同原決議案送請查照辦理見復等由。

查（一）修正省銀行條例業經國民政府於卅七年一月八日公佈施行，關於廣東省銀行應否飭即依照改組，前經簽奉　宋主席批示暫存。

（二）修正省銀行條例要點①省行隸屬省政府，②資本由省庫撥給，並由縣市參加公股，③董事十五人：財政、建設廳長，省府聘請金融專家三人，縣市參議會推候選各一人，報由省參議會選出十人，④監察人五人：

請示

430　38五22264

160 廣東省政府財政廳簽呈

決定	審擬	案由

審計處長、會計處長、省參議會選三人。

（三）尚未組織參議會之縣市，其省銀行董事候選人，應暫缺額留空額（以十人為比例），俟參議會成立時推定候選人後，再行選出補足。至無法召開參議會之縣份，准由省政府就各該縣市內富有經濟財政金融經驗之人士中指定候選，由省參議會依法選出，俟各該縣市參議會召開，再行依照法定程序改選。

（四）現省銀行條例[illegible]（依批定條例，於省政府本年籌備完竣[illegible]）[illegible]參議會[illegible]（該案前准財政部電知，過府常會簽[illegible]，奉主席批示後辦）

建議即行修改廣東省銀行[illegible]違[illegible]改組之處，謹據同有關案卷

全案簽請

161

廣東省政府財政廳簽呈

決定	案由	核示
審擬		財政廳 [illegible] 二九 覈沈 二九

171

广东省银行总行（代电）

事由	拟办	说明	批示
呈复本行资本拨情形请察核由			

露總計

07804

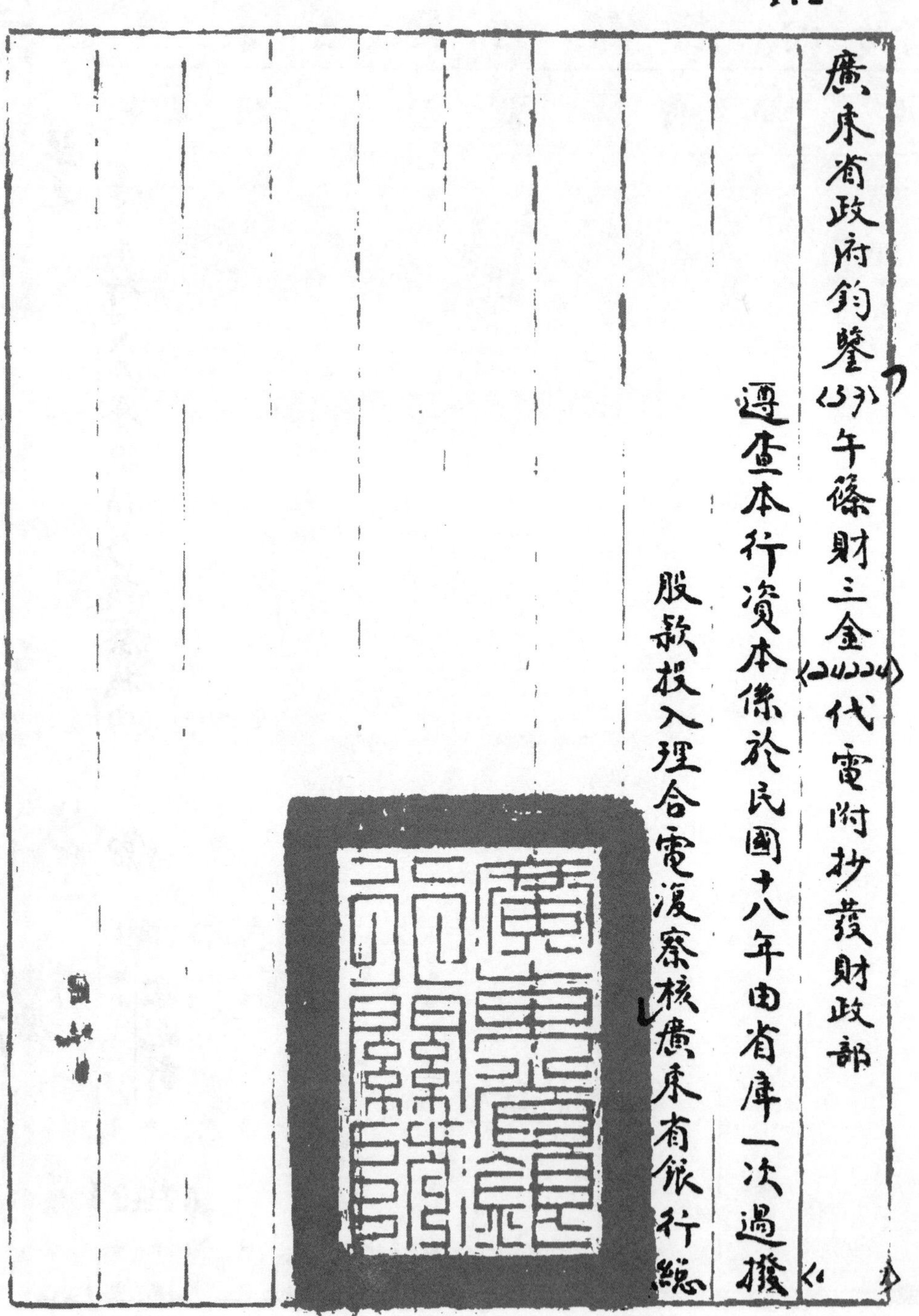

172

廣東省政府鈞鑒(57)午條財三金(21224)代電附抄發財政部

遵查本行資本係於民國十八年由省庫一次過撥

股款投入理合電復察核廣東省銀行總

簽。稿。
併送
會計

173 呈簽廳政財府政省東廣

決定　審　審擬

關於省銀行原有資本之調整案簽請　核示由

查關於省銀行原有資本之處理前准財部咨送過爲
國府修正公佈之省銀行條例一併抄發轉飭該行遵照調整當經簽奉
批示即飭廣東省行辦理等因在卷茲擬將
條例一併抄發轉飭該行遵照調整當否理合附稿簽請
核示

財政廳

43

廣東省政府財政廳簽呈

決定：如擬照准。

擬：銀行經營商業本不合法，本件如照所修正照案，查本案不符且與現行銀行法之衝突，擬仍飭遵照前案辦理。

緊由：據省銀行簽呈，關于物資購銷業務條例擬予加修正請示遵等情，應否照准，簽請核示由。

（卅五）財字第二三〇一號

附 61736

查現在物資缺乏，若大量收購，必至刺激價格陡漲，故銀行經營商業，或投資助長囤積，均經明令禁止。今省銀行購銷物資，雖事實確有需要，然為防止刺激物價起見，似應畧有限制。故該行前呈訂創時，經本府將原第四條第七項修正為「上列各項物資以接受政府機關委託收購，或遵奉省政府令飭搶購運銷或經呈准省政府准予搶購運銷者為限」，對於運銷方法，亦畧有修正，其用意係在本府嚴密監督之下，方得搶購運銷（并請由本府按照現行法令規定嚴密監督）。前項修正案，經咨准財政部開復暫准試辦有案。現據該行為適應事實起見，擬改為「奉省府令飭搶運之物資，除依法令辦理外，其屬日常應用物品，應遵照財政部令隨

6126　5466

時銷售，不得存積。并得優先售與各機關團體及各級合作社抽

籌文意，不外〈1〉該行得自由搶購運銷，不必呈准本府，〈2〉可以自

由發售，不必定售與各機關或合作社。如是修正似與原核定

案不符，雖該行較易於經營，惟本府無從節制，恐流於銀行

經營商業之漸。應否照准，抑應遵照前案辦理之處，仍祈

核定。如照准修正，并擬咨送財政部備案。

廣東財政廳

謹簽

三月三十日

經提/會報。奉諭查照核令準[illegible]會[illegible]錢幸能擬發。

189

188

簽呈 于本府財政廳 卅八年十月一日

廣東省參議會建議大洋票發行準備金管理委員會應增加省市參議會縣會委員一人爲委員並將組織規程修正一案再簽請 核由

案查本府前准廣東省參議會代電建議大洋票發行準備金管理委員會應增加省市參議會縣會委員一人爲委員並將組織規程修正一案，經由主前廳長任內簽奉

主席批："緩。"並案。惟迭奉

鈞諭積極加強大洋票流通，發經由府佈告及分飭所屬努力進行，九月三十日監核會檢查數額，結果已發行六十三万九千餘元，較諸八月底已發行三十五萬餘元，已增加約百分之七十強。爲加強大洋票信譽，俾利流通起見，省參議會建議各節，似可照辦，以示大公，謹再簽請

察核是否有當，敬候

鈞裁。謹呈

主席薛

財政廳廳長毛松年 十一

照英國宣佈英鎊價值以港幣價值亦爲港同貶低率省宜乘港幣動搖時積極推行大洋票由省行以最量於各縣支行及辦理兌現先兌現之效使人民對大洋票益增信念以廣流通由四科酌辦財務令省行把握時機加強辦理

九月廿

已通報在案
分令報行送

2·3

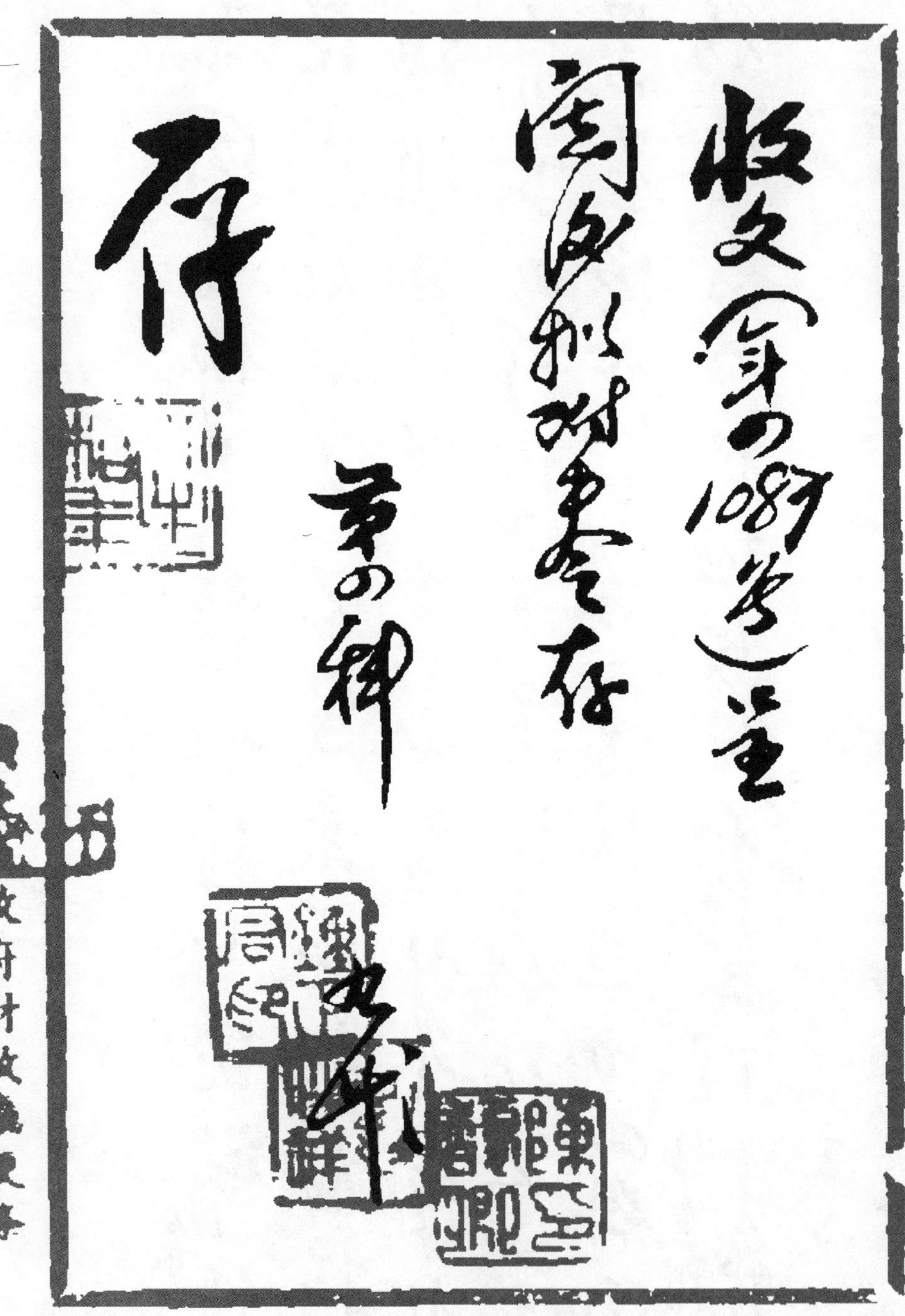

送財政廳（原案抄送判發緩）

廣東省政府第十二屆委員會 第五（四）次會議報告第三案 三十八年九月十二日

案由

秘書處報告：奉交下本省大洋票發行監核委員會呈略以於八月卅一日會同發行準備金管理委員會派員會同檢查省銀行八月份大洋票發行情形如下（一）大洋票實際流通額叁拾七萬一千零四十八元（二）準備金庫存銀元一十七萬八千一百六十四元分支行處庫存銀元·十九萬二千八百八十四元合計三十七萬一千零四十八元核計流通總額與庫存準備金總額相等除會同簽証及公告外請察核備案等情并奉批報會後知准予備案

辦法

決議

主席

秘書長

紀錄者

三十八年 9月1?

00706

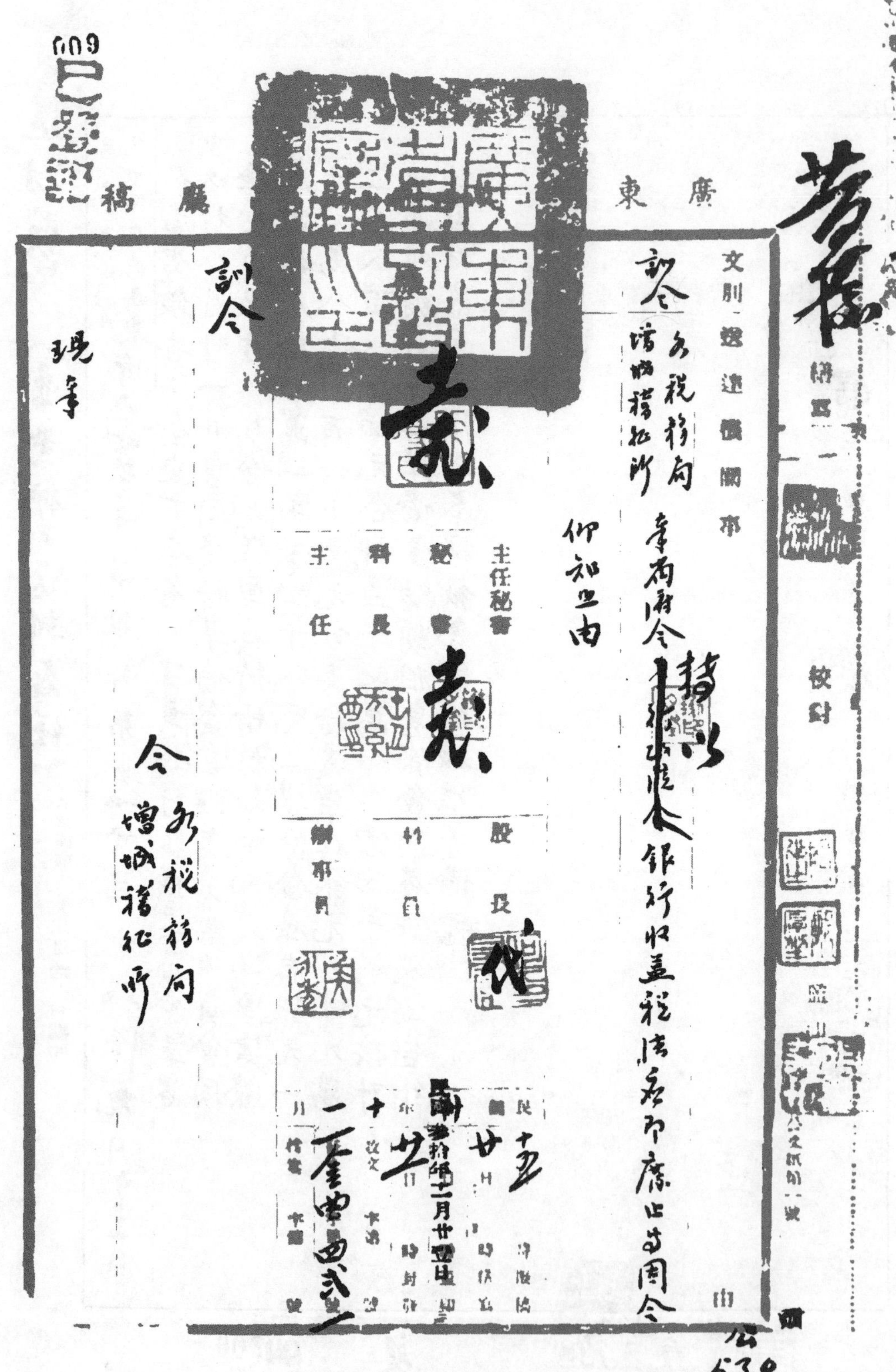

609 已登記

廣東……廳稿

文別：訓令

發遞機關：各稅務局、增城稽征所

事由：案奉省府令轉以……銀行收益稅……仰知照由

主任秘書

秘書

科長

主任

股長　代

科員

辦事員

民國廿五年十一月廿日擬稿

十一月廿三日

校對

監印

訓令

現年

令各稅務局、增城稽征所

公530

廣東省政府三十年十一月九日財一金字第六七五六四號訓令開：

「現奉 行政院訓令四財字轉飭所屬各縣府一體知照，此令」

等因。奉此。除分令外，合行令仰知照。此令。

廳長 張〇〇

会 建设厅

签稿保送

029 028

事由：前准粤省参议会代电请恢复发行省库券一案附稿签请 核判由

签呈 三十八年七月七日 于本府财政厅

说明：前准粤省参议会议字第六六三九号代电，略以"查本会第五届第三次驻会委员会议，罗委员翼群提议'关于本会第四次大会决议"请省府恢复发行省库券"及"建议中央撤销筹发制度"暨"建议中央取销金融发照局"共三案，应再请财部及省府迅付实施，以符决定，电请财部及省府办理'，并议决：'照案通过'，相应电请查照办理"等由。

拟办：查本案前奉广州绥署合戌字第四〇三二号代电以同由饬办，现已将前案关于撤销筹发制度及取销金融发照局案，会同呈院核办。并因本查筹发制度业经主管机关予以改变，金融发照局亦已奉令撤销。至本案本府应行办理者，经关于恢复发行省库券一节，业经另案将最近发行广东省有大洋本票情形呈复省参议会查照有案。此件（共财45185、45421号）拟仍照案简复该会，以资结束。是否有当，理合附稿签请 鉴核判行。

谨呈

主席 薛

财政厅 [签名]

批示

沛字1881

38财45185 45421

39

053

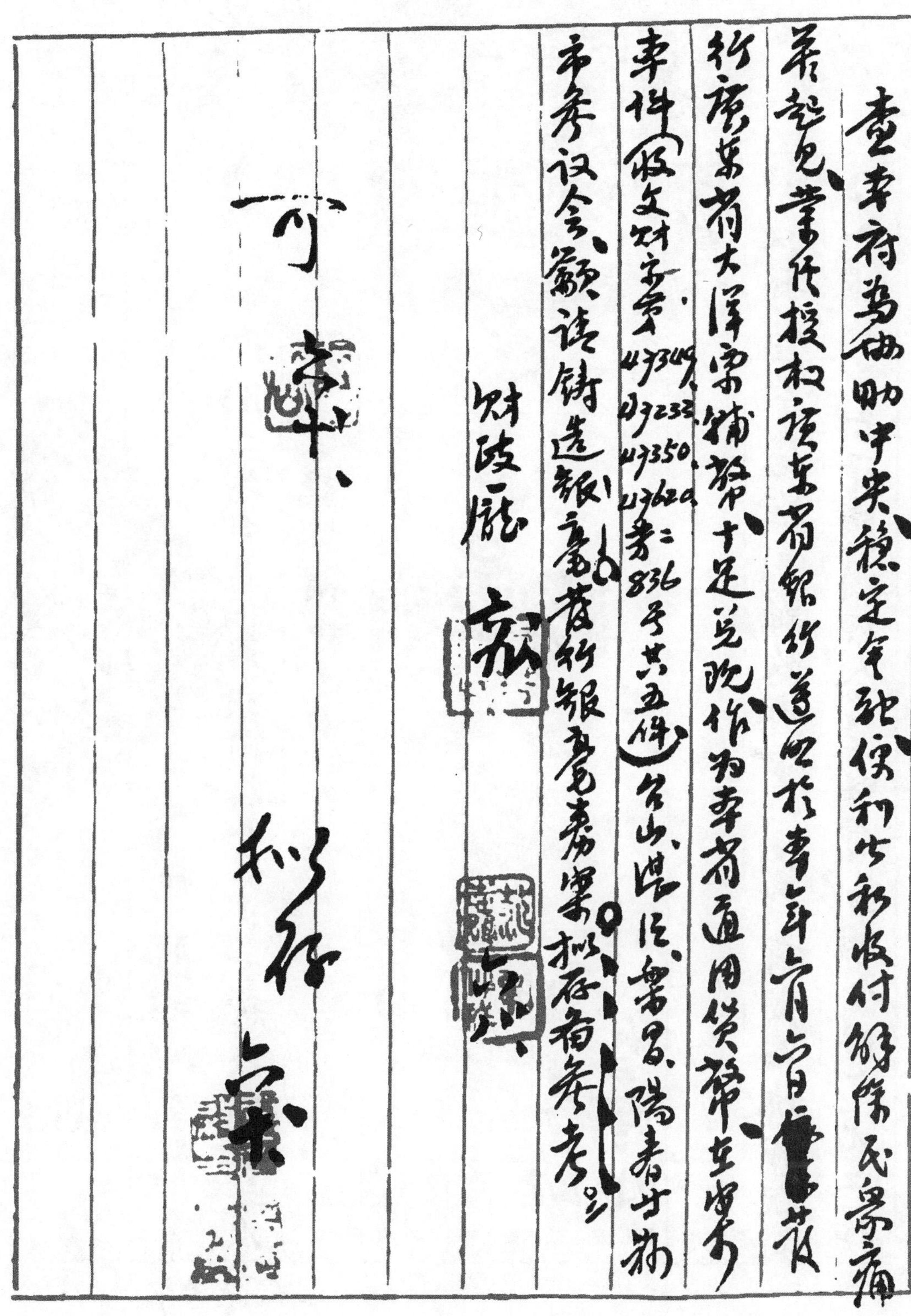
查本府为协助中央稳定金融、便利出纳收付、解除民众痛苦起见，业经授权广东省银行遵照于本年六月六日[illegible]发行广东省大洋票辅币十足兑现，作为本省通用货币，在案。本件（收文财字第43349、43232、43350、43620、第二836号共五件）台山、陽江、番禺、陽春等县市参议会，請铸造银毫、发行银毫等案，拟存备参考。

财政厅（印）

可

拟存（印）

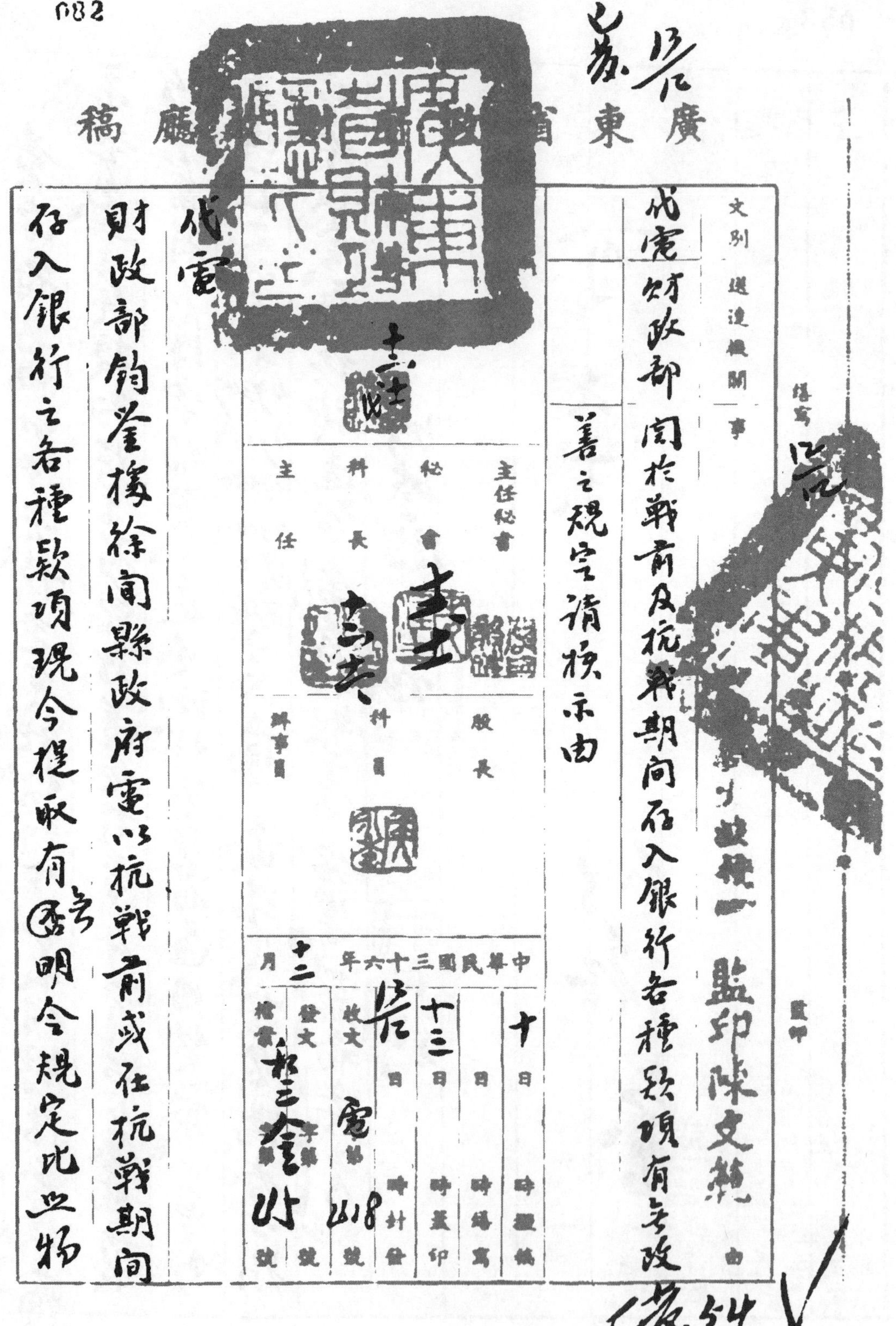

082

廣東省政府財政廳稿

文別 代電

送達機關 財政部

事由 關於戰前及抗戰期間存入銀行各種款項有無改善之規定請核示由

代電

財政部鈞鑒據徐聞縣政府電以抗戰前或在抗戰期間存入銀行之各種款項現今提取有無明令規定比照物

中華民國三十六年十二月十日

價若干倍給領請示前未查戰前及抗戰期間存入銀行之款項如仍照前存數量以國幣結算償還因物價膨漲自屬對存款人損失甚鉅該項存款有無改善之規定未奉飭知特電前情謹請察核示遵廣東省財政廳長胡善恒〇亥之

和三全印

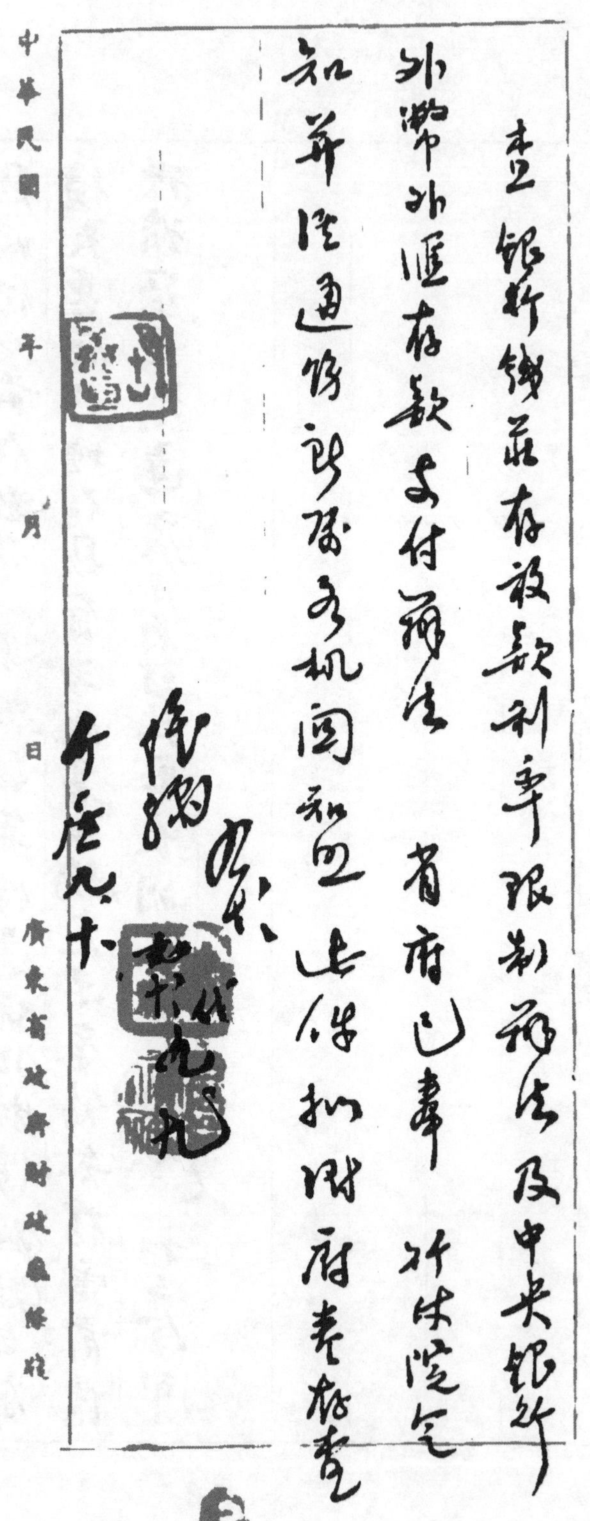

088

查银行钱庄存放款利率限制办法及中央银行外币外汇存款支付办法 省府已奉 行政院令知并经通饬所属各机关知照 此件拟附府卷存查

候 钧核

中華民國 年 月 日

廣東省政府財政廳稿

1682—

省銀行現由省政府極力予以扶助
其職責並非純商業銀行可比
本案可否緩議之處乞
酌是幸 手上
玉老勛鑒
善哲拜上 十二 八
又項借款現在已經無需用可從緩議

又、

候

111 廣東省政府財政廳簽呈

決定	
案由	閱六商銀行办理機關放款办法草案簽具意見請核示由
擬審	

據商銀行董事會呈，擬具本行办理機關放款办法草案請核備前來。查所呈办法草案大致尚屬可行，惟放款總額似可酌予提高為國幣壹拾億元，每筆借款以壹億元為限。至於利息一項，原办法均無規定，可否指飭另訂利息一項之處，謹簽請

核示

財政廳長 十一．廿

准予備案，利息由行酌定。

十一．廿

簽 十一．十八

廣東省政府財政廳稿

1

來文 字第11964號

文別：佈告 訓令 公函

送達機關：送各縣市長、各從分金庫、各邑征收所暨征收處、中中交農聯合辦事處、廣州分處等

事由：奉財政部諭漢鈔電國幣中毫券依照法定比率行使辦法應准自廿七年一月一日起展期一年以便民用著同令行布告各界週知並函令各機關查照由

附件

廳長 廿五

主任秘書 秘書 科長 主任 股長 科員

佈告訓令送登公報

馮文祥

中華民國廿七年元月廿一日 月日 月日 月日 月日 月日 月日 月日 月日 廿四日

民國廿七年元月廿四日

字第四六二一九號

二十七年正月廿五日

2

佈告

現奉

財政部廿七年一月皓漢錢電開：

「查本部於上年六月間公佈整理粵幣辦法

一案云云（照來文叙至轉飭所屬一体知照」）

等因，奉此自應遵辦。除分別函令外，合行佈告，仰

商民人等一体知照。此佈

「通貼本市各通衢」

分令各機關「照除去填發」

又訓令

現奉

3

財政部廿七年一月皓漢錢電開

「查本部於上年六月間公佈整理粵幣辦

法一案云云　但未叙至特飭所屬一體知照」

等因，奉此，自應遵辦。除佈告暨分別函令外，合

行令仰該○即便知照。此令。

又公函

現奉

財政部廿七年一月皓漢錢電開

「查本部於上年六月間公佈整理粵幣辦

法一案云云　但未叙至特飭所屬一體知照」

广東省政府財政廳稿紙

等因，奉此，自应遵办。除布告暨分行外，相应

函達

贵○即希查照为荷，此致

中中交農聯合办事處廣州分處

廣東全省商会聯合会

廣州市商会整理委員会

廣東省銀行

廣州市立銀行

中華民國廿七年元月廿二日

繕寫

校對

監印

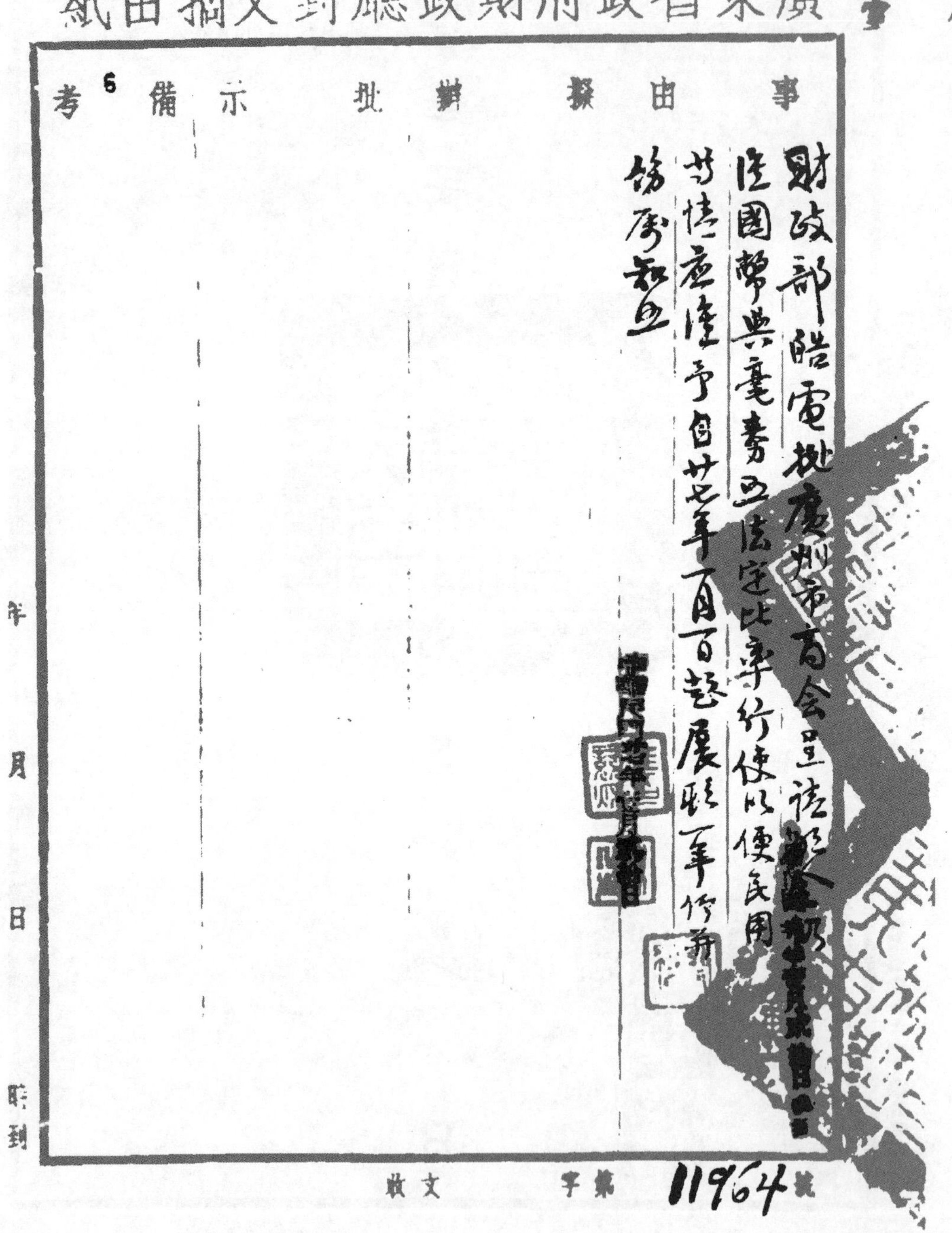

廣東省政府財政廳到文摘由紙

事由	擬辦	批示	備考
財政部皓電批廣州市商会呈請[illegible]准國幣與毫券照法定比率行使以便民用等情應准予自廿七年一月一日起展限一年行使飭屬知照			

到時　年　月　日

收文　字第 11964 號

廣東省政府財政廳佈告

會金字第四六三九號

現奉
財政部廿七年一月皓漢錢電開：「查本部於上年六月間公佈整理粵幣辦法一案業經電飭遵照飭屬一体遵照並分行在案茲據廣州市商會整理會呈以原辦法第一項自民國廿七年一月一日起所有粵省公私款項及一切買賣交易之收付與各項契約之訂立均應以國幣為本位如再以毫券收付或訂立者在法律上為無效等語現廿七年度已屆市面習慣仍係國幣與粵幣依率照常行使一旦變更不無窒碍請准明令仍准國幣與毫券照法定比率行使以便民用等情經查粵省習用毫券為時甚久本部上年規定該項辦法時本有展期斟酌情形酌予延展之意茲據前情所有原定國幣與毫券依照法定比率行使辦法應准自廿七年一月一日起展期一年以便民用除電復並電呈行政院備案暨分行外合電仰遵照轉飭所屬一体知照」等因，奉此，自應遵辦。除分別函令外、合行佈告，仰商民人等一体知照」

此佈。

中華民國二十七年一月二十三日

兼代廳長曾養甫

廣東省政府財政廳稿

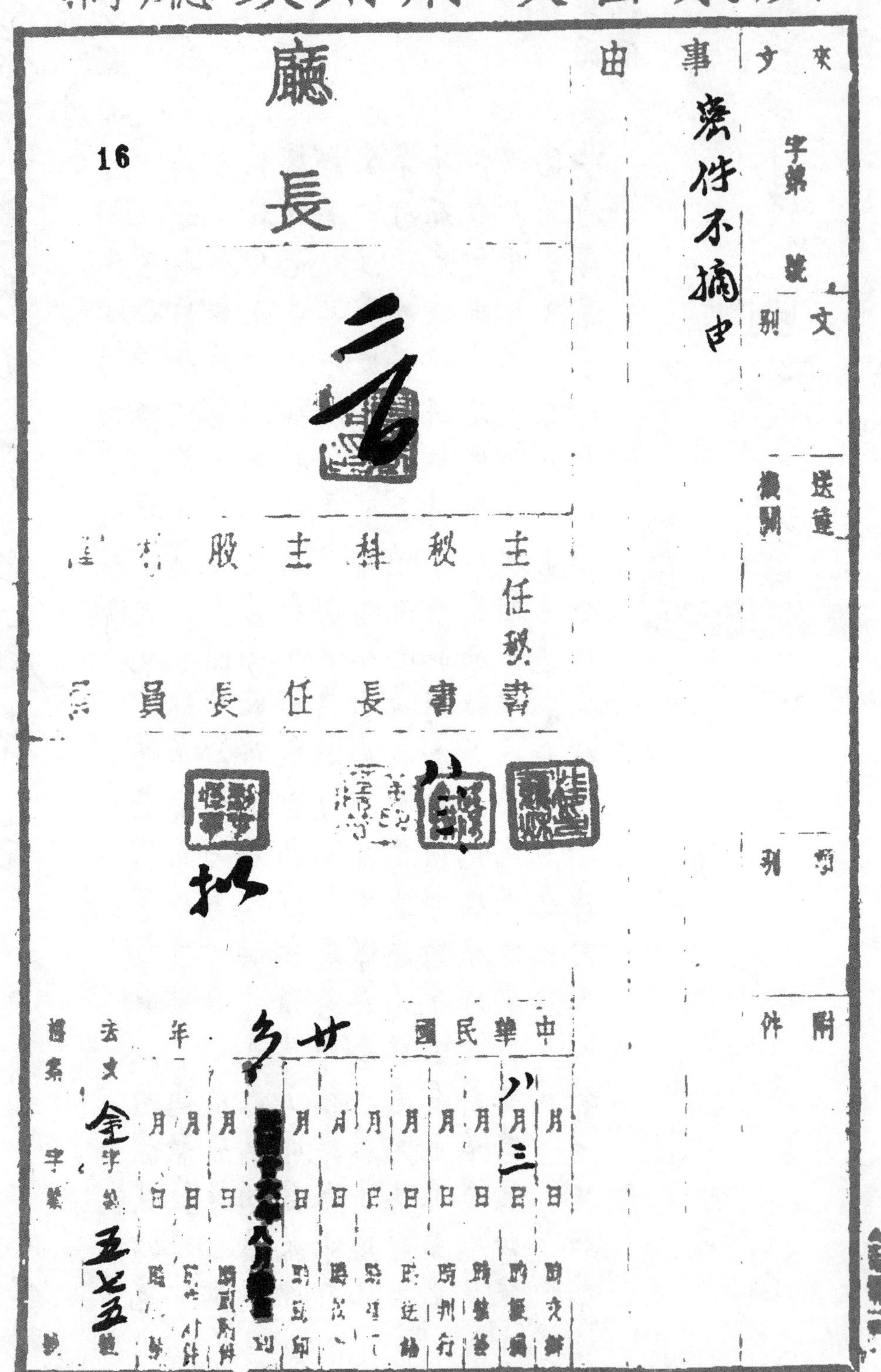
來文　字第　號
事由　密件不摘由
廳長
16
主任秘書　秘書　科長　主任　股長　科員　[illegible]
擬
中華民國廿三年八月三日
去文　金字第五七五號

公函第　　號

現准

貴行八月二日第八九五號公函略以「奉第四路軍總司令

部函開「以部隊分駐省內各地軍民交易習慣毫券須

在本年內每月仍準備毫券四百萬元以為支付軍費一

俟停止行使毫券再行改支國幣等因乃惟敝行現在已

無發行權依照

財政部本年六月二十一日公布辦法原日行用之毫券須陸續

收回而敝行收回毫券須隨時送由中央銀行廣州分行

換領法幣方能週轉前准貴廳公函規定各銀行自

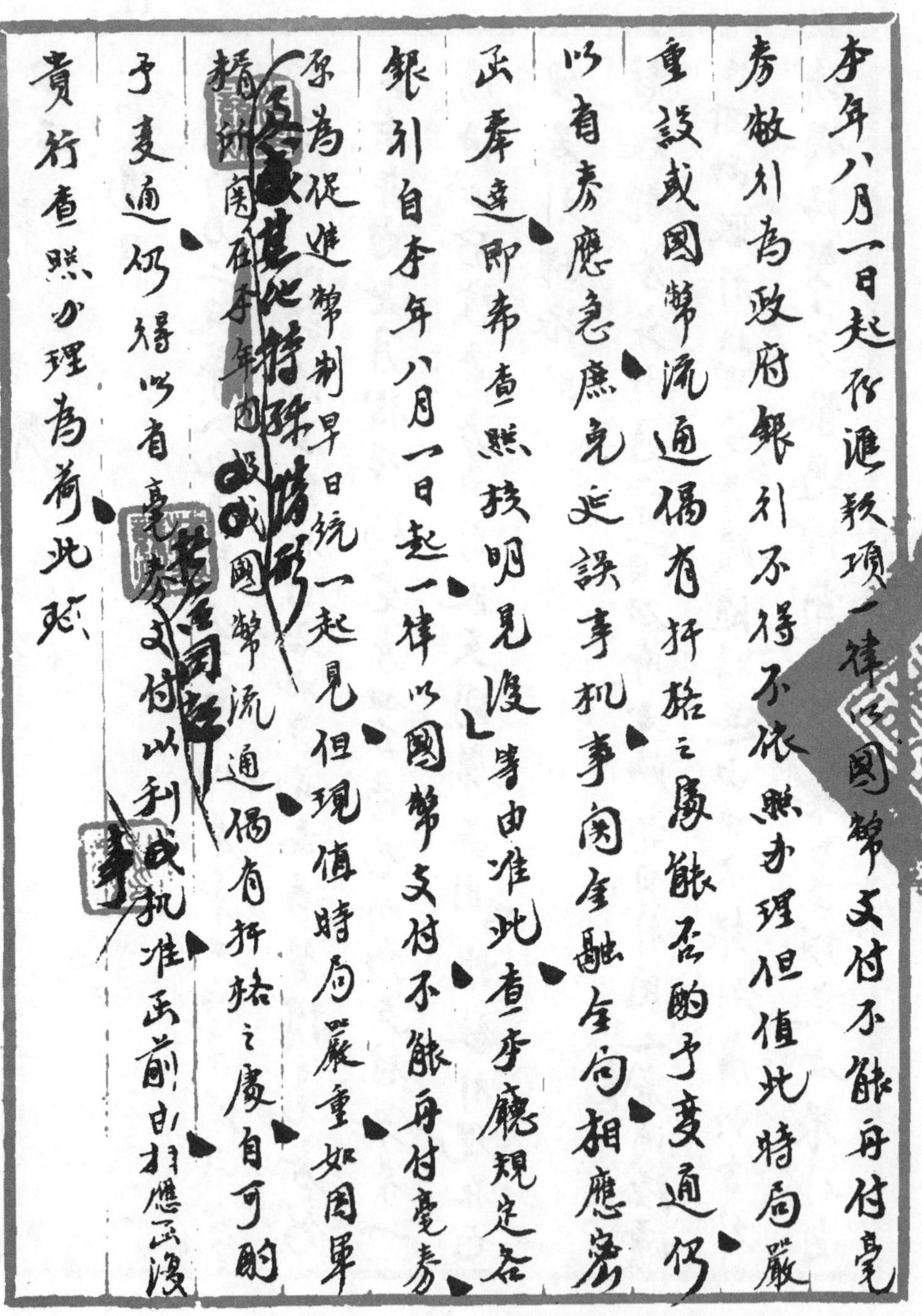

本年八月一日起所匯款項一律以國幣支付不能再付毫券敝行為政府銀行不得不依照辦理但值此時局嚴重設或國幣流通偶有扞格之處能否酌予變通仍以省券應急庶免延誤事机事關金融全局相應密函奉達即希查照核明見復等由准此查本廳規定各銀行自本年八月一日起一律以國幣支付不能再付毫券原為促進幣制早日統一起見但現值時局嚴重如因舉措所關在本年內設或國幣流通偶有扞格之處自可酌予變通仍得以省毫券支付以利戎机准函前由相應函復貴行查照辦理為荷此致

19

廣東省銀行

兼代廳長曾〇〇

中華民國廿六年八月五日

繕寫

校對

監印

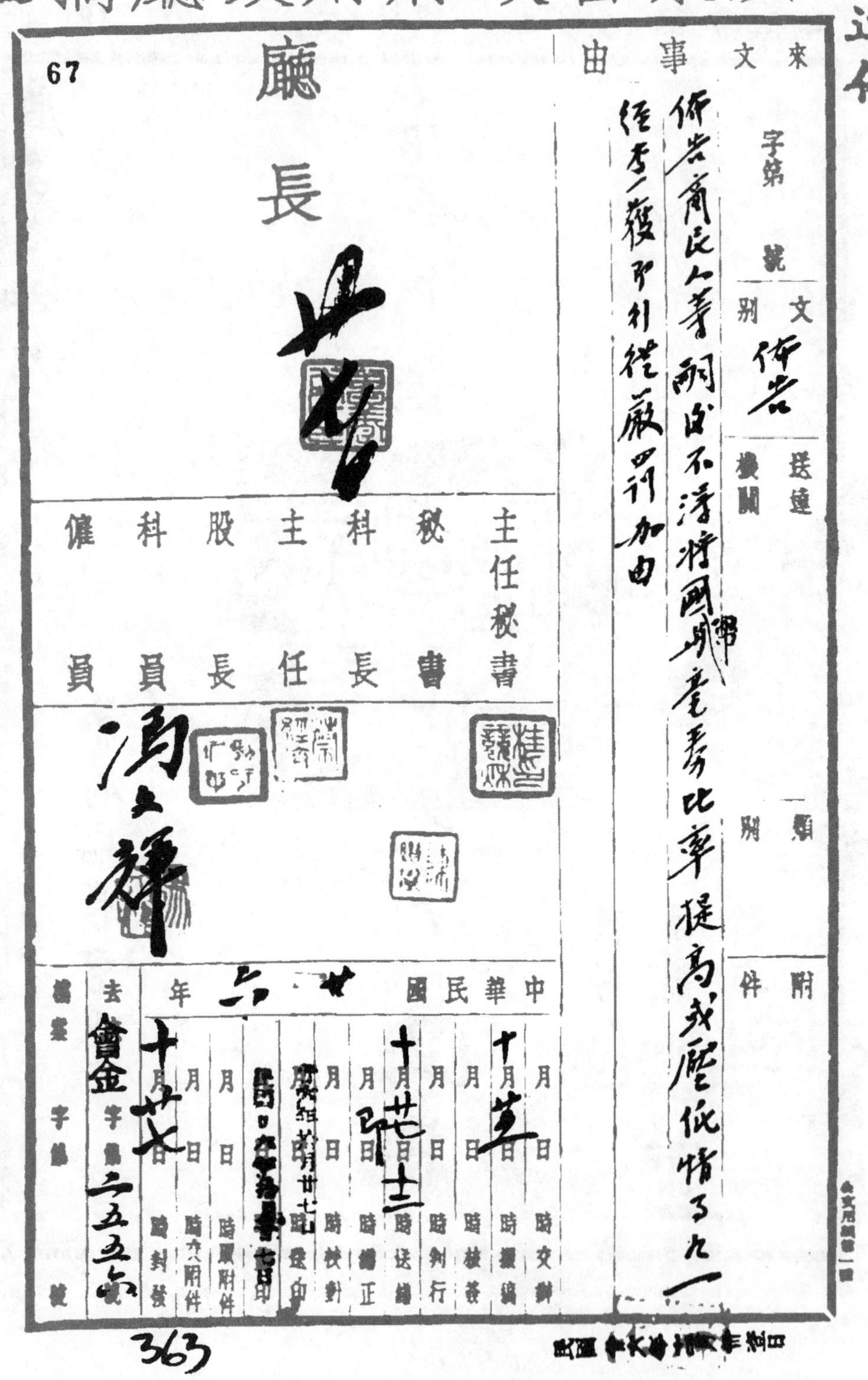

最速件

廣東省政府財政廳稿

67

廳長

主任秘書　秘書長　科主任　股長　科員　僱員

來文事由

字第　號

文別：佈告

送達機關

類別

附件

佈告商民人等嗣后不得將國幣壹元券比率提高或壓低情事九一

經本廳復印刊從嚴四行加由

中華民國廿六年

十月廿二日時交辦　月日時擬稿　月日時核簽　月日時判行　十月廿一日時送繕　月日時繕正　月日時校對　月廿七日時登印　月日時蓋印　月日時監印　十月廿七日時封發

去字第二五五六號

363

佈告第　号

案查本市有毫券，业奉

财政部確定以一四四元為法定比率，折合國幣，在本年

年底以前，按照比率照常行使，但以國幣照法定比率

支付者，不得拒收，違者嚴懲，業經布告周知在案。

近查有少數奸商，乘此敵國肆擾，商業秩序未盡回復

之際，竟有不依照法定比率交收，希圖從中漁利，殊

屬擾亂金融，亟應查禁，以維幣制。合行佈告，仰

各商民人等一體遵照，嗣後不得再將國幣每毫券比

率提高，或壓低等情事，一經查獲，定即從嚴究辦

中華民國廿六年十月廿日

繕寫

校對

監印

廣東省政府財政廳佈告

會金字第[illegible]號

案查本省毫券前奉

財政部確定以一四四為法定比率折合國幣，在本年年底以前，按照比率照常行使，但以國幣照法定比率交付者，不得拒收，違者嚴懲，業經佈告週知在案。近查有少數奸商，乘此暴敵肆擾，商業秩序未盡回復之際，竟有不依照法定比率交收，希圖從中漁利，殊屬擾亂金融，亟應查禁，以維幣制。合行佈告，仰各商民人等，一體遵照，嗣後不得再有國幣與毫券比率提高，或壓低等情事，如敢故違，一經查獲，定即從嚴罰辦。決不寬貸。切切此佈。

中華民國二十六年十月二十七日

兼代廳長曾養甫

71

72

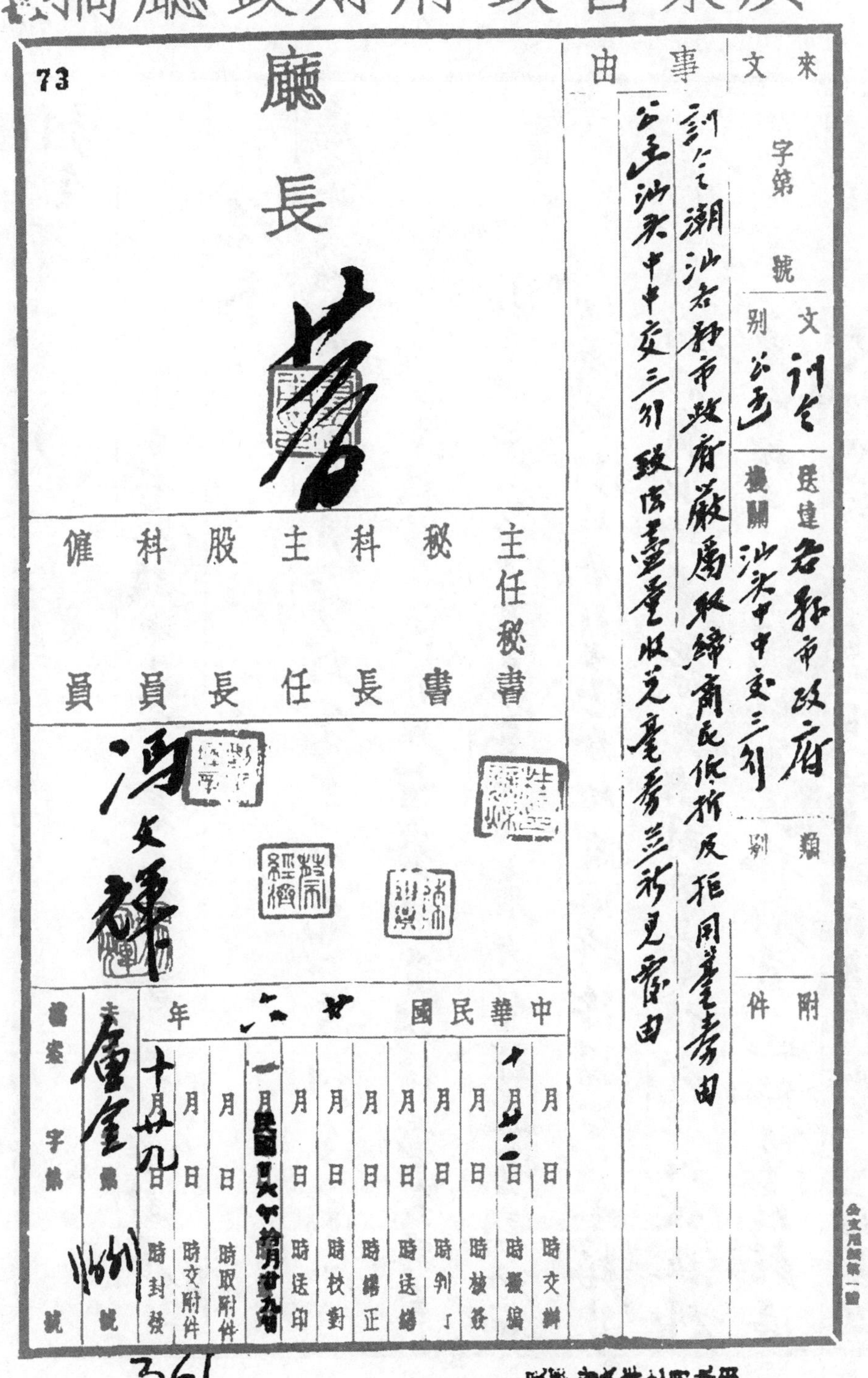

广东省政府财政厅稿

厅长

来文 字第 号

文别 训令 公函

发达机关 各县市政府 汕头中中交三行

事由 训令潮汕各县市政府严属取缔商民低折及拒用毫券由
公函汕头中中交三行致应尽量收兑毫券并祈见覆由

附件

中华民国廿二年

訓令　第　號

令汕頭市市長、各縣縣長　下呈以表抄發

現奉

廣東省政府卅六年十月十四日財字第一四二九六號訓令開：

案據第五區行政督察專員胡銘藻兼同第六十四軍李軍長卅六年十月齊午電稱：近查潮汕各地商場對於省行毫券徵有低折，係因各該銀行對於商民持毫券兌換國幣常被拒，以致投机商人藉此從中圖利，實於抗戰前途貽害匪輕，除先飭衔甲令嚴禁外，謹懇令飭潮汕中中交省四

75

分行設法以舊收換毫券，同时責成郵局迅通匯款办法，准以法定比率收受毫券，以杜藉詞取巧，而安社會經濟。伏恳採行并俾予遵等情。據此，應由財政廳省銀行會商維持辦法報核，除令行廣東郵務管理局遵照迅予恢復外，合行令仰遵照办理具報。此令

等因。奉此，自應遵辦。查本省改革幣制办法，原限本年内以國幣照法定比率盡量收回省券，惟在本年内仍應十足通用，不得歧視或低折，迭經通令佈告有案。該潮汕商民，竟敢藉口兑換國幣稍滞，為詞違行低折圖利，殊

76

「分繕」

商販延功令，擾亂金融，亟應嚴行查禁，以維幣制。除分行外，合行令仰該局即便遵照，錄令佈告，並轉飭所屬隨時查察。如有低折與拒用情事，一經查明，即照擾亂金融論處，從嚴罰辦。仍將遵辦情形具報核奪。此令。

又公函第　号

現奉

廣東省政府廿六年十月廿六日財字第一四二九六号訓令開：

「案據第五區行政督察專員張銘藻會同第六十四軍軍長廿六年齊午電稱云云（照上文敘至）等由，合行令仰遵照並轉飭遵照具報。此令」

77

等因，奉此，自应遵办。查潮汕各地商场对于省行毫券缴有低折，俾使商民持毫券到当地法定银行兑换国币，常被却拒，以致奸商藉此低折图利等语，推查财政部核定本省改革币制办法，限本年内以国币照法定比率尽量收回毫券在案，自应设法尽量收兑，以免奸商从中图利。除函中国、交通（中央、中国）两行设法尽量收兑毫券外，相应函达

贵行查照核办理，并希见复为荷！此致

中央银行汕头分行

78

中國銀行汕頭分行
交通銀行汕頭分行

中華民國十六

十月十三日

繕寫

校對　科員黃少波校對

監印　馮國昌校對

中華中[illegible]印刷所承印

潮州各縣。

潮安縣　惠來縣

潮陽縣

揭陽縣

大埔縣

澄海縣

饒平縣

南澳縣

豐順縣

普寧縣

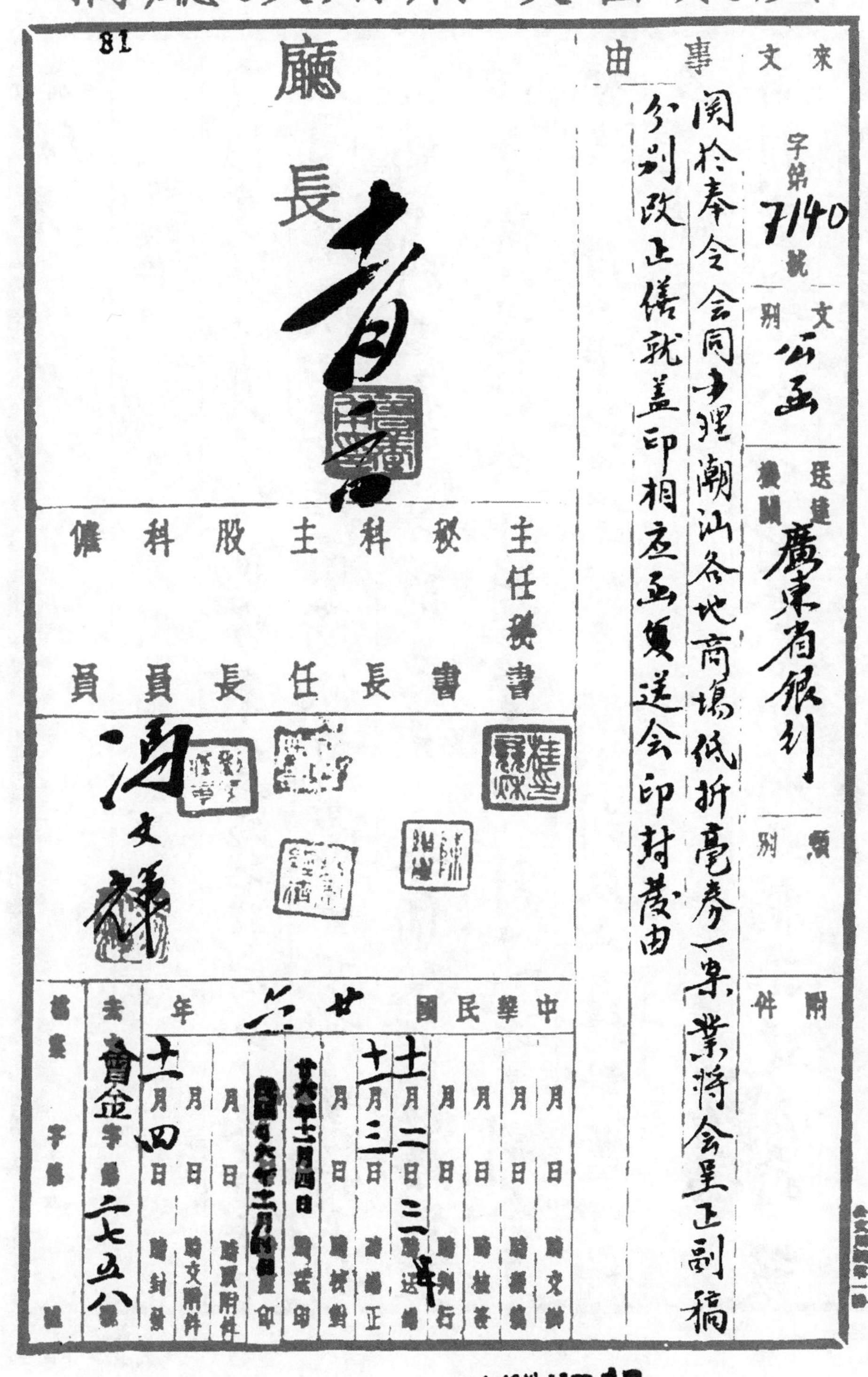

廣東省政府財政廳稿

來文 字第7140號
文別 公函
送達機關 廣東省銀行
事由 関於奉令会同办理潮汕各地商塲低折毫券一案業將会呈正副稿分别改正繕就盖印相应函复送会印封發由

廳長

中華民國廿六年

十二月二日二時送繕
十二月三日繕正
廿六年十二月四日監印
十二月四日封發
會金字第二七五八號

公函第　號

现准

貴行廿六年十月廿九日總字第一二六七號公函，関於奉令会同办理潮汕各地商場低折毫券一案，業将正副会稿分别盖章，并附意見，送請改正飭繕鈐盖印章後，送行会印封發等由，計送還正副会呈稿各一件，准此。業經本廳分别改正，繕就盖印，相應送請

貴行查照，会印封發。仍将正稿擲還為荷。此致

廣東省銀行

計送会呈正副稿各一件并繕正呈文一件

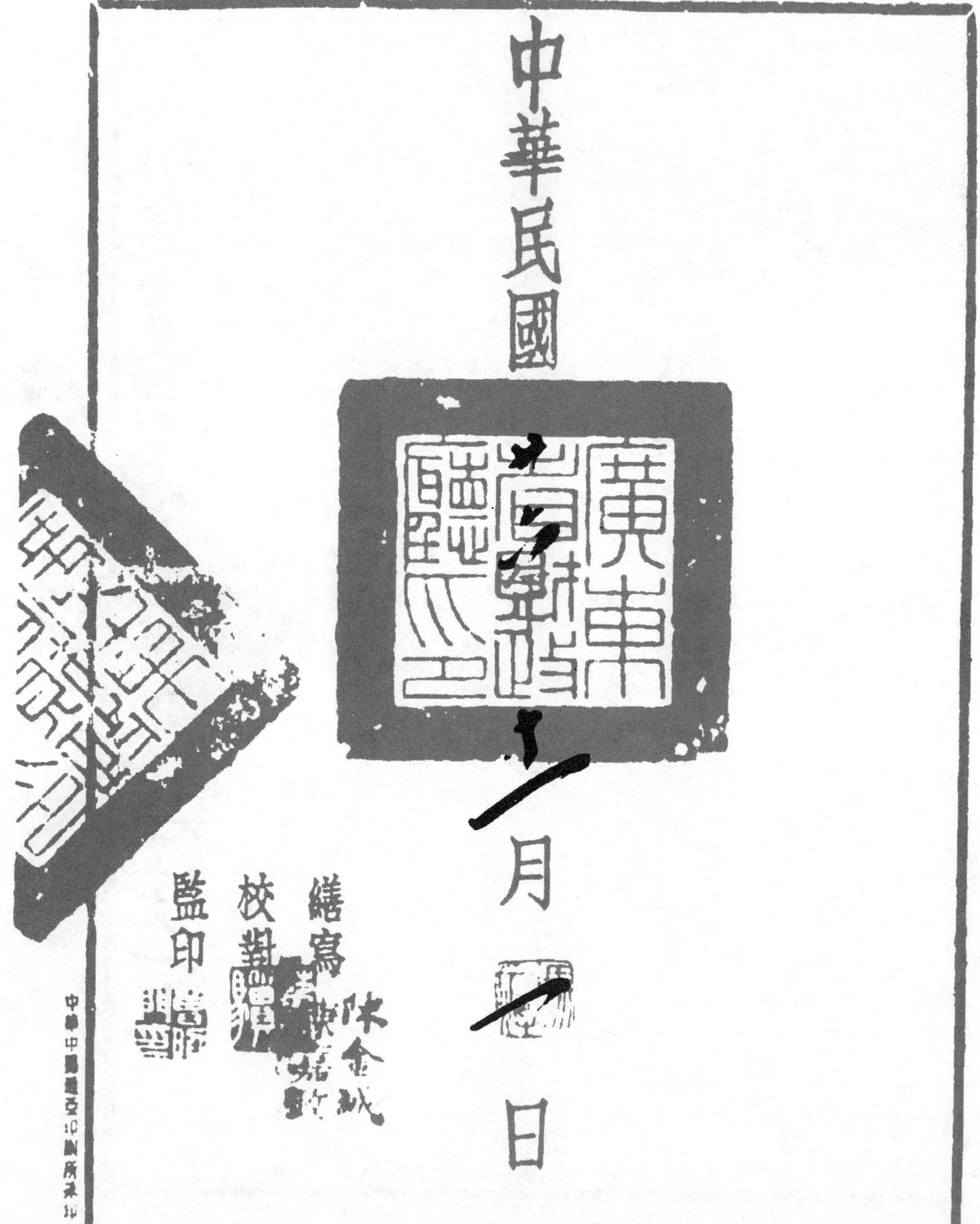
84
中華民國
月
日
繕寫
校對
監印
廣東財政廳印

最要件

已登記

廣東省政府財政廳稿

100

廳長　王　書

主任秘書　秘書長　科長　主任　股長　科員　僱員

來文　字第　號

文別：訓令　公函　呈

送達機關：各縣市政府　中中交農四銀行　財政部

類別

附件

事由：

奉府令查禁將中提高債券價格操縱圖利除分行外仰即飭屬佈告並轉飭所屬遵照

查案一經查獲即照擾亂金融論處仰將遵辦情形具報由

奉府令查禁將中提高債券價格操縱圖利除通令各縣市長嚴屬查禁外並令遵照由

奉府令查禁將中提高債券價格自應遵辦除通令各縣市長嚴屬取締查禁外理合備文呈復察核由

中華民國廿六年

十二月十二日　收文

月　日　擬稿

月　日　核簽

月　日　判行

十二月十三日九時　送繕

月　日　時　繕正

廿六年十二月十三日　校對

十二月十三日　蓋印

月　日　發封

十二月十三日　封發

會金字第二九六一號

368

訓令

分令各縣縣長　汕頭市市長

現奉

財政部廿六年十一月真錢電開：

「准發行準備管理委員會電稱 云云 照來文叙至

以重幣政」

等因，奉此，自應遵辦。查本省毫券法定比率，業經確定，不得提高或低折，迭經通令佈告有案。現查有少數奸商，暗中提高毫券價格，操縱圖利，殊屬故違功令，擾乱金融，亟應嚴行查禁，以安市面，而維幣制，除

102

分行外，合行令仰该〇即便遵照，录令佈告，并转饬所属随时查察。如再有不依法定比率，故为操纵情事，一经查获，即照扰乱金融论处，从严罚办。仍将遵办情形具报核夺。切切此令。

公函

现奉

财政部廿六年十二月真钱电开：“准发行准备管理委员会电称”云云“照来文叙至”以维

重币政”

103

等因、奉此，自應遵辦。除通令各縣市政府嚴厲取締查禁外，相應函達

貴行查照為荷。此致

中央銀行廣州分行

中國銀行廣州分行

交通銀行廣州分行

農民銀行廣州分行

廣東省銀行

呈

現奉

鈞部卅六年十一月真錢電開：

「准黄行準備管理委員會電称云云 業文叙至

合電仰遵照办理具复」

等因，奉此，自應遵辦。除通令各縣市政府嚴厲取

締查禁外，奉令前因，理合備文呈復

鈞部察核！謹呈

財政部部長孔

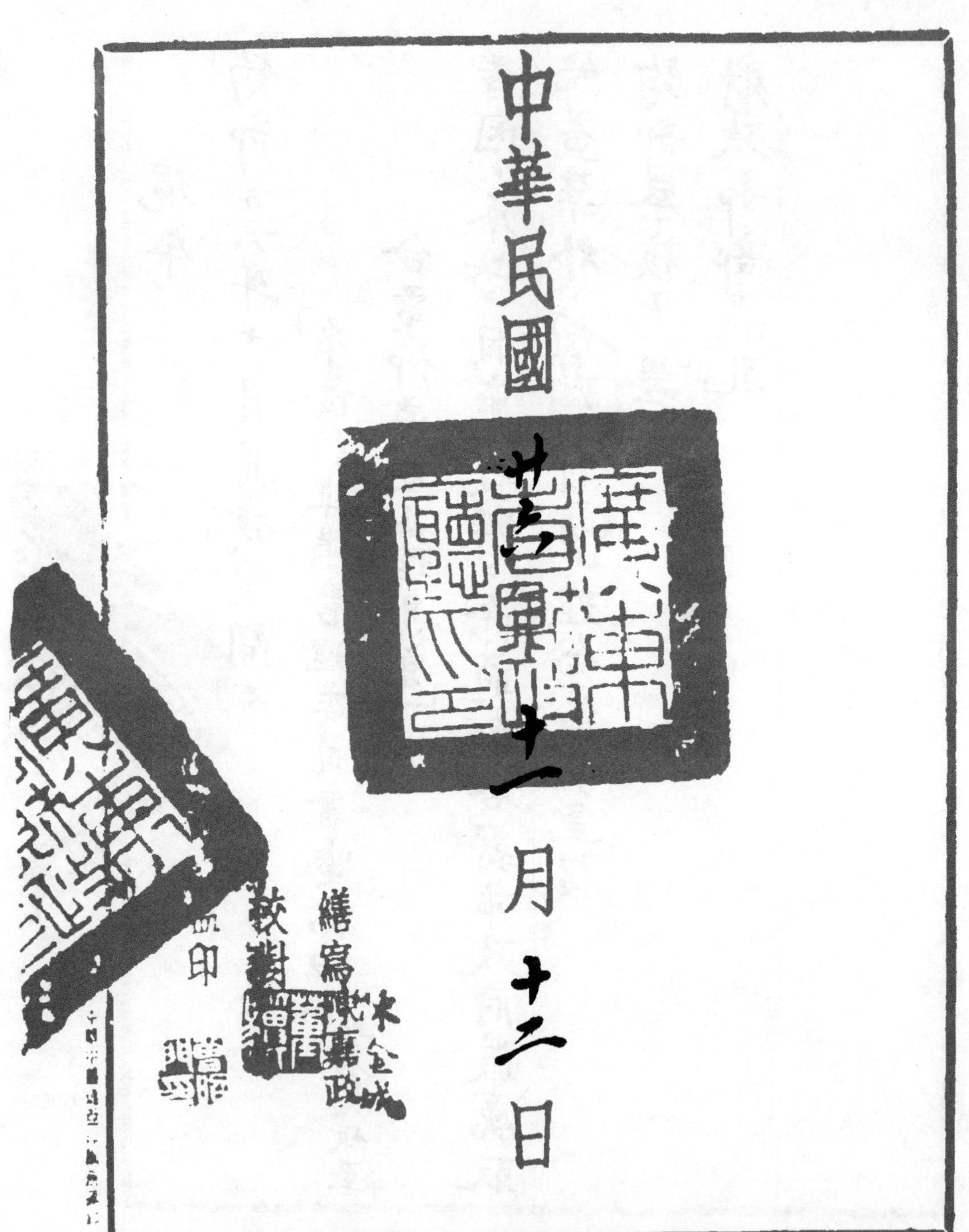

中華民國廿六年十一月十二日

繕寫 宋金城

校對

監印

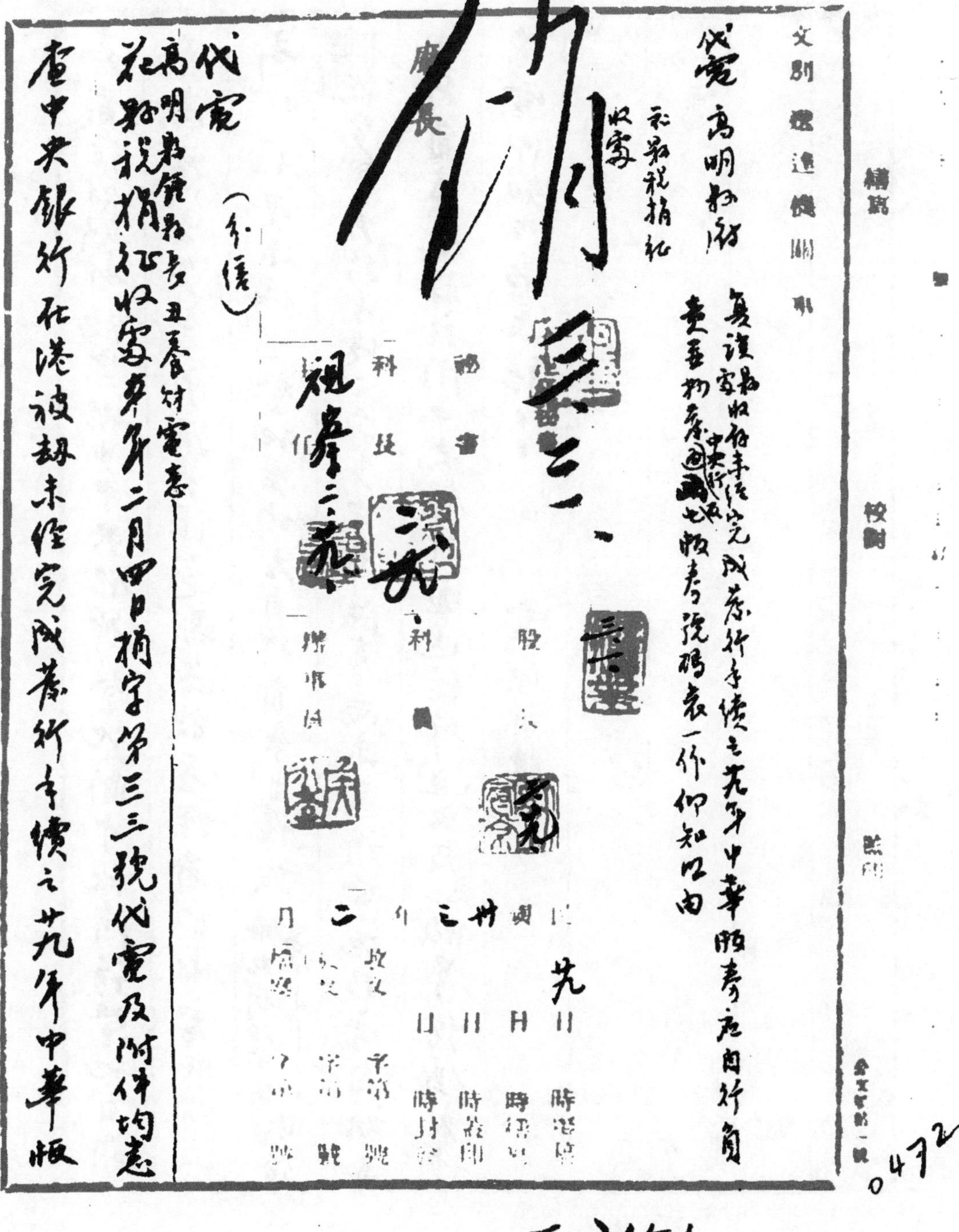

廣東省政府財政廳稿

文別：代電

送達機關：高明縣府、花紗稅捐征收處

事由：覆該縣收存未經完成簽行手續之廿九年中華版壹元券物存（中央行收）七版券號碼表一件仰知照由

廳長 行

秘書

科長

科員

擬稿 二月廿三日

代電（分行）

高明縣鍾縣長 丑養財電悉

花紗稅捐征收處卅年二月四日捐字第三三號代電及附件均悉

查中央銀行在港被劫未經完成簽行手續之廿九年中華版

券前经财政部规定准由中央银行登记酌予救济该登记日期

本省在以去年十二月底为限逾期未声叙并经省政府电准财政

部电复其未依限登记者均应自行负责等语该处税捐征收处收存

未经登记完成发行手续之五分中华版券尚未送请登记乃属自误应

自行负责并将该关中央银行电送总行函出及之版券号码表抄

奉电仰知照 厅长张○○

案即附件

七版券號碼表

券類	券號起訖	張數
$2.—	A000001 — H1000000	8,000,000
	J000001 — M1000000	5,000,000
	P000001 — Z1000000	11,000,000
	A000001A — A1000000F	6,000,000
		30,000,000 張

券類	券號起訖	張數
$5.—	A000001 — H1000000	8,000,000
	J000001 — V1000000	5,000,000
	P000001 — Z1000000	11,000,000
	A000001A — A1000000F	6,000,000
		30,000,000

139

券類	券號起訖	張數
$10—	A000001 — H1000000	8,000,000
	J000001 — N1000000	5,000,000
	P000001 — Z1000000	11,000,000
	A000001A — A1000000H	8,000,000
	A000001J — A1000000N	5,000,000
	A000001P — A1000000Z	11,000,000
	B000001A — B1000000H	8,000,000
	B000001J — B1000000N	5,000,000
	B000001P — B1000000Z	11,000,000
	C000001A — C1000000H	8,000,000
	C000001J — C1000000N	5,000,000
	C000001P — C1000000Z	11,000,000
	D000001A — D1000000H	8,000,000
	D000001J — D1000000N	5,000,000
	D000001P — D1000000Z	11,000,000
	E000001A — E1000000A	1,000,000
	E1000000A,	121,000,000 張

140

券類	券號起訖	張數
$50.	A000001 — H1000000	8,000,000
	J000001 — K1000000	2,000,000
		10,000,000

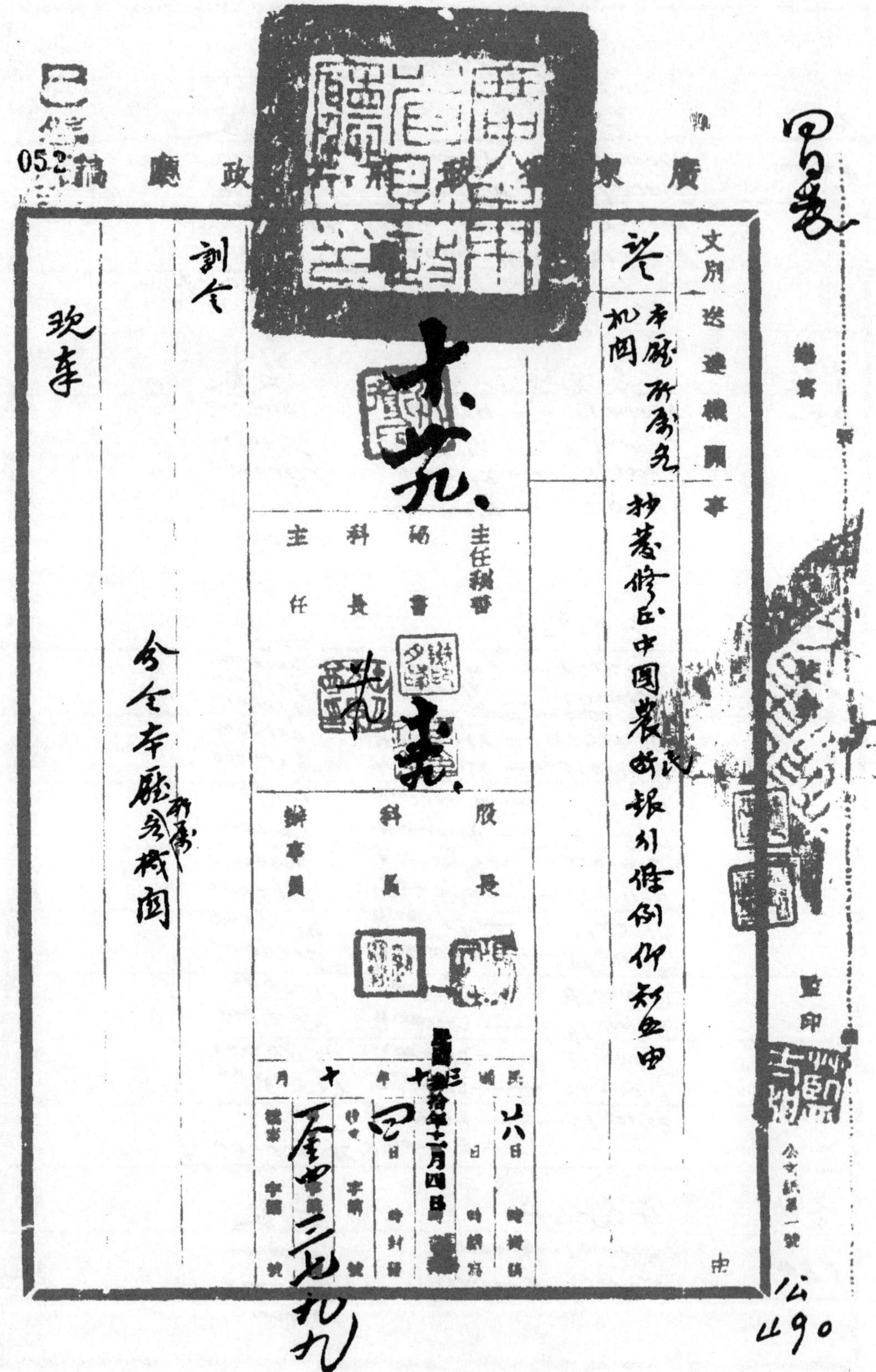

广东财政厅稿

文别：训令

送达机关事由：本厅所属各机关　抄发修正中国农民银行条例仰知照由

令本厅所属各机关

中华民国廿三年十一月四日

053

黄东省政府本年十月三日财字第二六九號训令開：

「现奉　行政院本年九月十六日勇伍字第一四四〇〇號训

令開　訓詔　爲剳到　令仰飭屬一体知照」

等因，計抄發修正中國農民銀行條例一份，奉此，自應遵照，除

分令外，合將原修正條例抄發，令仰知照，此令。

計抄發修正中國農民銀行條例一份

廳長　張導。

此件似可登載日刊即作為
考生通知毋庸另行繕
發所有郵費及辦理手
續是否請
核

3-1

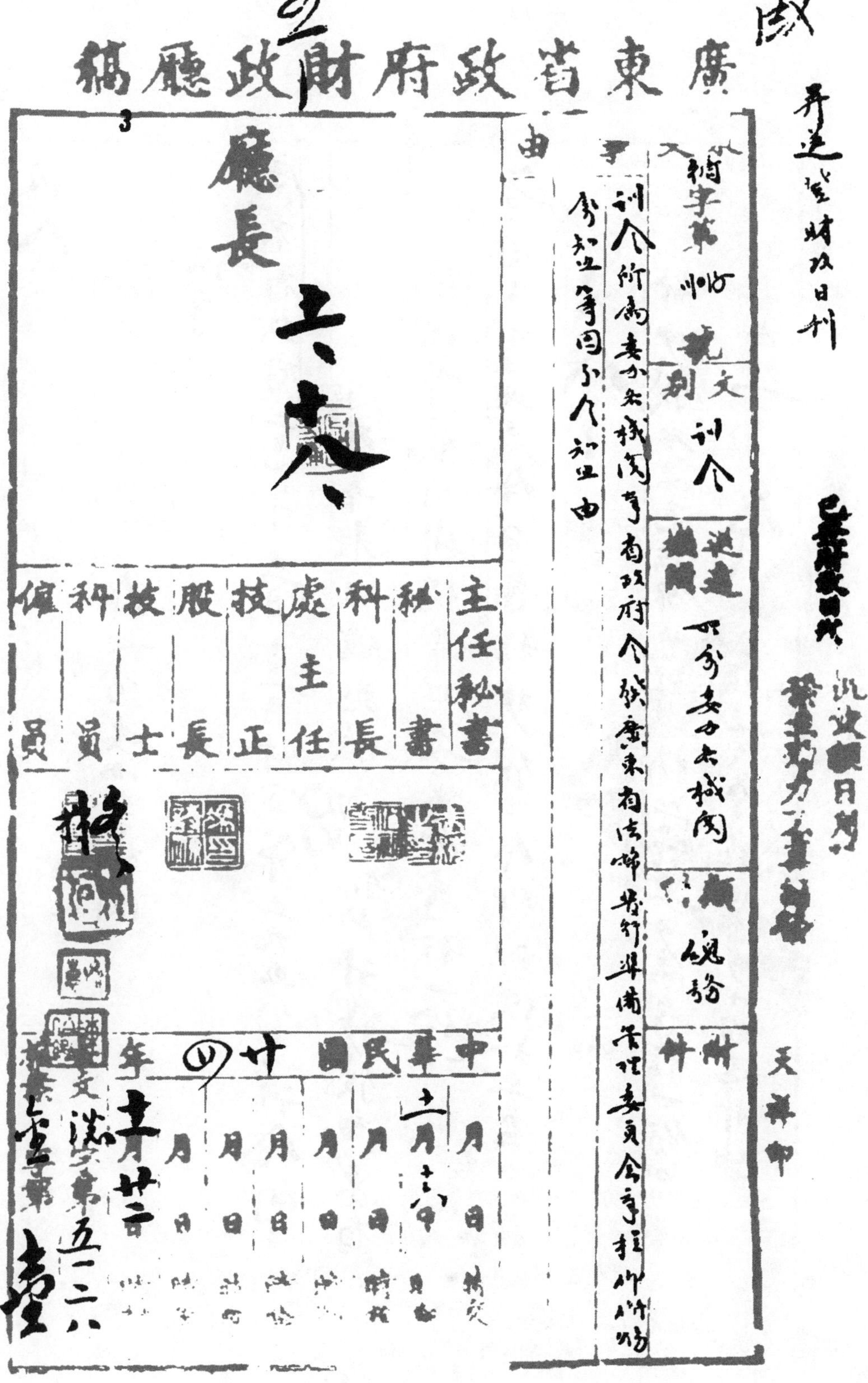
广东省政府财政厅稿

厅长

主任秘书 秘书 科长 处主任 技正 股长 技士 科员 雇员

事由：训令所属委办各机关等省政府令饬广东省[illegible]准备管理委员会等[illegible]知照由

文别：训令

送达机关：所属委办各机关

摘：总务

中华民国廿四年十二月廿六日

训令

令所属委办各机关

现奉

广东省政府二十四年十二月十五日财字第五九五八号训令开：

本年来银价飞涨……计抄发广东省法币发行准备管理委员会章程一份。

等因；奉此。合将章程抄发，令仰即便知照。

此令！

计抄发广东省法币发行准备管理委员会章程一份。

右令

（此项章程及章程油印多十份送粘）

5

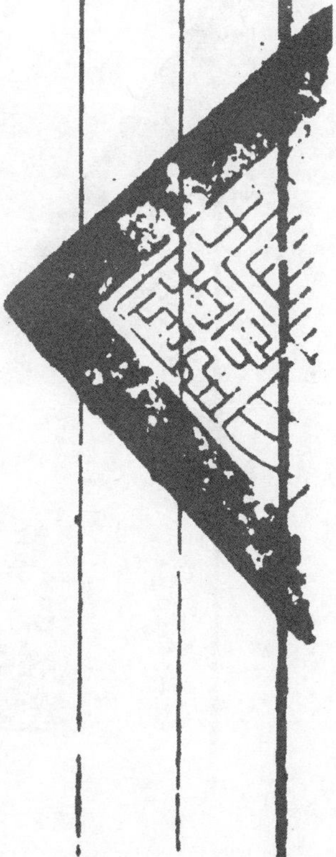

6

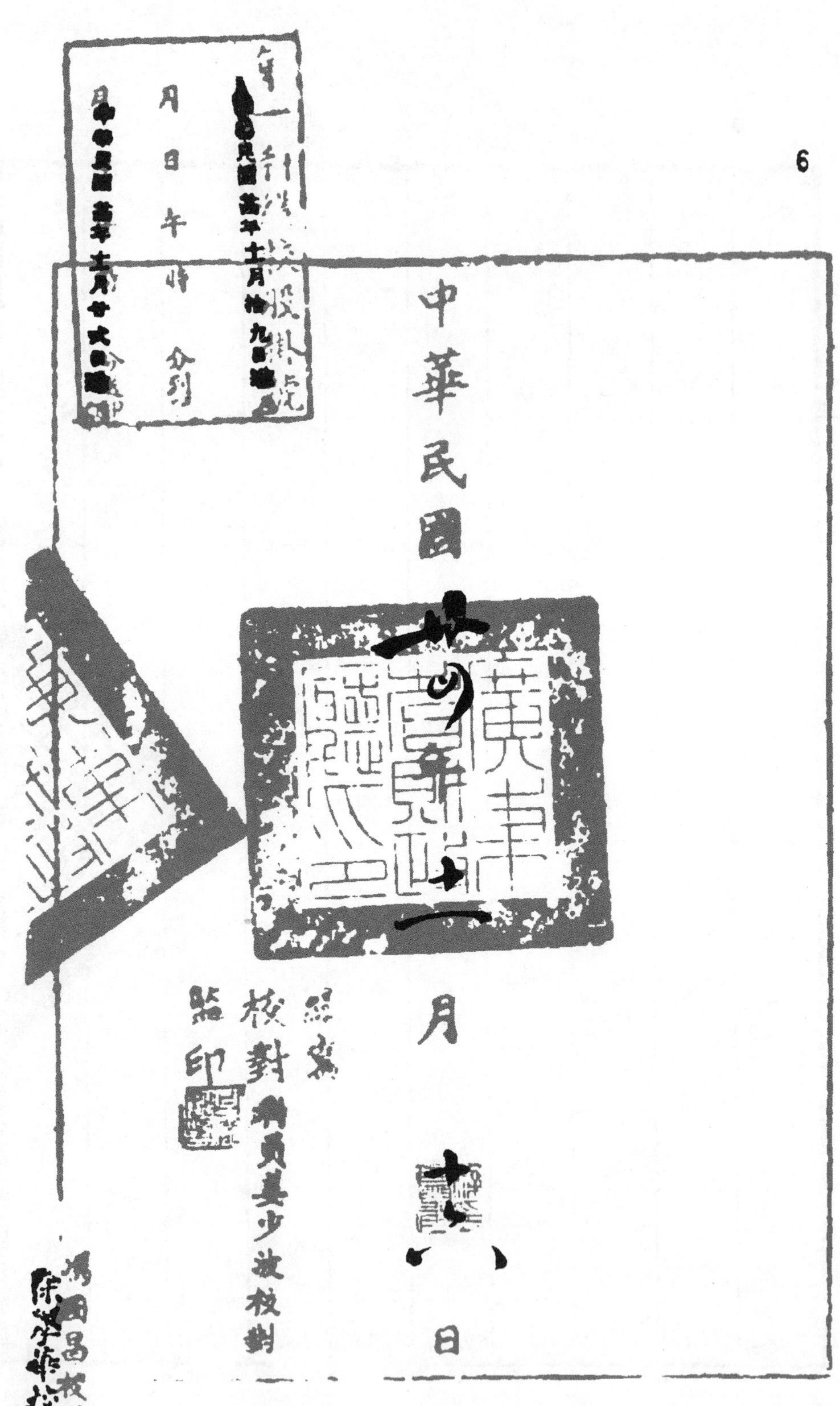

中華民國　　月　十八日

經寫

校對　科員莫少波校對

監印

13

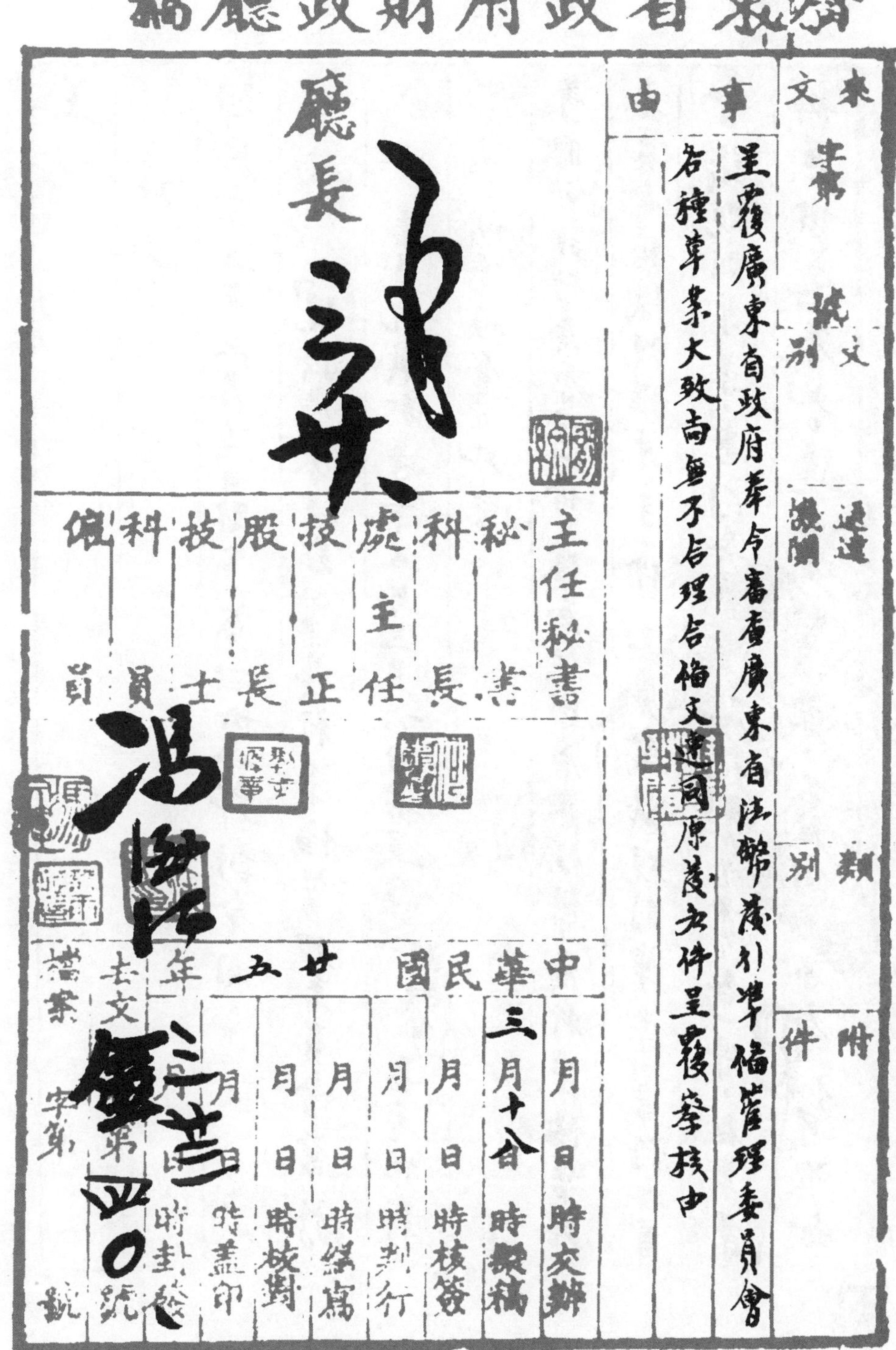

最速

廣東省政府財政廳稿

來文	字第　號
文別	
送達機關	
類別	
附件	

事由：呈覆廣東省政府奉令審查廣東省法幣發行準備管理委員會各種章業大致尚無不合理合備文並同原發各件呈覆察核由

廳長 區芳浦

主任秘書　秘書　科長　處主任　技正　股長　技士　科員　僱員

馮鍾俠

中華民國廿五年三月十八日

交辦	擬稿	核簽	判行	繕寫	校對	蓋印	封發
月　日　時	三月十八日　時	月　日　時	月　日　時	月　日　時	月　日　時	月　日　時	月　日　時

去文 字第 號
檔案 字第 號

14

呈

現奉

鈞府二十五年三月十二日財字第一一六三號訓令開：

「現據廣東省法幣發行準備管理委員會常務委員沈載和等二十五年三月六日具呈，云云（照叙至）審查擬覆，以憑核奪。此令。」

等因；計抄發原呈一件，擬發廣東法幣發行準備管理委員會組織規程草案一件，委員會議規則草案，常務委員會議規則草案，專門委員會議規則草案，各一件，各草案辦畢繳還，奉此。遵查各種草案，大致尚無不合，似可准如

原之稿大旨尚無不合，司之下請加左列一段：

惟組織規程第十條，設一等科員七人至十人，二等科員九人至十五人，三等科員十人至十五人。第十一條，僱員十四人至二十人。議會等職務，係在接收保管省庫市兩行移交準備金及調查物價指數、審定法幣發行額兩項，在接收調查期間事務較多，但非永久的，因暫時之事務而規定永久名額，則無事時未免虛糜。第十二條第二項，有由常委體察需要，寧缺無濫之規定，藉資撙節，擬一任任用裁撤轉難，擬於第十條改為設一等科員三人，二等科員六人至九人，三等科員九人至十五人。第十一條改為僱員五人至十八人。第十二條第二項仍存，另增第三項如下：前第十條、第十一條所定名額，如因臨時事務不敷調用時，得由常務委員會訂用臨時[illegible]員，所需薪給在臨時費項下支銷，仍先呈奉廣東省政府核准。其餘似可准如所擬辦理。

民國　年　月　日　廣東省政府財政廳條箋

草案各件
該科照抄存
一份，附卷
備查
三、九、

15

所擬辦理。奉令前因，理合檢文連同原發各種草案，呈覆

鈞府察核，仍候 指令祗遵！

謹呈

廣東省政府

附呈檢發原繳廣東省法幣發行準備管理委員會組織規程草案一件，委員會議規則草案、常務委員會議規則草案，專門委員會議規則草案各一件。

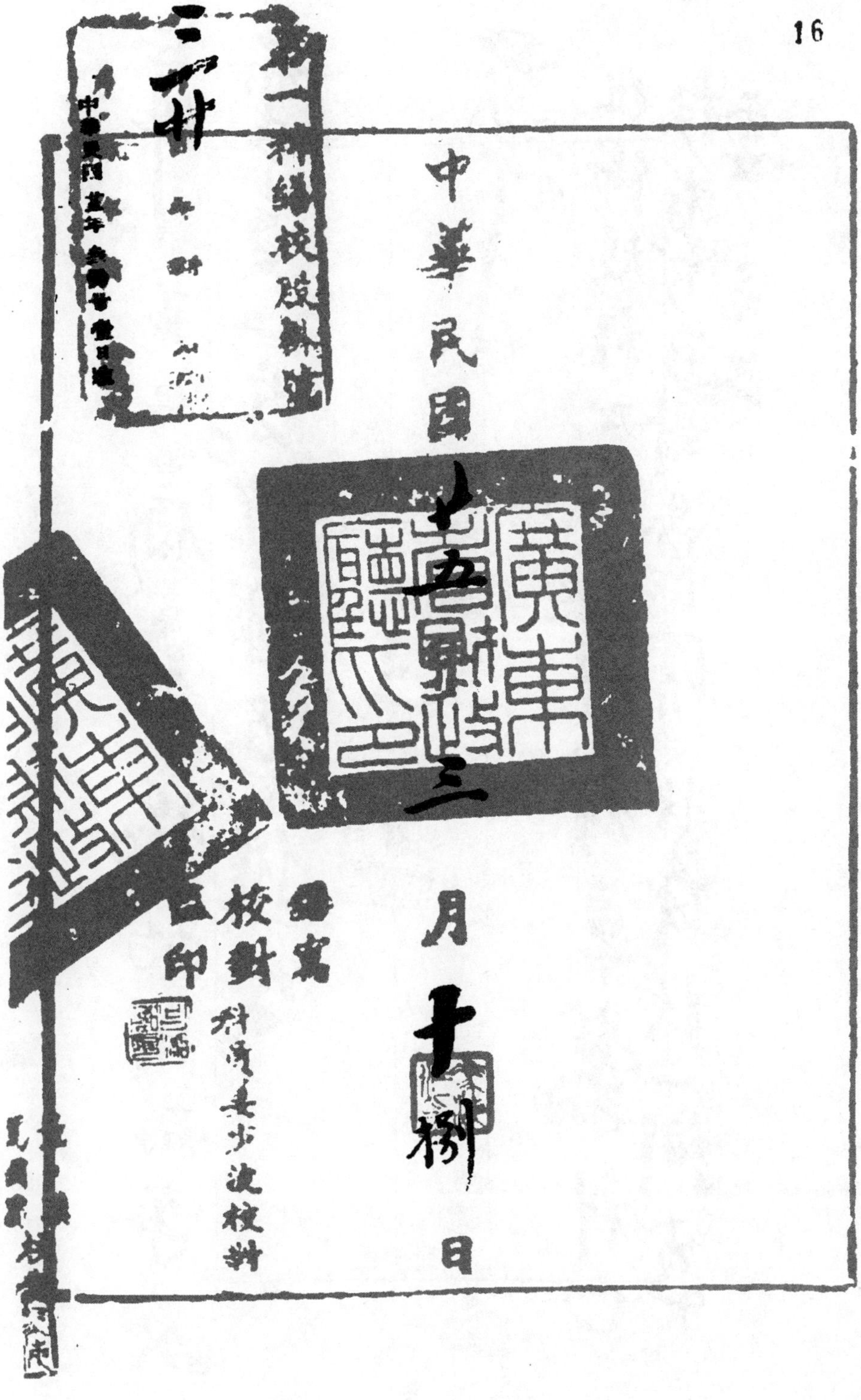

16

中華民國廿五年三月十捌日

繕寫
校對 科員姜少波校對
監印

新一　精繕校隊對監
二卅　年　月　日

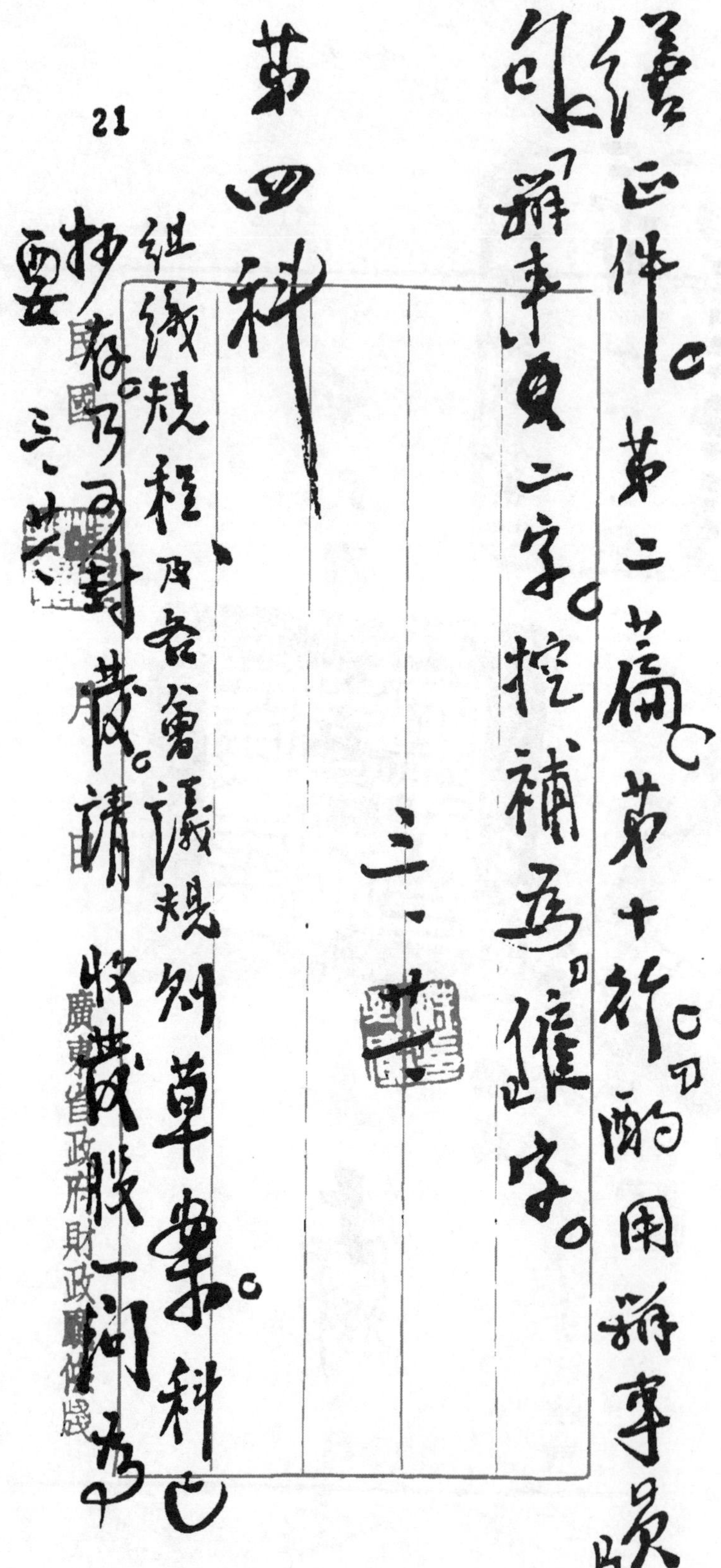

縉正件。第二篇，第十行，「酌用辦事員」句上「辦事員」二字。擬補為「僱」字。

三十一

21

第四科

組織規程、及各會議規則草案。科已抄存。乃再封發。請收發一閱為要。

民國三十六年 月 日

廣東省政府財政廳收發

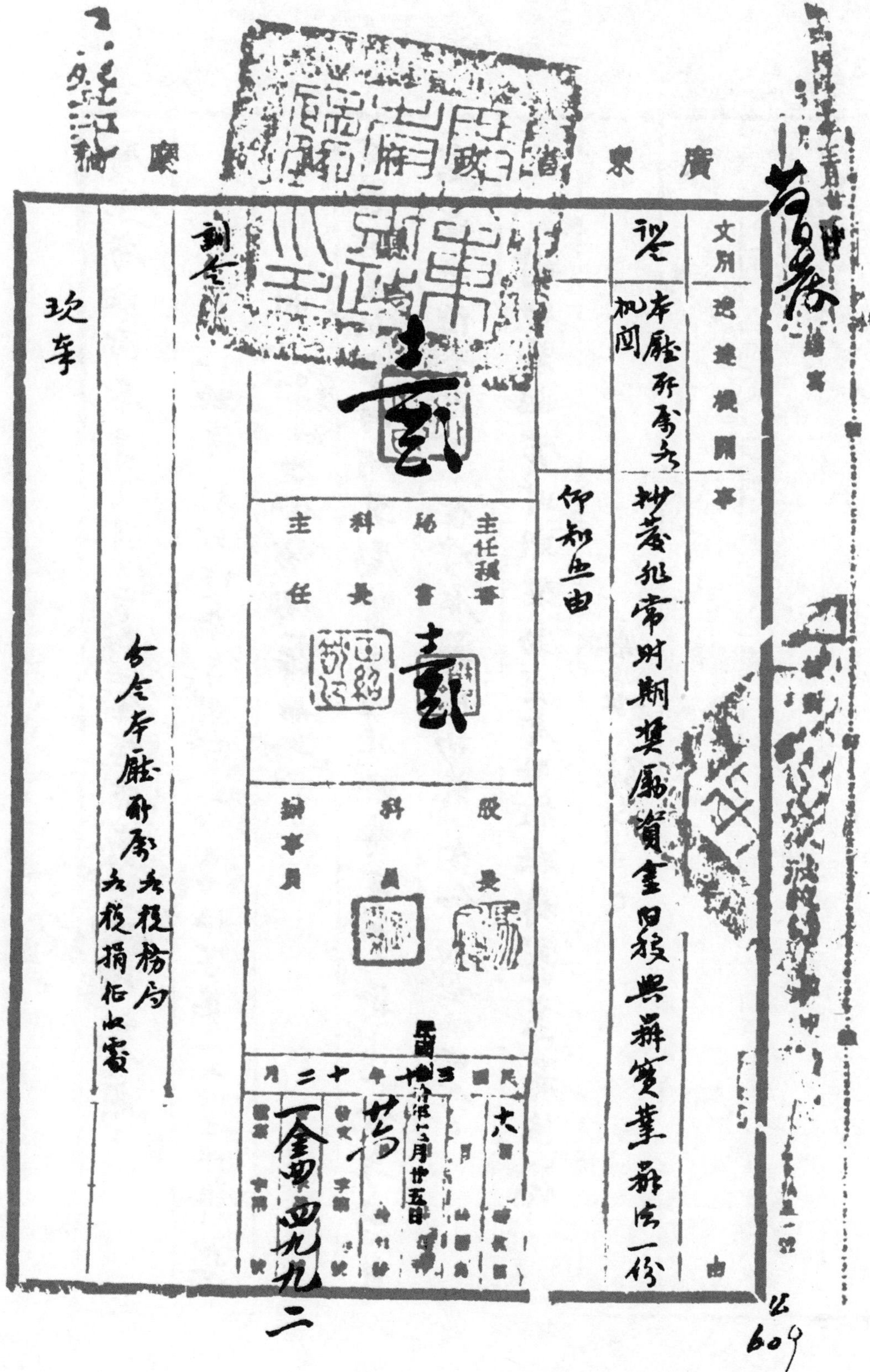

廣東省財政廳

文別：訓令

送達機關：本廳所屬各機關

事由：抄發非常時期獎勵資金回粵興辦實業辦法一份仰知照由

主任秘書　秘書　科長　主任

股長　科員　辦事員

民國卅一年十二月廿五日

一金四九九二

訓令

分令本廳所屬各稅務局、各稅捐征收處

609

2

廣東省政府本年十二月十六日財產字第六六二四號訓令開：

「現奉行政院本年十一月二十日勇伍字第一七四二七號訓令

開：訓詞 [illegible] 合仰飭屬一體知照」

等因，附奉抗戰時期獎勵資金內移興辦實業辦法一份。奉此，自

應遵照，除令行外，合將原辦法抄奉，令仰知照。此令。

附抄奉抗戰時期獎勵資金內移興辦實業辦法一份

廳長 張導○

金融处
廣東省政府財政廳摘由紙

中華民國廿八年　月　日收到編列西字第三三四八號　附件

事由	擬辦	批示	備考
廣東省政府代電江一財一二一〇七号 抄發奉發財政部第二次地方金融會議如何便利收購物資案原決議案電仰遵照由		存	

中華民國廿八年六月八日收到

1548 金融公債股

廣東省政府財政廳摘由紙

中華民國廿八年　月　日收到編列曲字第　號

事由	擬辦	批示	備考
廣東省政府粵一財九六三〇号訓令 抄發財政部召開第二次地方金融會議之運用經濟政治力量收購鄰近战區物產以冀增強抗戰力量案令仰知照由	存查		

附件

曲字2793號

1501 金融公债股

第一科

49

廣東省政府財政廳摘由紙

中華民國廿八年　月　日收到編列由字第　號

事由	擬辦	批示	備考
廣東省政府訓一財字九五七〇号訓令 抄發財政部召開第二次金融會議關於如何蘊蓄經濟力量案決議案件令仰知照由	存查 五、十四		

附件

中華民國廿八年五月十□日

由字2746號

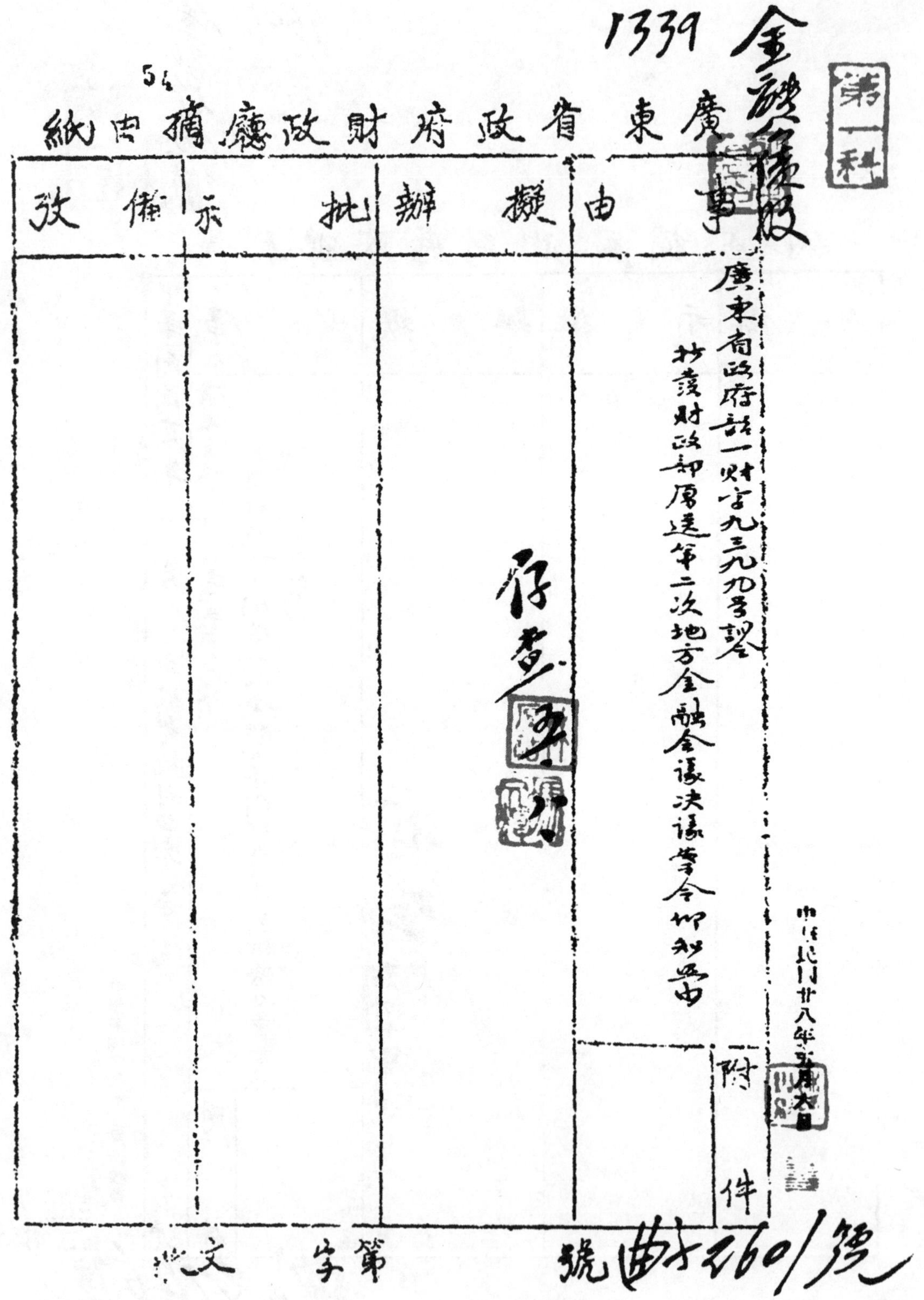
1339

金融股

第一科

广东省政府财政厅摘由纸

事由	拟办	批示	备考
广东省政府训一财字九三九九号训令 抄发财政部厘送第二次地方金融会议决议案令仰知照由	存		

中华民国廿八年五月六日

附件

文字第　号　曲财2601号

2498

令發國防要塞建設委員會及保管委員會組織條例由 出七

廣東省政府財政廳訓令 信字第二六六號

令興寧縣縣長

為令遵事現准

廣東財政特派員公署公函第一八五號內開現奉

國民政府西南政務委員會第六四二號訓令開前據該員以辦理發行

國防要塞公債三千萬元一案關於條例辦法三項請示到會當經分別

指飭其第二項債款保管委員會應由該處負責籌備並擬具章程呈候

核飭在案惟久未據呈到本會為督促成立起見經飭由秘書處擬具國防

要塞建設委員會及保管委員會組織條例草案各一份並提出第十七

次政務會議決議通過在案除批發及分行外合行抄發條例各一份仰該

員即便知照並飭屬一體知照仍負責籌備從速設立保管委員會

毋再延切切此令等因計發國防要塞建設委員會及保管委員會組

織條例各一份奉此查此次國防要塞公債由貴廳主要承辦經於公署

第一五六號函達在案

國民政府西南政務委員會備案外奉前因除呈報及分行外相應

抄條例各一份函達貴廳查照辦理並希飭屬一體知照等由附送

國防要塞建設委員會及保管委員會組織條例各一份過廳准此自應

照辦除佈告及分令外合行抄發條例令仰該縣長即便知照此令

計抄發國防要塞建設委員會及保管委員會組織條例各一份

中華民國二十一年 三月 十九 日

廳長 區芳浦

041

042

044

043

廣東省國防要塞公債債款保管委員會組織條例

第一條　債款保管委員會依廣東省國防要塞公債條例第二條第二項之規定組織之

第二條　債款保管委員會對於募集公債有保管債款監督用途之責

第三條　債款保管委員會以左列之團體人數組織之

省市黨部各一人

執行部一人

政務委員會一人

省政府二人

市政府一人

教育會二人

農會一人

工會一人

商會二人

律師公會一人

婦女團体一人

華僑團体一人

會計師公會一人

前項委員互推七人為常務委員

第四條　債款保管委員會關於處理債款事項以會議行之會議時由常務委員輪流主席

第五條　債款應由總徵募機關逕解保管委員會核收保管其數目按日公布之

前項債款用本會名義專款存貯本國銀行

第六條　債款支付時應由國防要塞建設委員會呈請西南政務委員會核准由保管委員會支付之

第七條　公債發行專為國防要塞建設起見無論任何重要事件及時局如何變遷不得移作別用不得已時得交由商會暫代保管

第八條　債款保管委員會得隨時向國防要塞建設委員會稽核數目

第九條　債款保管委員會辦事細則由委員會另定之

第十條　本條例自公布日施行

廣東國防要塞建設委員會組織條例

第一條 本會定名為廣東國防要塞建設委員會

第二條 本會以遵奉國民政府西南政務委員會辦理關於廣東全省要塞之規劃設置建築修理及器械之購置裝備等事宜

第三條 本會設委員長一人委員若干人由西南政務委員會任命或指派須有軍事專門學識人員充任之

第四條 本會為執行職務起見設置左列各科

一、總務科

二、設計科

三、工程科

四、購置委員會

各科設科長一員科員及其他職員若干人

購置委員會設委員長一員及委員若干人由各科或聘用人員兼充之各科會之辦事細則另定之

第五條 本會因業務上必要得聘請外籍專門技術人員

第六條 本會對于凡有關上列範圍之命令或處分認為對國防建設有妨礙時得呈請西南政務委員會停止或改變之

第七條 凡關于國防要塞建設所需之土地及物品於必要時得依法呈請西南政務委員會或諮請地方長官收用徵發之

第八條 關於國防要塞建設一切費用由本會計劃用途呈報西南政務委員會核轉國防要塞建設公債保管委員會撥發之

第九條 本會每星期開常會一次必要時得召集臨時會議規則另定之

第十條 本會對議決案之施行及日常事務之處理以委員長執行之

第十一條 本條例如有未盡事宜得呈請西南政務委員會修改之

第十二條 本條例自公布之日施行

052

053

5228

歸檔

訓令查照由本年十一月分起飭行停止搭發軍券獎券由

廣東省政府財政廳訓令 債字第八七八號

令興甯縣縣長

為令遵事，照得本省六年發行第二次軍需庫券，原有搭銷各機關經費、補助費及職員薪俸之規定，嗣以本年一月發行維持中幣有獎庫券，又經呈奉核定，凡在國省兩庫領支經費協關之職員薪俸，從本年一月分起改搭有獎庫券，其在分庫領支經費及外屬坐支經費機關，仍照舊搭發軍需庫券，俱以搭足十個月為限，歷經遵照辦理在案。現計搭至本年十月分止，照章扣滿期滿，所有前定搭發軍需庫券及有獎庫券辦法，自應由本年十一月分起飭行停止，以資結束。除呈報暨分別函令外，合行令仰該縣長即便遵照。此令。

廳長 區芳浦

中華民國二十一年十一月 二 日

監印 呂湘如

054
055

訓令知照查照第二次軍券俟推銷完竣結束後即定期抽
籤償還以清債務由

廣東省政府財政廳訓令　借字第一六二號

令興甯縣縣長

為令知事案查本省上年發行第二次軍需庫券原定自
發行日起滿一年後即二十一年六月起分十個月平均償還
本息現計期限屆滿照章本應開始抽籤償還以昭信
用惟現在各經募機關對於此項庫券派銷券額仍未
推銷完竣一時尚難結束關於案定六月起抽籤償還
事實上自難如期舉辦然為維持信用計當經分行各
經募機關趕緊推銷限期結束一俟結束就緒即行定
期抽籤償還以清債務除呈報
省政府備案暨分別布告函令外合行令仰該縣長即
便知照此令

中華民國二十一年六月　六　日

廳長區芳浦

監印呂湘如

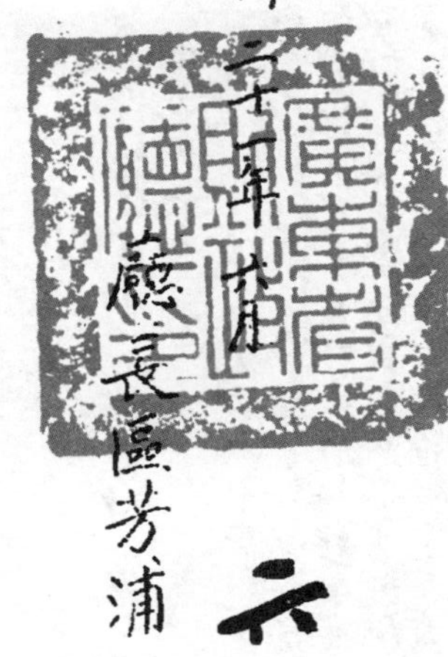

訓令遵照推銷契券兩項辦法辦理由

廿四

廣東省政府財政廳訓令　[illegible]字第[illegible]三百七十號

令興寧縣縣長

為令遵事。現據廣東省銀行發行紙幣監理委員會主席陳維周呈稱："查發行維持中央紙幣有獎公債五百萬元一案，前奉鈞廳訂定推銷辦法十二條，公佈施行，自應遵照辦理。惟此項辦法僅規定由廣東省銀行發行，飭令共同經理勸募，至如何勸募方法，尚未有規定。查此項庫券每券款係全元，被會副署發行之新幣準為券全元，用現款。會等已開始籌辦，分送各縣全數募集。又省行新幣係以早日劃兌為要，行其為推行民利，迅見應由會與[illegible]坊市向來代售債券之商店，派人到會訂定代售辦法，即分別發交代售外，復經於此會會務會議議決辦法兩項：一、擬請鈞廳令飭縣長協助，[illegible]公會請其勸諭同業中各銷其券若干張，如係殷實商店須[illegible]款者，則銷出[illegible]券一一[illegible]，[illegible]二十[illegible]參[illegible]張來繳，以[illegible]於十日內轉[illegible]銷有效，否則照未銷出論。如有中獎，其[illegible]令[illegible]扣出[illegible]二券抽[illegible]令[illegible]其[illegible]，[illegible]銷者則不在此限。二、擬請[illegible]令飭各縣縣長於文到半月內[illegible]銷，并由各該縣縣長[illegible]，大縣每銷五千元，中縣每銷三千元，小縣每銷一千元[illegible]擬凡八折[illegible]，其獎[illegible]。上兩項是否可行，理合備文[illegible]呈請[illegible]。"據此，查核所擬推銷契券兩項辦法[illegible]，[illegible]遵照暨分行各縣知照外，合行令仰該縣縣長即便遵照第二項辦法迅為辦理，勿違，切切。此令。

中華民國二十一年四月六日

廳長　馮祝萬

3057

存

廿八 五

訓令知照修正湖北省善後公債条例第八條之文由

廣東省政府財政廳訓令 倩字第四八七號

令 興甯縣縣長

為令知事。現奉

廣東省政府財字第四七三九號訓令内開：案奉

行政院第式式式夕號訓令開：為令知事。案奉

國民政府渝字第壹夕壹號訓令内開：為令知事。查民國二十年湖北省善後公債條例前經制定明令公布，兹將該條例第八條酌予修正，應即通飭施行。除分令外，合行抄發修正條文，令仰知照，并轉飭所屬一体知照。此令。等因。奉此，除分令外，合行抄發原附修正條文，令仰知照，并轉飭所属一体知照。此令。等因。并附發修正民國二十年湖北省善後公債條例第八條之文一份。奉此，自應遵照辦理。除分行外，合將條文印發，令仰該廳長即便知照，并轉飭所屬一体知照。此令。計附發修正民國二十年湖北省善後公債條例第八條之文一份下廳。奉此，自應遵照辦理。除分行外，合將條文抄發，令仰該縣長即便知照。此令。

計抄發修正民國二十年湖北省善後公債条例第八条之文一份

中華民國三十一年 七月 廿六 日

兼廳長 區芳浦

監印 呂湘如

059 058

修正民國二十年湖北省善後公債條例第八條々文

第八條　本公債發行後由省政府組織基金保管委員會負責保管公債基金並監督還本付息事宜

前項基金保管委員會由省政府及財政廳民政廳建設廳審計機關各派員一人漢口武昌漢陽三總商會及漢口銀行錢業兩公會漢口房產公益會各派代表一人組織之

一件財廳令飭該縣欠解三次公債撥抵仰縣限五日內清繳由

財政

中華民國十八年四月廿六日

廣東省政府財政廳訓令第二九〇號

令興甯縣長

為令催事。案查第三次公債所有各縣各機關各厘税捐公司欠解債欵，迭經令催在案。惟迄今日久，尚未據解清，似此任意玩延，實屬不成事体。現值要需孔亟，合再嚴催，以重公帑。查該縣尚欠債欵壹千五百五十三元五毫，除分令各區催收員守催外，合行令仰該縣即便遵照，限文到五日內立即將欠解債欵掃數解繳，以應要需，不得逾限干咎，毋違。切切此令。

中華民國十八年四月八日

廳長 馮祝萬

065

事由 令仰将搭銷戰債經收經繳數目列表報廳債款悉數解繳當地省銀行核收由

廣東省政府財政廳訓令

一金曲字第五二一六號

令興寧税務局

案查關於營業車輛及船來物產專税配銷戰時公債前經本廳分別擬具配銷辦法於本年九月二十四日以一金曲字第二九四七號訓令通飭遵照辦理有案現查配銷戰債期間行將屆滿各局所對於經收經繳債款數目多未依照原辦法規定每旬列表報廳自屬不合合行令仰該局遵照即將經收經繳債款數目詳細列表報廳以憑核對並應每日將是收債款悉數解繳所在地省銀行核收不得積存以符規定為要此令。

廳長 [illegible]

中華民國三十年十二月三十一日

監印 藍太和
校對 姜少波

067

066

廣東省國防要塞公債發行細則(草案)

(一)本細則依據修正廣東省國防要塞公債條例及修正廣東省國防要塞公債推銷保管還本辦法大綱內之推銷辦法六項訂定之

(二)本公債發行總額定為三仟萬元債票面額分為壹百元五十元壹拾元及壹元聯票四種俱按照面額十足發行以廣東通用銀毫或省銀行兌現券收繳

(三)本公債以廣東省商稅及其附加全部為担保償還本息基金並由省銀行負責支付照案於明二十一年四月十六日起發行從發行之日起十二個月內為財政廳募集之總結束期限並二十三年五月一日起還本付息每兩個月抽籤一次分期三十次全數還清即每次還本壹百萬元

(四)本公債推銷方法根據辦法大綱內之六項推銷辦法訂定如左

子、就省商稅及各縣市地方捐稅之承商公司按照餉額一個月派銷

前項派銷由承商負担不得轉嫁於納稅商人但總商對於所屬分商或子商得酌其分担以昭平允

丑、就全省各縣市各行商店按照營業稅或商業牌照稅所報資本額百分之二派銷

前項派銷廣州市由財政廳函商營業稅局或市商會派員負責辦理外屬各縣市由各該縣市長會同所在地商會負責辦理但各行商店當茲維持中央紙幣業由按省令撥封存中狀商米舉堆揭封者均俟明令揭封由乃開始執行派銷

寅、就全省各市鎮商店住戶及舖戶按租額派銷由業主負担廣州市汕頭市按照一個月租額派銷其各市鎮按照半個月租額派銷

前項派銷廣州市由財政廳函請廣東省會公安局辦理汕頭市由財政廳令汕頭市長飭該市公安局辦理其餘各市鎮由財政廳令各縣長辦理

卯、就各縣市殷富派銷由各該縣長負責照核定派銷額數及限期全數募集

前項派銷額數及期限由財政廳體察各地方情形分別定之

辰、就各機關商會學校及各公共團體勸派銷其派銷辦法規定如左

(1)按廣東全省境內各機關每月應支經費之預算總額派令搭銷一成但在裁員減薪期間或在搭發別種公債庫券期內均准予豁免

(2)就全省司法行政建設所屬及各征收機關在本公債募集期內所有罰款收入均於罰款全額之外加制搭銷二成公債

(3)關稅所屬各機關由廣東財政特派員公署擬定派額分別函令各該機關負責派銷限期募足

(4)廣鹽運使公署除所屬承商公司照子項辦理外應併派飭所屬機關及事業鹽業商人等分別認銷

各该商店[illegible]分配所属税务机关负责承销

广东[illegible]局除所属香商公司照章[illegible]办理外，应准[illegible]所属各分局负责[illegible]公司商店

及代理或经销[illegible]商店等分别承销

广东[illegible]局除所属香商公司照章[illegible]办理外，应准[illegible]所属各分局负责[illegible]

[illegible]公司商店分别承销

粤桂[illegible]局除所属香商公司照章[illegible]办理外，应准[illegible]所属各[illegible]

[illegible]公司商店分别承销

[illegible]所属香商公司[illegible]

[illegible]所属各公司商店分别承销

以上各[illegible]公司商店[illegible]

(四)[illegible]广州市[illegible]广东财政厅[illegible]

[illegible]

[illegible]

已[illegible]

[illegible]

[illegible]

[illegible]

(五)[illegible]

[illegible]

[illegible]

[illegible]

(六)[illegible]

[illegible]

(七)[illegible]

[illegible]

[illegible]

(八)[illegible]

(九)[illegible]

[illegible]

(十)[illegible]

(十一)本[illegible]公布[illegible]

068

069

經募廣東國防要塞公債懲獎規則（草案）

第一章　懲戒辦法

第一條　凡經募國防要塞公債如有舞弊等事或推銷不力或繳款遲緩者均適用本章規定各條辦法分別懲處

第二條　凡經募機關如有收受債款隱匿不繳或私擅挪用或將債票收回蓄銷或加收票價藉端折扣或收款不給票及其他舞弊情事一經查明即照左列辦法分別懲處

一　各市商會各公共團體有前條情弊之一者由負責經募人分別處五百元以上五千元以下之罰金

二　各市商公司除照第一款處罰外並撤銷存案

三　委辦機關主管長官分別記過罰俸或撤任

四　其情節較重者拘押主管經辦人員另案訊辦

第三條　經募機關應依發行細則第七條規定於發出債票時加蓋機關字戳及註明月期於票面如有抗違者不論數額按照前條辦法分別懲處

070

第四條　經募機關應依核定推銷數額期限全數募集繳款如推銷不力繳款遲誤者即照左列辦法分別懲處

一　到限推銷不滿七成者取銷其全數應提扣之經募費委辦機關主管長官並記過一次罰俸十天

071

二　到限推銷不滿五成並將未銷債券收回者除照第一項辦理外委辦機關主管長官並記大過一次罰俸一個月

三　到限推銷不滿三成者除照第一項辦理外各市商會委辦機關主管長官即予撤任

本條推銷不力之市商公司其繳款不足之額按作欠繳論應限期繳足倘期如再不足仍向保證人追繳

第二章　獎勵辦法

第五條　各經募機關對於核定派銷額數能依規定期限清繳票款者除照章發給經募費外並酌予記大功或給以獎章

第六條　無論個人或公共團體能於發行期內認銷債票十萬元以上者給予一等金質獎章五萬元以上者給予二等金質獎章壹萬元以上者給予三等金質獎章

第七條　無論何人對於第一章第二條所犯事實有能舉發告密者一經訊實即以所處罰金五成充賞但不得挾嫌誣告致干究治

第三章　附則

第八條　本規則自呈奉核准公布之日施行

第九條　本規則如有未盡事宜得隨時由財政廳呈請修正之

第十條　本規則如有關於事實須變通執行之處得由財政廳呈奉核准變通執行之

073　072

第2497號

訓令知照國防公債發行細則及懲獎規則由　廿七七

廣東財政特派員公署
廣東省政府財政廳　訓令　債字第弍七九號

令興寧縣縣長

為令遵事。案得本省此次發行國防要塞公債，業經依照奉頒條例及推銷保管還本辦法大綱，分別辦理在案。惟關於經募本公債之懲戒辦法、獎勵辦法及各項推銷辦法暨其他一切手續，亟應分定專章，俾資遵守。當經擬具發行細則十一條、懲獎規則十條，會同呈奉

國民政府西南政務委員會第二十一次政務會議議准予備案，指令遵照在案。除分別布告、函令外，合將細則及規則刊發，令仰該縣長遵照，並轉行所屬一體知照。此令。

計發國防要塞公債發行細則、懲獎規則各一份

中華民國二十一年六月二十七日

特派員兼廳長區芳浦

監印□潤如

第1507號

財政

訓令查照征收軍需庫券紙銀辦法各予展期十天由

中華民國十九年一月廿三收到

廣東省政府財政廳訓令 第二三〇號

令興寧縣縣長

為令遵事：現接廣州總商會函開：此次發行軍需庫券，有十九年一月十日以前繳款者准收銀七紙三，一月二十日以前繳款者准收銀八紙二，一月三十一日以前繳款者准收銀九紙一，逾期全收銀毫之規定。惟勸募伊始，適值新年假期，又本月四日始奉發庫券，必待庫券足數分配各勸銷隊員，始易分途出發，故第一期勸募時日不無耽擱。以全市商店衆多，實非短短促時間所能普遍，而第一批十天之期已屆，迭據各行商投請展限辦理等情前來，似當照准。擬請展限改為一月二十日以前繳款者仍收銀七紙三，一月三十一日以前繳款者仍收銀八紙二，二月十日以前繳款者仍收銀九紙一，逾限方全收銀毫，庶免向隅，而符事實等由。查所稱各節，尚屬實情，自應照辦。除出示布告、分行外，合行令仰該即便遵照辦理。此令。

中華民國十九年一月 十四 日

廳長 范其務

監印 沈友山

財政

第1567號

中華民國拾九年乙月廿四日收到

財政廳代電 現因軍需緊急，該縣派銷軍需庫券銀一萬伍千元，限文到三日內如數籌墊解庫，仰即遵照由

廣東省政府財政廳快郵代電

粤高要縣劉縣長鑒：現因軍需緊急，庫款支絀，該縣派銷軍需庫券額一萬五千元，限文到三日內如數籌墊解庫。其未領券者，并即派員來廳具領。至就近分庫區域，應准解繳分庫，入帳轉解，以資應付。仰即遵照依限籌解，切速。廳長沈（印）

中華民國十九年一月二十一日

082

083

財政 第10994號

中華民國十六年十二月廿 日收到

訓令催銷軍需庫券迭飭具報解庫領券回縣派銷以顧考成由

廣東省政府財政廳訓令第七五二號

令興寧縣縣長

為令遵事。照得本廳奉行軍需金庫券四百萬元，業經擬具開单及推銷辦法呈奉

廣東省政府委員會議決照准，并分別行知在案。查支配推銷辦法，有以四百萬元分給各縣擔認，及指撥二成作為兩個月之規定，自應按定銷額責令各縣長赴期舉辦。須知此項庫券還本十足，利息優厚，信用昭著，領人便利，與其他軍需借款並無利息或無期歸償者不同。凡各紳商民均應体諒政府此次討逆之艱難，軍情之浩大，發券借款實非得已，樂相購買推銷，以盡急公之義務。各該縣長身任地方，尤應勉力宣導，全數推銷，事關考成，慎毋玩忽。除分行外，合行令仰該縣長即便遵照，將核定銷額迅速先行備具現款，派員依期立提解省繳庫，領取前項庫券回縣派銷，勿稍遲延，切切此令。

中華民國十六年十二月廿四日

廳長 [illegible]

084

085

第[illegible]號

財政 通令遵照

中華民國十九年[illegible]月十三日收到

訓令遵照地方支出各費仍應照案搭發軍需庫券二成由

廣東省政府財政廳訓令第 弍 號

令 興寧縣縣長

為令遵事查各機關經費由十八年十二月分起照總額搭發軍需庫券二成業經通行遵照在案所有縣市地方支出各費仍應照案一併搭發以昭一律此項庫券即在各縣市所派額內領用不再加派除分行外為此令仰該縣即便遵照辦理毋違此令

廳長范其務

中華民國十九年一月 四 日

校印沈友

財政 第1293號

訓令查照短期軍需金庫券簡章妥為辦理由

中華民國十六年十二月卅日收到

廣東財政特派員公署
廣東省政府財政廳 訓令 第[illegible]號

令 [illegible]縣縣長

為令遵事。查粵省西稅，平時預算支收，已屬不敷。此次討逆軍興，臨時戰費需款至鉅，必須預籌。稅收乃因戰事影響，異常短絀，商承揭項，復多推諉。頃值近日撥亂變亂之區，如西北西江高雷欽廉瓊崖各屬，漸見擴大，一時未能肅清，則外屬稅款即未能解濟省庫，廣州一隅收入有限，收少支多，庫款益形拮据。中行停兌以後，中紙低落，庫存紙幣未便動用，而臨時戰費、犒賞、獎賞、戰地災民接濟費等款，均急須現金支付。茲為調劑現金起見，特擬發行短期軍需金庫券四百萬元，以二百萬元分發各商會：廣州總商會一百四十萬元，汕頭總商會三十萬元，江門商會一十萬元，佛山商會二十萬元，向各行商按照商業輔助資本額攤認，百分之五，或照後日撥派辦法辦理。其餘二百萬元，以一百萬元分令各縣攤認，為各屬稅捐防務義會承商與士夫紳領認借，以四十萬元交廣州公安局，六萬元交汕頭公安局，四萬元交江門市政局、南海、番禺，分向廣州、汕頭、江門、佛山各房產按戶酌派認數。嗣准攤派之數均先繳款，換給券，以五十萬元撥發各機關本年十二月及十九年一月經費，不論經常、臨時，概照領搭六成。此次討逆，戰爭甚烈，粵上半年自經防緣市區及港方機關，均得安全無恙，此與戰地人民及各軍隊駐防任由土匪蹂躪者有天淵之別，責令認借此數，實義不容辭。當經擬具簡章呈奉

廣東省政府指令財字第一五五一號開：呈及簡章均悉。應經本府第五屆委員會第四十次會議議決照准，以維金融，銀行為做價，銀號商號兌換，仍照辦理。特別負擔其數目由財廳酌定。此案合行錄案令仰即便遵照辦理。此令，簡章存等因。奉此，自應遵照辦理。除布告及分別函行外，合將簡章令發，仰即遵照辦理，切切。此令。

計發簡章一份

中華民國十六年十二月二十四日

特派員兼廳長 范其務

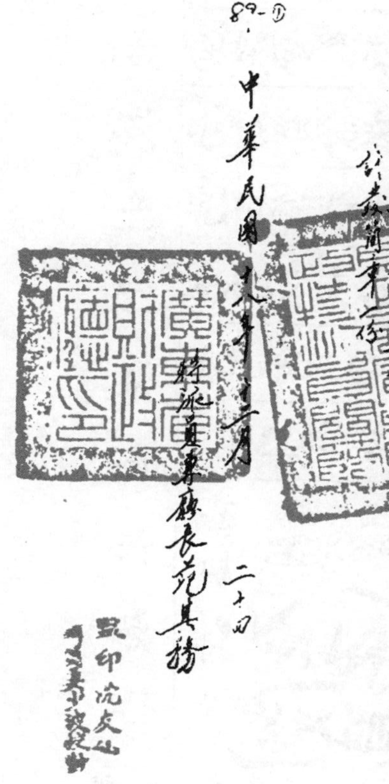

監印 沈友山
校對 [illegible]

附件壹

閱。建廳部份交建設廳核辦。七·廿六

閱呈後仍交該廳就應办各項積極速办理 七·廿六

二金民字第一〇二四號

卅四年七月十五日收到

此件廿月廿日下午到

收到 7/12

084 廣東省政府財政廳報告

案由 關於召集增產食糧提高農貸額及購糧週轉金座談會情形報請察核由

關於　行政院決議救濟本省糧荒辦法內第七項「粵省在湘贛桂購糧如發生週轉金困難時由廣東省銀行與四聯總處洽商四聯總處應予協助」又第八項「粵省以後應增食糧生產農民銀行為該省增產食糧應將農貸額提高」奉飭召集有關機關及約請中中交農四行會商解決等因當經召集建設廳糧政局動員會議省銀行及駐關中中交農四行於本月二日在本廳會議室舉行座談會經將各案分別提出討論決議紀錄在案理合將會議紀錄一份報請

鈞長察核指遵

右報告

主席李

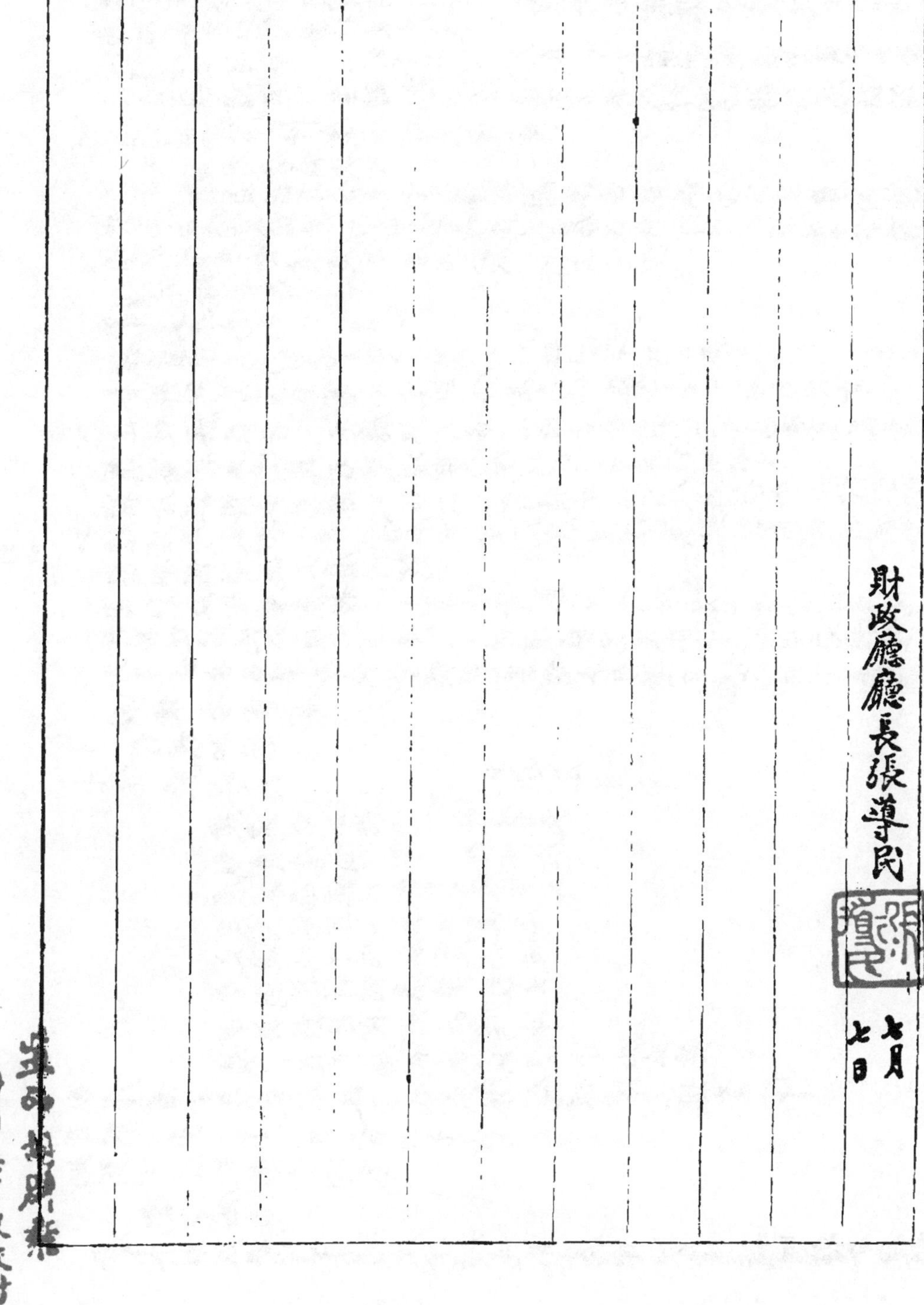

085

財政廳廳長張導民

七月七日

086

087

廣東財政廳召集增產食糧提高農貸數及購糧週轉金會議
會紀錄

地點：財政廳會議室
日期：三十二年七月二日上午九時
出席者：廣東糧政局代表 許錫球 陳東 胡業偉
廣東建設廳代表 葉[illegible] 孔昭英
中央銀行代表 殷鑑泮
中國銀行代表 鄧瑗文
交通銀行代表 夏[illegible]
農民銀行代表 秋[illegible]夫
廣東省銀行代表 林協文
動員會議 劉佐人
廣東財政廳 張導民
紀錄 劉冠常

主席 張導民

行禮如儀

(甲)報告事項

一、主席報告召集座談會理由，略謂本省糧慌救荒辦法業經行政院核定八項，其中第七八兩項係規定解決購糧週轉金之困難及增產食糧提高農民貸款等語，今日召集座談會就係應如何解決上項問題

二、糧政局報告：略謂本省糧荒嚴重，購糧款為數頗巨，其週轉金艱困在所難免，依照目前情形，購糧週轉金估計擬以限額需款五千萬元，該項資金如何籌集請公決定

二、建設廳報告：本廳擬具本省增產計劃合計為壹萬萬元，內分春耕(禾造)五百萬元，冬耕(小麦、馬鈴薯)壹千萬元，推廣優良稻種壹千萬元，墾荒壹千五百萬元，肥料壹千五百萬元，水利四千萬元，新[illegible]半壹千萬元

(乙)討論事項

一、關於增產食糧提高農貸數額如何決定案
決定：農貸額提高為壹萬萬元，農民銀行負担百分之八十，省銀行負担百分之二十，詳細辦法由建設廳召集農民銀行、省銀行會商決定

一、關於購糧週轉金如何決定案
決定：購糧週轉金擬為五千萬元，由省銀行向四聯總處商借

一、關於前由韶市各銀行會商決定限價物資購運所需資金壹萬萬元案應如何重行決定案
決定：限價物資所需資金壹萬萬元，除購糧價款五仟萬元外，其餘五仟萬元仍由韶市各銀行承借，請省政府函諮市銀行公會及四聯分處、四聯總處洽商辦理

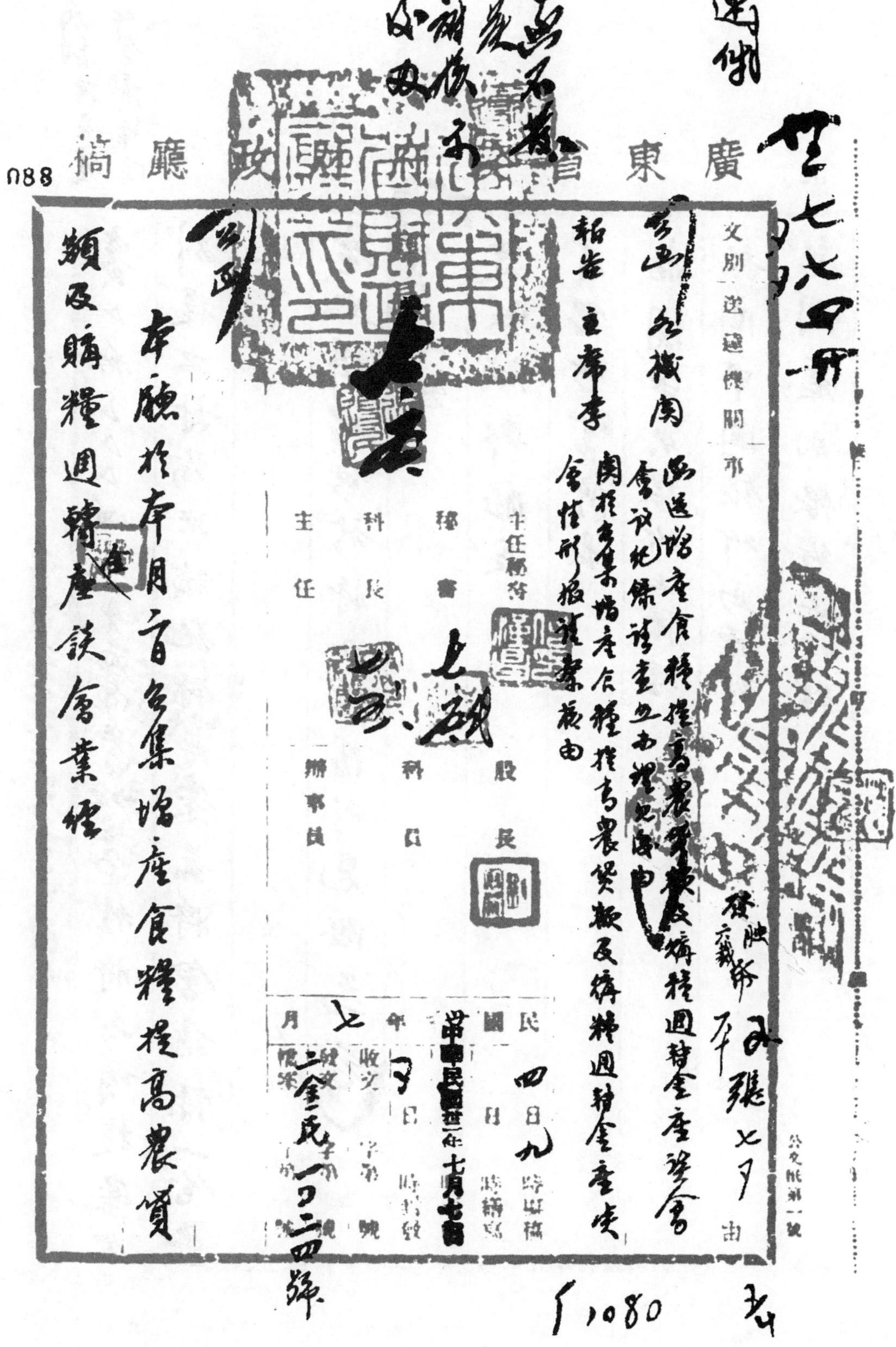

速件

廿七 六 四 卅一

廣東省[illegible]政廳稿

088

函石發 並補後予 以分发

文別	分函
送達機關	各機關
事由	函送增產食糧提高農貸及購糧週轉金座談會會議紀錄請查照辦理見復由
	閱於本市集增產食糧提高農貸撥及購糧週轉金座談會情形擬請案核由

報告 主席李

發 陳 六義科 不 ㄗ 張 七 ㄗ 由

主任秘書	
秘書	長
科長	七
主任	
股長	
科員	
辦事員	

民國 年 月 日 時擬稿	四 日 九
年 月 日 時繕校	
中華民國卅一年七月七日	
收文 字第 號	二金民一○二四號
發文 字第 號	

本廳於本月 日召集增產食糧提高農貸類及購糧週轉金座談會業經

公文紙第一號

f 1080

附表件名貳
並會議錄壹

貴△派△△△代表出席參加常經將各項提案分別提出討論決議紀錄在案茲將會議錄一份函送

查照辦理仍祈將辦理情形見覆為荷

此致

建設廳鄭廳長

省銀行雲行長

韶關中央銀行王經理

韶關中國銀行馬經理

韶關農民銀行王經理

090

韶關交通銀行石經理
糧政局胡局長
動員會議劉秘書長

院長張羣

報告

關於 行政院決議救濟本省糧荒辦法內第七項「粵省在湘贛桂採糧如發生週轉金困難時由廣東省銀行與四聯總處洽商四聯總處應予協助」又第八項「粵省以後應增食糧生產農民銀行為該省增產食糧應將農貸款額提高」等

091

飭令集有關機關妥擬請中中交農四行會商解決等因

當經令集建設廳糧政局動員會議省銀行及韶關

中中交農四行於本月十五日在本廳會議室舉行商座談

會經將各項議案分別提出討論決議紀錄在案茲

分函各有關機關查照辦理理合將會議紀錄一份

報請

鈞長察核指遵

右報告

主席李

廳長張[illegible]

092

廣東財政廳召集增產食糧提高農貸額及購糧週轉金座談會紀錄

地點：財政廳會議室

日期：三十二年七月二日上午九時

出席者：廣東糧政局代表許錫球 陳東胡業偉

廣東建設廳代表葉漢予 孔昭英

中央銀行代表殷鍾洋

中國銀行代表蘇愛文

交通銀行代表夏安侗

農民銀行代表杜曼夫

廣東省銀行代表林協文

動員會議 劉佐人

廣東財政廳 張導民

紀錄 劉冠常

主席 張導民

行禮如儀

（甲）報告事項

一、主席報告召集座談會理由：：畧謂本省糧食[illegible]慌情[illegible][illegible]救荒辦法業經行政院核定八項其中第七八兩項係規定解決購糧週轉金之困難及增產食糧提高農貸額等故今日召集座談會就係應如何解決上項問題

二、糧政局報告：略謂本省糧荒嚴重購糧數額為數頗鉅其週轉金難困在所難免依照目前情形購糧週轉金估計最低限額需款五千萬元該項資金如何籌集請公決定

三、建設廳報告：本廳擬具本省增產計劃合計為壹萬萬元內含春耕（木薯）五百萬元冬耕（小麥馬鈴薯）壹千萬元推廣優良籽種壹千萬元墾荒壹千萬元肥料壹千五百萬元水利四千萬元耕牛壹千萬元

（乙）討論事項

一、關於增產食糧提高農貸額如何決定案

決定：農貸額提高為壹萬萬元農民銀行負担 [illegible] 省銀行負

担二〔成〕[illegible]詳細辦法由建設廳召集農民銀行省銀行

會商決定

二、關於購糧週轉金如何決定案

決定：購糧週轉金暫擬為五千萬元由省銀行向四聯總處商

〔首由農民銀行、市銀行負責籌措，購糧負責籌足〕

三、關於限價會議所需資金壹〔拾〕萬元應如何決定案

決定：限價會議所需資金壹〔拾〕萬元除購糧價款五〔拾〕萬

元外其餘五〔拾〕萬元〔由省市各銀行〕承借〔[illegible]〕省政府與市銀

行分會及四聯分會〔四聯總處[illegible]〕

諮商辦理

广东财政厅召开增产粮食提高农贷款暨筹程
周转金座谈会

地点：财厅会议室

日期：卅二年七月十日上午九时

出席者：

广东粮政局代表 许询伊 陈东 胡章傅

广东建设厅代表 叶蕃亭 孔照英

中央银行代表 郭德

中国农行代表 苏青文

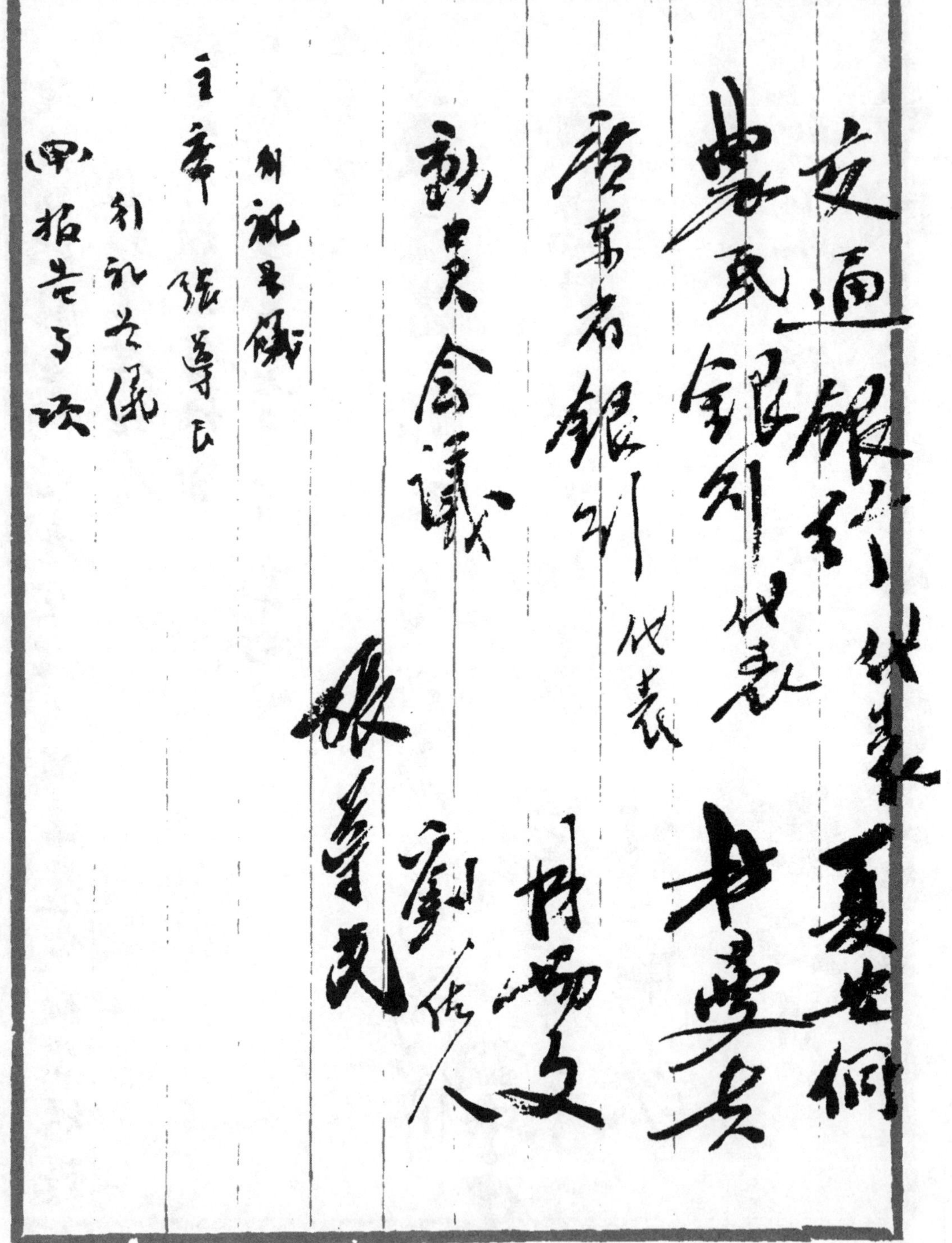

交通银行代表 夏世何

农民银行代表 李惠良

广东省银行代表 胡铭文

动员会议 刘佐人

张导民

纪录 黄仪

主席 张导民

纪录 黄仪

（甲）报告事项

一、主席报告召集座谈会理由：略谓本省粮食恐荒情形严重，其救济办法经行政院核定八项，其中第七、八两项系规定筹办种粮周转金之运用办法，及指定食粮及高农贷款。兹今日召集座谈会，以就应如何解决上述问题。

二、粮政局报告筹运种粮情形：本省粮荒严重，种粮数量[illegible]，其周转金困难在所难免。依照目前情形，种粮周转金估计最低限度需要五千万元，该项资金如何筹集，请公决定。

三、建厅报告增产情形：今计[illegible]一万万元之[illegible]为春耕五百万（小麦与[illegible]），春耕壹千万，推广优良稻种壹千万，垦荒壹仟万，此耕壹仟五百万元之水利四千万元之[illegible]之

以上计[illegible]

中国农[illegible]本省粮[illegible]

决定：农贷程度高为壹万万元，农行八仟万，省行弍仟万，详细办法由省行农行斟酌会商决定

六、关于储粮周转金如何决定案

决定：暂拟储粮周转基金为五千万元，由省行向四联总处商借

七、关于限价会议资金壹仟万元应如何决定案

决定：限价会议资金壹仟万元，除储粮价款五百万元外，其余五百万元由四行承借

特急件　卅二年六月廿八日

李

孫秘書稿

限當日上午十一時發出

100

廣東財政廳稿

文別	送達機關	事由
代電	各縣府	電請秋冬兩季廣為[illegible]推廣本省增產食種子宜由

發給春耕[illegible] 六月卅

建和改現批

主任秘書

秘書

科長

主任

股長

科員

辦事員

民國　　年　　月　　日

收文　字第　號　30日

中華民國卅二年六月卅日

二叁民九八二號

現李

為函

主席為[illegible]行政院決議救濟本省糧荒辦法四第七項

戶1045.

101

「粤省在湘赣桂購糧如發生週轉金困難時由廣東省銀行與四聯總處洽商四聯總處應予協助」又第八項「粤省以發展增產食糧生產農民銀行為該省增產食糧應將農貸額提高」均在案省府擬仍請中中交農四行會商籌決本省購糧週轉金困難及增產食糧提高農貸辦法問題茲定於七月二日上午九時在本廳會議室會商邀集四行會議除分函外相應函達

貴處查照屆時派員出席共策進行為荷

此致

建設廳 鄭[illegible]

102

省银行云行长
韶关中央银行王经理
韶关中国银行马经理
韶关农民银行王经理
韶关交通银行石经理
粮政局胡局长
动员会议刘秘书长

厅长张导○

106

廣東財政廳召集增產食糧提高農貸數及縣糧調節金會議

會紀錄

地點：財政廳會議室

日期：三十二年七月二日上午九時

出席者：廣東糧政局代表許錫沐 陳東胡 秉倖
　　廣東建設廳代表葉英 尹兆英
　　中央銀行代表顧鍾洋
　　中國銀行代表蘇毅文
　　交通銀行代表夏安個
　　農民銀行代表林愛夫
　　廣東省銀行代表林協文
　　動員會議 刘佐人
　　廣東財政廳 張導民

主席 張導民　紀錄 尉冠常

行禮如儀

（甲）報告事項

105

主席報告召集會議理由：略謂本省糧慌，救荒辦法業經行政院核定八項，其中第七、八兩項係規定解決縣糧週轉金之困難及增產食糧提高農貸數等，故今日召集座談會，就係~~應如何解決此項問題籌~~

二、糧政局報告：略謂本省糧荒嚴重，縣糧數額爲救濟，縣其週轉金因在籌辦困難，依照目前情形，縣糧週轉金估計最低限額需款五千萬元，該項金如何籌集，請公決。

三、建設廳報告：本廳擬具本省增產計劃合計爲壹萬萬元，內分春耕（禾晚）五百萬元、冬耕（小麥、馬鈴薯）壹千萬元、推廣優良稻種壹千萬元、蠶桑壹千萬元、肥料壹千五百萬元、水利四千萬元、耕牛壹千萬元

（乙）討論事項

一、關於增產食糧提高農貸額如何決定案

決定：農貸額提高爲壹萬萬元，農民銀行負担百分之八十，有銀行負担百分之二十，詳細辦法由建設廳召集農民銀行相銀行會商決定

一、關於縣糧週轉金如何決定案

決定：縣糧週轉金擬爲五千萬元，由有銀行向四聯總處商借

一、關於前由韶市各銀行會商決定限價物資購運所需資金壹萬萬元案應如何重行決定案

決定：限價物資所需資金壹萬萬元，除縣糧價款五千萬元外，其餘五千萬元仍由韶市各銀行承借，請省政府函桂市銀行公會及四聯分處四聯總處洽商辦理

財政

第153號

存卷

此本縣黨部請發由縣全額發給如何存查

訓令遵照各縣市黨部新定經費八成折支由

中華民國二十四年十一月廿九日收到

廣東省政府財政廳訓令 預字第二〇六〇號

令興寧縣縣長

案查各縣市黨部經費前經劃定由各縣市政府及分金庫按月撥支有案。現二十四年度各縣市黨部經費，業經從新減定，並准

省黨部將各縣市黨部新定預算書函送過廳，請查照辦理等由，准此，自應照辦。除分令外，合將原預算書隨令抄發，仰該縣長即便遵照原劃定縣屬黨部經費，由本年十月分起，照新定額八成折支毋違！

此令。

15

計發各縣市黨部二十四年度經費支付預算書一份

16

中華民國二十四年十一月 二十五 日

廳長 區芳浦

廣東財政廳印

田 湘

員 少 校對

財政 存查

第1493號

摘由 訓令遵照縣市党部廿五年上半年代表大會費照案八成支

廣東省政府財政廳訓令 預字第[illegible]號

中華民國廿五年六月拾五日收到

令興寧縣縣長

17

18

現奉

省政府本年五月廿八日党字第四七号訓令開：

「現准中國國民党廣東省執行委員會組字第一八七號公函開：『業查本省各縣市党部特別党部、海外支部直屬區党分部代表大會或黨員大會，照屆半年舉行一次，本年上半年亦依章應召集代表大會或党員大會之各党部，業經本會分別指定於本年五、六兩月間舉行，并經通令遵照在案。除分行外，相應將本年上半年各縣市代表大會或党員大會經費數，依照二十四年度預算列表函達貴府查照，希即依照附案，分別轉飭各[illegible]分金庫[illegible]照業撥支，以利党務為荷！』等由，附中國國民党廣東省各縣市党部、特別党部、海外支部直屬區党分部廿五年上半年舉行代表大會月份及經費數額表一份。准此，除函復及分令建設廳核飭各路局照撥外，合就抄發原表，令仰該廳長即便核飭各縣市政府為分金庫照撥具報」

等因，計抄發原表一份。奉此，自應遵照辦理。除呈復照分行外，合行原表隨令抄發，仰該縣長即便查照表列各該縣市党部代表大會經費數目，照案八成在糧稅收入項下撥支報解毋違！

此令。

計抄發廣東省各縣市党部二十五年上半年代表大會費表一份。

中華民國二十五年六月九日

廳長 區芳浦

監印 呂湘如

林少波 校對

第191號

訓令遵繳各縣市黨部廿四年下半年代表大會費據案令仰遵照由

廣東省政府財政廳訓令 財字第二〇六一號

令興寧縣縣長

現奉

省政府實字第九五號訓令開：

准中國國民黨廣東省執行委員會函開：「案查本省各縣市黨部、特別黨部、海外支部、直屬區黨分部代表大會或黨員大會，每屆半年舉行一次。本年下半年，本會應召集代表大會或黨員大會之各黨部，業經本會分別指定于本年十一、十二兩月間舉行，並經通令遵照在案。除分行外，相應將本年下半年各縣市代表大會或黨員大會經費總數，依照二十四年度預算列表函達貴府查照，希即依照規定分別轉飭各縣市政府，各分金庫，按照各該黨部所需之數，以利黨務。」等由，附中國國民黨廣東省各縣市黨部、特別黨部、海外支部、直屬區黨部二十四年下半年舉行代表黨員大會經費月份表一份。准此，除函復及分令建設廳轉飭各路局遵照外，合就抄發原表令仰該廳長即便分飭各縣市政府各分金庫遵照具報。

等因，計抄發原表一份。奉此，自應遵照辦理。除呈復暨分行外，合將原表抄發，仰該縣長即便遵照，將表列各該縣市黨部代表大會經費數目，照章分別在縣地方預算項下撥支報解為要！

此令

計抄發廣東省各縣市黨部二十四年下半年代表大會費表一份。

中華民國二十四年十二月二十六日

廳長 區芳浦

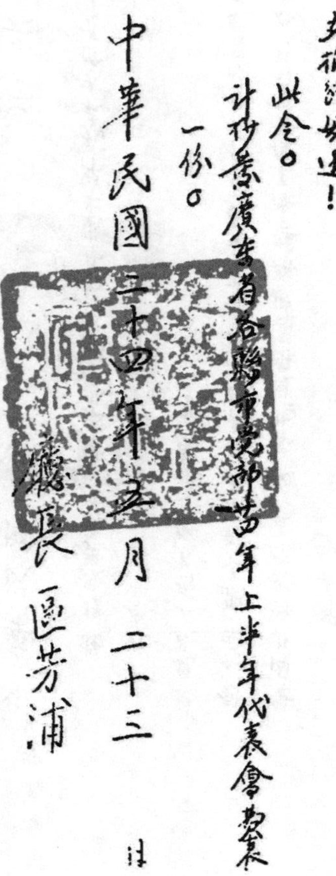

呈報

訓令

訓令送出關於各縣市黨部廿四年上半年代表會費照案九成支撥由

廣東省政府財政廳訓令　賬字第八八六一號

令興寧縣縣長

現奉

省政府處字第四零號訓令開：

「以准中國國民黨廣東省執行委員會，函送各縣市黨部二十四年上半年舉行代表大會經費表，請依照成案分別轉飭各縣市政府，各分金庫，暨各鐵路局，照案撥支，等由；准此，除函復及令建設廳外，合就抄發原表，令仰該廳長，即便轉飭原表開列各縣市政府及各分金庫，照案撥支具報。」

45

等因，計抄發原表一份；奉此，自應遵照辦理。除呈復暨分行外，合將原表隨令抄發，仰該縣長，即便遵照，並飭令該縣市黨部代表大會經費數目，照案九成，在縣稅收入次下撥支報核毋違！

46

此令。

計抄發廣東省各縣市黨部廿四年上半年代表會費表一份。

中華民國二十四年五月二十三日

廳長　區芳浦

監印　呂湘加　科員　姜少波　校對

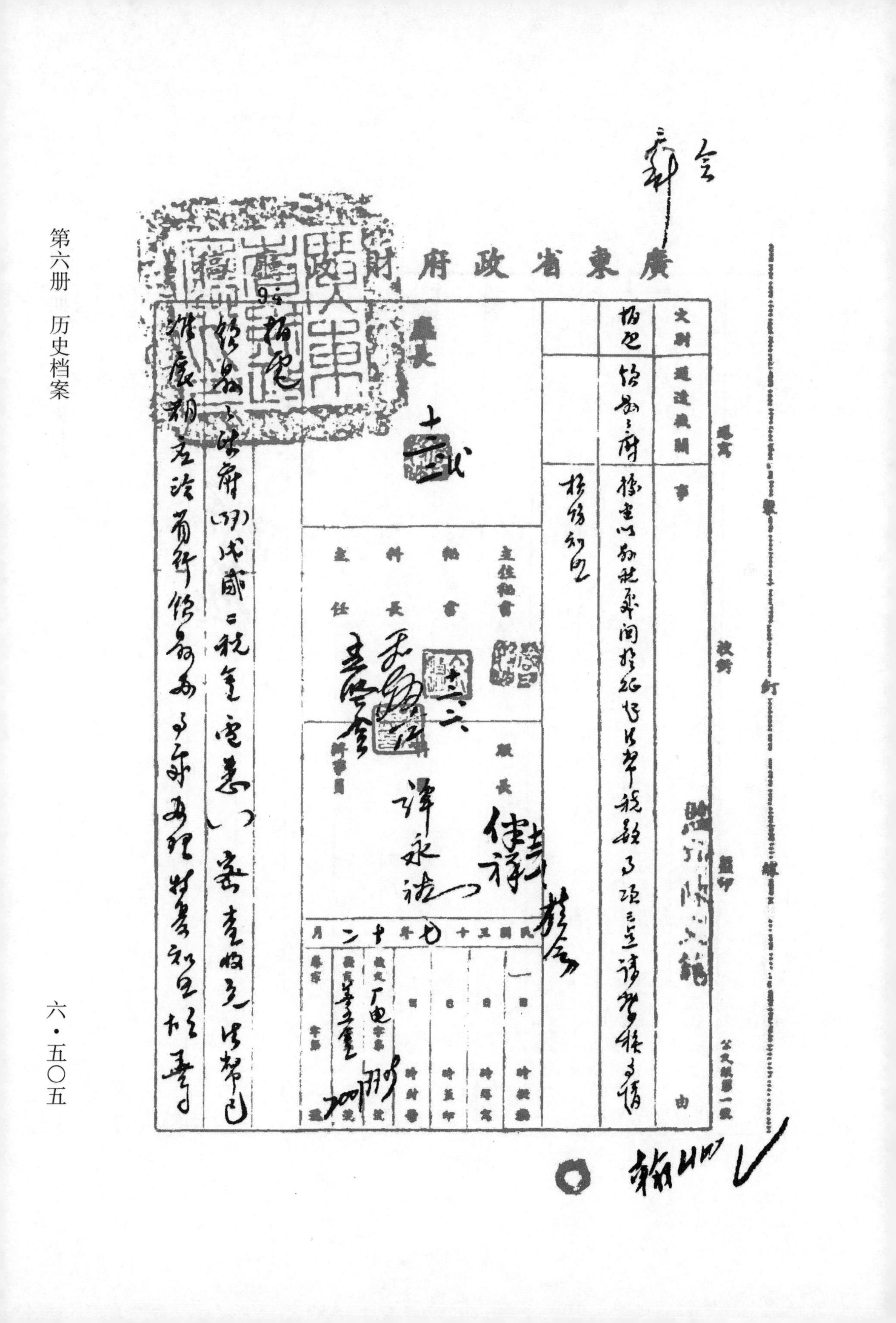

廣東省政府

文別	送達機關	事由
協咨	給粵海關	[illegible]

主任秘書
秘書
科長
主任
股長
辦事員

民國三十年十二月

收文　擬稿　繕寫　校對　蓋印　封發

公文紙第一號

協咨 給粵海關 [illegible]

95

(37) 交纪 姜玉堂

已核 [illegible]

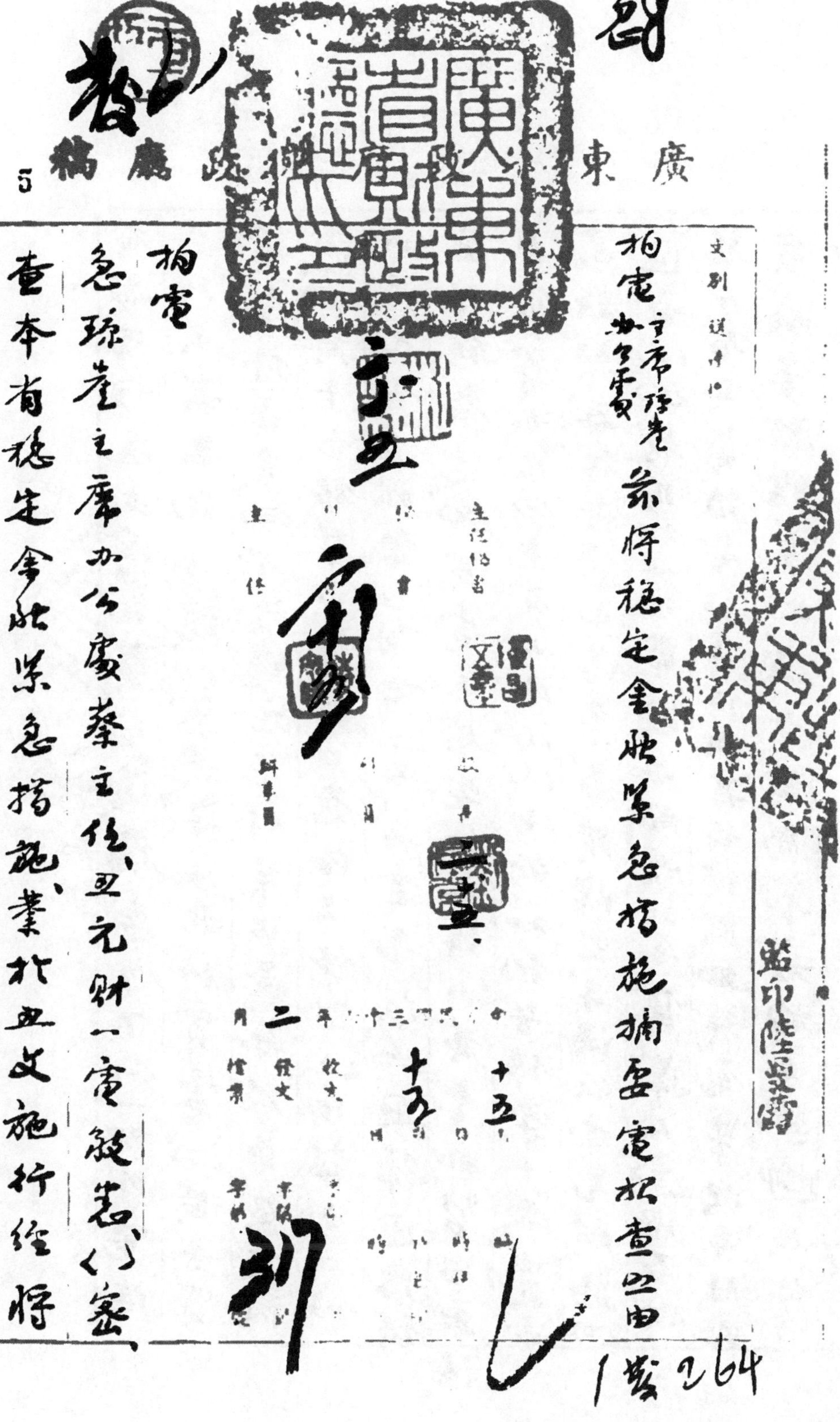

5　廣東省政府稿

文別　送簽

柏電

爲將穩定金融緊急措施摘要電知查照由

中華民國三十八年二月　十五日

柏電

急。瓊崖主席加公處蔡主任、丑元財一電敬悉。密。查本省穩定金融緊急措施，業於丑文施行，經將

6

原办法择述如理在案，兹拟摘要如下：（一）一切外币除央行及其委托行号外，一律禁止私行买卖，（二）黄金买卖暂停交易，（三）银号钱庄绝对禁止签发银单及其流通，（四）黄金白银禁止出口转口，应依法领照，（五）法币出口以（五）万元为限，外币以相当二百美金为限，（六）取缔违法设立银钱店号，（七）买卖交易定约，不得以黄金外币为单位，至处罚办法（一）违反上项（一）（二）（三）款，初犯者停业十天，没收其交易数款，再犯者停止营业，吊销牌照，并没收交易数款，（二）违反（四）（五）款除没收携带款并酌情处罚携带人，（三）违反（七）款者，交易契约无效，并没收其收付数，（四）奖励举报并将所获案数字数给奖，特代电查照，厅长杜梅。（西）删法三签

印

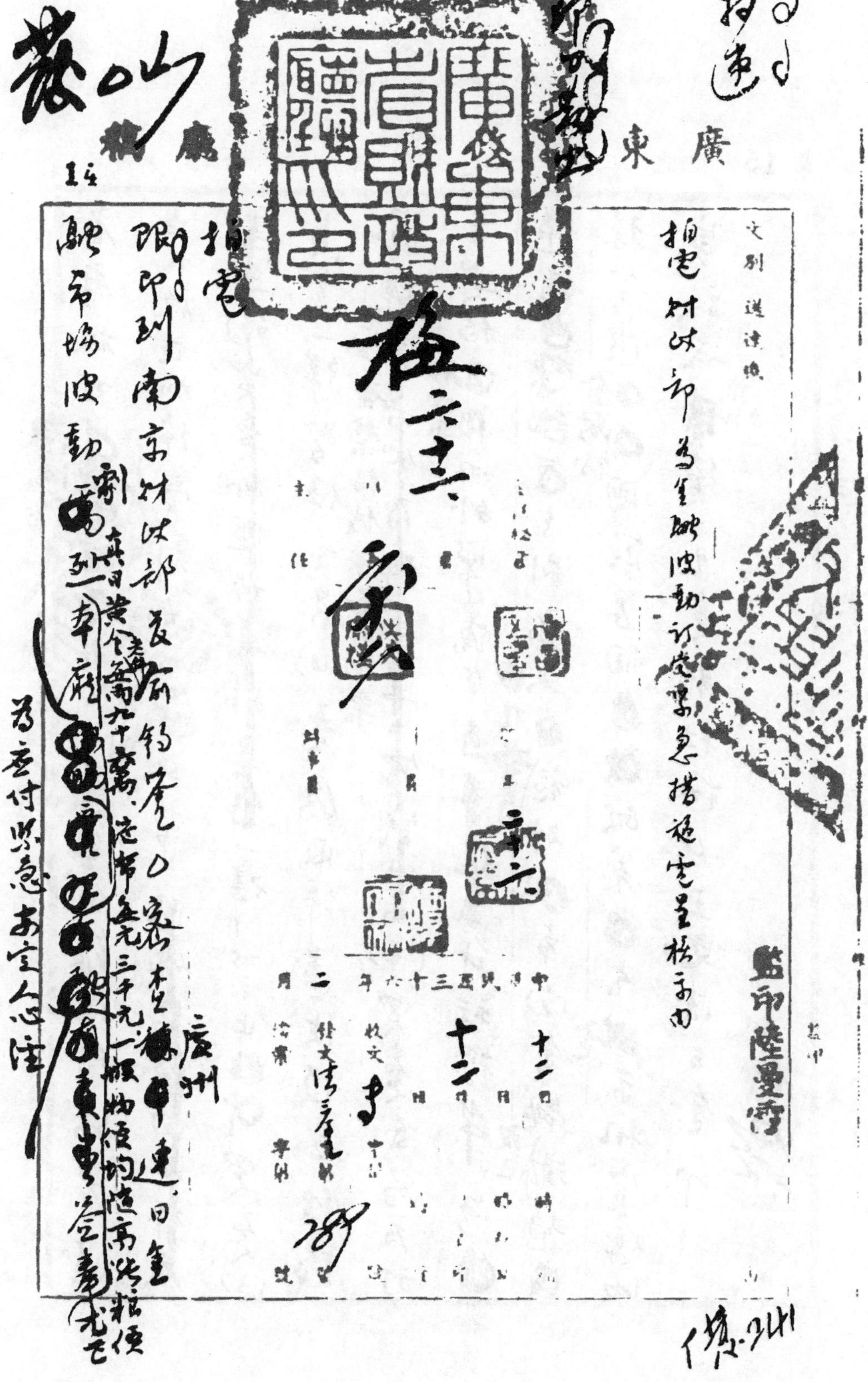

15

省府拟订办法如下：（1）黄金、白银、法币、外币、进
出口，依法加强限制。（2）外币除依法向中央银行结汇外，
其无论买卖外汇、外币、黄金、外币，一律禁止私人买卖。（3）
黄金一律暂停交易。（4）严厉取缔违法设立之银铺
庄号。（5）严禁银钱业者开发存票、（6）买卖交易及订
立契约，严禁以外币黄金为计算标准。以上各项
违者，分别严办。自施行以来，市面金融渐趋
稳定，惟金融系国家整个财政政策之一环，亦系机宜，俾收
实效。详请鉴核。乃耿杜楙卫文清三重印

手令

29

（此手令限本月貳拾日繳銷）

廣東省政府財政廳手令　字第　　歸

中華民國卅六年二月十二日

查近日廣州金融波動物價狂漲影响民生至巨當經由府公佈緊急措施嚴行取締在案茲為防止不肖商人故違禁令或陽奉陰違起見合亟派該員于本月十三日起會同市府及警察局派員前往市區廠家稽查倘發覺有違反規定者應分別報廳核办毋稍徇情仍將遵办情形详報為要此令。

抄發金融緊急措施暨執行查禁違法事項各一份

右令本廳參議馮觀光　准此

廳長　杜梅和

30

手令

（廣東省財政廳印）

（此手令限本月弍拾日繳銷）

廣東省政府財政廳手令　　歸字第　號

中華民國卅六年二月十三日

查近日廣州金融波動物價狂漲影响民生至巨當經由府公佈緊急措施嚴行取締在案茲為防止不肖商人故違禁令或陽奉陰違起見合亟派該員于本月十三日起會同市府及警察局派員前往市區嚴密稽查倘發覺有違反規定者應分別報廳核办毋稍徇情仍將遵办情形詳報為要此令。

抄發金融緊急措施暨執行查禁注意事項各一份

右令本廳參議羅振民　准此

廳長　杜梅和

廣東省政府財政廳簽呈

決定：

案：奉發下經濟檢查委員會座談會紀錄一份及韓世智等陳安定縣村糧食辦法一件，簽請核示由

審

擬

三月七日呈府

奉

發下廣州經濟檢查委員會座談會紀錄一份及韓世智條陳安定全縣鄉村糧食辦法，併飭速簽具意見等因，於轉飭資料一週已據，當經本廳約請各銀行經理會商，僉謂現金調劑頗以穩平息，將來各行放款，除工廠原料及日用重要物品等所需應特別審慎辦理外，其餘均宜緊縮等語。查上項座談會紀錄及各條辦法，係在中央經濟緊急措施公佈之前，惟此次全縣糧食漲價，經本府施行緊急措施以後，業告平息，而經濟緊急措施最近亦奉頒到，對各項應有措施，均有詳細之規定，自應遵照上項措施切實辦理，除由本廳呈[illegible]部[illegible]案經擬具詳細辦法簽核外，理合

45

签候
察核径呈
主席府

财政厅谨签

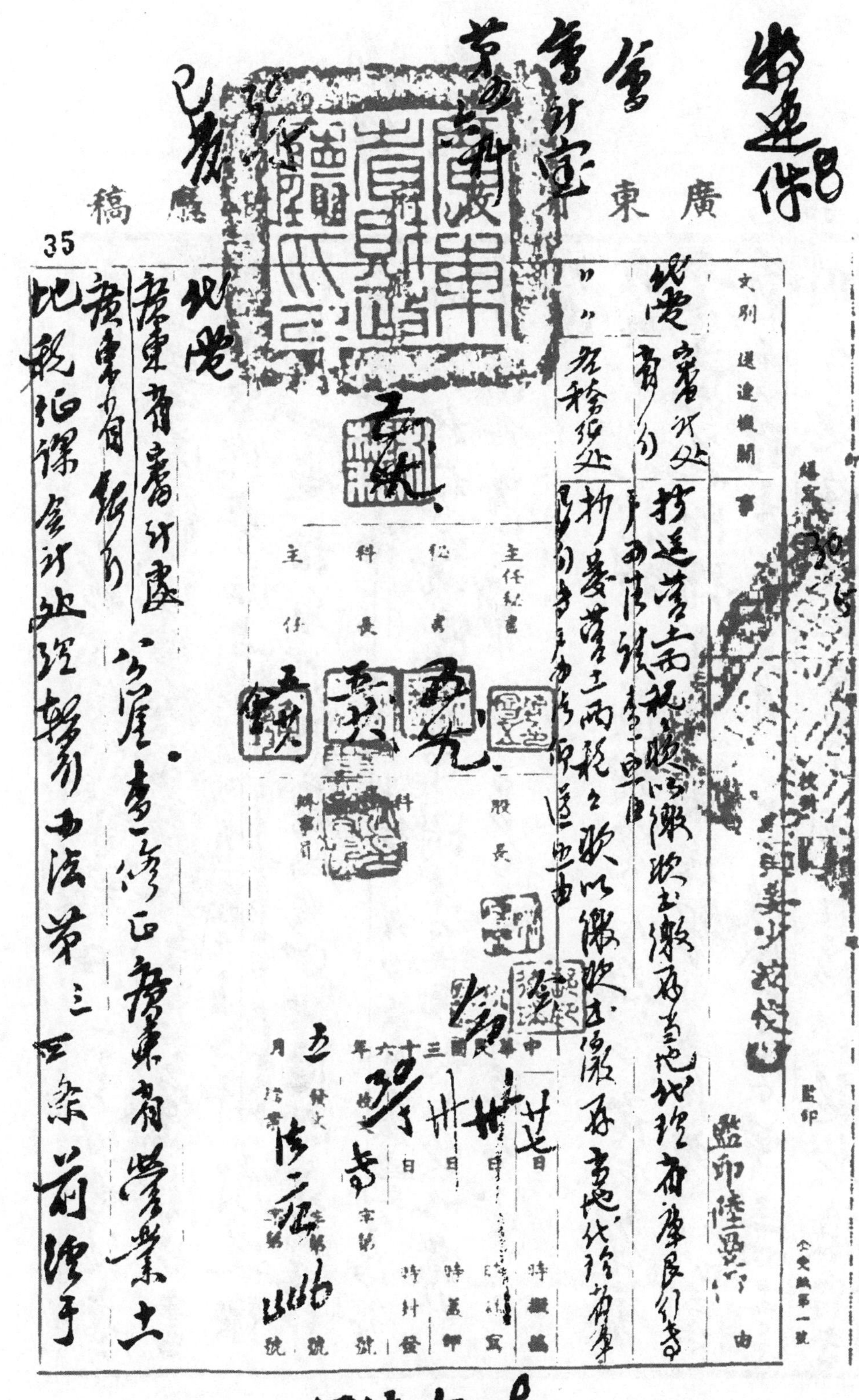

附件照錄送呈

36

本年三月二十日以清會土字第三四三號代電請查
照左業、關稅該項稅收徵存等戶，應以徵收書
繳納書經本廳與〔廣東省銀行總行並各分行〕商定繳
納手續，以照相應抄同該繳納手續四聯隨電送達，即
希查照并飭屬遵照為荷〔並轉飭各支行處遵照〕
一繳庫收據。兩聯隨公印附發土兩稅之徵收、繳款
書繳存當地縣銀行等二戶無誤為荷

代電

各縣市稅捐稽征處均覽：查廣東省營
業土地稅征課管理處轄各分處第三四條
前經本年三月二十日以清會土字第三四三號
訓令遵照左業關稅該項稅收徵存等

37

户应填具缴款书缴纳当该年厂与广东省
银行商业银行缴纳各该银行按该项办法抄发电
仰遵照并饬属遵照。并厅长杞桂。所有通令
即将应土两税之征收以缴款书分缴存当地代理
省库银行等户办法各项

38

（一）利用现有缴款书略加修改使成为缴存专户之缴款书，借以利事功而省縻费

与省行洽定各县市局营业税土地税二款以缴款书缴
省库
存当地代理省库银行专户办法：
（二）
领单编次栏填写「广东省银行　　税专户」收款公库
之「公库」二字改为「银行」。另于缴款书之左下角加
盖红色双框印文曰「□县缴存专户」俾易辨别
（三）由各县市局税捐稽征处用上项缴款书于纳税义务人送
同税款送交当地代理省库银行核收
（四）县当地代理省库银行于收妥后即在上项缴款书上盖用银行
戳记及主管人员名章，随时收据发交回纳税人，其余各联留
俟每日营业终了时分别汇计，归入汇报代填之该专户送金
票，即以该送金票为记账凭证，其送金票存根应连同
每笔税款之第二联以下各联缴款书即日送征收机关查核
登账

39

五、（四）、因多收或误收税款而需办理收入退还时，各地征收机关应按公库日期之应行退还之税款，核计清楚，并在该旬征起税款内扣除抵除之数额，而以公库法公库暨应行退还之数，则另开支票，并同时拨繁公库填具国库缴款书，注明退还理由，连同收入退还书一并送交当地国库转账。

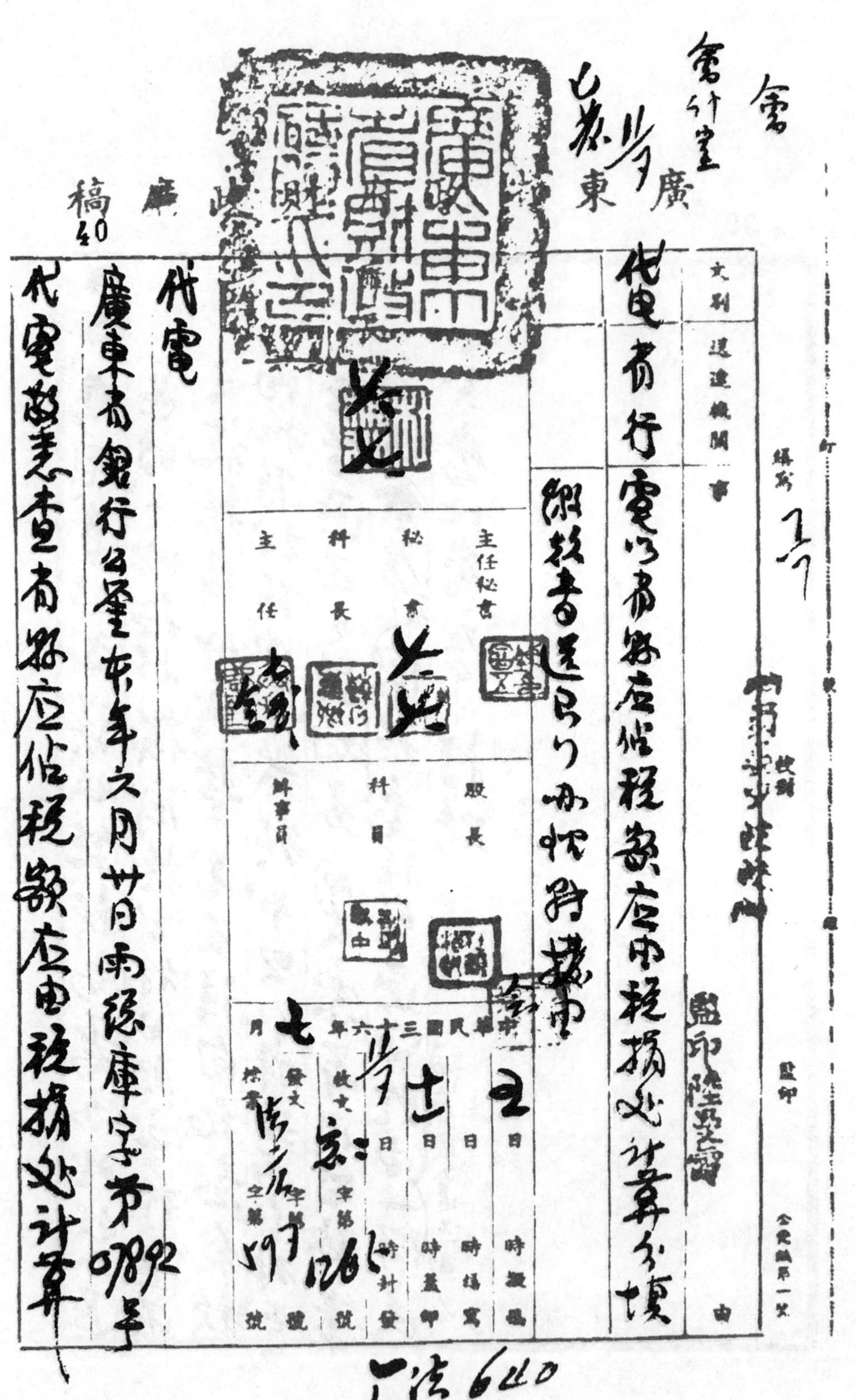

會

廣東省財政廳稿

文別 代電

送達機關 廣東省銀行

事由 代電省行電以省將應繳稅款應由稅捐處計算分填繳款書逕交分行解撥由

中華民國三十六年七月　日

代電

廣東省銀行公鑒：本年九月廿日兩總庫字第07892號代電敬悉。查省將應繳稅款應由稅捐處計算

廣法 640

令坡紙款書送銀行承兌　附據　相應電復　即
希查照為荷　所長　杜〇〇（手具）　文印

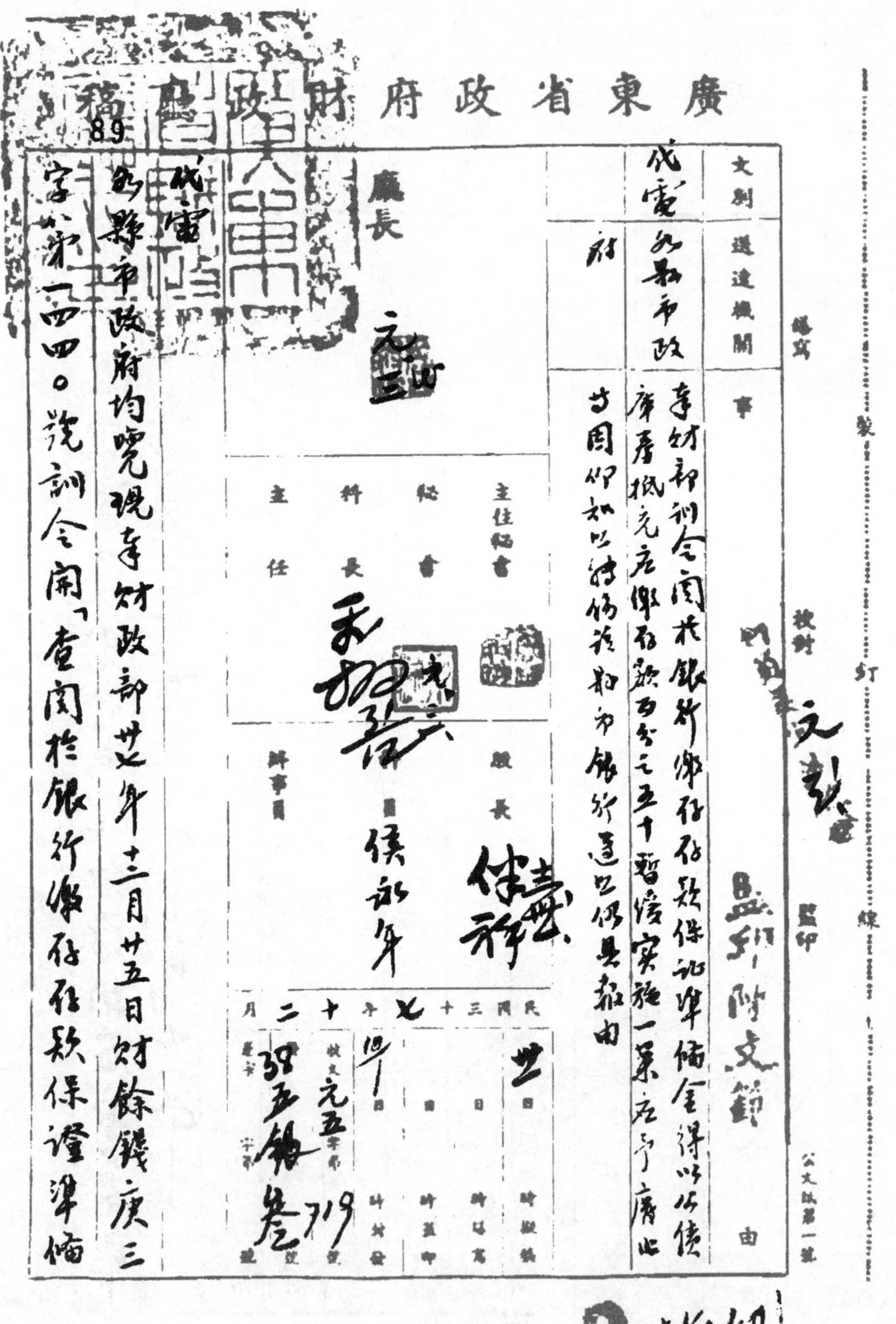

廣東省政府財政廳稿 89

文別	送達機關	事由
代電	各縣市政府	奉財部訓令關於銀行繳存存款保證準備金得以公債庫券抵充應繳存款百分之五十暫緩實施一案應予廣此 寺周仰知以轉飭該縣市銀行遵照仍具報由

廳長

主任秘書　秘書　科長　主任

股長　辦事員 侯詠年

民國廿七年十二月 廿 日

收文 元五字第　號

公文紙第一號

繕寫　校對　監印

代電

各縣市政府均鑒：現奉財政部廿七年十二月廿五日財錢庚三字第一四四〇號訓令開：「查關於銀行繳存存款保證準備

90

金云云业叙到　转饬所属县银行遵照。并同查行庄缴存存款保证准备金实施办法六项及以公债库券抵充应缴存额百分之五十一节暂缓实施两案经以卅六年十二月廿五日和三银(80)号及卅七年一月廿二日善三银(48)号两代电通饬遵照在案。兹合前因，除分电外，合电仰知照，并转饬该市县银行遵照或该县(市)银行等备会知照（仍具报）。厅长胡善〇（3）子（寅）五银印

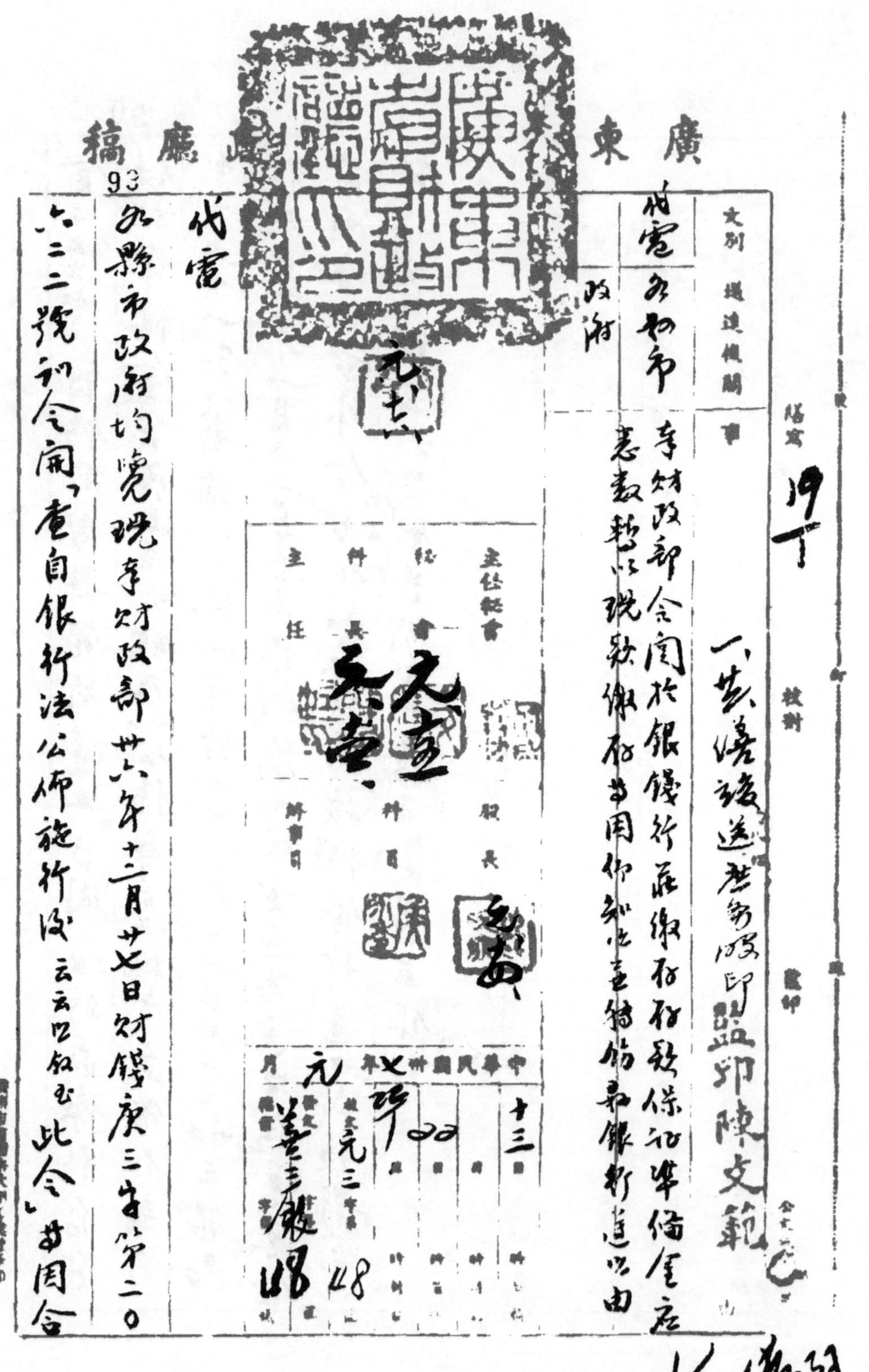

廣東財政廳稿

文別 代電
送達機關 各縣市政府
事由 奉財政部令開於銀錢行莊徵收所得稅係以準備金存息數勢以現款繳付等因仰知照並轉飭各銀行遵照由

代電各縣市政府均鑒：現奉財政部廿六年十二月廿七日財錢庚三字第二〇六二二號訓令開，「查自銀行法公佈施行後」云云，叙至「此令」，等因，合

94

電仰知照並轉飭[illegible]縣銀行或縣銀行籌備會遵照。廳長胡善〇（恒）

（善三銀印）

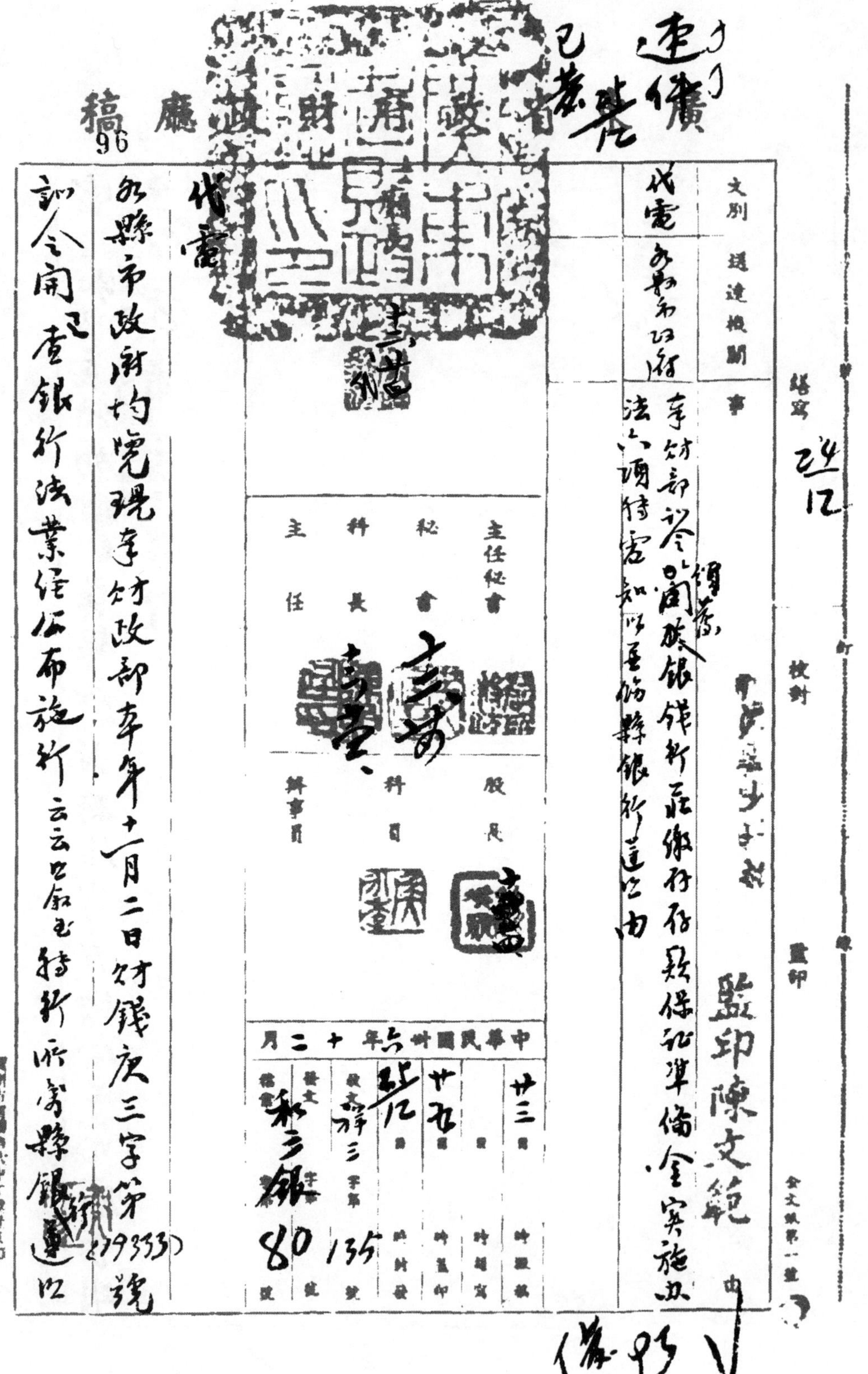

廣東省政府財政廳稿

96

文別：代電

送達機關：各縣市政府

事由：准財政部訓令關於銀行存款準備金實施辦法六項轉飭知照各縣銀行遵照由

擬稿 [illegible]

校對

監印 陳文範

主任秘書　秘書　科長　主任

股長　科員　辦事員

中華民國卅六年十二月

廿三日時擬稿　時繕寫　廿五日時蓋印　廿六日時封發

發文財三字第135號

歸檔 80號

全文紙第一號

代電

各縣市政府均鑒：現准財政部本年十一月二日財錢庚三字第(29333)號訓令開：「查銀行法業經公布施行」云云。已叙電轉行所屬縣銀行遵照

廣州市西湖路大中工廠承印

97

此令。当因除分行外合電仰知照轉飭該縣市銀行遵照　廳長胡

善恒（亥有）　和三銀印

财金田粮会议收入支出划分原则

甲、收入之部

1.依照财政收支系统法规定划归地方收入之各类税收，仍全部归地方收。

2.原属中央收入之土药、化妆品、饮料、锡箔、黄烟叶、糖、及皮毛等税，改归地方收入。

3.中央收入保留四种统税（棉纱、火柴、水泥、卷烟、洋毛线）及印花税。

4.原属中央收入之所得税、遗产税、特种营业税，除特种营业税划归地方收入外，所遗两税亦交地方政府代征。

5.自本年七月一日起，中央应将划拨地方收入之各种税收一律移交，其代征办法应由财政部拟订呈院颁行。

6.在币制未改革前，中央应拨补地方，准察酌实际情形另订税率。

乙、支出之部

1.省政府所属以保留四厅二处为原则，其他骈枝机关一律裁撤。

49

2. 各机关应就现有人员以裁遣三分之二为原则

3. 裁遣人员一律按照裁遣月份标准发给遣散费三个月

4. 现有军队支出照旧继续，地方团队及负治安责任之保警，仍依量继续，不予缩编

5. 凡中央在各学校设置之公费生名额一律取消

税务之弊

（甲）一般性

1. 浮报名额
2. 扣落下级机关薪公费
3. 花账重贴
4. 大头小尾
5. 放息自肥
6. 以多报少
7. 出卖负缺
8. 走私
9. 四扣
10. 包商税收

（乙）特殊性

子. 货物税部份

1. 压低评价之格，接受一般商号贿赂
2. 擅延公布加价电文
3. 延缓税款
4. 不执行查验工作
5. 代名顶空厂商货单
6. 扣压花照运单
7. 虚报资本
8. 谎报产量

丑、直接税部份

1、漏报偷税单位
2、谎报开业复业歇业日期
3、压低营业额.
4、降低资本额逃免税单位
5、利用查账上下其手
6、藉复查手续[illegible]渔利
7、不催缴税款
8、不执行抽检工作
9、托售印花
10、评估财产压低时值

官员 [illegible] 杨亨华
温耀祥
一种 何家荣
三种 叶猛[illegible]
[illegible] 杨宇

61

租税改革方案

為發展經濟，保障供給，及簡化税制，减輕人民負担，配合新中國經濟建設，早日走上社會主義國家的道路，應即廢除偽政府遺留下來病國殃民的税制，及一切苛捐雜税，另行改訂公平普遍合理的新税制。茲就個人意見，擬具改革方案如下：

壹：廢除偽政府現行的營業税、貨物税、菸酒税、礦產税、屠宰税、筵席捐、房捐、及其他一切地方性的苛捐什税，实行公平、普遍、合理的分類營業税。

(甲)分類營業税原則

(一)商業税税率應比工業税為重

(二)工業税税率應比商業税為輕

(三)運輸業税税率應比工業税為輕。

(四)合作社税税率應比運輸業為輕

(一)商業税分類原則

(1)擬禁售物品商，税率應比任何商業為重

(2)奢侈品商，税率應比擬禁售品商為輕

(3)日用品商，税率應比奢侈品商為輕

(4)原料品商，税率應比日用品商為輕

(5)民生必需品商，税率應比原料品商為輕

1

62

(6) 中西藥品商，稅率應比民生必需品商為輕、

(7) 教育文化用品商，稅率應比中西藥品商為輕

(二) 工業稅分類原則

(1) 輕工業

(a) 擬禁製品，稅率應比任何製造品為重

(b) 限制品，稅率應比擬禁製品為輕

(c) 日用品，稅率應比限制品為輕、

(d) 民生必需品，稅率應比日用品為輕

(e) 競爭品，稅率應比民生必需品為輕

(2) 加工工業 稅率應比輕工業為輕

(a) 擬禁製品，稅率應比任何加工工業為重

(b) 非必需品，稅率應比擬禁製品為輕

(c) 必需品，稅率應比非必需品為輕

(d) 競爭品，稅率應比必需品為輕

(3) 重工業，稅率應比加工工業為輕

(三) 運輸業稅

(1) 航空運輸業，稅率應比任何運輸業為重

(2) 陸路運輸業，稅率應比航空運輸業為輕

(3) 水路運輸業，稅率應比陸路運輸業為輕

(四) 合作社事業稅

(1) 商業合作社，稅率應比任何合作社為重

2

63

(2)綜合合作社，稅率應比任何商業合作社為輕

(3)運輸業合作社，稅率應比綜合合作社為輕

(4)農業合作社，稅率應比運輸業合作社為輕

(5)工業合作社，稅率應比農業合作社為輕

(乙)課稅標準

(1)商業、工業、運輸業均以營業總收入額為課征標準，按月征收。短期或一時營利事業者，於營業發生時按次征收。

(2)合作事業，以資本實額為課征標準，按季征收。

貳：廢除現行契稅、特種營業稅、營業牌照稅、使用牌照稅、行為取締稅、娛樂捐、汽車牌捐、及其他一切規費，改征分類印花稅。

叁：廢除田賦征實，改征農業稅。

肆：廢除鹽稅，實行專賣制度。

伍：廢除過份利得稅，嚴格實行分類所得稅。

陸：廢除現行消費稅、及一切關稅附加，提高進口稅率。

柒：嚴格實行遺產稅

[illegible] 一九、九月

3

198

三十六年度各重收支結束辦法

依照三十六年度政府或支出法案，在年度終了時尚未撥清之款，對於依法在卅七年一月底以前簽發支付書者，應於三月底以前補發，仍作為三十六年度之歲出。

前項之款，如到期尚未撥清，而各機關仍有已發生而未清償之債務，訂契約負責任應予撥付者，應依照預算法第六十二條規定辦理保留手續。

二、三十六年度各項收入，凡應依法劃撥各機關專（直）接收入存款，限本（年）四月底以前繼續支用，其逾期尚未動用之部分，應由各主管轉入三十七年度收入，照作收，並由各該主管於五月底以前核繳國庫，機關對於其收回之繳款，遵照清

[illegible]回原送單據，則不得合併另報由主管，於此時依令[illegible]十一月各該支用機關

查核。

三、各級機關卅六年度自行保管支出各款之剩餘，限于卅七年四月底以前填具收支剩餘數報送省庫，歸入三十七年度收入暫存款，并報財政廳查核。各該支用機關於三十六年度終了後，即于卅七年十月底以前查各該經費存款內簽發支付庫支票，應于支票背面注明"此票應於四月底以前向庫兌取"一語。

四、各機關在各該年度通經費存款簽發公庫支票由甲地匯至乙地，仍由原支之支用者，其經費剩餘應依于卅七年四月底歸入卅七年度收入另存款，并由各該機關及省分支庫分報財政廳，分送審計處備案查核。

五、各特種基金存款依法進行該基金及其他基金依照第二第三第四各條規定辦理其存款之手續外，在卅六年度終了時未經使用部份，自須編入預算加入卅七年度使用之。

六、各分支处对于各处收入之应依於卅七年三月底以前收付各款之余额报告总处，于卅七年四月底以前寄送总处，俾便依于五月底汇结。

七、三十六年度收付之时，该年度应收而未收之款，在三十七年三月底以前收入者，仍作为三十六年度之收入处理，逾期收入者作为三十七年度之岁入。

八、本办法由常务委员会议通过后施行。

160

電央行沈局長（弟電）請仍減息，有請於稿末一談。慶之佐。

善恒叩十

二月八日擬 二月八日發 王改

中央銀行廣州分行用箋

161

善恒廳長吾兄勛鑒：關於省府擬將米糧借款前後共伍仟億元之利息改於合約到期時一次清付一節，茲接業務局沈局長熙瑞兄電復，以事屬困難，仍請轉商按照原約辦理。用特函請

亮察為荷。祇頌

公綏

弟 丁安祺 謹啟

三十七年四月八日

辦擬電沈局長

函請用主席名義

稿送閱

四、八

财16795号案关于农田水利借款利息央行要求每月偿付一次以免利在原还借款内扣除究应否每月结息一次抑仍由该行扣除之处请

示

财政厅

郭佗侍 斌 9.30 凯 三廿 三廿 厅长 风

已电上海央行请求俟还本时照每月算息计算一并偿还俟奉覆电再行决定函复

一基 恒四一

收文 财字第67956

中央银行广州分行代电

163

广东省政府公鉴：财二公字20667号代电洽悉。查该项水利贷款合约第二条规定透支利息每月结付壹次，如贵府可于每月底或期前将应付利息存入尊#29透支户备付，自当不在借款额内减除，否则仍须依照双方所订合约规定办理。相应电复查照为荷。

中央银行广州分行（0323）

(37)粤总贷业字第563号

中华民国卅七年三月廿二日

由：遵照贵府财二公字20667号代电办理由

本案（财4879）关于各该送交户部息清付一案经另

电中央银行业务局沈局长请于期满后本息一并

清还有案本件拟俟届满再办者请

示

凯 罗

167

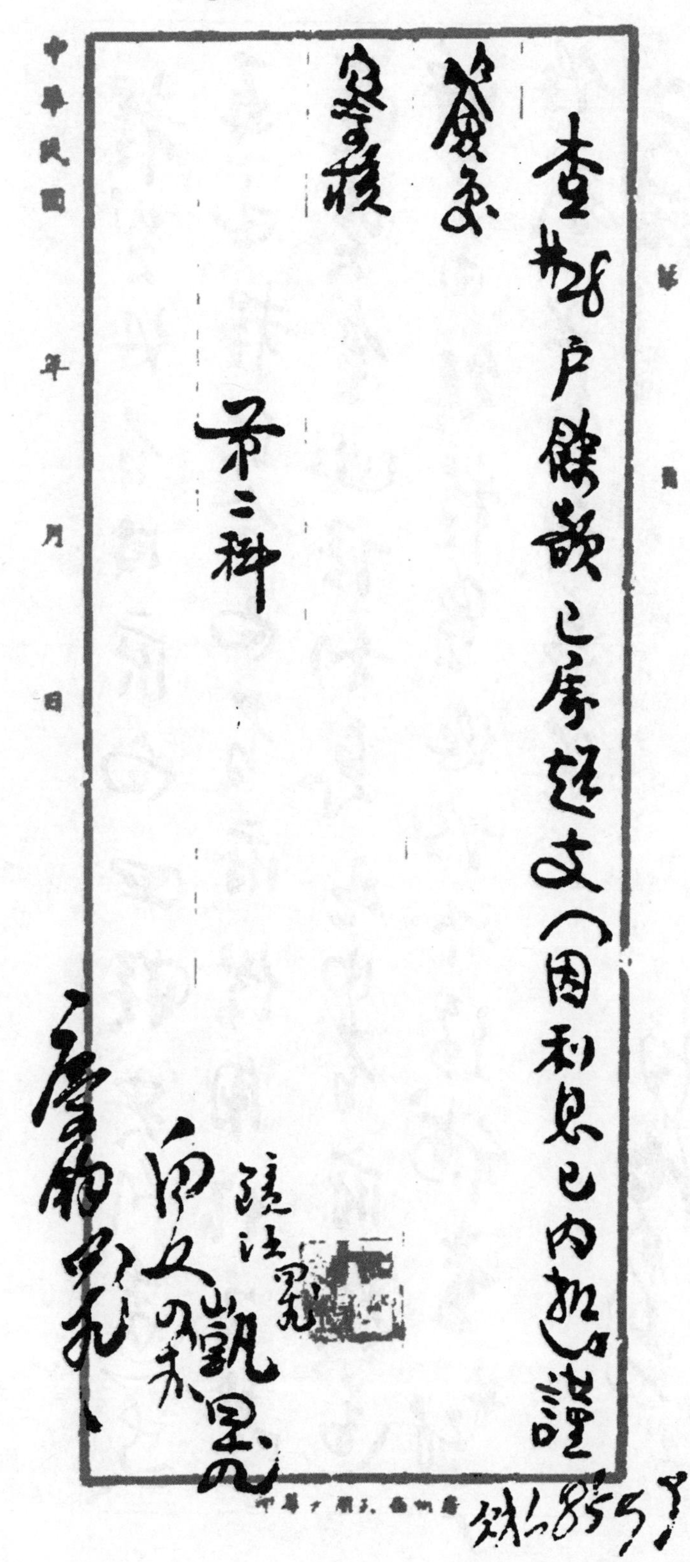

查卅八户饶敬之房超支（因利息已内扣）谨

签呈

密核

第二科

颐注呈

南文凯呈

廖□□呈

中華民國　年　月　日

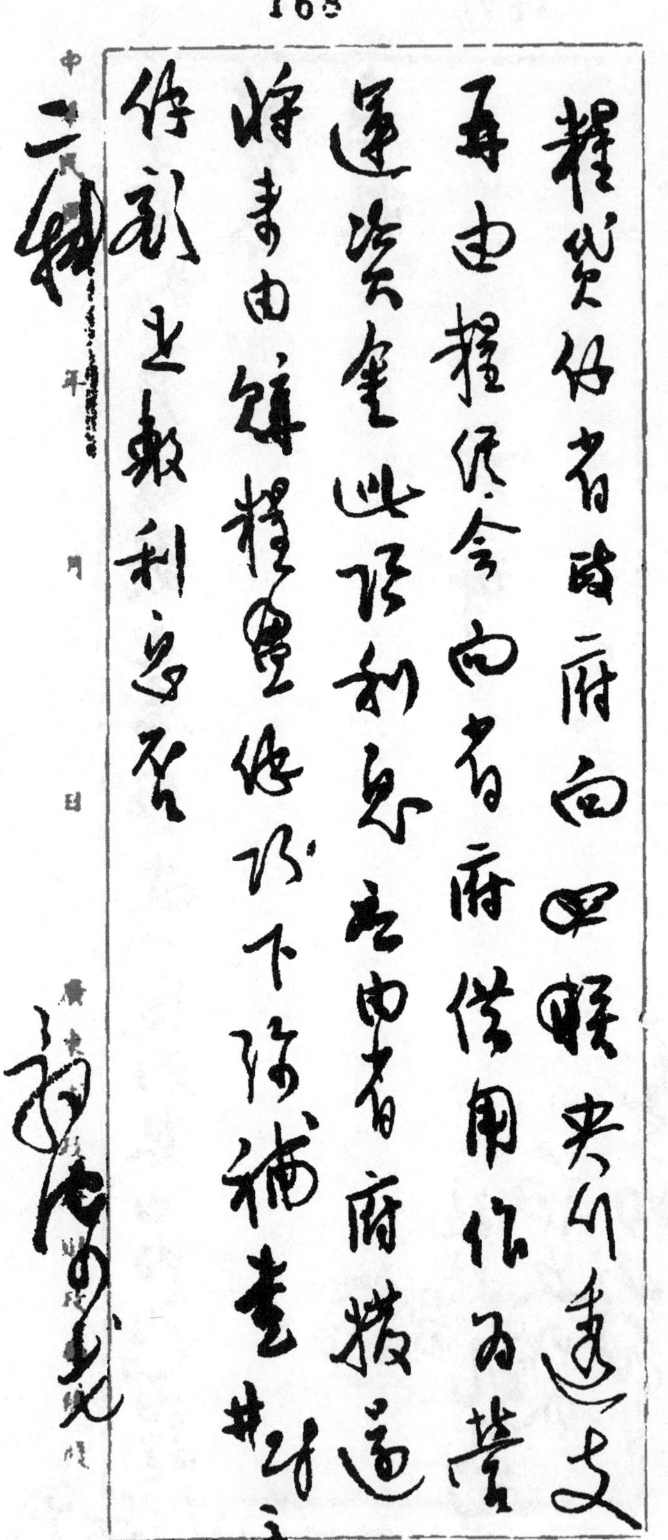
168

糧貸係省政府向四聯央行透支，再由糧食會向省府借用作為營運資金，此項利息應由省府撥還，將來由鎮糧價收取下項補壹并請俾前上款利息發

如擬 十一

315

簽呈 十月十四日

竊查本行於幣制改革後先後遵奉

鈞府命令及

鈞座條諭在甲存第(1228)號保安專戶透支款項截至本月八日止計達

金圓柒拾壹萬壹仟叁百柒拾玖元零玖分尚未訂立透支合約現本

行頭寸奇緊亟需款項週轉擬請

鈞府迅賜設法指款撥還俾利周應在未奉撥還前並擬補訂透支

合約以符手續理合列具該戶來往數目表一紙簽呈

察核辦理

謹呈

批交財廳辦理

十一 十五

10779

2-1368 297 1594

316

主席宋

附呈〈1228〉號保安專戶來往數目表乙紙

廣東省銀行總經理杜梅和 公出

副總經理袁炳文 代

廣東省銀行　　往來款項計息帳單

往來户 廣東省信託局(?)　　貨幣户＿＿＿　　中華民國 30 年 10 月 [illegible] 日止　　第＿＿頁

337

起息 年	月	日	摘要	借方	貸方	借或貸	餘額	日數	積數 借方	積數 貸方	利率	利息 借方	利息 貸方	備考
[illegible]	[illegible]	[illegible]	[illegible]轉舊賬		[illegible]	[illegible]	[illegible]							
	[illegible]	[illegible]			[illegible]									
					[illegible]		[illegible]							
	[illegible]	[illegible]	[illegible]	[illegible]			[illegible]							
			[illegible]	[illegible]		[illegible]	[illegible]							
	[illegible]	[illegible]	[illegible]	[illegible]			[illegible]							
	[illegible]		[illegible]	[illegible]			[illegible]							
		[illegible]			[illegible]	[illegible]	[illegible]							
	[illegible]	[illegible]	[illegible]	[illegible]		[illegible]	[illegible]							
	[illegible]	[illegible]	[illegible]	[illegible]			[illegible]							
	[illegible]		[illegible]	[illegible]			[illegible]							
	[illegible]	[illegible]	[illegible]	[illegible]			[illegible]							

經副理　　　會計　　　營業　　　覆核　　　製單